움직이는 포도나무

요한복음에 나타난 선교적 영성

Abide and Go

Missional Theosis in the Gospel of John

The Didsbury Lectures 2016

낸시를 위해

그리고 REB 석좌교수에게 요한에 관한 책이
언제 출판될지를 질문한 밥 레빗에게 감사의 마음을 전하며

일러두기
성경 본문은 대한성서공회의 개역개정판을 사용하였으며, 그렇지 않은 경우에는 출처를 밝혔다.

목차

디즈베리 강연 시리즈 서문

　맨체스터의 나사렛 신학대학에서 매년 행해지는 디즈베리(Didsbury) 강연은 현재 영국의 신학 일정에서 잘 정착된 강연이다. 이 강연은 맨체스터의 학계와 교회 공동체를 위해 계획되었지만, 출판을 통해 전 세계의 독자층을 갖게 되었다.

　"디즈베리 강연"이라는 이름은 그것의 이중적인 의미 때문에 채택되었다. 디즈베리는 나사렛 신학대학이 위치한 곳이지만, 1842년 감리교 목사를 양성하기 위해 설립된 디즈베리 대학(때로는 디즈베리 웨슬리언 칼리지로 알려져 있다)이 위치한 곳이기도 하다.

　디즈베리 강연은 1979년 F. F. 브루스 교수에 의해 시작되었다. 그의 뒤를 이어 매년 저명한 학자들이 이 시리즈의 수준을 정립했다. 모든 강연은 관심이 있는 박식한 청중들에게 높은 수준의 배움의 기회를 제공한 것으로 알려져 왔다.

　그 강연들은 역사적 기독교 신앙 안에서 선도적인 사상가들이 현재 상황에 의미 있는 주제들을 다룰 기회를 제공한다. 각 강연자는 자유롭게 주제를 선택할 수 있지만, 이 시리즈는 전통적으로 "신학"의 범주에 속하는 주제를 다루려고 의도되었다. 대학은 그것 외의 제한을 두지 않는다. 대신 디즈베리 강연자들은 교회와 학자들 간의 대화에 참여하는 특권을 누렸다.

　대부분의 디즈베리 강연자들은 영국의 저명한 학자들이었다. 신학대학 측은 초기부터 이 시리즈를 영국과 해외에서 교회와 학계 사이의 신학적 담론에 보다 광범위하게 기여할 수 있는 수단으로 구상했다. 강연의 출판은 그 목표를 달성하는 데 있어 중요한 부분이다. 각 논문이 교회의 삶에, 또 그리스도의 복음을 섬기는 데 지속적이고 긍정적인 영향을 미치기를 바라는 것이 대학의 희망과 기도로 남아 있다.

1979 Professor F. F. Bruce†	*Men and Movements in the Primitive Church*
1980 The Revd Professor I. Howard Marshall	*Last Supper and Lord's Supper*
1981 The Revd Professor James Atkinson†	*Martin Luther: Prophet to the Church Catholic*
1982 The Very Revd Professor T. F. Torrance†	*The Mediation of Christ*
1983 The Revd Professor C. K. Barrett†	*Church, Ministry and Sacraments in the New Testament*
1984 The Revd Dr A. R. G. Deasley	*The Shape of Qumran Theology*
1985 Dr Donald P. Guthrie†	*The Relevance of John's Apocalypse*
1986 Professor A. F. Walls	The Nineteenth-Century Missionary Movement**
1987 The Revd Dr A. Skevington Wood†	*Reason and Revelation*
1988 The Revd Professor Morna D. Hooker	*Not Ashamed of the Gospel: New Testament Interpretations of the Death of Christ*
1989 The Revd Professor Ronald E. Clements	*Wisdom in Theology*
1990 The Revd Professor Colin E. Gunton†	*Christ and Creation*
1991 The Revd Professor J. D. G. Dunn	*Christian Liberty: A New Testament Perspective*
1992 The Revd Dr P. M. Bassett	The Spanish Inquisition**
1993 Professor David J. A. Clines	*The Bible in the Modern World*
1994 The Revd Professor James B. Torrance†	*Worship, Community, and the Triune God of Grace*
1995 The Revd Dr R. T. France†	*Women in the Church's Ministry*
1996 Professor Richard Bauckham	*God Crucified: Monotheism and Christology in the New Testament*
1997 Professor H. G. M. Williamson	*Variations on a Theme: King, Messiah and Servant in the Book of Isaiah*
1998 Professor David Bebbington	*Holiness in Nineteenth Century England*
1999 Professor L. W. Hurtado	*At the Origins of Christian Worship*
2000 Professor Clark Pinnock†	*The Most Moved Mover: A Theology of God's Openness*
2001 Professor Robert P. Gordon	*Holy Land, Holy City: Sacred Geography and the Interpretation of the Bible*
2002 The Revd Dr Herbert McGonigle†	John Wesley**
2003 Professor David F.Wright†	*What Has Infant Baptism Done to Baptism? An Enquiry at the End of Christendom*
2004 The Very Revd Dr Stephen S. Smalley	*Hope for Ever: The Christian View of Life and Death*
2005 The Rt Revd Professor N. T. Wright	*Surprised by Hope*
2006 Professor Alan P. F. Sell†	*Nonconformist Theology in the Twentieth Century*
2007 Dr Elaine Storkey	Sin and Social Relations**
2008 Dr Kent E. Brower	*Living as God's Holy People: Holiness and Com- munity in Paul*
2009 Professor Alan Torrance	Religion, Naturalism, and the Triune God: Confronting Scylla and Charybdis**
2010 Professor George Brooke	The Dead Sea Scrolls and Christians Today**

2011 Professor Nigel Biggar — *Between Kin and Cosmopolis: An Ethic of the Nation*

2012 Dr Thomas A. Noble — *Holy Trinity: Holy People: The Theology of Christian Perfecting*

2013 Professor Gordon Wenham — *Rethinking Genesis 1–11*

2014 Professor Frances Young — *Construing the Cross: Type, Sign, Symbol, Word, Action*

2015 Professor Elaine Graham — *Apologetics without Apology*

2016 Professor Michael J. Gorman — *Missional Theosis in the Gospel of John*

2017 Professor Philip Alexander & Professor Loveday Alexander — *Priesthood and Sacrifice in the Epistle to the Hebrews*

2018 Professor Markus Bockmuehl

감사의 말

본서는 2016 년 10 월 영국 맨체스터의 나사렛 신학대학(NTC) 디즈베리 강연에서 발표한 "요한복음 속의 선교적 신성화"(Missional Theosis in the Gospel of John, 본서의 제 1-5 장)와 필자가 NTC 에 머무는 동안 맨체스터 대학의 에르하르트 성경세미나에서 한 연설(제 6 장)을 수정하고 확장한 내용을 담고 있다. 필자는 이러한 강연을 하도록 초대해 준 NTC 교수진과 교직원들, 그리고 환대를 베풀어 준 공동체 전체에 감사한다. 중요하고 영감을 주는 구름 같은 증인들의 뒤를 이어 디즈베리 강연에 참여하는 것은 큰 특권과 책임이다. 강의를 계획하고 진행하는 데 도움을 준 켄트 브라워에게 특별히 감사드린다. 친절을 베풀어 준신 NTC 의 총장이신 디어드레 브라워 라츠, 스벳라나 코브냐, 줄리 룬, 피터 래, 그리고 드와이트 스완슨에게 감사드리며, 세미나에 초대해 주시고 환대해 주신 대학의 토드 클루츠와 피터옥스에게도 감사의 마음을 전한다.

필자의 강연은 출판을 위해 크게 세 가지로 확장되었다. 첫째, 강연의 원본 각주의 일부는 본문으로 옮겨졌고, 일부 다른 각주는 학술적 논문에 적합하게 확장 및 추가되었다. 둘째, 디즈베리 강연의 요점을 일부 보완하기 위해 유사한 주제에 대한 다른 강의들의 일부가 강연에 추가되었다. 셋째, 일부 추가적인 연구와 성찰도 본서의 내용에 더해졌다.

이 장들의 일부는 2016 년 4 월 풀러 신학교에서 열린 페이턴 강의에서 "요한복음 선교적으로 읽기"(Reading John Missionally)라는 주제로, 또 2016 년 3 월 뉴욕 로체스터에서 열린 노스이스턴 신학교 신학회의 기조 강연에서 "요한복음: 비-분파적, 선교적 복음서"(John: The Non-Sectarian, Missional

Gospel)라는 주제로 발표되었다. 강연을 할 수 있도록 초청해 주신, 친구와 같은 풀러 대학의 조엘 그린 학장과 노스이스턴 대학의 리처드 미들턴 교수에게 감사한다. 이 두 행사에 참여하는 것도 특별한 특권과 책임이었고, 페이튼 강의의 경우 다시 한 번 저명한 학자들의 전통에 서게 되었다. 풀러 대학의 안건상 교수와 매리안 마이 톰슨 교수께도 특별한 감사를 드린다. 두 분은 필자의 강의에 대한 예리하고 도움이 된 답변으로 디즈베리 강연과 본서를 더 낫게 만들었다. 또한 풀러 대학교 강연 중에는 다문화학 그리고 성서학 교수들 및 박사과정 학생들과 나눈 유익한 대화에서 많은 도움을 받았다.

본 논문의 개요는 2016 년 10 월 영국 케임브리지 리들리 홀에서 열린 신약 세미나에서 발표되었다. 연구 그룹에 참여하도록 초대한 마이클 톰슨과 리처드 보컴에게도 감사드린다. 본서의 일부는 2017 년 가을 목사들을 위한 콘퍼런스에서 연설로 전달되기도 했는데, 처음에는 로체스터 칼리지(미시간)에서, 다음에는 나의 모교인 고든 칼리지(매사추세츠)에서였다. 필자는 마크 러브와 스티브 헌트의 초대와 환대에 각각 감사드린다.

제 6 장의 내용은 셰리 브라운과 크리스토퍼 W. 스키너가 편집하고 Fortress Press 가 2017 년 말 출판한 *Johannine Ethics: The Moral World of the Gospel and Epistles of John* 에 "John's Implicit Ethic of Ememy-Love"란 제목으로 포함되었다. 필자는 다소 수정된 형태로 그것을 여기에 포함시키도록 허락해 준 편집자들과 출판사에 깊은 감사를 표한다.

필자는 또한 노스캐롤라이나주 더럼, 메릴랜드주 볼티모어, 일리노이주 시카고, 프랑스 떼제, 영국 워싱 등 본서를 연구하고 집필하면서 방문한 다양한 기독교 공동체와 사역자들에게도 깊이 감사한다. 특히 더럼의 조나단과 레아 윌슨-하트그로브, 사라 조브, 콜린 밀러, 더글라스와 레이첼 캠벨, 브라이언 다이크먼, 볼티모어의 사라 배틀리, 그리고 시카고의 샬롯

리만, 그레그 클라크, 앨런 하우, 데이비드 젠슨, 데이비드 피치, 조시아 다니엘스, 웨인 고든, 및 쉐리스 피 노드링, 때제의 요한 수사, 그리고 영국의 래리 크래프트와 스테파니 크래프트에게 감사하고 싶다. 제 7 장의 성찰은 부분적으로 이 훌륭한 사람들과의 교제에 기인한다.

필자가 본서의 원고를 완성할 무렵, 앤디 바이어스는 요한의 신성화에 관한 훌륭한 논문인 *Ecclesiology and Theology in the Gospel of John* (Cambridge University Press, 2017)을 출판했다. 필자는 출판 전에 원고를 공유해 준 앤디와 출판사에 감사한다. 비슷하게, 코넬리스 벤네마는 필자가 원고를 마무리하고 있을 때, *Mimesis in the Johaninne Literature: A Study in Johaninne Ethics* (T.&T. Clark, 2017)를 출판했다. 필자는 그의 논문을 기꺼이 공유해준 코넬리스에게 감사한다. 그리고 마지막 순간에, 앤드류 링컨은 친절하게도 그의 에세이 "The Johannine Vision of the Chruch"의 출판 전 원고를 보내왔다.

독자들이 보게 될 것처럼, 본서에서 필자는 이 땅에 살고 있는 그리고 이미 영광 중에 있는 요한의 여러 해석가들과 대화하고 있다. 후자 중에서 필자는 작고하신 레이몬드 E. 브라운에게 특별한 감사를 표현한다. 그는 필자가 25 년 넘게 가르친 곳에서, 말하자면, 필자가 지금 맡고 있는 자리에서, 학자로서의 그의 길을 시작했다. 전자 중에는 코르 베네마, 쉐리 브라운, 앤디 바이어스, 로스 헤스팅스, 크레이그 키너, 크레이그 코에스터, 앤드류 링컨, 프랜시스 몰로니, 크리스 스키너, 얀 반 데어 와트, 그리고 매리안 마이 톰슨에게 특별한 감사를 표한다. 원고의 일부(매리안) 또는 전부(프랭크와 크리스)를 읽고 귀중한 피드백을 제공한 프랭크, 매리안, 크리스에게 특별한 감사의 인사를 전한다. 더욱이, 나사렛 신학교에 있는 필자의 좋은 친구이자 동료인 앤디 존슨은 다시 한번 필자의 원고의 일부를 주의 깊게 읽음으로써 그것을 더 좋게 만들었다. 물론 남아있는 모든 단점에 대한 책임은 필자에게 있다.

필자의 학문적 고향인 세인트 메리 신학교와 대학교, 특히 본서의 연구와 저술을 다양한 방법으로 지원해 준 톰 허스트, 필 브라운, 톰 버크, 그리고 브렌트 레이탐에게 감사를 표하지 않을 수 없다. 덧붙혀, 집필 과정 동안 도움을 준 필자의 연구 조교들, 떠오르는 젊은 학자들로서 요한을 연구하는 게리 스타자크와 신약을 연구하는 미쉘 레이더에게 특별한 감사의 말을 전한다. 게리는 강의 내용을 비디오 형식으로 홍보하여 자신이 가르친 수업에서 활용했으며, 내용에 대한 귀중한 피드백을 제공했고, 또한 편집하는 일을 도왔다. 미쉘은 많은 성경 참고 문헌을 확인하고, 색인을 편집했으며, 출판을 위해 원고를 준비하기 위해 여러 가지 다른 작업을 수행했다. 세인트 메리에 있는 동료 교수들과 학생들은 본서에 명시된 아이디어 중 일부를 듣거나 읽었고, 그들의 관심과 피트백에 감사한다. 특히 브렌트 레이탐과 2018년 봄에 있었던 필자의 "Currents in Johannine Theology" 세미나 멤버들인, 헤수스 앙귀아노, 존 밥, 존 모리슨, 마티 노치, 그리고 게리 스타자크에게 감사한다. 마지막으로, 나는 레이먼드 E. 브라운 석좌교수라면 반드시 요한에 관한 책을 집필해야 함을 자주 상기시켜준 밥 레빗에게 감사한다.

출판에 관해서는, 다시 한번 Wipf and Stock에 있는 친구들에게 감사하며, 특히 로빈 패리의 날카로운 편집 통찰력에 감사한다.

마지막으로, 헨리 루스 재단과 북미 신학교 협회(ATS)에 대해 깊은 감사를 드린다. 2015-16년 루스 펠로우로서, "성경과 교회" 분과의 연구기금으로 필자는 안식년 내내 요한복음, 선교 및 관련 주제들에 대해 읽고, 생각하고, 집필하고, 강의하는 좋은 기회를 가졌다. 그 연구의 많은 결과가 본서에 나타나는데, 이는 왜 원래의 강의가 (본래의 핵심적인 주장을 잃지 않고) 확장되었는지를 설명해준다. 필자는 특히 ATS의 스티븐 그레함과 풀러 신학교의 매리아 마이 톰슨의 격려와 피드백에 대해 언급하고자 한다. 제

7장은 2016년 11월에 ATS, 루스 재단 및 다른 루스 펠로우들에게 한 발표를 개정한 것이다.

마지막으로, 필자는 본서가 헌정된 사람, 곧 필자의 아내 낸시에게 기쁨으로 감사한다. 여러모로, 여러 해 동안 낸시는 본서의 논지를 구현해왔다.

필자가 ATS에 제안했던 원래 연구 계획서는 다음과 같다.

> 이 제안된 프로젝트의 핵심적인 질문은 "성경적으로 기초한 신성화(신화)의 영성, 혹은 삼위일체 하나님의 생명으로의 참여와 교회의 선교는 어떤 관계인가?"이다. 만일 교회가 그 삶에 있어 종종 분리되는 두 가지 측면인 영성과 선교를 적절하게 결합해 가야 할 것이라면, 이 질문은 북미주(그리고 다른 모든 곳)의 교회들에게 중대한 질문이다. 따라서 본 프로젝트는 성서학, 영성, 그리고 선교학 분야를 하나로 묶어 핵심 질문에 대한 해답을 만드는 데 도움을 주는 것을 목표로 한다. 신성화에 대한 최근의 새로운 관심은 조직 신학과 에큐메니컬 신학에서 매우 중요한 의미를 지니게 되었고, 신약성서 연구에도 영향을 미치기 시작했다. 그러나 신성화는 전통적으로 사색과 개인적인 영성과 연관되어 있기 때문에 교회의 선교와 직접적인 연결을 시도한 학자들은 거의 없었다.

디즈베리 강연과 루스 연구기금에 관련된 다른 행사들은 이 연구 계획서를 구체화하려는 나의 시도의 일부였다. 연구는 계속된다.

2018년 세족/성목요일

Mandatum novum do vobis …

(새 계명을 너희에게 주노니…)

　　요한은 … 당시의 종교적 언어가 제공한 하나님과의 연합에 대한 가장 강력한 표현을 사용한다. 그것은 독자들에게 그가 말하는 것이 진지하다는 의미를 확신시키기 위함이다. 그것은 그리스도에 대한 믿음을 통해서 우리가 영원하신 하나님과의 생명의 친밀한 공동체로 들어갈 수 있다는 것이다. 이는 아가페(*agapē*)의 성격을 가지며, 본질적으로 이 세상으로부터가 아닌 초자연적인 것인 동시에 이 세상에 견고하게 뿌리를 두고 있다. 이는 진정한 아가페가 그 자체를 실천적인 행동으로 나타낼 수밖에 없을 뿐만 아니라, 결정적인 아가페의 행동이 기원후 30년 사월의 어느 날에, 예루살렘의 저녁 식사 가운데, 기드론 골짜기 건너편의 정원에서, 본디오 빌라도의 본거지에서, 그리고 골고다의 로마 십자가 상에서 실제적인 역사로 이뤄졌기 때문이다. 신적 아가페의 성격은 너무나 구체적이고, 너무나 실제적이다. 하지만 그것만큼이나, 아가페의 관계 안으로 들어감에 따라서 인류를 위해 열려지는 것은, 우리가 하나님 안에 그리고 그분께서 우리 안에 거하게 된다는 것이다.

　　　C. H. Dodd, *The Interpretation of the Fourth Gospel*, 199-200.

한국어판 저자 서문

  GMF Press 가 필자의 저서인 *Abide and Go: Missional Theosis in the Gospel of John* 의 한국어 역본을 출판하기로 선정한 것을 영광스럽게 생각하며, 책을 번역해 준 나의 친구 마이클에게 진심으로 감사한다. 필자는 마이클이 번역을 마칠 무렵, 마이클과 아내인 서머셋을 알게 되는 유익을 경험했다.

  본서의 핵심은 요한복음, 그리고 사실 신약성경 전체가 서로를 보완하는 두 개의 대립하는듯한 신학적, 영적 역학을 그 안에 포함하고 있다는 것이다. 한편으로는 삼위일체 하나님과 또 서로와의 깊은 교제가 있고, 다른 한편으로는, 세상에 있는 광범위하고 총체적인 선교가 있다. 우리는 반드시 그리스도 안에 거해야 한다. 그리고 우리는 반드시 그리스도의 이름으로, 그분의 말씀과, 그분의 방식과, 그분의 정체성을 갖고 나아가야 한다. 이렇게 해서 우리는 점점 더 아들되신 그리스도를 닮아가고, 그러므로 점점 더 하나님의 사랑스런 자녀들로서 하나님 아버지를 닮아가게 된다.

  오랜 세월 동안 기독교 전통은 믿음의 첫걸음에서부터 종말의 영화에까지 이르는 하나님을 닮아가는 이 과정을 신화(deification) 혹은 신성화 (theosis)라고 불렀다. 그러나 많은 이들은 이러한 용어들을 알지 못하고, 그것을 알고 있는 이들은 그것들을 경계한다. 이러한 용어 자체는 "하나님의 생명으로의 변혁적 참여"라는 개념만큼 중요하지는 않다. 본서의 주장은 삼위일체 하나님의 생명으로의 이러한 변혁적 참여가 하나님의 일인 하나님의 선교에 참여하는 것을 포함한다는 것이다. 그것은 영문본의 부제인

"요한복음에서의 선교적 신성화"(*Missional Theosis in the Gospel of John*)를 설명한다.

"거하고 나아가라"(*Abide and Go*)라는 제목으로 돌아가 이야기하자면, 거함이 없이, 지속적인 선교는 있을 수 없다는 것이다. 왜냐하면 우리는 서로의 지지와 더불어 그리스도가 우리 안에 계시고 우리가 그리스도 안에 있는 데서 오는 믿음과 소망과 사랑을 필요로 하기 때문이다. 세상의 모든 복잡성과 도전에도 불구하고, 그것과 관여하지 않는다면, 우리가 그리스도와 또 다른 이들과 갖는 교제는 단순히 영적인 나르시시즘이나 자기 계발의 한 형태가 될 뿐이다.

모든 기독교 상황에 필요하겠지만, 이러한 "거하고 나아감"의 음양의 역학은 특히 아시아적인 상황에서 이해되고 그 중요성이 인식되어야 한다. 필자는 한국의 교회를 깊게 알지는 못하지만, 마이클과 서머셋을 비롯한 한국의 친구들을 통해, 교회들이 많은 도전에 직면해 있다는 것과, 또 그중의 일부는 필자가 있는 미국의 상황에서 교회들이 직면하고 있는 도전과 유사하다는 것을 알고 있다. 요한복음은 생명의 복음이다. 그것의 목적은 그 존재 자체가 자신을 내어주는 사랑이신 하나님의 생명과 빛 속으로 우리를 더욱 깊게 빠져들게 하는 것이다. 생명과 빛 그리고 사랑 안으로 빠져들어 감에 따라 우리는 개인적으로 또 공동체적으로 그것을 다른 이들과 나누기 위한 능력을 입고 부름을 받는다: 거하고 나아가라.

그러나 이 단순한 표현("거하고 나아가라")을 실천하는 것은 단순하지 않다. 선하신 목자의 목소리 외에도 우리의 관심을 끌기 위해 경쟁하는 목소리들은 많다. 하나님 나라의 일뿐만 아니라 우리의 시간, 재능, 소중히 여기는 것을 놓고 경쟁하는 활동들도 많이 있다. 한국과 또 모든 곳의 그리스도인들이 성령의 인도 아래 자신들의 특정한 상황에서 어떻게 거하고 나아가야 하는지를 분별하는 법을 배우기를 기도한다. 만약 그것이 더 신실하고 더 즐겁게 일어난다면, 단순히 요한복음을 설명하는 것이 아니라,

요한복음이 우리를 끌어들이고 또 내보내도록 돕기 위한 본서의 의도된 목표가 이뤄지게 될 것이다.

> "내 안에 거하라 나도 너희 안에 거하리라… 아버지께서 나를 보내신 것 같이 나도 너희를 보내노라."

마이클 J. 고먼
Raymond E. Brown Professor of Biblical Studies and Theology
St. Mary's Seminary & University
Baltimore, Maryland, USA

18

한국어판 역자 서문

　새롭고 깊이 있는 논문은 많이 있지만, 마음을 뜨겁게 하며 뛰게 하는 학술적인 논문을 대하는 것은 흔히 경험하는 일은 아니다. 마이클 고먼 박사는 본서(*Abide and Go: Missional Theosis in the Gospel of John*)를 통해 오랜 기간 축적된 말씀에 대한 그의 깊이 있는 탐구와 더불어 교회 그리고 더 나아가 세상을 향한 그의 진솔한 마음을 잘 담아내었다. 번역을 위해 한 문장 한 문장을 곱씹으며, 그의 학문적 깊이와 세상을 향한 그의 열정, 그리고 그 모든 것의 핵심에 있는 예수님의 십자가 길에 대한 그의 헌신을 보는 것은 역자에게 큰 기쁨과 더불어 도전을 주었다.

　30년이 넘는 기간 동안 마이클 고먼 박사가 섬기고 있는 볼티모어의 세인트메리신학교는 역자의 집에서 20여분 거리에 있었기 때문에 박사논문을 쓰면서 연구를 위해 자주 방문했던 곳이기도 하다. 번역 작업을 마칠 무렵 잠시 볼티모어에 머물게 되면서, 아내와 함께 고먼 박사와 개인적인 만남과 대화를 할 수 있었음을 영광으로 생각한다. 감리교 신자로서 가톨릭 신학교에서 오랜 기간 가톨릭 신학생을 포함한 다양한 학생들을 지도해 온 고먼 박사와의 대화를 통해 그리스도의 몸된 교회의 일치를 위한 그의 마음 그리고 공동체적인 증거와 일상을 통한 교회의 선교적 정체성에 대한 그의 확신을 알게 되었다. 또한 선교사로 살아가며, 선교 훈련을 담당하고 있는 역자의 사역과 생각에 깊은 관심과 격려를 주었고, 모든 그리스도인들이 각기 주어진 상황 아래서 각각의 은사를 통해 하나님의 선교에 참여하고 기여해야 하는 것에 대한 도전을 주었다. 격의 없이 베풀어 주신 환대에도 깊은 감사를 드린다.

본서는 저자가 한국어 서문에서 밝히는 것처럼, 오늘날 수많은 주장들과 "경쟁하는 목소리들"의 홍수 속에서 교회, 곧, 모든 그리스도인들이 공동체적으로 또 개인적으로 기억하고 실천해야 할 선교적인 정체성과 증인된 사명이 무엇인지에 대한 분명한 울림을 준다. 그리고 그 중심에는 예수님의 성육신과 십자가를 증거하는 생명의 말씀이 있다. 생명의 말씀인 요한복음에 대한 깊은 연구와 묵상을 통해, 고먼 박사는 먼저 요한복음 그리고 그 확장으로서 모든 성경이 하나님의 선교를 증거/지향함을 논증함을 통해 선교적 해석학의 당위성과 방법을 잘 보여준다. 동시에 오늘날 세상을 향한 하나님의 선교에 참여하는 교회 공동체와 선교 공동체가 경험하고 있는 급격한 변화와 수많은 도전 가운데서 반드시 기억되어야 할 말씀의 중요성을 각인시킨다. 한국과 미국, 그리고 다양한 선교 현장을 포함한 지구촌의 모든 곳에서 신뢰를 잃고 갈피를 잡지 못하고 있는 모든 그리스도 공동체들이 요한복음의 '선교적인 영성'—곧, 하나님을 닮은 모습으로 삼위일체 하나님 안에 거하는 영성과 그리스도와 함께 십자가를 닮은 모습으로 세상으로 나아가는 선교적인 증거—을 기억하고 삶의 현장에서 실천해야 함을 보여준다.

따라서 본서는 성경을 공부하는 학자들뿐만 아니라 하나님의 선교에 참여하고 있는 모든 선교 공동체, 그리고 그리스도의 복음을 증거하는 모든 교회 공동체들이 귀담아들어야 할 예언자적인 목소리이다. 쉽지 않은 주제를 깊게 다루는 학술적인 저서인 만큼 본서를 읽는 것이 어렵게 느껴질 수도 있겠지만, 오늘날 기독교 학문 공동체와 교회, 그리고 선교 공동체가 당면한 큰 도전에 쉬운 답은 있을 수 없다. 무엇보다도 먼저 모든 그리스도 공동체는 말씀으로 돌아가 선교와 교회 그리고 세상의 본질에 대한 하나님의 지혜를 구하는 공동체가 되어야 할 것이다. 본서는 예수 그리스도의 십자가의 모습이 결여되고, 하나님을 닮은 참된 형상의 온전한 회복이 없이, '가는 선교'와 '하는 선교', 그리고 구두적인 복음 선포에 치우쳤던 선교의 모습에 도전을 준다. 동시에, 그에 대한 올바른 반작용으로 선교적 교회(삶)와 일상의 삶을 강조함에 있어 그리스도 안에 거함은 언제나 외부를 지향하는 '움직이는' 역동적인 거함이라는 것을 또한 일깨워 줌으로써, 모든 그리스도의 증거는 언제나 그리스도의 십자가를 닮은 구심적이고 동시에 원심적인 삶의 모습으로 이뤄져야 함을 보여준다. 이러한 의미에서 역자는 원제목인 *Abide and Go* 를 저자가 책의 핵심적인 이미지로 사용하는 '움직이는 포도나무'로 표현해 보았다. 아무쪼록 저자의 바람대로 이 귀한 책이 "한국과 모든 곳의 그리스도인들이 성령의 인도 아래" 하나님의 모습을 닮은 모습으로 '움직이는 포도나무'이신 예수 그리스도 안에 거하며 그분과 함께 나아감을 통해 요한복음 그리고 더 나아가 모든 성경의 기쁜 소식을 증거하는 일에 사용되기를 바란다.

　마지막으로 GMF Press 의 품 위원회에서 본서의 출판을 추천해 주신 권성찬 대표님, 함께 수고해 주신 이경춘 박사님, 한국선교연구원의 홍현철 원장님께 감사의 말씀을 전한다. 특히 한국어판 편집과 교정, 그리고 출판의 모든 과정을 주관해 주신 홍현철 원장님과 선교연구원의 모든 연구원님들께도 감사한다. 볼티모어에 머무르는 동안 번역의 마무리 단계에서 본서의 선교적 중요성을 공감해 주시고 많은 격려를 해 주신 파송교회인 메릴랜드 빌립보교회의 박동훈 담임 목사님께도 깊은 감사의 마음을 드린다.

> 사람이 나를 섬기려면 나를 따르라 나 있는 곳에 나를 섬기는 자도 거기 있으리니 사람이 나를 섬기면 내 아버지께서 그를 귀히 여기시리라(요 12.26).

Soli Deo gloria
김효찬(H. Michael Kim)
한국선교훈련원(GMTC)

들어가는 말

　본서에서 필자는 요한복음의 **선교적** 읽기에 대해 생각해 보고자 한다. 특히, 요한복음이 **선교적** 영성을 담은 **선교적** 복음이라는 것을 고찰하고, 이것이 현대 교회와 깊은 관련이 있다는 것을 밝힐 것이다. 좀 더 구체적으로 말하면, 요한복음이 하나님의 선교(*missio Dei*)를 드러내는 선교적 구조와 주제를 담고 있으며, 요한복음의 선교적 영성은 예수님의 제자들로 하여금 점점 더 하나님을 닮게 하며 생명을 부여한다는 것을 논증할 것이다.

　필자는 이러한 요한복음의 선교적 영성을 '선교적 테오시스'(theosis, 신성화)로 표현할 것이다. 신화(神化, deification) 혹은 신성화(神性化, divinization)로도 불리는 테오시스는 삼위일체 하나님의 생명에 변혁적인 참여를 의미하는 기독교 전통 어휘 중 하나이다.[1] 요한복음은 전체적으로 또는 일부 주요한 본문들(1:12-13; 3:3-8; 시 82:6[LXX 81:6]의 인용인 10:34-35)을 볼 때, 테오시스에 관한 기독교 교리를 증명하는 핵심적인 원천이었을 뿐 아니라, 기독교 선교에 있어서도 중요한 원천이었다(예를 들어 "아버지께서 나를 보내신 것 같이 나도 너희를 보내노라", 요 20:21). 따라서 요한복음의 테오시스와 선교, 두 가지 면을 결합하는 것은 합리적이다. 본서는 이러한 점을 가장 분명하게 드러내고 있는 요한복음의 후반부에 초점을 맞추고자 한다.

---

[1]　요한복음에 나타난 테오시스에 대해 박사 논문을 쓰고 있는 매튜 수사(Matthew Sousa)는 테오시스가 본질적으로 선교적이기 때문에 '선교적 테오시스'는 중복적 용어라고 말했다. 필자는 이 말에 동의하지만, 기독교 전통에서 이러한 사실을 온전히 인식하였거나 현재의 독자들이 이것을 당연하게 받아들이고 있는지는 확신할 수 없다.

본서는 일곱 장으로 구성되어 있다. 1장은 요한복음을 선교적 관점과 테오시스의 관점(theotically)으로 읽는 접근방식의 근거가 되는 선교적 해석학과 테오시스에 대한 필자의 이해를 개략적으로 서술한다. 2장은 요한복음 전반부에 나타나는 몇 가지 선교적이고 테오시스에 관한 면들을 다루면서, 이 두 가지 관점을 강조하고 있는 요한복음의 구조와 주제를 짚어본다. 3장부터 5장까지는 요한복음 13-16장, 17장, 그리고 20-21장에 나타나는 선교적 테오시스를 살핀다. 6장은 선교와 테오시스의 초점을 가지고 복음서 전체에 나타난 원수 사랑에 대해 살핀다. 마지막 장인 7장은 결론, 신학적 성찰, 그리고 오늘날의 기독교 공동체들이 요한복음이 보여주는 선교적 테오시스의 비전을 어떻게 구현하고 있는지 살펴본다.

'선교적 해석학'에 속한 이번 연구는 일차적으로 요한이 선교와 선교적 영성에 대해 무엇을 말하고자 했는지에 관심을 가진다. 그렇기 때문에 주의 깊게 본문을 읽고 해석하는 것이 첫 번째 목표이다. 물론 필자 또한 완전한 선교적인 해석은 '땅에 발을 딛고 있는' 하나님의 백성의 맥락에서 이뤄져야 한다는 것에 동의한다. 그러므로 필자의 궁극적인 바램은 요한복음의 독자들이 어디에 있든지 간에 하나님의 선교를 보다 잘 이해하고 하나님의 선교에 참여할 수 있도록 하는 **'지역화된 해석'**(localized readings, 각 지역에서의 읽기−역자 주)2을 촉진하는 데 있다.

마지막 소개의 변: 선교와 기독교 선교, 그리고 하나님의 선교와 같은 단어들이나 표현들로 인해 힘들어하는 사람들이 있다는 것을 이해한다. 이러한 어려움은 선교를 식민주의나 그 아류들(국수주의, 예외주의, 민족 중심주의 등)에 연관 짓거나 혹은 다른 지적인 염려나 개인적인 경험에 근거해서 생각했던 탓일지도 모른다. 하지만 본서의 책무 중 하나는 삼위일체 하나

---

2 역자 강조

님의 생명과 활동에 참여하는 기독교 선교가 결코 인간의 몸과 정신을 억압하고 지배하는 것을 지지하지 않는다는 것이다. 오히려 기독교 선교는 생명과 사랑, 심지어 원수 사랑에 관한 것이며, 우리가 요한복음에서 찾게 되는 것도 바로 이렇게 자유와 생명을 주는 선교의 개념이다.

독자들을 위한 메모: 본서는 학자들과 교회 모두를 대상으로 한다. 책의 논거는 본문에 담겨있다. 각주는 참고문헌이나 다른 해석자들과의 대화를 포함한다. 각주를 참조하지 않아도 본서를 유익하게 읽을 수 있을 것이다.

1

선교적 그리고 테오시스의 관점으로
요한복음 읽기

당신은 이전엔 함께하지 않았던 두 가지를 하나로 묶으셨습니다. 그리고 세상은 변했습니다.[1]

요한복음은 어떤 책인가? 요한복음의 주요한 특징들, 목적, 그리고 신학적인 주장들은 무엇인가? 이러한 질문은 지난 2 천 년 동안 제 4 복음서 독자들의 마음을 감동시키기도 하고 당황하게 만들기도 했다.[2]

본서의 특별한 접근법은 요한복음을 '테오시스'와 '선교적'인 관점으로 읽는 데 있다. 이 방법은 본질적으로 요한복음을 선교적 초점과 강력한 테오시스 신학(많은 이들에게 생소한 용어), 혹은 하나님의 생명으로의 변혁적인 참여를 내포하고 있는 문서로 여기는 것을 의미한다. 실제로 본서는 요한

---

[1] Julian Barnes, *Levels of Life*, 2nd ed. (London: Vintage, 2014), 3; Bauckham, *Gospel of Glory*, 131 에서 인용.

[2] 주요 쟁점(역사적, 문학적, 그리고 신학적)에 대한 유용한 안내를 위해서는 Anderson 의 *Riddles of the Fourth Gospel* 을, 좀 더 간략하게는 선교에 관심을 두는 van der Watt 의 *Introduction* 을 보라. 요한의 신학을 위해서는 특히 Koester 의 *Word of Life* 를 참고하라.

복음에서 분리할 수 없는 선교와 테오시스의 **결합**을 신학적이고 영적인 의미에서 매우 중요한 것으로 이해한다. 이러한 이유로 본서의 원제목은 *Abide and Go*(거하고 나아가라)이다. 본서는 이 두 가지(테오시스와 선교, 거하고 나아가라)를 함께 묶음으로써, 아마도 요한복음 연구와 교회들과 하나님께서 사랑하시는 세상에 조금의 변화를 가져올 것이다.

본 장에서는 성경, 특히 요한복음을 선교적으로 그리고 테오시스의 관점으로 읽는다는 것이 무엇을 의미하는지 살펴볼 것이다. 이는 다음 장들에서 이러한 관점으로 요한복음을 읽기 위한 준비 역할을 할 것이다. 또한 앞으로 선교적 테오시스나 하나님의 선교적 생명에 참여함을 통해 하나님을 닮아가는 것과 같은 좀 더 난해한 질문을 다룰 것이다. 이에 앞서 성경을 선교적으로 읽는다는 것, 그리고 선교적 해석학이 무엇인지 간략하게 소개하고자 한다.[3]

선교적 해석학

해석학(hermeutics)은 해석(interpretation)의 예술이다. 성경에 적용하면, 해석학은 성경을 해석하는 예술이라 할 수 있다. 선교적 해석학은 성경에 대한 신학적 해석의 한 형태로서 교회의 삶 속에서 이루어지고, 또 교회의 삶을 위한 작업이다.[4] 본서는 선교적 해석학의 작업으로 성경을 선교적으로 읽으려고 한다. 따라서 이 작업은 성서학과 해석학 그리고 선교학을 통합한

---

3 바울서신에 관한 연구에서 생겨나는 선교적 테오시스에 대한 부가적인 토론을 위해서는, 필자의 *Becoming the Gospel* 과 "Paul's Corporate, Cruciform, Missional Theosis"를 보라.

4 "신학적 해석"은 그 자체로 다양한 설명과 정의를 가진 분야다. 아마도 단순함이야말로 일반적으로 합의된 몇 가지 이해를 도출하는 데 있어 가장 좋은 방법일 것이다. 그러므로 "신학적인 염려들을 우선적으로 유지하는" 해석으로서의 신학적 해석을 묘사하는 Steve Fowl 의 설명은 타당하고 유용하다(가장 최근 자료로는 Fowl, "Theological Interpretation of Scripture and Its Future," 677 을 보라). "Interpretation in and for the life of the church"는 "교회의 삶"을 (선교를 포함해서) 아주 폭넓게 이해하며, "교회의 삶"에 대한 파울의 묘사를 잘 나타낸다.

다. 간단히 말하자면 "선교적 해석학은 선교적 렌즈를 통해 본문을 읽는 것"[5]이다. 이러한 단순한 정의를 통해 선교적 해석학이 여러 관점, 목적, 그리고 실천의 조합으로 구성되어 있음을 알 수 있다.

선교적 해석학은 신학의 비교적 새로운 세부 분야로 여전히 진행 중에 있는 작업이다. 우리의 목적을 위해 선교적 해석학의 기초적인 세 가지 가정은 다음과 같이 요약될 수 있다.

1. 사랑이신 하나님은 선교적이시며, 하나님의 선교(missio Dei)를 하신다.[6]

2. 성경은 하나님의 선교를 증거한다.

3. 교회는 하나님을 닮은 모습으로 하나님의 선교에 참여하도록 소명과 보냄을 받았다.[7]

---

5 Barren, *Missional Economics*, 24. 좀 더 심층적인 정의와 토론을 위해서는 Barram, "Bible, Mission, and Social Location"; McKinzie, "Missional Hermeneutics" 등을 참고하라.

6 *Missio Dei* 라는 용어와 그 발전에 대한 간결하고 대표적인 설명은 Bosch, *Transforming Mission*, 398-402 에 있다. 1952 년 국제선교협의회(IMC)의 빌링겐 선교대회에서 Bosch 는 말하기를 "선교는 하나님의 본성에서 유래하는 것으로 이해되었다. 그러므로 선교는 교회론이나 구원론이 아닌 삼위일체 교리의 맥락에 있는 것이다"(399)라고 하였다. 이어서 Bosch 는 '하나님의' 선교로서 선교에 대한 초점이 "이전 세기들에 대한 결정적인 돌파구를 대변한다"라고 했다(402). 좀 더 깊은 논의를 위해서는 Homes, "Trinitarian Missiology"와 Flett, *The Witness of God* 을 보라(이 문제에 대한 참고자료들과 더불어 신학적인 통찰을 준 풀러 신학교의 안건상 교수에게 감사한다). Holmes 는 우리가 하나님께서 단순히 선교를 '가지고' 계시다고 주장한다면, "선교는 하나님의 본성과는 단절된, 우연한 것"이 될 수 있지만, 하나님이 '선교사이다'라고 주장하면, "선교는 '사랑, 전능, 혹은 영원'의 하나님("Trinitarian Missiology," 89)이라는 것만큼 적절한 표현으로서 하나님의 본질적인 속성(perfections) 중 하나가 된다"라고 말한다. 모든 신학자가 "선교사적임"(단어를 만들자면)이란 것이 사랑이나 영원성과 같은 근본적인 하나님의 속성이라는 것에 동의하지는 않을 것이다. Flett 은 "인간이 어떻게 하나님에 대해 증거할 수 있는가의 문제는 하나님에게 속한 문제이며, 하나님의 증거는 영원으로부터 영원에 이르기까지 그의 영원한 교제의 삶 속에서 먼저 하나님 자신이시며 … 하나님은 인간을 위하고 함께 하기로 결정하셨기 때문에 그분은 선교사 하나님이시고 … 교제는 하나님의 생명의 본성이기에" 이 문제가 해결된다고 말한다(*The Witness of God*, 288). 다시 말해서, 궁극적으로 하나님은 사랑, 실제로 자신을 내어주는 사랑의 교제이시기 때문에 하나님은 선교적이다. 필자도 Flett 과 비슷한 생각을 갖고 있다. 하나님을 "선교적" 또는 "선교사"라고 지칭하지만 이것을 보다 본질적이고 내재된 사랑의 속성에서 기인하는 것으로 보는 것이 적절하다.

7 빌링겐 회의에 대해 논평하면서 Bosch 는 핵심을 다음과 같이 간결하게 기술한다(*Transforming Mission*, 399): "하나님이 아들을 보내시며 하나님 아버지와 아들이 성령을 보내신다는 하나님의 선교에 대한 고전적인 교리는 또 다른 '움직임', 즉 아버지와 아들과 성령이 교회를 세상에 보내시는 것을 포함하는 데까지 확장되었다." 더 나아가 "선교에 참여한다는 것은 사람들을 향한 하나님 사랑의 움직임에 참여하는 것이다. 하나님은 사랑을 보내시는 샘이시기 때문이다"(400). Holmes 에 따르면, "성령에 의해 교회는 아버지께서 그리스도에게 주신 (이미 종말론적으로 완전한) 선교를 계속 실행하는 데 참여하며" 그러한 선교적 활동의 모습은 하나님 모양(theoform)이며 따라서 십자가 모양(cruciform)일 것이다("Trinitarian

선교를 정의함에 있어 하나님의 존재(being)와 행위(act)를 분리하지 않는 것이 중요하기 때문에, 필자는 하나님은 선교적인 동시에 선교를 수행하는 분이라는 것을 먼저 말하고 싶다. 곧 하나님은 사랑이시기에 모든 인류와 창조세계를 향해 사랑 안에서 선교적인 의도를 가지고 행동하신다. 위에서 언급한 (선교적 해석학의) 세 가지 신학적 가정에서 하나님에 대한 모든 언급은 삼위일체 하나님에 관한 것이다. 그러므로 하나님이 선교적이라는 주장은 하나님이 아버지와 아들 그리고 성령의 삼위(triadic) 공동체로 존재한다는 기독교 신학과 "하나님은 사랑이시다"(요일 4:8, 16)라는 요한의 신앙적 고백에 기초할 필요가 있다.[8] 성경에서, 그리고 특히 요한복음은 이러한 하나님을 증거하며, 하나님의 선교(missio Dei)에 교회가 참여하도록 초대한다.[9] 필자가 다른 곳에서 진술한 것처럼 하나님의 선교라는 용어는

> 신약과 구약 성경이 모두 세상의 창조주이자 구속자로서 이미 선교하시고 있는 하나님을 증거하고 있다는 것을 확인한다. 실제로 하나님은 본질적으로 선교적인 하나님이시며, 단지 언젠가 천국으로 데려가기 위해 '영혼들'을 구원하는 것이 아니라 창조의 질서(개인, 공동

Missiology", 75). "목적이 있고 십자가 모양이며 자기 희생적인 보냄이 하나님 자신의 생명에 본질적인 것과 마찬가지로 십자가의 모습으로, 목적을 갖고, 자기희생적인 방법으로 보냄을 받는다는 것은 교회다운 교회가 되기 위해 본질적인 것이 되어야한다"(89). 여러 면에서 이 인용은 본서의 주요 주장을 요약하고 있다.

8 신약의 어떤 책도 후기 기독교 신학의 개념이나 표현에서 볼 수 있는 완전히 발전된 삼위일체 교리를 갖고 있지 않다. 그럼에도 불구하고, 특히 바울서신과 요한의 글을 포함한 신약의 여러 곳에서는 교회를 이러한 신학적 방향으로 발전시켰다. 그러므로 우리는 삼위일체(Trinity)에 대한 후기의 모든 이해가 요한의 글에 명시되어 있다는 것을 주장하지 않으면서도, 요한복음에 나타나는 아버지와 아들 그리고 성령/보혜사라는 신적 행위자의 이러한 삼위적 공동체에 대해 말하기 위해 "삼위일체(Trinity)"와 "삼위일체적"(triune)과 같은 용어들을 사용할 수 있다. Moloney 는 세 명의 "분명히 관계를 맺고 있는 이야기 속의 등장인물"이라는 유사한 언어를 사용한다(John, 21). Moloney 는 우리가 요한에서 발견하는 (이후의) 형이상학적 신학보다는 관계적 신학을 강조한다(20-21). 흥미롭게도 요한복음에 있어 중요한 텍스트인 에스겔 34장에 묘사된 하나님의 구원은 세 명의 극적 인물, 곧 선한 목자이신 하나님, 마찬가지로 선한 목자로서 하나님의 기름부음 받은 자(다윗적 메시아-형상), 그리고 생명을 주시는 하나님의 영의 작품이다. 요한이 이러한 예언적 삼위일체에 영향을 받을 수 있었을까?

9 (선교에 대한) 참여적 이해는 하나님-세계-교회 관계에 대한 매우 상호적인 관점을 열어준다. 삼위일체 하나님은 세상과 상처받기 쉬운 관계를 맺는데, 교회는 이 관계에 동참한다(Van Gelder and Zscheile, *The Missional Church in Perspective*, 111).

체, 나라, 환경, 세상, 우주)를 회복하고 구원하시기를 원하신다. 이 하나
님은 신적 선교를 나타내기 위해 성육신하신 그리스도의 이름으로
하나님의 선교(missio Dei)에 참여하도록 하나님의 백성들을 모으신
다.[10]

그렇다면 선교적 해석학은 일반적으로 성령을 통해 특정한 시간과 장소
에서 하나님께서 그리스도 안에서 행하시는 것을 인식하고 참여하기 위해
성경을 읽는 것이다.[11] 또는 조엘 그린(Joel Green)이 표현하는 대로 "선교적
해석학은 하나님의 말씀 안에서 분명히 표현되듯이 성경과 성경에 대한
해석을 하나님의 선교라는 포물선 안에 위치시키는 것이다. 이렇게 성경
을 읽을 때 선교적 해석학은 성경이 오늘날 교회의 정체성과 사명을 어떻
게 구체화할 수 있는지에 대해 질문한다."[12] 이러한 방식으로 성경을 읽는
것은 하나님의 선교에 참여하는 방식인 믿음과 헌신의 행동을 필요로 한
다. 이 방법은 또한 성경을 증거와 부르심으로 보는 것이며, 연구 중인 그
현실에 주의 깊은 참여자가 되도록 노력하는 것이다.[13] 따라서 선교적 해
석학은 다른 신학적 해석과 마찬가지로 본질적으로 자신을 포함시킨다.

---

[10] Gorman, *Elements of Biblical Exegesis*, 155.
[11] 물론 모든 성경 읽기는 특정한 시간과 장소('사회적 자리')에서 이뤄지며, 따라서 하나님의
선교에 대한 모든 분별도 이뤄진다. 여기서 필자는 Michael Barram 의 연구와 Greg McKinzie
의 중요한 논문인 "Missional Hermeneutics"의 전반적인 방향에 동의한다. 그럼에도 불구하고
성서학, 특히 성경 연구자들의 임무 중의 일부는 성경 본문 안에 있는 하나님의 선교의 윤곽
을 분별함으로써, 특정한 환경에서 하나님의 선교를 분별하고 이해할 수 있는 정경적인 틀을
제공하는 것이다. 예를 들어, 고후 5:19 과 같은 본문, "곧 하나님께서 그리스도 안에 계시사
세상을 자기와 화목하게 하시며 그들의 죄를 그들에게 돌리지 아니하시고 화목하게 하는 말
씀을 우리에게 부탁하셨느니라"는 하나님의 전체적인 화해의 역사를 증거하고, 이는 다시 특
정 현장들에서 구체화된다. 더욱이 그 텍스트들 자체의 특정한 '사회적 자리'(원래 맥락)에
주의를 기울이는 성경 본문의 주의 깊은 읽기는 유추의 원리, 혹은 William Spohn 의 말처럼
"운율을 발견하는 것"(spotting the rhyme)에 기초한 현시대의 상황화된 해석의 기초를 제공하
는 데 도움을 준다(*Go and Do Likewise*, 54-55, 63, 152).
[12] Green, "Modern and Postmodern Methods," 201.
[13] McKinzie 의 주장을 참조하라("Missional Hermeneutics," 164). 본문을 경전(Scripture)으로 읽
기 위해 교회는 하나님의 선교에 대한 삼위일체적 이해에 신학적으로 헌신되어 있어야 하며,
이러한 신학적 헌신을 통해 하나님의 선교에 대한 참여가 구체화된다.

선교적 해석학은 성경 본문을 면밀히 읽는 표준적인 방법을 무시하지 않는다. 그러나 본문의 역사적이고 문학적인 맥락, 그리고 정경적 맥락을 넘어선다. 심지어 좁게 이해되어 온 교회적 맥락(예를 들어, 수용역사[reception history]와 신학적 해석의 관점)을 넘어 하나님의 선교의 맥락을 포함하면서 성경 해석의 폭을 확장시킨다(하나님의 선교를 분별하는 것 자체가 성경 해석을 내포하고 있으므로 이는 좀처럼 쉬운 목표가 아니다). 그 거룩한 사명에 대한 신학적 단어 중 하나로 '구원'을 들 수 있고, 좀 더 구체적으로 요한문서의 용어로는 '생명' 또는 '영생'을 들 수 있다. 이것이 의미하는 바를 풀어내려면 본문과 더불어 세상(곧 성경의 선교적 읽기가 이뤄지는 역사와 공간의 특정한 장소)에 대한 주의 깊은 석의가 필요하다.

따라서 선교적 해석학은 (1) 하나님의 선교가 성경에서 인식되고 (2) 성경의 올바른 읽기를 위해 하나님의 선교로의 참여가 요구된다는 점에서 일종의 해석학적 순환이다.[14] 이것은 산상수훈을 실천하는 자들만이 그것을 올바로 이해할 수 있다는 스탠리 하우어워스(Stanley Hauerwas)의 주장과 유사하다.[15] 즉, 신학적 석의로서 선교적 해석학은 본질적으로 참여적인 것이다.[16] 이는 결국 훌륭한 선교적 해석학을 위해서는 특정한 맥락에서의 하나님의 선교에 참여하는 것이 필요하다는 것을 의미한다. 그러나 동시

---

[14] 특별히 McKinzie, "Missional Hermeneutics"를 보라.

[15] 예를 들어, *Hauerwas, Unleashing the Scripture*, 63-72 을 참고하라.

[16] Barram 은 교회의 '보냄받음'(sentness)을 교회 해석학의 필수 요소(*sine qua non*)라고 주장한다(e.g., "Reflections on the Practice," 10); McKinzie 는 구체적인 사회적 구현을 선교적 해석학을 포함한 모든 신학의 필수 요소라 부르며("Missional Hermeneutics," 165), 하나님의 선교 자체로의 참여를 요구한다. 또한 그는 해방신학의 해석학을 빌려 선교적 해석학은 "이해를 구하는 작업"으로 이해되어야 한다고 제안한다(특히 178-79 쪽). 그는 Brian Russel 의 논조에 동의하며 다음과 같이 인용한다. "성경의 선교적 읽기는 우리의 선교적 실천으로부터 비롯되어야 한다. … 그 과정에는 해석학적 순환과 같은 것이 있다. 선교적 읽기는 선교의 실제적인 실천에 동력을 제공해야 하는데, 선교적 실천은 교회를 성경으로 돌아오게 한다"(*Aligning with God*, 180). McKinzie 는 훌륭한 성경 독자들의 형성에 있어서 해석학적 순환의 활동을 대략 인정하지만(170), 이해를 추구하는 실천(works)에 대한 그의 강조는 Russel 의 인용에서 나타나는 해석학적인 균형을 보여주지는 않는다. McKinzie 에게 중요한 질문을 다음과 같이 던질 수 있을 것이다. 성경을 제외하고 우리가 행하는 구체적인 실천들이 하나님의 선교를 나타내는 것인지 혹은 아닌지를 결정하기 위한 어떤 기준을 가지고 있는가? 예를 들어, 해방신학에서와 같이 폭력적인 혁명이 하나님의 역사하심으로 이해되어야 하는가? 신약성경을 주의 깊게 해석할 때, 그러한 관점에 대한 지지를 거의 혹은 전혀 발견할 수 없는데도 말이다.

에 선교적 해석학은 지나치게 구체적이고 지엽적인 맥락에 매이지 않고 신중한 성경 해석의 한 형태로서 (앞서 조엘 그린의 표현대로) "성경에서 분명히 표현된 대로 … 하나님의 선교의 포물선"을 탐구하려는 최소한의 시도라 할 수 있을 것이다.

이 주장은 학문적인 신학의 한 분야로서 선교적 해석학이 취하고 있는 다양한 모습과 잘 들어맞는다. 선교적 해석학에는 다양한 '줄기' 또는 '접근법'이 있다. 필자의 접근법은 본문 중심적인데, 본서에서는 선교적 목적과 신학, 특히 요한복음의 영성에 초점을 맞추고 있다.17 동시에 본문을 상황에서 분리하는 것을 피하기 위해 필자는 해석학을 아래 두 종류의 질문으로 분류하여 생각하는 것이 유용하다고 생각했다. 하나는 본문의 해석에 관련된 일반적인 것들이고, 다른 하나는 우리의 특정한 상황과 관련된 것이다.

일반적인 질문	구체적, 상황적인 질문
이 본문이 하나님의 선교에 대해 무엇을 말하고 있는가?	이 본문이 지금 여기에서 하나님의 선교에 대해 무엇을 말하고 있는가?
이 본문이 인류와 세상의 상태에 대해서, 구원을 위한 하나님의 선교의 필요성에 대해서 무엇을 말하고 있는가?	이 본문이 우리의 상황, 즉 지금 여기에서 인류와 세상의 구체적인 상태와 필요에 대해 무엇을 말하고 있는가?
이 본문은 하나님의 선교의 참여자로서 하나님 백성의 성격과 선교에 대해 무엇을 말하고 있는가?	이 본문은 지금 여기에서 하나님의 선교에 참여하라는 하나님의 부르심에 대해 무엇을 말하고 있는가?

---

17 George Hunsberger는 선교적 해석학 실천가들의 기여를 연구하여 선교적 해석학에 중점을 둔 네 가지 '흐름', 또는 기본적인 접근법을 다음과 같이 확인하였다. (1) 성경 전체 내러티브의 선교적 방향성, (2) 각권의 선교적 목적(본서에 있는 나의 특별한 접근법), (3) 기독교 공동체의 선교적 위치 (4) 문화에 대한 선교적 참여. Hunsberger의 "Proposals for Missional Hermeneutics"를 보라. James Brownson은 네 번째 혹은 최소한 세 번째와 네 번째 흐름에 부연될 수 있는 것을 추가한다. "사람들 간의 선교적 접촉은 대부분 문화간 만남이다." 2008년 11월에 있었던 GOCN 선교적 해석학 연례 포럼에서 발표된 Brownson의 "A Response at SBL"을 참고하라. 이와 다소 비슷한 것이 Tim Carriker의 접근법인데, 그는 Paul Ricoeur의 해석학적 범주(본문의 뒤, 안, 그리고 앞을 읽는 것)를 선교적 해석학에 적용하였다. Carriker, "The Bible as Text for Mission"을 참고하라. '본문 앞에 있는 선교'에 대해 분명한 몇 개의 제안들과 암묵적인 많은 제안을 하고 있음에도 불구하고, 필자의 접근방식은 대체로 '본문 내에 있는 선교'에 집중하는 것이다.

이러한 질문의 성격으로부터 분명히 알 수 있는 것이 있다. 성경을 향해 질문하는 것은, 성경 역시 이러한 질문을 하는 사람들에게 반문하고 궁극적으로 그들을 다듬어 가도록 허락한다는 것이다.

물론 필자를 포함해서 여러 학자가 지적하듯이 질문할 수 있고 또 질문해야 할 다른 구체적인 질문들이 있을 것이다. 그러나 본서에서 선교적 테오시스를 주제로 요한복음을 읽을 때 위에서 제시한 질문들은 하나의 틀로서 우리에게 도움을 줄 것이다.[18]

비록 마지막 장에서 신학적인 성찰과 더불어 각 공동체들의 선교적 테오시스와 구체적인 상황의 문제들도 살펴보겠지만, 본서의 목적상 가급적 위의 표에서 언급한 일반적인 질문들에 초점을 맞출 것이다.[19] 따라서, 본서의 일차적인 질문은 표 왼쪽에 있는 일반적인 질문이 될 것이다. 요한복음은 하나님의 선교에 대해, 인류와 세상에 대해 특히 (이것이 본서의 초점이므로) 하나님의 선교에 예수님의 제자들이 참여하는 것에 대해 무엇이라고 말하는가? (거듭 말하지만) 모든 선교적 해석학은 당연히 상황적이기 때문에, 표에 있는 두 종류의 질문들은 분리될 수도 없고 분리해서도 안 된다. 하지만 선교적 읽기에 참여하는 성경학자들의 역할 중 하나는 신학적/선교적 접근방식에 관심이 없는 학자들이나 성경과 신학의 학문적 연구에 전

---

18 선교적 해석학에 대한 다른 형태의 질문에 대해서는 필자의 *Elements of Biblical Exegesis*, 156-57 을 참고하라; 질문 중 두 개는 어떻게 이 본문이 구약과 신약 모두에서 하나님의 선교와 하나님 백성의 선교에 대해 좀 더 거시적인 성경적 증거에 연결되어 있는가?와 이 본문이 어떻게 세상과 구별되는 동시에 그것에 관여하고 있는 우리를 하나님의 백성이라고 칭할 수 있는가?에 관한 것이다. Barram, *Missional Hermeneutics*, 36-37 을 참조하라. Barram 의 질문은 특히 상황을 중시하며, 다른 것들과 더불어 다음의 질문들을 포함한다. 우리가 본문을 읽는 것이 우리들의 가정들과 보지 못하는 부분들에 도전을 주거나 분명히 밝혀 주는가? 우리는 어떤 방식으로 이 본문에 명시된 복음의 구체적인 의미를 '영적화'하려는 유혹을 받는가? 이 본문은 어떤 방식으로 가난한 사람들에게 좋은 소식을 알리고 포로들을 풀어주며, 우리 자신의 사회적 위치는 어떻게 그 소식을 '좋은 것'으로 받아들이지 못하도록 만들어 버리는가? 우리가 본문을 읽는 것이 복음전도와 정의를 양분하려는 경향을 반영하는가? 본문은 어떤 방식으로 권력과 기득권과의 관계를 다시 생각해보도록 우리에게 도전을 주는가?

19 선교적 해석학에 대한 좀 더 자세한 내용을 위해서는 필자의 *Elements of Biblical Exegesis*, 155-58 과 *Becoming the Gospel*, 50-57; Barram, *Missional Economics*, 19-38; Brownson, *Speaking the Truth in Love*; 또는 Goheen, *Reading the Bible Missionally* 등과 더불어 이 책들에 인용된 문헌을 참고하라.

문지식이 없는 일반인들이 인식할 수 없었던 본문의 측면을 발견해 내는 데 있다.

 선교적 해석학의 실천가들이 제기하는 이러한 질문은 요한복음의 '장르'에 대해 해석자들이 제기했던 전통적인 질문과는 결정적으로 다르다는 점에 주목할 필요가 있다. 그것은 요한복음이 복음을 선포하는 문서인가 아니면 기존의 그리스도인들과 하나 이상의 기독교 공동체를 양육하기 위한 문서였는가?라는 질문이다. 이러한 선택은 때때로 선교 문서(Missions-schrift)와 공동체 문서(Gemeindeschrift)라는 두 단어로 표현되기도 하였다. 그러나 실제로 이 선택은 잘못된 양자택일일 가능성이 크다.[20] 왜냐하면 요한복음이 선교 문서인 것은 최소한 부분적으로나마 이미 형성된 공동체의 문서라는 점을 근거로 하고 있기 때문이다. 하지만 본서에서 요한복음의 장르에 관한 질문은 주된 관심사가 아니다. 선교적 해석학의 관점에서 요한복음은 다른 모든 성경과 같이 하나님의 선교를 증거하며 모든 사람이 그 선교(missio)에 반응하고 참여하도록 요구한다는 것을 전제로 한다.[21]

 우리는 이제 하나님의 선교에 참여하는 것이 어떤 의미를 지닐 수 있는지 구체적으로 본서의 부제에 나오는 '선교적 테오시스'라는 용어로 눈을 돌리고자 한다. 요한복음을 선교적으로 읽을 뿐만 아니라 테오시스의 관점으로 읽는다는 것은 무엇을 의미하는가?

---

[20] 예를 들어 Okure, *Johannine Approach to Mission* 을 참고하라.
[21] 우리는 하나님의 선교가 좁게 이해되어 '영생'을 의미하거나, 좁게 해석된 믿음을 끌어내려는 것으로 단순히 축소될 수 없다는 것을 보게 될 것이다. 그러므로 복음을 나누어 선교(missio)에 참여하는 전도 또한 미래의 천상 경험을 구두 증언하는 것으로만 협소하게 이해될 수 없다. 우리는 이어지는 내용과 2장에서 이 문제를 다룰 것이다.

선교적 테오시스

요한복음에 대한 본서의 기본적인 주장은 다음과 같다.[22]

요한의 영성은 근본적으로 삼위일체 하나님(성부, 성자, 성령)과 예수
님의 제자들의 상호내주로 이루어져 있기에, 제자들은 신적 사랑과
생명에 참여하게 되고, 따라서 생명을 주시는 하나님의 선교에 참여
한다. 그렇게 함으로써 제자들은 하나님의 자녀로서 하나님을 닮은
모습을 드러내고, 또한 성령의 역사를 통해 하나님의 아들을 닮아가
면서 점점 더 하나님을 닮아가게 된다. 이러한 영성은 요한복음 15
장에 근거하여 "거하고 나아가라"라는 표현으로 요약될 수 있다.[23]

"거하고 나아가라" 또는 "머무르고 떠나라"라는 표현은 영성(거하라)과
선교(가라)를 하나로 묶는 요한복음의 창조적이고 신학적인 역설을 나타낸
다.[24] 필자는 이 선교와 영성의 결합을 '선교적인 테오시스'로 부르겠지만,
독자들이 '테오시스'라는 낯선 단어에 주저한다면 적어도 지금은 '선교적
인 변혁적 참여' 또는 '참여적인 선교적 성화'로 불러도 무방할 것이다.[25]

---

22 이미 지적한 바와 같이, 이 논지와 책 전반에 걸쳐 필자는 삼위일체 하나님이라는 용어를 이
 스라엘의 유일신 하나님을 구성하는 세 명의 신적 행위자(또는 나중의 신학적 언어를 사용한
 다면 '위격들')로서 성부와 성자, 그리고 성령/보혜사의 연합에 관한 요한의 설명에 대한 필자
 의 요약적인 표현으로 사용할 것이다. 그렇다고 요한이 후에 정립된 삼위일체 신학의 모든
 세부사항과 뉘앙스를 '해결했다'고 믿는다는 것은 아니다. 하지만 후에 정립된 삼위일체 신학
 이 요한 신학을 논리적이면서 적절하게 표현한 것은 분명해 보인다.

23 David Rensberger 는 통찰력 있고 간결하게 이렇게 표현했다. "거한다는 것은 끈기를 의미하
 지만, 정체되어 있음을 의미하는 것은 아니다"("Spirituality and Christology," 184). 그러나
 Rensberger 는 "세상이 경멸하는 자들과의 동질감을 갖는 것"에 대한 더 넓은 비전을 암시하
 면서도, 제자 공동체를 위한 사랑에만 머무는 것에 대한 반대 개념인 공동체의 "여행"(이동)을
 대체로 제한한다(186).

24 Andrew Lincoln 은 요한복음의 선교적 제자도에 대한 분석에서 "제자도에 대한 은유들은 예
 수님을 따라 움직이는 상태에 있는 것뿐만 아니라, 역설적으로 함께 거함으로 머물러 있거나,
 심지어 더욱 친밀하게, 그 안에 있는 것을 포함한다"라는 매우 유사한 결론을 내렸다
 (*Johannine Vision*, 109).

25 Cornelis Bennema 는 그의 요한복음 연구에서 미메시스(*mimesis*), 즉 모방의 개념에 초점을
 맞추지만, 그의 미메시스에 대한 정의는 최소한 본서의 논지와 어느 정도 유사하다. "사람

제 4 복음서에 대한 이러한 접근은 일부 독자들을 놀라게 할 것이다. 요한복음은 자기들끼리 서로 사랑하면서 다른 사람은 사랑하지 않는 소위 어떤 이들이 '분파주의자'라고 부르는 제자 공동체를 지속시켜 나가려는 복음서로 종종 이해되어 왔기 때문이다. (이러한 비판에 대해서는 2 장에서 더 자세히 살펴볼 것이다) 이어지는 지면에서 다뤄질 요한 문헌의 영성을 고려한 해석은 요한복음에 대해 비분파주의적으로 읽는 것이다.

이제 요한의 선교적 영성에 대한 논의를 '영성'이라는 용어로 시작하고자 한다. 이 논의는 성경 신학계에서 다시 주목을 받게 되었고, '영성'은 점점 더 무시하지 못할 용어와 개념이 되어가고 있다.26

요한의 영성과 참여/테오시스에 대한 새로운 관심

기독교적 영성의 표준적인 정의 중 하나는 "기독교 신앙의 체험된 경험" 또는 "기독교 신앙과 제자도"이다.27 또 다른 표현으로는 "하나님과의 변혁적 관계"이다.28 영성에 대한 이러한 이해는 '현실 세계'와 분리되지 않는다. 필자가 다른 곳에서도 주장했듯이, 신약성경의 영성은 '저세상 영성의 현세성'으로 특징지어질 수 있다.29 (이것은 다른 신약성경 문서 못지않게 요한복음에서도 분명하다) 본서에서 우리는 영성에 대한 이러한 기본적인 이해를 **선교**와 접목하고 싶지만, 먼저 요한복음의 영성에 있어서 독특한 점은 무엇인지 살펴보고자 한다.

B 는 X 라는 활동 또는 상태에서 (좀 더 A 와 같이 되기 위해서) 사람 A 를 대표하거나 모방한다"(*Mimesis*, 25, 34). 또 Bennema 가 말하듯이(26) 예수님을 모방하려면 예수님과의 관계와 성령의 역사에서 나오는 예수님의 능력이 필요하다. 이러한 이유에서 Bennema 는 제자들의 선교가 참여 이상의 것임을 강조하면서, 그것이 모방에 초점을 두고 있기 때문에(예를 들어, 52, 84n.3, 86, 90-91) 요한의 신학에 있어 '참여'라는 표현을 즐겨 사용한다(66, 97, 115, 130, 132n.64, 135, 146, 152, 154, 155-61 164, 168, 173-74).

26 예를 들어, Lincoln, McConville, and Pietersen, *The Bible and Spirituality*; De Villiers and Pietersen, *The Spirit That Inspires* 를 참고하라.

27 Holder 의 "Introduction," *Blackwell Companion to Christian Spirituality*, 1, 5 를 참고하라

28 특히 Waaijman, *Spirituality*, 305-591 을 보라.

29 Gorman, "The This-Worldliness of the New Testament's Other-Worldly Spirituality."

어느 누구도 요한복음의 심오한 영성을 인식하지 않고서는 이 복음서를 읽을 수 없다.[30] 이 영성은 신자들과 예수님 사이의 상호내주에 대한 다음과 같은 표현으로 요약될 수 있다. "내 안에 거하라 나도 너희 안에 거하리라"(15:4).[31] 이후에 살펴보겠지만, 이러한 상호내주의 관계를 위한 기술적 용어는 페리코레시스(perichoresis, 상호침투)라고 하며, 이는 삼위일체 위격의 상호내주에 기초한다.[32] 그러나 상호내주의 '놀라운 친밀감의 신비로운 결합'[33]이라는 요한의 영성과 마주할 때, 독자들은 종종 이 세상의 구체적인 존재로부터 이 영성을 분리시키기도 하고, 선교를 완전히 **부인**하지는 않지만, 어떤 식으로든 영성을 **선교**로부터 분리시킨다. 최근의 훌륭한 학술적 논문들이 이 문제에 주목하고 있다.[34]

---

[30] 제4복음서의 영성에 관한 연구가 최근 신학연구에서 진지한 주제로 자리 잡은 것은 무엇보다 Sandra Schneiders(*Written That You May Believe; Jesus Risen in Our Midst*)의 선구적 연구 때문이다. 또한 요한에게 있어서 영성과 제자도는 본질적으로 동의어라고 진지하게 주장하는 Lee, *Hallowed in Truth and Love*(특히 133-66)를 참고하라.

[31] 요한복음에서 이와 같은 거함의 관계를 유지하는 방법은 성례(6:56; "내 살을 먹고 내 피를 마시는 자는 내 안에 거하고 나도 그의 안에 거하나니")와 말씀(15:7a, 10a; "너희가 내 안에 거하고 내 말이 너희 안에 거하면", "너희도 내 계명을 지키면 내 사랑 안에 거하리라")에 연결될 수 있다.

[32] Peter Leithart의 *Traces of the Trinity*는 상호내주, 또는 페리코레시스가 근본적인 "현실세계와 인간의 삶과 경험의 심층 구조"라는 주장에 대한 훌륭한 주해이다(137).

[33] Ashton, *Understanding the Fourth Gospel*, 441.

[34] Mary Coloe의 *Dwelling in the Household of God*은 성전 이미지가 예수님의 선교뿐만 아니라 제자들의 선교도 포함한다고 일찍이 주장하지만(3), 그 책은 예수님의 선교만을 다루고 있다. Andrew Byers는 그의 주요 저서인 *Ecclesiology and Theosis*에서 요한을 공동체적 (교회적) 아들됨, 참여, 그리고 신화(deification)의 내러티브로 강하게 주장하며, 이러한 통일성을 고유한 활동/선교로 축소하는 것을 피하려 한다(예를 들면, 144, 152, 198-99). 그렇게 함으로써 그는 요한복음에서 테오시스에 대한 선교의 중요성을 과소평가하거나, 적어도 충분히 탐구하지는 않고 있다. David Crump는 "Re-examining the Johannine Trinity"에서 요한복음의 페리코레시스적인 구원과 신화(deification)에 대해 옳게 말하지만, 선교에 대하여 언급하지는 않는다. Grant Macaskill(*Union with Christ*, 251-64)은 신적 사랑에 참여하고 예수님의 일을 지속한다는 관점에서 더 넓은 선교에 대한 이해를 암시하고 있지만(특히 264), 이러한 참여적인 면들을 발전시키지는 않고 있다. 필자는 요한 문헌의 영성과 선교에 대한 관점이 '정치적인' 감각에도 강력하게 연결되어 있다는 것을 제안하고자 한다. 요한의 반-제국주의적 차원에 관해서는 Carter, *John and Empire*와 Thatcher, *Greater than Caesar*를 참조하라. 간혹 이들의 주장이 다소 과장되었을 수 있다.

요한복음의 영성과 선교를 분리하는 것에 대한 반론으로서 프랑스의 학자이자 선교사인 뤼시앙 르그랑(Lucien Legrand)의 논문은 짧지만 의미 있는 한 예이다. 르그랑은 요한복음에 관해 다음과 같이 말한다.

> (요한복음의) 선교에 대한 '신비적인 이미지'는 우리의 시각을 넓혀주고, 깊이 있게 만들어준다. 행동과 연구, 은혜와 인간의 책임, 내면성과 타자 지향성, 영적 체험과 사회적 헌신, 하나님 중심주의와 인간 중심주의, 수도원적 부르심과 선교적 부르심으로 나누는 불행한 이분법을 초월하도록 하는 초대이다.[35]

좀 더 최근의 연구로, 샌드라 슈나이더스(Sandra Schneiders)의 책인 *Jesus Risen in Our Midst* 를 예로 들 수 있다. 책의 제목은 확실히 '참여'처럼 들리고, 부활 후 현존하시는 예수님이 분명히 무언가를 하고 계신다는 것을 암시한다. 이 책의 후반부에서는 특히 '세상에서 예수님의 지속적인 임재와 활동'의 수단인 교회 안에서, 그리고 교회를 통해서 행하시는 예수님과 성령의 화해시키는 역사로서 죄 사함에 초점을 맞춘다.[36] 이처럼 슈나이더스는 교회가 지금 이 세상에서 이뤄지고 있는 예수님의 구원 역사에 참여하는 것을 말한다.[37] 그 외에도 요한복음과 선교, 그리고 참여에 대한 관심의 사례들을 언급하고 있다.[38]

참여(또는 선교)에 대한 신학적이고 영적인 관심은 요한복음의 연구자들에게게만 국한되지는 않는다. 참여에 관한 이러한 관심을 최소한 부분적으로 설명할 수 있는 특별한 문화적 모멘트(cultural moment)가 있다. 신티아 피

---

[35] *Legrand, Unity and Plurality*, 144-45. Legrand 의 프랑스어 원제목은 "오시는 하나님"이라는 의미의 *Le Dieu qui vient* 였다.

[36] Schneiders, *Jesus Risen*, 118.

[37] Schneiders, *Jesus Risen*, 특히 xx-xxi, 150, 158 을 보라.

[38] 예를 들어, Hastings, *Missional God*; Lincoln 의 "Johannine Vision"을 보라. 훨씬 간단하지만 훌륭한 통찰력을 보여준다.

터스 앤더슨(Cynthia Peters Anderson)은 그녀의 책 *Reclaiming Participation: Christ as God's Life for All* 을 다음과 같이 시작한다.

> 인간 삶의 변혁, 즉 인간이 현재보다 더 나아진다는 개념은 수천 년 동안 이교도와 종교 사상을 지배해 왔다. 인간은 뭔가 다르고, 더 나은 어떤 것을 위해 운명지어져 있다는 매력적인 생각은 과거에만 국한되지는 않다. 현대주의와 포스트모던 철학, 그리고 과학, 다양한 대중소설, 영화에 이르기까지 인간 삶의 변혁이라는 주제는 서구 사회의 증가하는 세속화에도 불구하고 서구 문화의 맥을 통해 깊이 진동하고 있다.
> 인간 삶의 변혁은 20세기의 폭력적인 파괴와 21세기에도 계속된 충돌로 어지럽혀진 포스트모던 상황에서 특히 통렬한 갈망이 되어 왔다. … 이러한 상황에서 하나님의 진리와 아름다움, 선함의 생명에 인간이 참여한다는 기독교적 확언은 예수 그리스도를 통해 인간 삶에 함께하시는 하나님의 참여로 인해 인류를 위한 희망과 의미를 제공하기 때문이다. 그러나 우리가 스스로 만든 신이라는 생각으로 대중문화를 혼란스럽게 만드는 신화(神化; deification)에 관한 신영지주의의 아주 다양한 해석 가운데서, 인류가 하나님의 생명에 참여하는 것이 어떤 의미인지에 대한 진정한 개념을 회복하는 것이 더욱 중요하다. 이러한 참여는 하나님과 인간 사이의 근본적인 차이점을 유지하면서도 예수 그리스도의 은혜를 통한 인간 삶의 완전한 변혁의 근거가 된다.[39]

앤더슨은 "성령의 능력을 통해 예수 그리스도가 가능하게 하신, 인간이 하나님의 생명에 참여하는 이 비전은 하나님의 은혜의 순전한 선물을 통해 가능해진 변혁된 인류라는 포스트모더니티에 대한 대항-존재론(counter-ontology)을 제시하여, 하나님의 백성으로서 목적이 있고 거룩한 삶을 살도

---

[39] Anderson, *Reclaiming Participation*, 2.

록 촉구한다"라고 주장한다.[40] 앤더슨은 자신과 비슷한 생각으로 글을 쓰고 있는 신학자들에게 "하나님의 생명으로의 실제적이고 참된 참여라는 전통적인 기독교 개념을 다시 한번 지평선 위에 올려 놓으라고 요구한다"라고 말한다.[41] 따라서 오늘날 참여에 대해 말하는 것은 이전 것을 회복하거나 이전 자료를 재사용하는 행위라 할 수 있다.

  '참여'는 별개로 하더라도 '신화'(神化, deification) 또는 그 동의어인 '신성화'(神性化, divinization)와 '테오시스'(theosis)에 대한 이야기는 좀 더 복잡하다.[42] 이 단어들은 대부분의 서방 그리스도인에게 생소하거나 알려지지 않은 용어들이며, 때로는 그것을 아는 사람들조차 두려워하는 용어이다. 왜냐하면 여전히 테오시스(신성화 또는 신화)는 논쟁의 여지가 있는 용어이기 때문이다. 앤더슨은 이 주제를 소개하면서 "테오시스가 기독교적이긴 한가?"라는 제목을 달았다.[43] 켄트 브라우어(Kent Brower)는 "**하나님** 안에서(그리스도 안에서와 대조하여) 신자들의 상호내주 개념은 우리의 이해를 넘어선다. 그것은 거의 범신론이나 뉴에이지만큼 의심스럽게 들린다"라고 말한다.[44] 다른 몇몇 학자들도 신성화가 기독교적이기보다는 근본적으로(존재론적으로) 플라톤의 철학적인 면이 많다고 주장해왔다.[45]

---

[40] Anderson, *Reclaiming Participation*, 13.

[41] Anderson, *Reclaiming Participation*, 13.

[42] 어떤 학자들은 테오시스라는 말보다 다른 용어를 선호하기도 하고, 다른 용어와 구별해서 사용하려고 한다. 필자는 다른 용어들을 호환적으로 사용하기도 하지만 테오시스란 말을 선호한다.

[43] "Is Deification Even Christian?"; Anderson, *Reclaiming Participation*, 19.

[44] Brower, *Holiness in the Gospels*, 64.

[45] 몇몇 플라톤적인 사고가 고대의 주요한 몇몇 신학자들, 특히 알렉산드리아의 신학자들과 심지어 히브리서의 저자에 의해 차용되었을 때, 물론 이것은 잘못된 양자택일일 수 있다. 그러나 Khaled Anatolios 는 아타나시우스를 따라 신화(deification)에 대해서 우리에게 연관이 있을 수 있는 중요한 지적을 한다. "궁극적으로 아타나시우스의 신화에 대한 이해에서 핵심 이슈는 신적 존재론에 관한 어떤 추상적인 '헬레니즘적'인 교리가 아니라 예수 그리스도 안에서 세상과의 하나님의 친밀한 '가까움'에 대한 좋은 소식이다"(*Athanasius*, 210). 만일 우리가 '헬레니즘적 사고'를 '플라톤적 사고'로 교체한다면, 필자의 견해로는 유사한 주장이 가능하다.

테오시스의 정의

테오시스(theosis)나 신화(deification)에 대한 하나의 보편적인 정의는 없다. 사실 많은 학자는 기독교 전통에서 다양한 형태로 신화를 정의하려고 시도해왔다.[46] 그중에서 초기 신학자였던 이레나이우스(Irenaeus)와 아타나시우스(Athanasius)의 관점이 주목할 만하다. 이들은 간단하게 다음과 같이 정의했다.

> 하나님은(또는 그리스도는) 우리가 그분과 같이 될 수 있게 하려고 우리와 같이 되셨다.[47]

이 용어를 처음으로 정의했던 위(僞)-디오니시우스(Pseudo-Dionysius)는 단순하게 서술한다.

> 테오시스란 가능한 만큼 하나님을 닮고 그와 연합하는 것이다.[48]

로완 윌리엄스(Rowan Williams)는 이러한 이해를 상세히 설명하면서 교부 시대의 신화(deification)는 상호 보완적인 두 개의 주된 '요소'를 가지고 있

---

[46] 정의를 위한 최근의 몇몇 시도를 살펴보기 위해서는 Keating, "Typologies"를 보라. 다양한 형태에 대한 설명을 위해서는 Christensen 과 Wittung 의 *Partakers of the Divine Nature*, parts III-V; Litwa, *Becoming Divine* 을 참고하라. 흥미롭게도 두 책에서는 공통적으로 사도 바울과 마틴 루터를 한 장에 할애했다. 테오시스에 대한 최근 소개들을 위해서는 Christensen and Wittung 의 책에 실린 다음의 에세이들을 보라: Collins, *Partaking in Divine Nature*; Russell, *Fellow Workers with God*; Keating, *Deification and Grace*; Finlan and Kharlamov, *Theōsis: Deification in Christian Theology*. 테오시스가 여러 가지 방식으로 중요하게 나타나는 정교회 신학의 글들을 위해서는 Behr, *The Mystery of Christ*; Zizioulas, *Being as Communion*; Nellas, *Deification in Christ*; Lossky, *The Mystical Theology of the Eastern Church* 를 보라.

[47] 이것은 다양한 구체적 인용들을 모아 놓은 것과 같다. *Against Heresies* 5 에 있는 서문 1 에서 Irenaeus 는 "그의 엄청난 사랑으로 인해 그리스도께서는 우리가 그분 자신과 같이 되도록 우리와 같이 되셨다"라고 말한다. 또한 Athanasius, *Incarnation of the Word* 54 를 보라. 두 저자는 다양한 방법으로 동일하게 기초적인 신학적 확신을 표현한다.

[48] Pseudo-Dionysisus, *Ecclesiastical History* 1.3; Russell, *The Doctrine of Deification*, 248 에 인용되었다.

다고 말했다. 그것은 "신적 특성의 소통"과 "내적인 신적 관계에 참여하는 것"이다.49

노만 러셀(Norman Russell)은 테오시스에 대한 초기 기독교의 가르침, 특히 알렉산드리아 학파의 가르침을 네 가지 특징으로 요약하는데, 그중 윌리엄스의 분석 위에 세워진 세 가지는 본서의 연구 목적을 위해 중요하다.

- **전형이신 그리스도:** 초월과 내재의 연합으로서 그리스도의 위격, 신성과 인성을 연합시킨 첫 번째 분이시며 그리스도 안에 있는 모든 이들을 위한 패턴.
- **변혁적 참여:** 신자들이(여전히 인간으로 남아 있으면서도) 성령의 역사에 의해 신성(divine nature)에 점점 더 '역동적'으로 참여하는 것.
- **공동체적 맥락:** 금욕주의와 사색에서 벗어나 교회에서 덕(virtues)의 실천과 성찬을 받는 것으로 나아가는 것.50

또한 러셀은 테오시스의 정의에 있어 기독교의 이해에는 4 세기까지 모든 측면이 존재했다고 주장하면서, 테오시스에 대한 다소 포괄적인 정의를 제시한다.

테오시스는 성령을 통해 그리스도께 참여함으로써 온전한 사람으로 회복되는 것을 말한다. 이 과정은 교회의 교통함과 도덕적으로 노력하는 삶을 통해 이 세상에서 시작되며, 나아가 하나님 아버지와 신자들의 연합에서 궁극적인 성취를 경험한다. 이 모든 것은 신적 경륜의 넓은 맥락(context) 안에서 이루어진다.51

---

49 Williams, "Deification," 106.

50 Russell, *The Doctrine of Deification in the Greek Patristic Tradition*, 203-4. 또 다른 특징으로는, 승귀(exalting)한 그리스도의 인성에 인간을 참여시키는 중재가 아니라 '열등한 신성'을 제시함으로써 신과 인간을 연결하려는 시도를 거부하는 것이다.

51 Russell, *Fellow Workers*, 21. 이것과 이어지는 McGuckin 의 정의 또한 Keating, "Typologies,"

정교회 사제이자 역사가인 존 맥거킨(John McGuckin)은 테오시스를 '동방 기독교의 이해'에 기초하여 서방교회의 민감함에 더욱 맞춰진 표현으로 다음과 같이 정의한다.

> 그리스도인들이 점진적으로 하나님을 닮아가는 성화의 과정이다. 이러한 일치는 하나님의 불멸성과 더 완벽한 비전(그리고 지식과 경험)이 신실한 성도들의 영화($\delta \acute{o} \xi \alpha$, doxa)로 분명하게 나타날 때, 하늘나라에서 '의'의 영광스러운 변모(transfiguration)를 통해 궁극적으로 입증된다.[52]

이 정의에서 특히 주목할 점은 서방교회에서 더 익숙하게 여기는 성화(sanctification), 형상화(conformation), 변모(transfiguration), 불멸성(immortality), 영화(glorification)와 같은 용어들이다.

다니엘 키팅(Daniel Keating)은 신화 신학의 세 가지 "핵심 요소"를 아래와 같이 제안한다.

1. 성경(본문뿐만 아니라 아담에서 그리스도까지의 전체 성경 내러티브)에 기초하는 것

2. 내주하시는 성령에 대한 관심을 포함하면서 풍성한 삼위일체 신학과 더불어 기독교 존재의 규범으로서의 기독교 교리, 고백 및 예전으로서 연합, 그리고 은혜로 가능해진 인간 협력의 영성(이것은 테오시스에 대한 다양한 표현에 있어 통일성과 다양성을 모두 제시한다)

3. 피조물과 창조자 사이의 명확한 구별은 하나님께 실제로 참여하는 진정한 의미와 결합하되, 그 구별을 훼손하지 않는다("신적 생명으로의 비경쟁적인 참여")[53]

---

280 에 인용되었다.

[52] McGuckin, "The Strategic Adaptation of Deification," 95.

성경적 기초 근거들, 올바른 신학과 함께 성령의 역사에 관심을 두는 것도 중요하지만, 창조주와 피조물 사이의 절대적인 구별에 대한 키팅의 초점은 특히 중요하다.

이레나이우스와 아타나시우스가 초기에 가졌던 기본적인 입장을 반영하는 필자의 테오시스에 대한 일반적인 설명도 도움이 될 수 있다.

> 테오시스에 대해 신학적으로 기초가 되는 가정은 이레나이우스와 아타나시우스와 같은 교부들의 작품으로, 하나님(또는 그리스도)은 그분의 위대한 사랑으로 인해 우리가 하나님(또는 그리스도)과 같이 될 수 있도록 우리와 같이 되셨다는 것이다. … 영성 신학에 있어서 테오시스는 그리스도의 내주에 대한 바울과 요한(공동체)의 경험에 근거를 두고 있다(예를 들면, 갈 2:19-20; 엡 3:17; 골 1:27; 롬 8:1-17; 요한 15; 17:20-23).[54]

아타나시우스에게 있어(필자가 생각하기에 바울과 요한에게 있어서도) 신화(deification)는 전적으로 '고기독론'(high Christology)에 달려 있다. 즉, 성자는 실제로 신성을 공유하는데, 이는 신적 사랑과 은혜, 또는 **필안트로피아**(*philanthrōpia*, 인류에 대한 사랑)를 의미한다. 그리스도는 성육신(이를 통해 그는 인간의 상태를 '입는다')과 죽음으로 신적 **필안트로피아**를 실제화한다. 다시 말해 스스로 낮아져서 겸손하게 자비를 베푸는 '신적 태도'를 취하심으로 인해 결국 우리로 하여금 그리스도처럼 하나님의 성품을 공유하게 되고, 창조된 목적대로 변화되게 하시는 것이다.[55] 그러므로 기독교 전통에서 "그

---

53 Keating, "Typologies," 281-82.
54 Gorman, *Becoming the Gospel*, 3-4n.9.
55 아타나시우스의 이러한 기독론과 구원론의 관계에 대해서는 Anatolios 의 유용한 설명을 참조하라(*Athanasius*, 50-56). Anatolios 는 이렇게 주장한다. "아타나시우스의 신학적 비전에서 삼위일체 신학과 자기 비움(*kenotic*)의 기독론은 밀접하게 얽혀 있으며 상호 관계가 있다. 양자는 필안트로피아의 하나로서 인류를 향한 신적 태도의 핵심적 강조와 일치한다. 즉, 자연적으로 접근할 수 없는 신적 본질에 인간을 연결하는 신적 사랑이다"(55-56). 여기에 우리가 추가

리스도화"(Christification)와 "크리스토시스"(Christosis)는 신화(deification)의 또
다른 표현들이다.[56] 실제로 필자가 다른 곳에서 언급했듯이 "그리스도화는
신성화(divinization)이며, 신성화는 곧 인간화(humanization)이다."[57]

요한의 표현을 빌리자면, "하나님이셨던 말씀이 육신이 되어, 육신으로
태어난 사람들을 하나님의 자녀가 되게 하셨고, 그 말씀의 제자가 되도록
성령으로 다시 태어나게 하셨다"라고 말할 수 있다. 리처드 보컴은 요한복
음의 이원론에 대해 이렇게 표현한다. "자신 안에 영생을 가진 하나님의
아들은 육신에게 영생을 주기 위해 육신이 되셨다."[58] 더 간결하게 정리한
다면, 마틴 루터는 이레나이우스의 생각을 새롭게 말하기 위해 요한이 자
주 사용했던 '말씀'과 '육신'을 사용했다. "하나님의 말씀이 육신이 된 것
처럼 분명히 믿는 자들의 육신도 말씀이 되어야 한다."[59] 이에 대해 매리
안 마이 톰슨(Marianne Meye Thompson)이 요한복음 1:14-18 에 대한 주해에서
이레나이우스의 말을 인용한 것은 의미심장하고 적절하다.[60]

키팅(위를 참조하라)과 다른 많은 이들이 강조하듯 테오시스, 곧 신화
(deification)는 창조주와 피조물 사이의 경계가 흐릿해지거나 무너졌다는 것
을 의미하지 않는다. 그런 의미에서 인간이 하나님이 되는 것은 아니다.

할 수 있는 것은 신성화된(deified) 인간은 오직 필안트로피아에 의해 특징 지어질 것이라는
사실이다.
[56] 예를 들어, Cooper, *Christification*; Blackwell, *Christosis* 를 보라.
[57] Gorman, *Inhabiting the Cruciform God*, 37.
[58] Bauckham, *Gospel of Glory*, 125.
[59] 이것은 루터의 1514 년 성탄절 설교에 있는데, 그는 인간이 '하나님'(*deus*)이 되는 것이 아니라
'신적'(*divini*)으로 되는 것이라는 것을 명확히 했다(Litwa, *Becoming Divine*, 172-73 에 인용된
WA 1 28.25-28, 34). 1530 년대에 쓰여진 갈라디아서 주석에서 루터는 "그러므로 육신이 하
나님이 되기 전에 하나님이 육신이 되셨다. 그래서 인간이 하나님 안에서 신적으로(*indivinari*)
되기 전에 하나님이 먼저 성육신하셔야 한다"라고 말한다(173n.4 에 인용된, *WA* 57
94.11-13). 신적인 주도권에 대한 강조는 매우 중요하다.
[60] Thompson, *John*, 32: "요한의 형식은 확실히 그 울림이 '하나님의 말씀, 우리 주 예수 그리스
도는 우리가 그분 자신처럼 되도록 하시기 위해 그의 초월적인 사랑을 통해 우리와 같이 되셨
다'라고 했던 Irenaeus 의 유명한 말에서도 발견된다"(Irenaeus, *Adv. Haer.* 5, 서문). 또한 톰슨
이 17:3 에 대한 주해에서 동방 교부들에 대해 긍정적으로 언급한 내용을 참조하라(*John*,
349-50).

오히려 신적인 생명에 참여함으로써 **하나님처럼** 된다. 7 세기 비잔틴의 신학자로서 고백자 막시무스(Maximus the Confessor)는 철검을 불 속에 넣는 비유를 통해 테오시스를 유익하게 묘사했다. 철검은 불 속에 그대로 남아 있지만, 빛과 열이라는 불의 특별한 성질에 '참여'한다.[61] 일부 해석자들에 따르면, 테오시스는 우리가 실제로 변화되었더라도 **존재론적** 신화(deification)의 형태라기보다는 **관계적인** 것으로 하나님 안에 참여하는 것이다. 하나님의 아들인 예수님 안에서 나타난 것처럼 우리도 하나님의 형상과 모양으로 다시 만들어짐으로써 더욱 온전한 인간이 되어 가고, 동시에 더욱 하나님처럼 변화되어 가는 것을 말한다.[62] 인간은 **은혜로** 말미암아 **본성적으로** 그러하신 예수님의 모습으로 변화한다. 그러므로 성경적으로 하나님의 자녀가 된다는 것, 특히 바울과 요한 문헌에서 나타나는 양자됨(adoption)과 아들됨(filiation)의 개념은 일반적으로 테오시스에 대한 강력한 설명에 모두 포함되어 있다.

우리는 결코 신이 될 수는 없기 때문에 키팅은 "신화에 대한 모든 설명은 유비의 관점에서 말해야 하는 것"이라고 한다.[63] 또는 러셀이 말했듯이 "신화는 은유와 말의 시적 표현"이기는 하지만, "하나님과의 실제적이고 친밀한 관계를 표현하는 것"이다.[64] 다시 말해 신화는 '참여'와 '변혁'의 관계를 말하는 것이다.

---

[61] Maximus, *Ambiguum* 7; 비교. Opuscule 16 (Blackwell, "Immortal Glory," 304-5 에서 인용되었다).

[62] 테오시스의 관계적인 것과 존재론적 사이의 구별을 위해서는 Blackwell, *Christosis*, 103-5 를 보라. 이 책에서 토론하고 있는 요한복음 속의 연합과 내주의 언어에 있어서 Bennema 는 "역동적이고 변혁적인 교제 또는 관계"를 의미하는 '관계적 존재론'에 대해 이야기한다(*Mimesis*, 126). 하지만 Bennema 는 테오시스나 신화(deification)로 적절하게 부를 수 있는 존재론적 변혁을 발견하지 못한다(156). 그러나 이러한 용어들에 대한 그의 특정한 이해(신자들이 "문자적으로 신적인" 것, 127, 130, 132, 156)가 이런 주저함의 원인일 수 있다. Bennema 는 사실 본서에서 제안된 비슷한 관점에서의 용어 사용을 용인한다(132n.164): "만일 신자의 변혁에 대해 '신성화'라는 용어를 사용하길 원한다면 그것은 아마도 하나님이 되기(*homoousios*) 위해 하나님의 본질에 참여하는 것이라기보다 하나님처럼 되기(*homoiousios*) 위해 하나님의 생명과 성격에 참여한다는 측면에서 이해되어야 한다."

[63] Keating, "Typologies," 271-72.

[64] Russell, *Fellow Workers*, 25-26.

테오시스에 대한 가능한 반론들

신학적 스펙트럼과 전통을 가로질러 테오시스에 대한 관심이 증가하고 있음에도 불구하고 이에 대한 반대 의견이 제기되어 왔다. 그중 몇 가지를 언급하고 간략하게 답변하려 한다. (좀 더 깊이 있는 답변을 위해서는 또 다른 장이나 다른 서적이 필요할 것이다).

1. 테오시스는 인간과 신 사이의 분명한 경계를 무너뜨린다. 이런 반론은 아래 두 가지 형태로 나타난다.

   a. 테오시스는 인간이 신적인 존재가 되는 것을 의미한다.

   b. 테오시스는 인간이 하나님 안으로 흡수되는 것을 의미한다.

이미 여러 번 언급했듯이 간단히 말해서 이러한 우려는 (동방교회를 포함한) 다양한 정교회 전통에서 사용되고 있는 테오시스, 신화(deification), 신성화(divinization)와 같은 용어에 대한 근본적인 오해에서 비롯되었다. 이러한 단어들로 표현된 신학은 결코 하나님과 인류, 또는 영원한 하나님의 아들 그리스도와 양자된 그리스도인의 차이를 손상시키지 않는다.

실제로 "기독교 신화 교리는 하나님과 창조된 질서의 차이를 유지할 뿐아니라, 오히려 이런 전제 위에 있다."[65] 기독교 신학에서 인간은 제한적인 방식으로 **하나님처럼** 된다는 의미로 "신들이 된다"고 표현한다. 신들은 위에서 언급한 바와 같이 유비의 언어다. 따라서 '참여'는 '흡수'보다 정확한 실재의 표현이다. 인간은 독특하고 차별화된 인간됨(personhood)을 유지하고 있기 때문이다. 그리고 이러한 참여조차도 삼위일체의 위격처럼 관계적으로 이해되어야 한다. 즉 "환원할 수 없는 정체성을 가진 위격이

---

[65] Keating, *Deification and Grace*, 92. 유사하게 Cooper는 이렇게 말한다. "참여의 언어 자체는 혼동되지 말아야 할 창조물과 창조주 사이의 구별을 의미한다"(*Christification*, 122). 그러나 이러한 염려는 테오시스에 대한 많은 사람의 저항에 뿌리를 두고 있다. 예를 들어, Bennema, *Mimesis*, 특히 132를 보라.

상호침투하면서도 각자의 정체성을 잃지 않고 서로 내주하는 **관계적인** 연합을 뜻한다."66

2. 테오시스는 언어적 혹은 신학적인 측면에서도 성경적이지 않다.

단순히 성경에 '테오시스'라는 단어가 없다는 이유만으로 그 실체가 없다고 주장할 수 없다. 비슷한 상황은 '성육신'이나 '삼위일체'와 같은 단어에서도 일어난다. 이러한 단어의 부재가 그 개념이나 실재가 성경에서 누락되어 있다는 것을 의미하지 않는다. 철학자이자 문학 비평가인 미하일 박틴(Mikhail Bakhtin)은 "의미론적 현상은 은폐된 형태로 존재할 수 있으며, 잠재적으로는 그러한 표현에 우호적인, 이후 시대에서 의미가 있는 문화적 맥락에서만 드러날 수 있다"라고 말했다.67 이 주장은 상당히 비판적이면서 올바른 주장으로 받아들여지기 때문에, 테오시스와 신화, 심지어 상호침투(페리코레시스, perichoresis)와 같은 용어들이 요한복음에 나타나지 않고, 심지어 요한복음이 기록될 당시에 알려지지 않았다 할지라도 이러한 용어들의 사용을 정당화할 수 있다.

3. 테오시스는 구원에 있어 인간의 활동에 너무 많은 공을 돌린다(신인 협력설, synergism).

이러한 우려는 테오시스에서 은혜의 역할을 과소평가하기 때문이다. 앞에서 언급한 것과 같이 테오시스를 요약하는 한 가지 방법은, 우리가 **은혜로** 말미암아 본성적으로 그러하신 예수님의 모습이 된다는 것이다. 그리스도처럼 되는 것은 은혜의 역사이지만, 하나님은 강압적인 분이 아니시기 때문에 인간의 동의와 협조를 또한 필요로 한다. 하지만 이것은 하나님께서 우리 안에서 또는 우리 가운데서 역사하시기 때문에(빌 2:13), 구원을 이루어 가라는 바울의 말과 근본적으로 다르지 않다.

---

66 Hastings, *Missional God*, 273.
67 Bakhtin, *Speech Genres*, 5.

4. 테오시스는 독특한 (동방) 정교회 교리다.

테오시스는 주로, 혹은 배타적으로, 동방정교회 전통과 자주 연관되어 왔다. 하지만 이는 동방교회의 교부들과 그들의 계승자들뿐 아니라 어거스틴과 같은 서방교회의 교부들이 사용하였으며, 칼빈과 루터, 그리고 그들의 최근 해석자들도 사용한 개념이다. 또한 웨슬리 전통과 로마 가톨릭 교리문답, 그리고 심지어 현재의 복음주의에서 나타나는 에큐메니컬 신학에서도 보편적인 신학 모티프라는 인식이 점점 증가하고 있다. 이렇게 볼 때, 모든 신학자나 신학적 전통이 테오시스를 받아들이거나 정확히 같은 방식으로 해석하는 것은 아니라 할지라도 단지 동방정교회에만 국한된 것은 아니며, 오히려 전 기독교 교회에 널리 퍼져 있다는 것을 뜻하는 것이다.68

5. 테오시스는 '이단적인 것', 예를 들어 몰몬교가 (대중적으로) 가르치는 것에 가깝다.

확실히 전 세계적으로 종교의 역사와 현대적 관습에는 다양한 테오시스나 신화(deification)에 대한 이해가 있었다. 그 결과 일부는 형식과 실체가 분명히 비기독교적이었고, 다른 일부는 기독교 전통과 어느 정도 관련이 있음에도 불구하고 정통 기독교의 관점에서 하위 기독교(sub-Christian)로 평가받았다.69 하지만 하나님이나 구원에 대한 저급한 혹은 비-기독교의 이해로 인해 기독교에서 그 개념의 중요성이 부정되지 않았던 것처럼 테오시스의 중요성이나 의미 또한 부정되는 것은 아니다.

---

68 위에 언급된 다양한 연구들에 더해, 예를 들면, Mosser, "Greatest Possible Blessing"; Rakestraw, "Becoming Like God" (복음주의적 관점); Habets, "Walking" (C. S. Lewis 에 영감을 받은 신성화 신학)을 보라.
69 많은 다양성의 일부를 보기 위해서는 Litwa, *Becoming Divine* 을 참고하라.

테오시스 요약: 선교적 관점

지금까지의 논의와 다양한 관점에 비추어 볼 때, 테오시스를 일부 학자들이 생각하는 것과 같이 정교한 교리로 이해하기보다 다소 일반적인(비록 중요하지만) 신학적 주제로 보는 것이 최선일 것이다.[70] 성경과 교회 전통에 따라 테오시스 신학에서 인간과 가장 공통으로 공유되는 하나님의 특성에는 (1) 거룩함(때로는 선함, 사랑 또는 의로움이나 정의로 언급됨)과 (2) 불멸성이 있다.[71] 현세의 삶에서 우리는 물론 (어느 정도의) 온전한 거룩함을 얻을지도 모르지만, (강조를 위해 다시 한번 말하자면) 항상 인간으로 남는다. 그러나 하나님의 거룩함과 선하심, 사랑에 참여하면서 인간은 하나님의 생명에 참여한다.[72] 다시 말해, 신화는 진정한 변혁을 의미하지만, 또한 동시에 인간과 하나님 사이의 경계선은 **결코** 무너지지 않는다는 것을 강조해야 한다. 신화의 실재는 하나님의 자녀가 되는 것(sonship 또는 childship)으로 종종 표현

---

[70] 주제와 교리 사이의 구별을 위해서는 Hallonsten, "*Theosis in Recent Research*," 특히, 283-84, 287 을 보라. Hallonsten 의 논문에 전적으로 동의하지는 않지만, 그 구별은 유익하다. Keating ("Typologies," 273-77)은 이 구별이 몇 가지 면에서 문제가 있음을 발견하면서 테오시스 신학의 언어가 다양한 분야의 여러 저자에게 적절하다는 것을 제안한다. 필자 또한 Keating 이 그러하듯(278), 신성화 주제를 다루는 일부 저자들이 신학적인 입장을 충분히 발전시키지 못했다고 생각한다. 발전된 교리로서 또 (보다 일반적이고 다양한) 주제로서 신성화에 대한 변증으로는 Habets, "Theosis, Yes; Deification, No"를 보라. '신화'(deification)라 할 때 Habets 은 인간과 하나님 사이의 구별을 흐리게 하는 신화로 이해한다.

[71] 예를 들어, 중요한 인물로 Cyril of Alexandria 를 보라. "Cyril 의 생각 속에, 하나님께서 인류에게 자신을 주시는 가장 분명한 방식은 하나님 자신이 부패하지 않고 (결과적으로 불멸하며) 거룩함을 나누는 방식이다"(*Fairbairn, Grace and Christology*, 74). Cyril 의 신학의 많은 부분은 요한과 바울에 대한 그의 해석에 기초하고 있다.

[72] 어떤 이들은 우리가 하나님의 존재(being)에 참여하고 있다는 것을 추가할 것이다. 예를 들면, McGuckin ("Strategic Adaptation")을 보라. "성스러움에 참여하는 것은 사실 참된 존재(being)에 참여하는 것이다"(107). McGuckin 의 이러한 주장은 Gregory of Nyssa 의 *Life of Moses* 에 기초한다. Gregory 는 "참된 덕을 추구하는" 사람은 "다른 어떤 것이 아니라 하나님에 참여하는 것"이고, "그 이유는 하나님이 완전한 덕이시기 때문"이라고 했다(*Life of Moses* 1.7-8, McGuckin, "Strategic Adaptation," 106 에 인용). McGuckin 은 "일거에 신적인 은혜를 받은 창조물의 경우, 도덕성과 존재론 사이의 구분이 거짓된 것이 되었다"라고 말한다(107). 필자의 견해는 Anatolios 가 이해한 Athanasius 의 견해와 더 가깝다. "신화(deification)는 실제적인 변혁을 의미하지만 동시에 Athanasius 가 강조하듯 하나님에 대한 참여를 통한 창조에 의해 받게 되는 것은 그 존재와 동일하지 않고 오히려 '외부로부터' '추가적인 것'을 구성한다"(Anatolios, *Athanasius*, 108).

되며, 전문 용어로는 '아들됨'(filiation)이다.[73] 그러나 이 '아들됨'은 (영원한 아들이신 그리스도와는 대조적으로) 본성의 변화를 말하는 것이 아니라 언제나 은혜에 의한 자녀됨을 말하는 것이다.[74] 달리 비유하자면 아이들이 부모의 DNA를 받아서 부모를 닮게 되고, 특정한 방식으로는 점점 더 부모처럼 될 수도 있다는 것을 말하며, 형제자매와 같이 똑같은 부모에게서 태어난 생물학적 자녀들이 부모의 유사성을 공유하는 것과 비슷하다. 하지만 어떤 자녀도 부모와 똑같이 될 수는 없다. 따라서 테오시스는 부분적으로는 가족의 공동체적 교제(communion)의 문제이며, 또 다른 부분에서는 (은유적으로 말해) 신적 DNA를 받음으로써 생기는 가족의 유사성에 관한 문제이다.[75]

만일 테오시스가 하나님의 생명과 선교에 참여함으로써 하나님 안에서 하나님처럼 되는 것을 의미한다면, 우리는 두 가지 기초적 질문을 던져야 한다. 첫째는 우리가 하나님의 생명과 선교에 참여하고 있다고 할 때, 하나님은 누구시며, 하나님은 어떤 분이신가?라는 질문이다. 종교적 전통마다 하나님(신)과 테오시스의 형태들이 다르기 때문에 이것은 일반적이지만 중요한 질문이다.[76] 요한복음에서 자신을 주시는 사랑의 하나님은 고대의 대체자들, 예를 들어 유일한 하나님을 대체했던 로마 황제나 아르테미스,

---

73 Cyril에게서 세 번째이며 동일하게 중요한 신적 자기 내어 줌의 측면은 (양자된) 아들됨(sonship)의 예를 들 수 있다(Fairbairn, *Grace and Christology*, 76-99). 다시 한번 Cyril은 이 이미지를 위해 요한과 바울에 의존한다.

74 예를 들어, Chrysostom, *Homilies on John* 3.2; *Homilies on Romans* 15.1-2를 보라.

75 우리가 다루게 될 신적 DNA에 대한 은유에 관해서는 특히 Bennett, *Labor of God*을 보라. 흥미롭게도 CEB는 요한일서 3:9의 앞부분을 다음과 같이 번역한다: "Those born of God don't practice sin because God's DNA (가능한 또 다른 선택: 'genetic character' 또는 'nature'; 헬라어. *sperma*) remains in them" (비교. NRSV: "Those who have been born of God do not sin, because God's seed abides in them"). 가족 행동 양식으로서 요한의 '윤리'를 살펴보기 원한다면, 특히 van der Watt, *Family of the King*; Bennema, *Mimesis*를 보라. Bennema는 DNA 은유를 사용하지 않지만, 가족 멤버십은 정체성과 행동양식을 전제한다고 주장한다.

76 기독교적이고 비-기독교적인 서방의 이해에 대한 해석을 위해서는 Litwa, *Becoming Divine*을 보라.

그리고 신처럼 숭배를 받는 모든 존재와 대조되기에, '하나님은 누구시며 어떤 분이신가'라는 이 질문은 요한복음에서도 중요하다.[77]

두 번째 질문은 우리가 어떻게 이런 하나님의 생명에 참여할 수 있는 가? "변혁의 **수단** 또는 **방식**은 무엇인가?"라는 것이다.[78] 이 질문에 간단히 답한다면 그건 바로 "믿음"일 것이다.[79] 또 하나의 대답은 개신교에서 종종 "은혜의 수단"이라 부르는 성례(sacraments)라고 할 수 있다. 알렉산드리아의 키릴(Cyril of Alexandria)은 세례와 성찬을 강조했다.[80] 왜냐하면 세례에서 신자들은 성령을 받게 되고, 성령의 역사는 인간의 영을 변혁시켜 "그분 자신의 표식을 우리 위에 새기고, 우리의 이성까지도 그분 자신의 수준처럼 변혁시켜서 우리의 영이 하나님과 더 가까워지도록 만드는 것"이기 때문이다.[81] 그러나 변혁의 경험이 성례에 의해서만 일어나는 것은 아니다. 테오시스는 성령이 개입하시는 성례에 의해 부분적으로 발생하지만, 성령의 역사를 통해 경험되기에 반드시 성례에만 국한되는 것은 아니다. 참여와 변혁의 또 다른 수단에는 사색과 금욕(asceticism), 그리고 덕(을 추구함)이 포함된다.

필자 또한 '선교적 테오시스'라는 용어를 지지한다. 그뿐 아니라 선교적 테오시스를 성례적, 금욕적, 사색적, 신비적, 전례적, 혹은 덕(virture)의 테오시스라고 부르는 것과 배타적이지 않게 테오시스의 **방식**(mode)을 설명하

---

77 요한복음에 반영된 대조에 관해서는 Carter, *John and Empire* 와 Thatcher, *Greater than Caesar* 를 보라. 요한복음에 나타난 반제국주의적 주제에 대한 두 신학자의 주장은 다소 과장일 수 있다. 필자가 Artemis 에 대해 언급한 것도 복음서가 쓰여진 지역일지 모르는 에베소에서 그 여신의 중요성 때문이다. 요한복음에 나타난 하나님에 대한 자세한 연구는 Thompson, *God of the Gospel* 을 보라.

78 모든 기독교적 형태의 신화(deification)는 은혜의 신학에 뿌리를 두고 있다. 성령과 은혜의 역사를 전제로 여기서의 질문은 "어떤 실천(들)이 그리스도를 닮은(Christlike) 하나님 닮음(Godlikeness)을 성장시킬 수 있는가?"이다.

79 예를 들어, Luther (Litwa, *Becoming Divine*, 182)를 보라. 하지만 이것은 이웃 사랑으로부터 분리될 수 없다(183).

80 Russell, *Cyril of Alexandria*, 19-21.

81 Russell, Cyril of Alexandria, 20 에 인용된 Cyril, *Commentary on John*; 비교. 211n.35. 요 3:16 에 관해 Cyril 은 언급한다: 육에서 난 것은 육이요, 영(Spirit)에서 난 것은 영(spirit)이다."

려고 시도할 것이다. 테오시스의 이러한 '유형'은 변혁과 하나님과의 연합의 주요 방식으로서, 자기 부인과 욕망의 제어, 기도와 사색, 초월적 경험, 특히 성찬과 예배, 하나님의 사랑에 참여[82] 또는 도덕적 실천 등 특정한 종류의 실천에 초점을 맞추고 있다. 필자는 테오시스의 여러 유형이 가지고 있는 변혁적이면서 참여적인 의미를 부정하고 싶지 않다. 사실 이러한 실천들은 때때로 이루어져 왔고 또한 동시에 이루어지고 있기 때문이다.[83] 덕(virtue)의 테오시스는 필자가 선교적 테오시스로 부르는 것에 확실히 가깝다고 할 수 있다.[84] 대부분의 테오시스 지지자들에게 있어 거룩함(적어도 다른 사람에 대한 덕을 함축하는)은 영생과 함께 변혁의 최종 목표(telos)의 일부분으로 여기고 있기 때문이다.[85]

그러나, 신약성경, 특히 요한복음 이해에 기초한 필자의 강조는 변혁의 방법으로서 여전히 진행 중인 신적인 구원 활동, 곧 하나님의 선교(missio Dei)에 참여하는 것에 있다. "너희가 열매를 많이 맺으면 내 아버지께서 영광을 받으실 것이요 너희는 내 제자가 되리라"(요 15:8). 하나님의 선교로의

---

[82] Augustine: "By loving God, we are made gods" (Serm. 121.1, 인용. Litwa, *Becoming Divine*, 183).

[83] Palamas 의 Gregory 는 기도와 사색, 욕망의 제어, 덕, 그리고 사랑을 옹호했다(Litwa, *Becoming Divine*, 6, 238; 비교. 155-71).

[84] 루터에게 신화는 타인에 대한 사랑을 통해서도 이뤄진다. 비록 사랑이 은혜로부터 오지만, 그것은 "칭의에 의한 결과이지, 그 원인이 아니다"(Litwa, *Becoming Divine*, 183-84; 238). 아래를 참조하라.

[85] 타인에 대한 염려는 아마도 금욕적, 사색적, 그리고 신비주의적 신성화의 여러 형태에서도 내포되어 있을 것이다. Norman Russell 은 몇 곳에서(예를 들어, *Fellow Workers with God*, 25-26) 모든 형태의 신화를 세례와 성찬을 의미하는 '실제적'인 것과 본질적으로 하나님처럼 되려는 도덕적 노력으로서 '모방'을 의미하는 '윤리적'인 것으로 구분한다. 또한 필자가 열거한 다른 모든 범주들(금욕적, 사색적 등)까지도 포함시킨다. Russel 은 이것들이 서로 분리되는 것이 아니라 함께 있어야 하며, 각각이 서로를 필요로 한다고 주장하면서 그리스도의 모방이 성령에 의해 가능하다고 지적한다(27). Keating 은 더 나아가 두 가지가 단순히 연결되어 있는 것이 아니라 특정한 방식으로 함께 체계화되어 있다는 것을 강조한다. 이는 "신자들 안에 있는 성령의 실제적인 내주(또한 삼위 하나님의 내주)로 인해 윤리적인 면에서의 신화(deification)는 반드시 실제적인 면에서의 신화에 기초하고 그리스도가 하신 것(또 하고 계신 것)에 항상 의지해야"하기 때문이라고 말한다(Keating, "Typologies," 272). 사색과 선교에 참여하는 또 다른 접근은 연합과 교제의 개념을 하나님과의 우정 그리고 하나님과 함께 하는 친밀한 사랑으로 받아들이며(Cassian 의 Fairbairn, *Grace and Christology*, 160-62 를 보라), 우정과 사랑을 공유한 관심을 포함하는 것으로 정의하고, 신적 관심을 세상을 향한 사랑의 관점, 곧 *missio Dei*(하나님의 선교)라는 선교로 설명하는 것이다.

참여는 변혁을 이끌어낸다. 그러나, 이것은 인간이 스스로 구원과 테오시스를 성취할 수 있다는 것을 의미하지 않는다. 적어도 요한에게 있어서 (바울도 마찬가지겠지만) 참여는 성령에 의해 신자들에게나 공동체 안에서 능력을 주시고 변혁시키시는 하나님의 역사를 수반하는 삼위 하나님과 신자들의 상호내주를 의미한다. 요한복음에서 아들과 아버지와의 연합에 참여하는 것은 아들 안에서, 그리고 아들을 통하여 아버지의 (선교적) 활동에 참여하는 것을 의미한다. 은혜로 하나님의 자녀가 된 우리 또한 아들이 본성적으로 아버지와 나누는 교제와 활동에 참여하게 된다.[86]

따라서 요한복음이 말하는 **선교적** 테오시스는 그리스도 안에서 하나님, 곧 사랑의 아버지로서, 보내시는 성부 하나님이 선교적이시기에, 하나님의 생명에 참여하는 것은 바로 하나님의 **선교적** 삶에 참여하는 것을 의미한다. 루터는 "우리는 이웃에게 선한 일을 하는 사랑을 통해 신들이 된다. 왜냐하면 신성은 의심할 나위 없이 베푸는 것이기 때문이다"라고 했다.[87] 요한일서가 말하듯 하나님은 사랑이시다(요일 4:8, 16). 따라서 서문에서 언급한 대로 테오시스 앞에 '선교적'이란 말을 더하는 것은 중복적이다. 그러나 여러 그룹에서, 특히 개신교 그리스도인들 사이에서 '참여'와 '테오시스', 그리고 심지어 '영성'과 같은 용어들이 선교로부터 단절되었기에(선교학자 스콧 선퀴스트의 연구의 핵심),[88] 필자는 '선교적'이라는 말을 '테오시스'와 함께 묶을 것이다.

요한복음에 나타나 있는 테오시스에 내재된 선교적 요소를 강조하지 않는다고 해도 테오시스에 대해서 정교한 분석이 가능하다. 예를 들어, 위에서 언급한 바와 같이 앤드류 바이어스(Andrew Byers)의 통찰력 있는 연구가 이에 해당할 것이다.[89] 그의 책에는 두 개의 주요한 주장이 있다. 1) 요한

---

86 Rossé는 요한복음에서 예수님은 계시하는 자로서 "하나님을 위격들의 교제(a communion of persons)로 나타낸다"라고 간결하고 적절하게 주장한다(*Spirituality of Communion*, 44).

87 Litwa, *Becoming Divine*, 184에 인용된 *WA* 10 I 100.13-20.

88 Sunquist, *Understanding Christian Mission*, 173, 396-411.

복음의 교회론은 아버지와 아들의 신적인 상호관계에 참여하는 인간 공동
체의 형성과 지속적인 삶을 그리고 있으며, 2) 이 관계적 참여는 통상적으
로 아들됨(filiation)으로 묘사되고, 후에 신학자들이 부르게 될 테오시스와
대체로 일치하는 깊은 존재론적 변혁을 요구한다. 이 두 주장의 다양한 증
거는 복음 이야기 속에 깊이 내포되어 있어서 요한복음이 '신화 내러티
브'(deification narrative)로 여겨질 정도로 그 줄거리 형성에 힘을 행사한다.[90]

　그러나 이 '존재론적 변혁'은 무엇을 수반하며, 어떻게 일어나는가? 어
떤 면에서 바이어스의 목표는 칭찬할 만하다. 그는 요한복음에서 테오시
스는 (그리고 그에 따른 변혁과 그 방법이) 요한복음이 의미하는 것의 일부로서

---

[89] Byers, *Ecclesiology and Theosis*. 비슷한 선교적 강조의 결여는 Matthew Vellanickal 의 대표
적 연구인 *The Divine Sonship of Christians in the Johannine Writings* 에서도 나타난다.
Vellanickal 에게 있어서 요한복음과 요한서신 모두를 바탕으로 한 의와 죄없음, 그리고 (기독
교) 가족에 대한 사랑("형제 사랑")과 에스겔 신적 아들됨의 기준(227-63), 열매(265-94), 그리고 표현
(295-315) 이지만, 이것 중 어느 것도 최소한 공동체를 넘어서는 선교적 요소를 가지고 있지
않다. 비록 Vellanickal 이 참여와 교제, 변혁(되는 것), 그리고 그리스도인과 그리스도/하나
님 사이의 윤리적 유사성을 강조함에 따라 그의 연구는 종종 (타당하게) 요한의 테오시스에
대한 주해로 이해되지만, 아들됨(sonship)이 의미하고자 하는 것을 표현하기 위해 테오시
스, 신화, 혹은 신성화와 같은 용어들을 사용하지는 않는다(사실 그는 헬레니즘적인 '비전을
통한 신화'와의 유사성에 대한 주장을 배척한다).

[90] Byers, *Ecclesiology and Theosis*, 237. Byers 는 제 4 복음서에 대한 그의 연구를 종합하는 마
지막 장에서 11 개의 요점으로 내용을 요약한다(238-41): (1) 교회론은 "가장 중요하다" (238).
(2) 내러티브 교회론이다. (3) "제 4 복음서 기자에 따른 신성을 특징짓는 복수형은 "신적 정
체성이 공동체로 이루어지며, 아버지와 아들의 상호관계가 예수님을 믿고 그 결과로 존재론
적 재구성을 겪게 되는 인간을 포함한다"라는 것을 의미하는 "참여적인 교회론을 생성한
다"(238). (4) "참여는 성육신의 신적-인간적 교환에 의해 이뤄지며 아들됨(filiation)으로 표현
되며(238), 결과적으로 가족 구성원으로 표현되는 참여적인 교회론을 낳는다. (5) 요한복음의
서론(the Prologue)은 "전체 복음서의 줄거리를 지배하는, 새롭게 사회를 구성하는 교회의 내
러티브 대본"을 작동하게 한다(239). (6) "요한의 하나됨의 모티프는 이스라엘의 성경, 특히
신명기 6:4 의 쉐마(*Shema*)와 에스겔 34 장과 37 장의 "메시아적이고 민족적인" 소망에 근거
한다. (7) "우리가 하나된 것 같이 그들도 하나가 되게" 해 달라는 기도(요 17:22)는 종교적
유산과 충돌하면서 이스라엘의 '한' 하나님과 함께 하는 요한(공동체)의 신자들의 신적 연합의
교회론을 표현한다(240). (8) "하나됨은 신적 연합인 동시에 신화(deification)이기 때문에" 동
일한 기도는 "신자들이 새로운 가족의 구성원으로 새롭게 만들어지고 신성화(divinization)의
과정에 있음으로 아버지와 아들의 상호관계로 들어감에 따라 신적 참여의 교회론을 기대한
다"(시 82:6, "you are gods"의 성취, 240). (9) "요한의 신성화는 유대적이고, 내러티브이며,
공동체적이다"(240). (10) "요한의 신성화는 특정 인물들과 그룹들의 묘사를 통해 내러티브로
그려지며, 신적인 것에 대한 인간의 유사성(교회적 호혜성)은 "'예수님과 마찬가지로 신자들
도'라는 공식을 통해 표현된다"(241). (11) "요한의 테오시스는 서론의 이중적(dyadic) 신학을
복음서 안에서 삼중적(triadic)으로 만드는 특징을 가진 보혜사-성령의 역사를 통해 내러티브
안에서 현실화된다"(241).

신적 선교/활동에 대한 참여를 유지하면서도, 그러한 참여 **이상**이라고 주장한다.

요한복음 17 장에 나오는 제자들의 하나됨은 분명히 예수님의 선교와 활동에 참여하는 것을 수반한다. 그러나 '하나'라는 용어 뒤에 있는 쉐마 (Shema)의 신학적 근거, 시편 82 편에 의해 제시되는 신성의 경계 확장, 그리고 예수님의 신성과 천상의 영광으로의 인간 참여는 모두 사회적 조화가 필요하며, 또한 예수님의 지상 사역에 대한 기능적 모방을 넘어서는 하나됨에 대한 이해를 요구한다. 요한복음 17 장의 하나됨은 하나님의 말씀을 신적 계시로 받은 자들과 받을 자들이 이루어 가는 공동체의 신화(deifi-cation)를 요구한다.[91]

신적 영광에 참여하는 것을 선교적 활동으로 제한하려는 참여의 최소주의적 해석(Herman Ridderbos)[92]에 대해 반론을 제기하는 바이어스의 주장은 타당해 보인다. 그러나 이 최소주의적 관점을 반박하는 데 있어 바이어스는 우리가 본서에서 살피고 있는 좀 더 분명한 테오시스의 선교적 측면들을 강조하지는 않는다. 따라서 '활동', '선교', 그리고 '사역'과 같은 단어들은 그의 책에 있는 11 개의 확장된 핵심 요약에서 근본적으로 아무런 역할을 하지 않는다(위의 언급을 보라).[93]

반면 로스 헤스팅스(Ross Hastings)는 그의 책 *Missional God, Missional Church* 에서 요한복음에 **선교적** 테오시스가 특별하게 등장한다고 주장한다.[94] 그의 책은 요한복음 20 장 19-23 절의 '신학적 강해서'이다.[95] 그렇지

---

[91] Byers, *Ecclesiology and Theosis*, 198-99.

[92] Byers, *Ecclesiology and Theosis*, 197n.85.

[93] Byers 는 요한복음에서 "포용적 평행법"이란 문학적 장치에 대해 언급한다(*Ecclesiology and Theosis*, 200-23). 이는 참여와 테오시스를 대표하는 것으로 "예수님의 신적인 행동이나 말이 특정 인물이나 인물 그룹에 비춰지는" 경우들을 뜻하며(200), 신적인 활동과 선교로의 다양한 형태에 참여하는 것을 포함한다. 이 주제에 대한 그의 토론은 한편으로 이해를 돕지만, 선교를 충분히 강조할 만큼 설득하지는 못한다.

[94] Hastings 는 요 20:19-23 을 **샬롬**(shalom)을 발견하는 것과 **샬롬**을 퍼뜨리는 두 가지 측면으로 이해하고, 하나님의 생명과 선교에 참여하는 교회가 가지는 선교의 본질적인 두 가지로서 이

만 테오시스에 대한 헤스팅스의 깊은 고찰은 아버지와 제자들과의 친밀한
연합, 그리고 장차 아버지와 아들과 성령이 제자들에게 다시 찾아오는 것
과 같은 주제를 담고 있는 요한복음 14 장에서부터 출발한다.[96] 헤스팅스
는 14 장의 연합과 참여의 언어를 20 장에 나오는 성령의 숨결과 연결하
고, 이를 통해 '성령에 의한 아들의 보냄(Son's sentness)에 대한 참여'를 성령
의 선교적인 영성의 본질로 언급한 후 이것을 테오시스라고 부른다.[97] 또
한 그는 이러한 토론을 담고 있는 요한복음 20 장을 '테오시스로서의 선
교'라고 명명한다.[98] 헤스팅스의 테오시스에 대한 이러한 이해는 성육신
교리와도 자연스럽게 연결되기 때문에, 요한 문헌에서 영감을 얻은 선교
학은 '성육신적이고 성령적인(pneumatic) 테오시스' 중 하나가 될 것이라고
그의 책 10 장에서 주장한다.[99] 그는 이어지는 마지막 두 장에서 요한복음
20 장에 기록된 성령의 은사의 선교적 의미에 초점을 맞추어 설명한다.

결론

로스 헤스팅스는 주석자나 성경신학자가 아니라 목회신학자로 글을 쓰
고 있지만, 요한복음에서 그가 인식하는 상당 부분은 본서에서 논하고자
하는 내용과 일치한다. 또한 앤드류 바이어스와 코넬리스 벤네마의 연구

를 제안한다(*Missional God*, 26). 그의 책은 네 장의 도입 부분을 지나, 1 부 "Discovering Shalom"(5-8 장, John 20:19-20 을 다룸)과 2 부 "Disseminating Shalom"(9-12 장, John 20:21-23 을 다룸)으로 구성되어 있다.

95 Hastings, *Missional God*, 16.
96 Hastings, *Missional God*, 268-70.
97 Hastings, *Missional God*, 271-92.
98 Hastings, *Missional God*, ch. 10 (268-92).
99 Hastings, *Missional God*, 285-92. Hastings 에 따르면 이러한 테오시스 이해의 핵심 요소는
(1) 보내시는 아버지가 말하는 것을 말하는 것, (2) 보내시는 아버지가 하시는 것을 하는 것,
(3) 심판, (4) 섬김과 희생, (5) 아버지와의 친밀한 교제, (6) 사색과 모방으로서 교제를 통해
보내는 자(the Sender)의 모습을 비추는 것, (7) 성화되어 가는 것, 그리고 (8) 아버지와 서로가
함께 하나가 되는 것(276-84)이다.

(이 장에서 각각 언급됨)는 본서의 방향과 많은 차이점이 있긴 하지만, 그들의 연구에서도 의미 있는 울림을 발견할 수 있다. 요한복음은 심오한 영성과 거대한 선교의 복음서이다. 또한 '거하고 나아가라'(abide and go)는 표어를 가진 복음서이다.

　그래서 지금까지 요한복음을 논하기 앞서 이 복음서가 선교적 해석학과 선교적 영성, 그리고 선교적 테오시스에 대해 제기할 수 있는 잠재적인 문제들을 살펴본 것이다.

2

요한복음의 선교적 테오시스

구조, 주제, 그리고 1-12장

1장에서 본서의 논지에 대해 간략하게 서술한 바 있다. 요한복음의 영성은 기본적으로 삼위일체 하나님(아버지, 아들, 성령)과 예수님의 제자들이 상호내주하여 제자들이 신적 사랑과 생명에 참여하게 하는 것이다. 즉, 요한복음의 영성은 하나님의 생명을 주시는 선교에 참여하여 하나님의 자녀로서 하나님과의 닮음을 나타내고, 성령의 역사를 통하여 그분의 아들과 같이 되어 가며, 점점 더 하나님처럼 되는 것에 있다.

1장에서는 요한복음에 대한 이러한 이해를 '선교적 테오시스'라는 표현에 담아 본서의 논지를 요약했다. 참여와 테오시스, 특히 **선교적** 테오시스라는 개념에 앞서 먼저 성경을 선교적으로 읽어야 한다는 기본적인 생각을 나누었으며, 선교적 읽기라는 초점에 맞춰 필자가 그런 언어를 통해 의미하는 바가 무엇인지에 대해서도 심도 있게 살펴보았다. 그리고 본서의 뒷부분에서 다루고자 하는 몇 가지 주제들에 대해 언급하며 요한복음 자체를 선교적으로 또는 테오시스의 관점으로 고찰하는 과정에 대해서도 간략히 이야기했다. 본서의 영문 제목인 "거하고 나아가라"(abide and go)라는 문구가 요한의 역설적인 선교적 영성의 요약으로 제시되었다는 사실도 잠깐 언급했다.

하지만 한가지 문제가 있다. 요한복음이 정말 선교와 선교적 영성, 그리고 선교적 테오시스에 대한 복음서인가? 이것은 단순한 질문이 아니며 이미 해결된 문제도 아니기 때문에 이 기초적인 이슈를 생각하면서 논의를 시작하려고 한다. 이 질문에 대한 긍정적 응답을 논증한 후에, 나머지 장에서는 요한복음을 하나의 전체적인 문학작품으로 보면서, 복음서 전반부인 1장에서 12장을 살펴보려고 한다.

문제점

제1장에서 제안된 '테오시스'라는 용어를 위에서 다시 언급한 것은 너무 당연한 것을 다시 논증하려는 것처럼 보일 수도 있다. 요한복음의 주의 깊은 연구가라면 요한복음에서 '보내다'(헬라어, *apostellō* 와 *pempō*)라는 동사가 얼마나 자주 사용되었는지 알 것이다. 특히 예수님을 하나님의 '보냄 받은 자'로 묘사하는 것의 중요성 또한 잘 알 것이다.[1] 예수님은 아버지께 기도할 때 "아버지께서 나를 세상에 보내신 것 같이 나도 그들을 세상에 보내었고"(요 17:18)라고 했고, 후에 제자들에게도 비슷하게 "아버지께서 나를 보내신 것과 같이 나도 너희를 보내노라"(요 20:21)라고 말했다. 이 말씀

---

[1] McPolin 의 "Mission in the Fourth Gospel"은 요한복음에서 보냄을 받은 네 인물(세례자 요한, 예수, 보혜사, 그리고 제자들)을 언급한다. 요한의 기독론에서도 그는 분명히 성부 하나님의 대리자이고 위로부터 보냄을 받은 자이다. '보내다'라는 동사에 해당하는 두 헬라어는 대부분 학자에 의하면 호환적으로 사용된다: *apostellō* 는 3:17(비교. 3:28), 34; 5:36, 38; 6:29, 57; 7:29; 8:42; 10:36; 11:42; 17:3, 8, 18, 21, 23, 25; 20:21 을 보라. *pempō* 는 4:34; 5:23, 24, 30, 37; 6:38, 39, 44; 7:16, 18, 28, 33; 8:16, 18, 26, 29; 9:4; 12:44, 45, 49; 13:16, 20; 14:24; 15:21; 16:5 을 보라(Keener, *John*, 1:317).

은 다음과 같은 복음서의 중요한 선교적 요소들과도 연결된다.

- 예수님이 니고데모, 사마리아 여인, 시각 장애인으로 태어난 남자, "유대인" 등 다양한 인물 그리고 무리와 소통하고 대화하는 바로 그 활동[2]

- 예수님의 주요한 활동을 묘사하기 위해 '일' 그리고 '일들'과 더불어 '표적'과 같은 단어들을 자주 사용하는 것

- 믿음을 갖게 되는 것에 대한 빈번한 언급과 20:31 에 있는 요한복음 목적의 요약, "오직 이것을 기록함은 너희로 예수께서 하나님의 아들 그리스도이심을 믿게 하려 함이요 또 너희로 믿고 그 이름을 힘입어 생명을 얻게 하려 함이니라"[3]

- 증인과 증언의 역할을 제자들(1 장에서부터 이미 시작)과 성령에게 부여한 것

- 선교 담화(소단락, 4:34-38)

- 공관복음서에서 예수님이 사람을 낚는 어부로 제자들을 부르시는 장면과 유사한 성격을 가진 21:1-14 에서의 고기잡이 장면

---

2   내가 "유대인"이라는 말에 인용부호를 사용한 것은 요한복음에서 특정한 대상 또는 일정 그룹의 대상을 지칭하는 것처럼 보이기 때문이다. 하지만 대상의 정체성은 논쟁이 되고 있다. 6 장에는 이 복음서의 몇 곳에서 "유대인"에 대해 사용된 강한 선지자적 표현에 대해 간략한 논의가 있다. 하지만 1 세기 맥락에서 "유대인"으로 지칭되는 사람들을 안다고 할지라도 오늘날 요한복음의 해석자들에게 반-유대적인 태도는 결코 있을 수 없다.

3   부분적으로는 고대 사본들의 다른 표기들로 인해 20:31 이 나타내는 요한복음의 목적에 대한 적지 않은 논쟁("so that you might come to believe"로 번역되거나 [NRSV] 또는"so that you might continue to believe" [NLT]로 번역)이 있다. 요한복음은 전도적인가(믿게 되다) 또는 목회적인가(믿음을 지키다)? 다시 말해 기독교 신앙으로 **이끌어내기** 위함인가 아니면 **양육하기** 위함인가? 이것은 단지 동사만이 아니라 복음서의 주의 깊은 해석을 통해 결정될 수 있는 양자택일의 문제일 것이다. 많은 번역본은 이 구절에서 문제가 되는 부분을 "that you may (or "will") believe"(예를 들어, CEB, NET, RSV)로 지혜롭게 제시한다. John Stube 의 언급은 적절하다(*Graeco-Roman Rhetorical Reading*, 220). "20:31 에서 동사가 어떻게 번역되든지 복음서의 목적은 양자택일로 이해될 수 없다. 양육을 받는 자들은 또 이어서 양육한다. 전도하는 것과 양육하는 것에 대한 관심 모두가 존재한다." 또한 1 장에 있는 선교적이고 **동시에** 공동체를 형성하는 본문으로서 요한복음의 장르에 대한 간략한 묘사를 참고하라.

그러므로 게오프리 해리스(Geoffrey Harris)는 사복음서 중 요한복음이 "선교에 대한 가장 발전된 신학적 이해를 우리에게 제공한다"라는 납득할 만한 주장을 폈다.4 이 점에서 요한복음은 선교적인 복음서로 여겨진다.

그리스도인들은 적어도 2세기 알렉산드리아의 클레멘트(Clement of Alexandria) 시대부터 요한복음을 '영적인 복음'(*pneumatikon euangelion*)으로 불러왔다.5 이러한 표현은 사람마다 각기 다른 의미로 받아들여지기도 하지만, 적어도 요한복음은 예수님의 표적을 강조함으로써 예수님의 말과 행동의 표면적 의미를 넘어 더 깊은 의미까지 나타내고 있다. 그러한 표현은 예수님이 그를 따르는 자들, 곧 그의 목소리를 아는 자기 양들(10:3-4, 16, 27; 비교. 20:16), 예수님이 제자들 가운데 계시듯 예수님 안에 거하는 제자들(15:1-11), 예수님의 선교를 공유하는 사랑스러운 '친구들'(15:13-15)과 깊고 친밀한 관계를 맺고 있다는 것을 잘 보여준다.

따라서, '선교'와 '영성'을 제4 복음서의 명확한 두 측면으로 볼 수 있으며, 요한복음을 '선교적 복음'과 '선교적 영성'으로 분명하게 특징 지을 수 있을 것이다.

그러나 분명하다고 해서 항상 충분한 것은 아니다. 기독교 선교에 대한 데이비드 보쉬(David Bosch)의 고전적이고 매우 영향력 있는 1991년 저서인 『변화하는 선교』(*Transforming Mission*)는 각 장을 할애해서 마태복음과 누가복음, 그리고 바울서신을 다루면서도 요한복음은 다루지 않았다.6 비록 보쉬에게 신약 전체를 고려할 공간이 부족했고, 마태와 누가와 바울만으로도 신약의 전반적인 선교 정신을 살필 수 있었다고 할 수 있지만, 지난

---

4 Harris, *Mission in the Gospels*, 223. Harris는 요한복음에서 세 개의 핵심적인 선교 모티프인 하나님의 선교, 성육신(문화화를 포함함), 그리고 사랑과 섬김(224-35)을 발견한다.

5 Eusebius의, *Ecclesiastical History* 6.14.7을 보라.

6 Bosch, *Transforming Mission: Paradigm Shifts in Theology of Mission*.

4 반세기 동안 선교학에 중요한 영향을 줄 수 있었던 요한복음에 대한 관심은 부족했던 것이다.[7]

요한복음에 대한 이러한 간접적인 소홀함은 요한복음이 다른 이들에 대한 윤리적이거나 선교적인 관심 없이 내부적인 관심만을 가진 **분파주의적**(sectarian) 공동체를 반영하고 있다고 결론 짓고 있는 몇몇 주요한 요한문헌 연구가들의 비판 때문이라 말할 수 있을 것이다. 예를 들어, 예일의 저명한 학자인 웨인 믹스(Wayne Meeks)는 다음과 같이 말했다.

> 요한복음은 세상과 분리되어 있는 독특성을 가지면서도 세상의 공격과 오해를 받고 있는, 그렇지만 그리스도와 하나 되고 그를 통하여 하나님과 하나 되어 살아가고 있는 공동체의 존재를 정의하고 정당화한다. 이러한 이유로 요한복음을 선교에 관한 책으로 받아들이기 힘들었을 것이다. 요한복음은 사회로부터 사실상 고립되어 있었던 공동체에게 종교적 정당성, 곧 신정론(神正論)이라는 상징적인 세계를 제공했다.[8]

다시 말해 믹스는 요한복음에서 **참여**의 심오한 영성은 발견할 수 있지만, **선교**에 대한 주제는 발견되지 않는다고 말했으며, 이후에도 요한복음에서 예수님의 유일한 윤리적 계명은 '서로 사랑하라는 것'이며, 이 계명은 요한의 공동체 내에 자리를 잡은 사람들에게만 제한되어 있어서 그 적용 또한 모호하고 좁은 범위로 한정된다고 지적했다.[9] 믹스에 따르면, 사실 요한의 윤리와 도덕에 관한 개념은 모순적이며 하위-기독교적(sub-Christian)이다.[10]

---

7 책에는 요한에 대한 충분한 논의가 없을 뿐만 아니라 제4복음서에 대한 단지 몇 개의 색인 참조가 있고 (다수의 마태복음과 누가복음과 비교해 열일곱 개에 불과), 요한복음은 3:16, 10:10, 12:32, 그리고 20:21-23 만이 언급되어 있다.

8 Meeks, "Man from Heaven," 70. 요한의 분파주의에 대한 긍정적인 평가에 관해서는 Gundry, *Jesus the Word according to John the Sectarian* 을 보라.

9 Meeks, "The Ethics of the Fourth Evangelist," 318.

잭 샌더스(Jack Sanders)의 말은 더욱 심하다. 그가 요한을 특정한 형태의 현대 복음주의자들 그룹들에 비교하며 폄하했던 것은 잘 알려져 있다.

그러나 정확히 이러한 그룹들이 현재 눈에 보일 만큼 충분히 존재하기 때문에 아마도 요한 공동체의 **약점**과 **도덕적 파탄**은 더 명확하게 드러날 수 있을 것이다. 요한복음에는 사랑하는 것이 율법을 이행하는 것과 같다고 생각하거나(바울), 선한 사마리아인 비유와 같이 강도를 당해 길가에서 죽도록 내버려진 사람을 위해 멈춰 서서 응급처치라도 해 줄 것을 요구하는(누가) 기독교는 보이지 않는다. 요한의 기독교는 단지 믿는 것에 대해서만 관심이 있을 뿐이다. 요한의 그리스도인은 길가에서 피를 흘리며 죽어가는 사람에게 "형제여 구원받았습니까? 당신은 당신의 영혼이 염려되지 않나요?" "당신은 예수님이 하나님으로부터 내려오신 분이심을 믿습니까?" "당신이 믿기만 하면, 당신은 영생을 얻을 것입니다." 요한의 그리스도인은 약속한다. 죽어가는 남자의 피가 땅을 얼룩지게 하는 동안 말이다.11

샌더스가 요한복음을 **선교적인** 복음으로 생각한 것은 분명하지만, 선교를 너무 협소하게 이해했기 때문에 진정한 영성마저 상실하여 결과적으로 기독교라는 꼬리표를 붙일 자격도 없는 책으로 생각한 것 또한 분명하다.

인용된 문장들은 J. 루이스 마틴(J. Louis Martyn), 레이몬드 브라운, 웨인 믹스 같은 학자들의 영향 아래 20 세기 후반에 나타난 요한 공동체에 대한 일반적인 비판적 합의를 기반으로 이루어진 결론의 집합체에서 나온 것이다.12 이들은 요한의 공동체를 복음서가 형태를 갖추기 시작했거나 마지막으로 편집될 당시에 예수님의 존재를 하나님과 동일시하

---

10 Meeks, "The Ethics of the Fourth Evangelist," 317.

11 Sanders, *Ethics in the New Testament*, 99-100.

12 예를 들어, Martyn, *History and Theology*; Brown, *Community of the Beloved Disciple*. 그리고 Meeks, "Man from Heaven"을 보라.

는 고백 위에 세워진 공동체로 이해했다. 이러한 이유로 유대교 회당 (aposynagōgos, 9:22; 12:42; 16:2)과 갈등을 빚었으며, 아마도 유대교에서 추방을 경험했던 공동체로 묘사했다. 결론적으로 그들은 내부적으로만 움츠려 있어서 '세상'과 믿지 않는 유대인, 그리고 다른 그리스도인과 심지어 모든 '외부인들'과 조화를 이루지 못하며 사는 생존모드에 처해 있었던 분파적인 공동체였다. 바로 이러한 점들은 요한복음에서 내부적으로 서로 사랑함과 결속에 대한 관심을 드러내며, 반대로 이웃과 적들에 대한 (일각에서 주장된) 관심의 부족을 설명한다.[13]

필자가 말하고자 하는 논지가 완전히 명확한 것이라고 할 수는 없다. **어쩌면 요한복음은 진정으로 선교적이지도 진정으로 영적이지도 않을 수 있다.** 하지만 요한복음 해석자 중에서 샌더스와 같이 요한신학의 어두운 뒷골목까지 따라갈 사람은 거의 없을 것이다. 하지만, 이러한 이슈에 대한 그의 냉철한 표현은 우리가 요한복음을 읽는 방법에 무엇이 쟁점인지 이해할 수 있게 도와준다. 만일 요한복음 안에서 예수님의 선교가 단순히 '나를 믿으라'거나, 불트만(Bultmann)이 주장한 것처럼 '내가 계시자임을 믿으라'거나,[14] 혹은 요한의 윤리가 단순히 '서로 사랑하고 (암시적으로) 세상의 필요에 대해서 잊어버려라'고 한다면 제자들의 선교는 '하나님과의 개인적인 만남을 통해 우리의 달콤하고 거룩한 옹기종기한 모임에 함께하기 위해서 예수님을 믿으라'는 정도로 좁게 해석되고 말 것이다.

필자는 믹스, 샌더스, 불트만, 그리고 여러 요한복음 신학자들의 이러한 해석이 잘못되었다는 것을 주장하고자 한다. 왜냐하면 요한복음은 풍성한 생명, 특히 인류를 위한 하나님의 생명에 대한 복음이기 때문이다.

---

[13] 이러한 형태의 역사적 재구성을 받아들이는 사람들 모두가 '분파'(sect)라는 단어를 사용했거나 사용하는 것은 아니다. Raymond Brown 은 요한 공동체가 다른 그리스도인들과 교제를 단절했다고 믿지 않기 때문에 그 단어를 사용하지 않았다(*Community of the Beloved Disciple*, 88-91).

[14] "그래서 결국 예수님이 하나님의 계시자로서 계시하는 것은 다른 어떤 것도 아닌 그가 계시자라는 것으로 드러난다"(Bultmann, *Theology of the New Testament*, 2.66).

제자들은 예수님이 가져오신 이 생명으로 이끌렸고, 그 생명으로부터 다시 세상으로 흩어졌다. 이 사실 때문에라도 요한복음은 **선교적인** 복음이 틀림없다.

선교적 방향에서의 움직임

본서가 지향하는 방향의 움직임이 다른 이들을 통해서도 나타나고 있다. 요한복음에 나타난 윤리의 회복을 위한 중요한 최근 연구 서문에서 크리스토퍼 스키너(Christopher Skinner)는 요한복음의 윤리에 대한 세 가지 접근법을 다룬다.[15] (1) (분파적인) 그런 것은 없다.[16] (2) 그것은 '분파적, 배타적, 부정적, 또는 적대적'이다(필자의 견해로 볼 때 다수 의견).[17] 그리고 (3) 얀 반 데르 와트(Jan van der Watt), 수잔 루터(Susanne Luther), 루벤 짐머만(Ruben Zimmerman), 코버스 콕(Kobus Kok), 그리고 쉐리 브라운(Sherri Brown)과 크리스토퍼 스키너와 같은 다수의 학자에 의해 주장된 역동적이지만 대체로 암묵적이라 할 수 있는 새로운 견해이다.[18]

(2)의 견해에 대해 스키너는 위에서 언급한 믹스와 샌더스의 경우와 유사하게 요한복음에 관한 최근 연구들이 "요한복음의 윤리에 대한 무수한 비난"을 가했다고 말한다.[19] (3)의 견해에 대해 스키너는 특히 요한복음 내러티브 내에 있는 "선교적-성육신적 정신"을 주장하는 코버스

---

15 Skinner, "Introduction," in Brown and Skinner, *Johannine Ethics*, xvii-xxx.

16 이것은 때때로 그들이 분파주의자라는 것을 의미한다. 예를 들어, John Meier, "Love in Q and John," 47-48 을 보라. "자신에 속한 자들에 대한 예수님의 사랑을 모방하는 것 말고도 요한복음은 실질적으로 도덕성이 없다(amoral). 우리는 이혼, 맹세와 서약, 자선, 기도, 금식, 또는 마태복음에 널려 있는 수많은 구체적인 도덕적 지침들에 대한 예수님의 가르침과 동등한 것을 헛되이 찾는다. 모든 것은 제자들에 대한 예수님의 사랑을 모방하는 것으로 귀결된다. 이 사랑에서 어떤 구체적이고 특정한 행동이 나와야 할지는 대부분 말없이 남아 있다."

17 Skinner, "Introduction," in Brown and Skinner, *Johannine Ethics*, xxi.

18 예를 들어, van der Watt, *Identity, Ethics, and Ethos in the New Testament* 의 많은 에세이들, 그리고 Zimmerman, van der Watt, and Luther, *Moral Language in the New Testament* 및 van der Watt and Zimmerman, *Rethinking the Ethics of John* 전체와 Brown and Skinner, *Johannine Ethics* 의 많은 부분을 참고하라.

19 Skinner, "Introduction," xxv.

콕의 대표적인 논문을 지목한다.[20] 콕의 연구도 요한의 선교에 관한 많은 연구와 마찬가지로 요한복음 4 장에서 시작해서 확장되어 나가면서 결론적으로는 선교적-성육신적 정신에 대해 다음과 같이 말한다.

> (선교적-성육신적 정신은) 사랑을 베풀고 모두를 포용하기 위해 문화적, 사회적, 경제적, 인종적 등 모든 경계를 초월할 것이다. 예수님과 사마리아 여인 내러티브는 아들을 보내는 동기와 정신뿐만 아니라 예수님을 따르는 자들의 사명인 선교적 정신과 통합되어야 한다(예를 들어, 요 20:21). 이 요소들이 결합하여 포괄적 윤리 언어와 선교의 윤리적 패러다임을 형성해 나가고 있고, 독자에게는 예수님의 길을 따르는 행동의 본질에 대한 완전하고 통합된 그림을 보여준다.[21]

하지만 (스키너와 여러 학자들이 사용하는) '윤리'라는 단어에서 '선교'라는 단어로 전환하거나, 콕의 경우처럼 두 가지를 다 사용한다면, 여전히 많은 해석자들은 분파주의적 정서를 반복하게 될 것이다. 예를 들어, 앨런 르 그리스(Alan Le Grys)는 초기 기독교 선교에 관한 그의 책에서 요한의 공동체가 "내향적인 공동체"라고 주장한다.[22] 그는 소위 고별 담화라 불리는 13-17 장이 "불확실하게 변화하는 세상에 직면한 공동체에게 확신을 제공하기 위해 설계되었으며, 이러한 외부적 위협으로부터 내부적으로만 움츠러들었던 공동체를 나타내는 것"이라고 말한다.[23] 선교는 예수님의 죽음 이후 '별로 달갑지 않은 재결성의 경험'을 한 공동체 구성원들이 "그들의 새로운 사회 환경을 수용해가는 과정"의 맨 마지막인 20:21 에서 나타난다

---

[20] Skinner, "Introduction," xxvi. Kok 의 접근("As the Father Has Sent Me")은 이전 장의 말미에서 논의한 Hastings 의 *Missional God, Missional Church* 접근과 유사하다.

[21] Kok, "As the Father Has Sent Me," 193.

[22] Le Grys, *Preaching to the Nations*, 164.

[23] Le Grys, *Preaching to the Nations*, 166.

는 것이다. 이 공동체는 이방인의 선교에 대해서 "오히려 두려움을 가진" 공동체였다는 것이다.[24]

한편 요한복음의 해석에 있어 영향력이 있고 우호적인 학자들 사이에서도 선교는 종종 과소평가되어 왔다. 딘 플레밍은 "요한복음 신학에 관한 최근의 연구들은 선교라는 주제에 거의 관심을 기울이지 않는다"라고 주장한다.[25] 그 증거로 그는 두 개의 중요한 작품인 무디 스미스(D. Moody Smith)의 『요한복음 신학』(Theology of the Gospel of John)과 리처드 보컴(Richard Bauckham)과 칼 모서(Carl Mosser)가 편집한 The Gospel of John and Christian Theology를 지목한다. 필자는 여기에 크레이그 코에스터(Craig R. Koester)의 The Word of Life: A Theology of John's Gospel을 더할 수 있다고 생각한다. 이 책들의 훌륭한 연구 가치를 폄하하는 것은 아니지만, 선교에 대한 그들의 상대적 무관심에는 주목할 필요가 있어 보인다.

그러나 요한복음의 신학에 집중하는 것이 선교에 대한 관심을 보장하지 않는 것처럼, 역사적 재구성에 초점을 맞춘 요한복음의 모든 연구가 역사적으로 1세기와 관련된 것이든지 혹은 신학적으로 현재 상황에 관련된 것이든지 간에 선교에 대한 개념을 무시하지는 않는다. 예를 들어, 레이몬드 브라운은 유대인과 이방인 사이에서 빛보다 어둠을 더 많이 발견했던 요한 공동체의 경험을 재구성하면서 "그리스도에 대해 세상에 증거하기 위해 그리스도인들은 어떻게 하든지 다양한 방법으로 계속 노력해야 하며, 요한 공동체와 같이 예수님을 증거함으로 인해 때때로 저항에 부딪히더라도 놀라지 말아야 한다"라고 말했다.[26]

요한복음의 선교에 관한 중요한 연구로서 테레사 오쿠레(Teresa Okure)는 요한복음이 비록 신자들을 대상으로 쓰였다 하더라도 그 목적은 그들이

---

24 Le Grys, Preaching to the Nations, 167.
25 Flemming, Recovering the Full Mission of God, 114n.3.
26 Brown, Community of the Beloved Disciple, 66.

신앙을 선교적으로 유지하고 구체화하는 것에 있었다고 말한다. 요한복음
은 선교적인 신실함을 장려하고 예수님을 믿도록 다른 이들을 설득하는
것을 모두 포함하고 있는 '선교적 문서'(Missionsschrift)라는 것이다.27 또한
요한복음에서 선교는 그리스도를 닮은 겸손한 봉사를 포함한다고 했다.

그러나 요한의 선교에 관해 가장 자주 인용되는 연구 중 하나인 안드레
아 쾨스텐버거(Andreas Köstenberger)의 1998 년 책 *The Missions of Jesus and
the Disciples according to the Fourth Gospel* 은 몇 가지 우려를 일으킨
다.28 우선적으로 그의 책 제목에 있는 복수형 "선교들"(missions)에 주목해
야 한다. 요한복음의 선교에 있어서 쾨스텐버거는 예수님을 세상에서의
'봉사 모델'로 보는 "성육신적" 해석에 대해 비판한다. 이러한 해석이 제자
들의 선교와는 대조되는 예수님의 선교에 대한 독특성을 축소하고 심지어
"위태롭게" 한다는 것이다. 이는 그의 책에서 강조한 "예수님과 제자들의
역할은 신중하게 구별되는 듯하다"에 기초한다.29 따라서 쾨스텐버거는 제
자들이 예수님을 **모방하는**(imitate) 것이 아니라 제자들은 예수님을 **대표하
는**(represent) "대표 모델"(representational model)이라고 주장한다. 제자들의 선
교가 예수님의 선교와 가지는 유일한 유사점은 아들이 아버지와 가지는
관계에서처럼, 제자들을 보내는 이에 대해 '순종과 완전한 의존'이라는 것
뿐이다.30 따라서 쾨스텐버거에게 있어서 "그보다 큰 일"(14:12)과 열매 맺
기(15 장)를 포함하는 제자들의 선교는 죄 많은 세상에 "예수님 안에 있는
생명의 말씀"을 권함을 통해 오직 예수님을 증거하고 사람들을 교회로 모
으는 것일 뿐이다.31

---

27 Okure, *Johannine Approach*. 공동체의 선교적 상황과 선교문서(*Missionsschrift*)로서 복음서의
   선교적 목적을 위해서는 예를 들어, 230-35; 264-70 을 보라. Okure 는 도움이 되는 책의 요약
   을 285-95 에서 제공한다.
28 원 제목: *The Missions of Jesus and the Disciples according to the Fourth Gospel, with
   Implications for the Fourth Gospel's Purpose and the Mission of the Contemporary Church*.
29 Köstenberger, *Missions of Jesus and the Disciples*, 216, 217 의 인용.
30 Köstenberger, *Missions of Jesus and the Disciples*, 217.

쾨스텐버거에게 공정하기 위해 이후에 그가 공동 연구한 것을 언급하자면, 선교는 "말과 행동으로 진전되며", "예수님의 선교 형태는 교회의 선교 형태를 결정한다."[32] 이어진 연구에서 그는 "제자들이 예수님을 대표(represent)할 뿐만 아니라 실제로 그를 '다시-나타나게'(re-present)하고, 제자들이 세상에 대해 선교할 때 예수님은 그의 영으로 그들 안에, 또 그들을 통해 임재하실 것이다"라고 말한다.[33] 심지어 그는 참여적이라고 할 수 있는 선교적 언어를 사용하면서 제자들은 보냄을 받은 아들인 예수님의 책임 있는 대리인들로서 삼위 하나님의 사랑과 연합으로 인도된다고 말한다.[34] 더욱이 쾨스텐버거는 요한복음에 대한 분파주의적 관점을 타당성 있게 비판하면서, 요한복음에서 강조하는 선교와 그 뒤에 숨겨져 있는 윤리를 함께 가지고 있을 때만 올바른 해석을 할 수 있다고 주장한다.[35]

하지만 종종 인용되는 쾨스텐버거의 초기 석의 작업과 해석학적 적용은 복음 전도를 넘어서는 기독교 선교의 복음주의적 해석에 대한 반작용처럼 보이기도 한다. 그는 최근에 발표한 "John's Trinitarian Mission Theology"에서도 요한복음에 분명하게 나타나는 윤리적 의미를 간과한 채 영생을 위한 구원(지금 바로 시작되는 '예수님과의 연합'으로 정의)으로서 신적 (그리고 제자들의) 선교를 묘사했다.[36] 쾨스텐버거의 초기 저술인 *Missions of Jesus and his Disciples* 의 해석학적 부분에서 그의 주요 표적은 바로 존경받는 복음

---

31 Köstenberger, *Missions of Jesus and the Disciples*, 220. 14:12 의 더 큰 일에 대한 논의 후 (171-75), Köstenberger 는 그것을 15:16 의 각각 개종자를 만드는 것으로서 열매 맺는 것과 연결한다(184-85).

32 Köstenberger and Swain, *Father, Son and Spirit*, 159-62(159, 160 에서 인용). "Sensitivity to Outsiders"에서 Köstenberger 또한 "신자들은 예수님의 섬김과 희생적인 사랑의 본을 모방해야 한다"(181; 비교. 183)라고 말한다.

33 Köstenberger, "Sensitivity to Outsiders," 173. Köstenberger 는 이 주장에 있어 명백히 Brown (*John* 2:1036)을 따른다.

34 Köstenberger, *Theology*, 541.

35 특히 그의 "Sensitivity to Outsiders"를 보라.

36 Köstenberger, *Theology*, 539-46. 선교와 영생에 대한 그의 이해를 위해서는 539 와 86 을 비교하라.

주의 목회자이면서 성경 신학자인 존 스토트의 성육신적-선교적 신학이었다.[37] 쾨스텐버거는 석의적으로 예수님의 독특한 선교에 초점을 맞춘 요한복음서의 전반부와 제자들의 선교(고난 내러티브를 제외한)에 초점을 둔 후반부로 크게 분할하여 나누는 것처럼 보인다. 이미 그의 초기 연구 이후 적지 않은 시간이 흘렀고, 많은 그리스도인은 봉사(폭넓은 정의로)와 전도 사이에 제기된 이분법을 다루기 위한 다른 방법들을 찾았다. 그가 제기하는 문제들과 해결책들은 필자의 관점에서 보면 다소 잘못된 것이어서 여전히 신중한 비평이 필요하다고 생각한다. 심지어 쾨스텐버거는 최근 연구에서도 사랑으로 "외부인들에게 나아가는 것"을 말할 때[38] 선교를 전도에 국한시키거나 거의 그 정도로만 보고 있다.[39] 이것은 사실 아주 드문 일은 아니다.

이 장에서 필자는 요한복음의 구조와 주제를 고려하고 복음서의 전반부(1-12장)에 나타나고 있는 표적들을 살펴보려고 한다. 이를 통해 전반적인 논지의 중요한 측면으로서 요한복음은 분명한 선교적 복음이라는 것을 주장할 것이다. 그리고 이어지는 장들에서는 요한복음의 선교적 영성과 선교적 테오시스가 요한복음의 전반부에서보다 후반부에 더 강하게 나타나는 측면들을 살펴볼 것이다. 요한복음에 나타난 선교는 말을 통한 증거나 전도보다 더 폭넓은 것이라는 사실을 이 장과 책 전반에 걸쳐 알게 될 것이다. 그리고 본서의 여러 부분에서 필자는 이러한 기초적인 논의를 바탕으로 오늘날 교회의 선교에 대해 암묵적이면서도 명시적인 몇 가지를 주장하게 될 것이다. 본서의 말미에서는 선교적인 성격을 가진 열정적 기독교 공동체들의 몇몇 사례를 주의 깊게 살펴보려고 한다.

---

[37] Stott는 통찰력 있는 설교와 주석, 그리고 특히 다수세계(Majority World)에서 선교와 신학교육으로 잘 알려진 명성 있는 영국의 복음주의자였다.

[38] Köstenberger, "Sensitivity to Outsiders," 171.

[39] 그는 사랑이 자신의 공동체 안에 있는 자들뿐 아니라 세상에 있는 자들에게도 미쳐야 한다("Sensitivity to Outsiders," 171)라고 말하면서도 "요한의 도덕적 비전의 핵심은 전도적인 선교에 대한 부르심에 있다"라고 말한다(181).

요한복음의 구조

　지금까지 반세기 이상 제 4 복음서는 서론과 두 권의 "책"(books), 그리고
결론 부분으로 구성됐다고 널리 이해되어 왔다. 1953 년 C. H. 도드(Dodd)
는 다음과 같은 구조를 제시했다.[40]

1:1-51	서론: 프롤로그(1:1-18)와 증언(1:19-51)
2:1-12:50	표적의 책
13:1-20:31	수난의 책(고별 담화와 수난 내러티브)[41]
21:1-25	후기

　1996 년에 레이몬드 브라운은 요한복음의 구조를 다음과 같이 서술했
다.[42]

1:1-18	프롤로그
1:19-12:50	표적의 책
13:1-20:31	영광의 책
21:1-25	에필로그

　도드과 브라운 사이의 눈에 띄는 차이점은 브라운이 두 번째 부분을
"영광의 책"으로 바꿔 불렀다는 것이다. 브라운이 설명한 구조는 상당히
표준화되었고 사실상 거의 정경처럼 받아들여졌다. 예를 들어, 가톨릭 학

---

40 Dodd, *Interpretation of the Fourth Gospel*, x, 289-91.

41 최근에 Richard Hays 와 Marianne Meye Thompson 은 모두 Dodd 의 표현인 "수난의 책"에
　대해 언급했다. 하지만 Thompson 은 그녀의 주석에서 복음서의 구조를 설명하는 데 그것을
　사용하지 않는다. Hays, *Reading Backwards*, 79, 129n.7; 그리고 Thompson, "They Bear
　Witness to Me," 268 을 보라. Hays 와 Thompson 은 "수난의 책"을 19:42 에서 마칠 것이다.

42 Brown, *John*, 1: cxxxviii-cxxxix.

자인 프랭크 몰로니(Frank Moloney)를 비롯하여 복음주의 개신교 학자인 안
드레아 쾨스텐버거와 여러 학자들은 이 구조를 그들의 주석에 채용했다.43

그렇다고 이 접근법에 문제점이 전혀 없는 것은 아니다. 무디 스미스는
브라운-도드 형태의 구조를 따르면서도 한두 가지의 중요한 뉘앙스를 더
했다. 스미스는 1 부를 "세상 앞에 드러난 영광의 계시"로, 2 부를 "공동체
앞에 드러난 영광의 계시"로 명명했다.44 이 접근법은 다른 학자들에게도
인정받았고, 복음서 전체에 걸친 주제(영광)의 연속성에도 부합했으며, 2 부
에서는 청중의 변환(세상에서 제자들로)까지 강조하고 있다.45 그러나 더욱 눈
에 띄는 구조 설명은 스미스의 제자였던 매리안 마이 톰슨(Marianne Meye
Thomson)에 의해 소개되었다.46

1:1-18	복음과 예수님에 대한 소개
1:19-4:54	예수님에 대한 증인들
5:1-12:50	생명을 주는 하나님의 아들
13:1-17:26	예수님과 그의 제자들
18:1-19:42	체포, 재판, 그리고 예수님의 십자가 처형
20:1-21:25	예수님의 부활

이 구조는 요한복음의 두 가지 중요한 주제를 보여준다. 하나는 생명을
주시는 예수님의 존재와 그가 행한 일(5:1-12:50)이고, 다른 하나는 예수님

---

43 Moloney, *John*, 23-24; Köstenberger, *John*, 10-11.

44 Smith, *John*, 7-10.

45 다소 유사하게 "The Revelation"보다는 오히려 "Jesus' self-revelation"이란 표현을 쓰는 J. Ramsey Michaels(*John*, v-vii, 30-37)를 보라.

46 Thompson, *John*, vii-x. Smith 의 또 다른 학생인 Craig Keener 는 요 1:19-6:71 을 "유대, 사마리아, 그리고 갈릴리에서의 증거"(Witness in Judea, Samaria, and Galilee)로 부르면서 일반적인 구조에 소소한 변화를 주고 있지만, 기본적인 접근을 문제로 삼지는 않는다(Keener, *John* 1:xi-xxiv). Heil (*Gospel of John*, v, 146-66)은 20-21 장을 "부활하신 예수님은 신적인 영생을 위한 예배를 세우신다"(The Risen Jesus Establishes the Worship for Divine Life Eternal)라는 제목 아래 하나로 유지한다.

에 대한 증인들의 역할(1:19-4:54)이다. 이 구조를 통해 우리는 예수님과 제자들이 가지고 있던 선교사명을 보게 된다. 더욱이 톰슨은 20 장과 21 장을 함께 묶음으로써 21 장을 단순히 '후기'(epilogue)라고 부르며, 그 중요성을 간과하려 했던 일반적인 경향에 반대했다.[47]

톰슨은 이미 제안된 다른 구조들에서 발견되는 '표적'과 '계시' 같은 단어들이 내포하고 있는 요한복음의 **선교적** 초점을 인식하는 방향으로 더 나아가기 시작한다. 톰슨은 이 복음서가 "나사렛 예수, 그의 사역과 말, 그리고 생명을 주시는 능력에 관한 이야기"라고 말한다.[48] 더 나아가 "예수님의 '표적'은 생명을 가져오기 위해 그 안에 내주하며 그를 통해서 일하시는 아버지의 '표적'이다"라고 말한다.[49] 그러나 톰슨은 이러한 암묵적인 선교적 초점을 복음서 후반부의 구조에는 반영하지 않았다.

물론 문학작품이나 여러 주제를 가진 문서의 구조를 설명하는 데는 한 가지 이상의 방법들이 있다. 대부분의 요한복음 구조에서 발견되는 기독론적인 강조를 부정하지 않으면서도, 이러한 **기독론적** 주제가 아버지와 아들의 선교, 나아가 성령과 제자들의 선교라는 **선교적** 주제와 어떻게 연관되는지 주의를 기울여야 할 필요가 있다.[50]

아프리카 신약학자 테레사 오쿠레(Teresa Okure)는 요한복음의 몇몇 "명시적인 선교 구절들"(3:16, 4:31-38, 17:20, 21 장 등)이 때때로 복음서의 "마지막

---

47 부수적으로, Richard Hays 는 20-21 장을 "부활의 책"으로 불러야 하는지 의문을 갖는다 (Hays, *Reading Backwards*, 129n.7).

48 Thompson, *John*, 36-37.

49 Thompson, *John*, 68. 다음을 비교하라. Schnelle(*Theology of the New Testament*, 677): 표적은 **"태초에 창조의 중재자로서 생명을 창조하시고(요 1:3), 자신이 생명이시며 (1:4), 다른 이들에게 생명을 주시는 분이신, 성육신 하신 분 안에 있는 구원하는 신적 임재"**를 설명한다. (Schnelle 은 같은 페이지에서 표적을 '세상에서의 신적 임재'로 묘사하기 때문에, '예시한다'[instantiate]라는 단어가 더 적합할 것 같다.)

50 복음서의 구성을 보기 위해 "신적인 영생을 위한 예배"를 복음서의 핵심 주제로 보는 John Paul Heil 의 다소 유사한 시도가 있다(*Gospel of John*, v). 예를 들어, 송영적인 서론은 신적 영생의 선물을 경축하는 예배를 소개한다(1:1-18). 이것은 제자들과 예수님의 예배로 이어진다(1:19-51). 예수님은 영과 진리 안에서의 참된 예배를 드러낸다(2:1-4:54) 등등. 복음서의 후반부는 이러한 중심 주제에 관련하여 예수님의 고별 교훈(13-17 장), 죽음(18-19 장), 그리고 부활(20-21 장)에 관한 것이다.

편집 단계"에서 배치되었다고 지적한다.[51] 복음서의 편집 역사를 구분하
고, 요한 공동체의 재구성된 역사와 연결하는 가치가 무엇이든 간에, 필자
는 텍스트의 최종적인 형태 안에서 (그것이 어떻게 이뤄졌든지 간에) 어떤 통일
된 구조, 목적, 그리고 선교에 대한 접근법을 분별할 수 있다는 가정하에
진행하고자 한다.[52] 앤드류 바이어스(Andrew Byers)가 썼듯이, 필자의 이러
한 형태의 접근은 요한복음을 **만들어 낸** 공동체가 아니라 요한복음이 **만
들고자 하는** (덧붙여 신학적이고 선교적인 해석학적 관점에서 **당시**와 **현재** 모두 만들고
자 하는) 공동체의 형태에 초점을 두게 한다.[53] 이와 유사하게 앤드류 링컨
(Andrew Lincoln)은 요한의 교회론에 접근하면서 "기독교 교회론의 논의에
대한 기여의 관점에서 요한복음은 예수님의 제자들이 하나님과, 서로 간
에, 그리고 세상과의 관계를 마음속에 어떻게 그려내고 있는지를 묻는다"
라고 말했다.[54] 그러므로 요한복음의 구조에 대한 새로운 접근은 여전히
가능하다. 이 접근법은 요한복음을 하나의 전체로 보면서 동시에 요한복
음의 최종 형태가 보여주는 선교적인 초점을 고려하는 것이다.[55]

---

[51] Okure, *Johannine Approach to Mission*, 34.

[52] 이와 유사한 Skinner, "Love One Another," 25-27 을 보라. Skinner, Thompson 을 비롯한 다른
여러 학자들처럼 구조에 관한 필자의 접근법은 텍스트를 최종 형태로 보며 요한복음을 '**하나
의 전체로서**' 고려하는 것이다. 이러한 접근은 선교라는 주제를 대할 때 방법론적으로나 자료
적으로 모두 중요하다. 만일 복음서의 구조를 주로 편집활동의 산물로 생각한다면, 복음서의
집필 작업의 다양한 기여자들이 시간이 지남에 따라, 기여자들과 요한 공동체의 역사적 주변
상황에 기초한 선교에 대해 각각 다른 접근 방식을 대표한다는 결론에 도달할 수 있다. 요한
복음에 대한 보다 문학적인 이 접근 방법은 Alan Culpepper 의 *Anatomy of the Fourth Gospel*
과 함께 본격적으로 시작되었다.

[53] Byers, *Ecclesiology and Theosis*, 3 을 보라(강조가 더해짐). 즉, 텍스트 뒤에 있거나 단지 텍스
트 안에 있는 세상이 아니라 텍스트 앞에 놓인 (가능성 있는) 세상에 또한 초점을 맞춰야 한
다. 이것은 다른 세상들의 타당성을 부정하는 것이 아니다. Sandra Schneiders(*Written That
You May Believe*, 2-3)가 요한복음의 해석을 묘사하듯이, 그것은 세(역사적, 문학적, 그리고
영적) 세상으로 들어가는 것을 포함하는데, 세 번째는 "예수님과 그의 제자들의 신비로운 내
주라는 영적인 세상의 모습으로 그려진 초기 공동체의 모습이 텍스트에서 표현되며, 이는 독
자의 영성을 형성하기 위한 것이다"(3).

[54] Lincoln, "Johannine Vision," 100.

[55] 필자는 구조에 있는 몇몇 핵심 단어들을 볼드체로 표시하고, 계속 등장하는 '선교'와 같은 어
원을 가진 '파송'에 밑줄을 쳤다. 이 구조의 초기 형태는, Wesley Study Bible(2009)에 있는
"The Gospel according to John"을 위해 표식이 없이 먼저 준비되었다. 두 개의 주요 부분을
제안하는 다소 비슷한 복음서의 구조는, Brendan Byrne (*Life Abounding*, vii-viii, 9-11)에 의해
독립적으로 제안되었다. 서론 (1:1-18); I. 예수님이 그의 영광을 세상(이스라엘)에 나타내심

I. 도입: 하나님 **아버지**의 <u>선교</u>와 **아들**의 **성육신**(1:1-18)

II. **표적**을 행하시고 **생명**을 주시는 **아버지**와 **아들**의 <u>선교</u>(1:19-12:50)

III. **죽음**을 통한 **아들**의 <u>선교</u>와 **성령의 권능**을 받은 제자들의 미래 <u>선교</u>
(13:1-19:42)

    A. <u>선교</u> 담화, 성별(聖別) 및 <u>파송</u>의 기도(13:1-17:26)

    B. 예수님의 <u>선교</u>의 절정과 완성(18:1-19:42)

IV. **아들**의 **부활**과 **성령의 권능**을 받은 제자들의 <u>선교</u>(20:1-21:25)

이 구조에는 주목할 만한 몇 가지 문학적, 신학적 특징이 있다.

첫째, 가장 분명한 것으로 **시작부터 끝까지 선교의 초점이 지속된다**(밑줄을 참고하라)는 점이다. 이러한 초점은 '서문'으로 시작해 '후기'로 끝나고 마는 기존의 4부 구조에서는 놓치기 쉬운 연속성을 드러내고 있다.

둘째, **선교와 복음서의 삼위일체적 본질**이 이 구조 안에 나타난다. 요한복음에서 선교와 삼위일체적 본질은 말씀의 성육신으로 구현되는 하나님의 선교(*missio Dei*), 표적을 행하시고 생명을 주시는 아버지를 대신한 아들의 선교, 아들의 임박한 죽음과 그를 대신할 성령에 대한 약속, 그 결과로 제자들을 통해 선교가 계속될 것이며 제자들을 파송하고 능력을 주는 부활하신 예수님에 의한 성령의 선물로 표현된다. 요한복음에서 하나님의 선교는 제자들이 참여하는 참된 삼위일체의 선교(*missio trinitatis*)이다.[56]

셋째, 이 구조는 그리스도의 선재(preexistence)부터 승귀(exaltation)와 그 이후로 이어지는 **선교 내러티브와 기독론적 연속성**을 나타내고 있다. 이 구

(1:19-12:50); II. 영화의 "때": 제자들의 미래 선교(13:1-21:25). 여기서 특별히 중요한 두 가지가 있다. 첫째는 제자들의 선교와 예수님의 죽음/부활/영화와의 분리될 수 없는 관계를 담고 있는 후반부에 대한 Byrnes의 초점이고, 둘째는 21장을 에필로그의 지위로 격하시키는 것에 대한 Byrne의 반대다. Andreas Köstenberger와 Scott Swain 또한 독립적으로 '지상에서의 예수님의 선교'를 소개하고, '승귀하신 예수님의 선교'를 고대하는 복음서의 '2부 형태'에 관해 쓰고 있다(*Father, Son and Spirit*, 155). Köstenberger 자신이 복음서가 두 부분으로 이루어졌음을 말한다. 첫째는 유대인들을 향한 예수님의 지상 사역을 이야기하고, 둘째는 그를 따르는 자들을 통해 이뤄지는 세상을 향한 승귀하신 예수님의 선교를 소개한다(*Theology*, 546).

56 Harris, *Mission in the Gospels*, xi.

조 안에서 요한복음은 표적과 영광에 관련된 그리스도의 강림과 승천이 단순한 포물선 구조의 내러티브가 아니라는 것을 보여준다. 오히려 요한복음은 세상으로 향하면서, 또 세상에서 끊임없이 일어나는 그리스도의 선교 내러티브이다. 왜냐하면, 이는 부분적으로 포물선 구조를 띄기도 하지만, 부활하신 예수님은 **승천하신** 그리스도일 뿐만 아니라 21장에 나타나듯 제자들을 인도하고 권능을 주기 위해 **임재하시는** 분이시기 때문이다. 더욱이 복음서의 후반부를 차지하고 있는 죽음과 부활이라는 그리스도의 구속사적 사건들은 각각 13-19장 그리고 20-21장에서 제자들의 선교와 직접 연결되기도 한다.

넷째, 이 구조의 특징은 톰슨의 구조에서 암시한 바와 같이 20장을 19장이 아닌 21장과 함께 묶는 **21장의 문학적이고 신학적인 재건**이다.[57] 복음서의 마지막 두 장에서 발견되는 부활 후 출현과 파송 장면은 함께 연결해서 이해하는 것이 최선일 것이다. 확실히 요한복음은 20:30-31에서 먼저 끝나는 것처럼 보일 수도 있고, 21장은 실제로 부록처럼 보일 수도 있다. 그러나 복음서 전체에서 선교적 측면의 중요한 몇 가지는 21장에서 강조되고 있다. 따라서 오쿠레는 다음과 같이 말한다. "요한복음 저자의 선교적 접근에서 볼 때 21장은 요한복음 내러티브에 필수적인 부분을 형성한다."[58]

게다가 20장 뒤에 오는 21장은 어떤 의미에서는 결론처럼 보였던 20:30-31을 지나면서 닫힌 책을 '다시 열게' 함으로써 21장이 요한복음의

---

[57] Raymond Brown은 예수님이 그의 제자들에게 나타나신 이야기로 구성된 독립적인 존재였던 21장이 복음서에 더해진 것이라는 것을 절대적으로 확신하는 많은 해석자 중의 한 명일 뿐이다(Brown, *John*, 2:1078). 하지만 몇몇 학자들은 21장이 복음서에 필수적인 것으로 생각한다. 21장이 복음서의 전체적인 구조에 포함되는 것을 강조하는 이들을 위해서, 특히 Beverly Gaventa의 논문인 "The Archive of Excess"와 Paul Minear의 초기 에세이인 "The Original Functions of John 21"을 보라. 또한 Culpepper("Designs for the Church," 369-71)는 21장과 나머지 요한복음의 통일성은 "오늘날 넓게 받아들여지고 있다"라고 결론 짓는다.

[58] Okyre(*The Johannine Approach to Mission*, 195)는 요한복음 21장의 '예시적'(illustrative) 기능이 '에필로그의 성격'을 갖는 것을 설명해 준다고 제시한다(194-95).

줄거리(plot)와 신학적 메시지 모두에 매우 중요한 부분임을 암시하고 있다.
종종 이 복음서의 줄거리를 논의할 때 우리는 전형적인 플롯(행동, 갈등, 해
결)59과 같은 문학적 형태 또는 영광에서 성육신으로 그리고 지상의 사역
으로부터 영광까지라는 (흔히 요한복음의 내려옴-올라감 구조로 알려진) 소위 포물
선 구조의 이야기에 초점을 맞춘다.60 이러한 접근법 중 어느 것도 **틀렸다
고 말할 수 없지만,** 제자들과 그들의 선교의 중요성을 인식하지 않는 이러
한 접근은 **불완전**할 수밖에 없을 것이다.61 필자가 자주 언급해왔듯이 요
한복음 이후의 교회가 22 장의 주제가 된다(물론 문자적으로 존재하지는 않는다).
다시 말해서 요한복음은 독자와 청중이 이야기를 계속하도록 초대하고,
심지어는 계속 이야기하도록 요구하고 있는 '열린' 내러티브로 생각해야
한다.62 21 장에서 우리는 후기(epilogue)보다 훨씬 더 많은 것을 읽는 것이
다.

그렇다면, 만약 후기라는 것이 없다면 서론도 없는 것인가라는 의문이
제기될 수 있다. 그래서 다섯 번째 특징으로 필자는 1:1-18 이 내러티브 **앞
에** 위치하거나 단순히 **소개**하거나, **요약**하거나, 심지어 **안내**하기보다는 실
제로 이 책을 **시작**한다는 의미에서 **서론**(prologue)이 아닌 **도입**(opening)이라
는 단어를 선택하였다. 이는 1:1-18 이 본문의 바깥에 있는 것이 아니라,
본문 내용에 대한 본질적인 부분을 말하며,63 요한복음 전체를 외부에서

---

59 예를 들어, Lincoln, *John*, 11-14 을 보라. Lincoln 은 '줄거리 분석을 위한 세 개의 가장 기본적
인 카테고리'를 파송(commission), 갈등(complication) 그리고 해결(resolution)로 언급한다
(11).

60 예를 들어, Williamson, *Preaching the Gospel of John*, 165, 221.

61 유사하게, Lincoln, *John*, 13-14. 그는 복음서의 줄거리가 심지어 예수님의 죽음과 부활로도
완성되지 않는다는 것을 인정한다.

62 '열린' 문학작품의 개념은 Umberto Eco 의 *The Open Work* 에 의해 대중화되었지만, 그것은
한 가지 이상의 해석이 가능하다. 여기서 제안된 것은 단지 해석을 제공하는 것뿐만 아니라
선교를 지속함으로써 이야기의 개방성(openness)을 지속할 필요성을 강조한다.

63 프롤로그/서문으로서 1:1-18 에 대한 표준적인 견해를 반박하는 유사한 주장을 보기 위해서는
Phillips, *Prologue of the Fourth Gospel*, 4-6 을 보라. "요한의 프롤로그는 이 텍스트(복음서)
의 서문이 아니라 오히려 복음서의 시작이다"(6). 초기 사본, 번역, 주석, 그리고 성구집에 있
는 요한복음 1 장 단락 구분을 다른 각도에서 보고 있는 Peter Williams("Not the Prologue
of John")는 1 장의 시작 구절들과 나머지 구절들 (그리고 복음서) 사이에 일반적으로 가정된

보지 않고 **내부로부터** 바라보면서 '독서 지침' 역할을 한다는 것이다. 아버지와 아들의 영원하고 친밀한 관계, 그리고 '성육신'이라는 위대한 출발점 없이 이 복음 내러티브는 있을 수 없다. '성육신'은 말씀이 사람이 된 것뿐만 아니라 아버지께서 아들을 보내셨다(요한복음에서 예수님의 말과 암시를 통해 50번 정도 나타남)는 것도 의미한다. 요한복음의 나머지 부분에서는 성육신으로 표현된 신적 사랑과 그 결과로 하나님의 자녀를 낳는다는 기본 주장이 연속적으로 설명된다. 1:1-18을 요약하면서 쉐리 브라운은 요한복음이 말하는 하나님의 선교에 대해 이렇게 정의한다. "예수 그리스도 안에서 성육신하신 하나님의 말씀을 통해, 하나님 안에서 자녀됨(childhood)을 세우는 것은 하나님이 세상을 다루시는 모든 것의 정점이며, 창조주와 피조물의 목표이다."[64]

이 신적 자녀됨의 복음, 즉 아들됨(filiation)은 (우리가 앞으로 보게 될 것처럼) '생명의 복음'이 된다. 이것은 "그(말씀, 예수) 안에 생명이 있었으니"(1:4)라는 실재에서부터 시작한다. 아들을 통해 생명을 주시는 아버지의 선교는 사실 성육신보다 **앞서지만,** 성육신을 통해서 온전하게 표현되는 이 실재로부터 시작한다. 다시 한번 말하지만, 요한복음의 첫 구절들은 단순히 내용을 훑어보는 것이 아니라 내러티브를 시작하고 있는 것이다.

물론 요한복음 1:1-18은 문학적, 신학적, 해석학적 기능을 부가적으로 지니고 있다. 그러나 만일 하나님의 선교가 (말씀의 성육신, 생명을 주는 사역, 그리고 죽음과 부활을 통한 영화에 있어서) 인간을 친밀하고, 사랑스럽고, 생명으로 이끄는 관계라면, 이러한 관계는 단순히 요한복음의 **모티프**(motif)가 아

것보다 더 많은 문학적 연속성이 있다고 주장한다. 필자가 1:1-18의 요소들이 복음서 전반에 걸쳐 사용된다는 것을 부인하는 것이 아니라는 것을 명확히 할 필요가 있다. 그것들은 O'Grady의 1:1-18과 요한복음 나머지의 주제 표가 보여주는 것처럼 분명히 그러하다("The Prologue," 218). 필자는 오히려 이 구절들이 주제를 소개하는 것 이상을 말하고 있다고 생각한다.

64 Brown, "Believing in the Gospel of John," 4. 하지만 Brown은 본서가 사용하는 것처럼 '테오시스'라는 단어를 사용하지 않는다.

니라 **내러티브의 출발점**이 된다. 따라서 서론으로 읽는 것보다 훨씬 더 많
은 것을 읽는 것이다.[65]

요한복음의 주제

요한복음의 주제에 관한 질문으로 넘어가 보자. 구조의 문제와 함께 요
한복음의 주제는 필자가 제안하는 선교에 대한 강조, 특히 생명을 주는 하
나님의 선교를 행하시는 예수님의 선교, 또 그 선교로 향하는 제자들의 참
여와도 무관하지 않다.

요한복음의 풍성함과 깊이 속에는 여러 가지 주제가 담겨 있다. 사랑의
중심성[66], 계시와 지식이 주제가 될 수 있다.[67] '표적들', 'I AM 의 주장들',
'영광', 또는 '예수님의 시간'도 분명히 중요한 기독론적 모티프이다. '언약'
의 주제 또한 핵심은 아니겠지만 여전히 매우 중요한 주제일 수 있다.[68]

그리고 '물'과 같은 중요한 모티프를 구성하는 이미지들이 나오는데, 이
들 중 일부는 빛과 어두움, 그리고 믿음과 불신을 포함하여 둘로 구성되거
나 대조되는 한 쌍의 주제들이 종종 나타난다.

---

65 Phillips(*Prologue*, 예를 들어, 14-15)는 다양한 '오늘날의 종교와 철학적 사고의 학파들'에 속
한 사람들을 이해시킬 수 있다는 이유로, 1:1-18 은 요한복음에 대한 환영의 문턱이고(15), 외
부인들에게 접근이 가능한 본문이며, 그래서 내재적으로 '전도적인' 기능이 있다고 타당성 있
게 주장한다.

66 예를 들어, Moloney, *Love in the Gospel of John*. 제 4 복음서의 사랑에 관해서는 또한 van
der Watt, "Ethics and Ethos"; van der Watt; "Radical Social Redefinition"; Rabens,
"Johannine Perspectives"; Skinner, "Love One Another"를 보라.

67 Craig Keener 에 의하면, 요한복음에서 신학적으로 가장 중요한 공통적 용어들은 '안다'(know)
를 나타내는 두 동사다(Keener, *John*, 1:243-47). Keener 는 구체적으로 '지식'(knowledge)을
중심 주제로 부르지 않지만, 그것이 중요한 주제이며 요한의 변증에 필수적인 부분이라고 말
함으로써 이러한 방향으로 암시를 준다(1:247). 그는 그것을 지식과 비전, 그리고 표적을 포함
한 좀 더 넓은 '계시적 모티프들' 안에 위치시키고, 이 지식은 친밀한 성격을 가지고 있는,
개인적인 하나님의 언약적 지식임을 강조한다(1:233-79).

68 Chennattu, *Johannine Discipleship*; Brown, *God's Promise; Schneiders, Jesus Risen in Our
Midst*, 특히. 99-118; Gorman, *Death of the Messiah*, 43-50 을 보라.

　요한복음에서 종종 간과되는 주제가 하나 있는데, 이것은 예수님의 선교에 대한 질문, 즉 단수형과 복수형으로 쓰인 '일'(work)의 모티프와 직접적으로 관련되어 있다. 예수님은 종종 그의 '표적들'과 관련하여 수없이 '일들'(*erga*, 복수형)이란 단어와 동사형 '일하다'(*ergazomai*)를 사용한다. 그리고 그가 아버지로부터 받은 '일'(*ergon*, 단수형)이란 단어도 두 번(4:34; 17:4)이나 나온다. 그렇다면 '일들' 안에 나타나는 이 단수형 '일'은 무엇인가? 69

　필자는 요한복음의 모든 다양한 모티프들이 '영원한' 생명(17:2-3)70, '풍성한' 생명(10:10b), 그리고 '충만한' 생명(NIV, NJB; 비교. CEB, to the fullest)이라고 부르는 '생명'(*zōē*)을 가져오는 예수님의 유일한 일이라는 전체적인 주제와 밀접한 관련이 있음을 제안하려 한다. 이러한 중심 주제를 생생하게 나타내는 요한복음 10:10의 번역은 하와이 피진(*Pidgin*) 번역본에 등장한다.

　　Da steala guy, he ony come fo steal, kill, an bus up da place. But I wen come so da peopo can come alive inside, an live to da max.71

　"*Live to da max*"("live to the max," 최대한도로 사는 것-역자 주). 이것은 비록 평범한 화법이라 할지라도 상당히 적절한 번역이자 요한복음의 핵심 포인트(*précis*)이다.

　요한복음에서 중심적 역할을 하는 '생명'의 주제를 다른 주제들과 관련하여 고려할 수 있다. '사랑'이란 주제를 예로 들어보자. 프랜시스 몰로니

---

69 또한 Carter, *John and Empire*, 277에 있는 논의를 보라.
70 '영원한 생명'은 요한복음에 17번 나타난다. 17:2-3에 있는 두 번을 제외하고 모두 복음서의 전반부에서 발견된다.
71 http://www.pidginbible.org. NRSV: "The thief comes only to steal and kill and destroy. I came that they may have life, and have it abundantly."(역자 주: 이것은 영어의 피진[*Pidgin*] 방언이다. 번역하자면 "도둑질하는 자는 오직 훔치고, 죽이고, 그곳을 망가뜨리려고 온다. 하지만 나는 사람이 내적으로 다시 살아나고, 최고에 이르기까지 살게 하려고 왔다.")

(Francis Moloney)의 생생한 표현에 따르면, 예수님의 선교는 "그가 모든 시간으로부터 가져왔던 하나님과의 관계에 휩쓸려 들어가게 하는 것", 곧 영원한 사랑의 관계이다.[72] 몰로니는 이것을 '영원한 생명'의 본질이라고 주장한다.[73] 비슷하게 얀 반 데르 와트(Jan van der Watt)는 '영원한 생명'이란 용어는 "하나님과 함께하며 하나님의 신적 실재에 참여(행동 및 관계)를 가능하게 하는 존재의 상태에 있거나 받아들이는 것으로 대체될 수 있다"라고 단언한다.[74] 존 폴 하일(John Paul Heil)은 간결하게 '영원한 신적 생명'이라고 표현했는데, 이 주제의 중요성과 관련하여 두 가지 핵심('신적'이고 '영원한')을 함축적으로 표현해 준다.[75] 앨런 컬페퍼(Alan Culpepper)는 "당신이 요한복음 어디에 있든 생명의 주제에서 결코 멀리 떨어져 있지 않다"라면서 생명을 주시는 하나님의 선교는 하나님의 사랑에 뿌리를 두고 있기에[76] 필연적으로 '선교적'이라고 말한다.[77]

또한 '생명'이라는 주제를 루돌프 불트만(Rudolf Bultmann)이 강조한 '계시'라는 주제와 관련하여 생각해 보자.[78] 몰로니는 요한복음에서 계시는 필연

---

[72] Moloney, *Love in the Gospel of John*, 56-57. 이러한 신적 사랑과 연합의 관계 안으로 '휩쓸려 들어가는' 강력한 참여적 이미지는 Moloney's *Love in the Gospel of John* 전반에 걸쳐 나타난다(또한 4, 22, 23, 34, 103, 122, 123, 182, 203, 208 을 보라). Moloney 가 '참여하다'와 '참여'라는 말을 사용하지는 않지만, 그것은 요한의 구원론과 윤리에 대한 Moloney 의 기본적인 참여적 이해를 나타낸다. Bauckham 의 이와 유사한 의견으로는, 아버지와 아들의 사랑에 신자들이 포함되는 것은 "분명히 요한 구원론의 핵심이다"(*Gospel of Glory*, 40)가 있다. Hastings 또한 Moloney 를 연상시킨다. "타락한 인류에게 다가가면서 하나님의 첫 번째 생각은 그들을 삼위적 사랑과 생명으로 끌어들이는 것이었다"(*Missional God*, 271). 그리고 Thompson 은 다음과 같이 더한다. "생명과 구원은 요한복음에서 사실상 같은 의미다. 왜냐하면 구원은 죽음으로부터 구출되어, 현재의 삶과 부활 후의 삶에서 하나님의 풍성함에 참여하는 것으로 이해되기 때문이다"(*John*, 85, 3:16-17).

[73] Moloney, *Love in the Gospel of John*, 61, 62-64. 사랑의 주제에 대한 Moloney 의 연구는 궁극적으로 세상에 생명을 가져오기 위해 예수님을 보내실 때 주어지는 하나님의 사랑에 관한 것이다. 이것은 아들의, 사실상 아들 안에서 일하시는 아버지의 근본적인 '사역' 또는 '선교'다. 또한 자료들 중에, Nissen, *New Testament and Mission*, 79 를 보라.

[74] Van der Watt, *Introduction*, 58. 나중에 우리는 '영생'이 현재 경험되는 다가올 세상의 삶을 의미한다는 것을 또한 보게 될 것이다.

[75] Heil, *The Gospel of John: Worship for Divine Life Eternal*. Heil 은 그와 같은 예배의 고백적(말과 몸짓으로 표현되는), 성례적, 그리고 윤리적(1-2)인 세 개의 구체적인 측면을 구별해낸다.

[76] Culpepper, "Creation Ethics," 83.

[77] Culpepper, "Creation Ethics," 86-89 (87 쪽 인용).

적으로 **관계적인** 방식의 구원을 가진 **관계적** 계시이지 결코 영지주의적 계시가 아니라고 타당성 있게 주장한다.[79] 하나님은 사람들을 아버지와 아들의 영원한 사랑과 하나님의 영광스러운 '생명' 안으로 '휩쓸기'(sweep)를 원하시기 때문에 사실상 (비록 몰로니는 이 용어를 사용하지 않지만) 구원은 **참여적인** 방식의 구원이다. 앞서 언급한 바와 같이, 이 구원은 하나님의 자녀가 되어 하나님의 가족 안에 들어가는 것으로 묘사된다. 요한복음의 서론은 구원론적 주장에 초점을 맞추며, 1:12은 이를 분명히 한다. "영접하는 자 곧 그 이름을 믿는 자들에게는 하나님의 자녀가 되는 권세를 주셨으니."[80] 더욱이 이 말씀이 보여주는 구원은 관계적, 가족적, 참여적일 뿐만 아니라 **선교적**이다. 하나님(아버지)이 아들을 보내신 것은 다른 이들도 동일하게 이 관계 안으로 들어와 예수님의 선교를 이어갈 수 있도록 하기 위함이다.[81] 하나님의 자녀들은 다른 사람이 계시를 접하고 하나님의 자녀가 되어 신적인 생명 안으로 휩쓸려 들어가 자연스럽게 하나님의 가족이 더욱 번성해 나가기를 원한다.

따라서 **계시**로서의 선교에 초점을 맞추는 것은 실제로 **사랑**에 초점을 맞추는 것이며, 이는 결국 하나님과 예수님의 '사역'(work)이 궁극적으로 선교적 목적으로서 하나님의 '생명'에 참여하게 하는 것임을 인정하는 것이다.[82] 생명을 주는 것으로서 하나님의 선교에 대한 이러한 기본적인 이해

---

[78] 예를 들어, Bultmann, *Theology* 2.40-69, 특히. 66-69.

[79] Moloney, *Love in the Gospel of John*, 63.

[80] Culpepper의 1:1-18의 교차대구 분석("Pivot of John's Prologue")은 그 '받침점' 또는 '중심점'을 하나님의 자녀가 되는 것에 대한 1:12b에서 찾는다. 또한 Brown, "Believing in the Gospel of John," 8-14를 보라.

[81] Moloney, *Love in the Gospel of John*, 68. 이 맥락에서 Moloney는 하나님의 사랑의 계시는 또한 하나님의 영광의 현현이라는 것을 암시한다. 필자는 여기서 '선교적'이란 말을 Moloney가 주로 주목하는 것으로서, 제자 공동체를 넘어서는 '사랑의 섬김'이라는 관점에서 사용한다. 하지만 '선교적'이라는 말은 더 일반적으로 하나님의 사랑의 궤도 안으로 모든 사람을(제자들을 포함해서) 충만하고 깊이 있게 들여오는 하나님의 선교에 참여하는 것으로 좀 더 폭넓게 이해될 수 있으며, 또 반드시 이해되어야 한다. 예를 들어, Bauckham, *Gospel of Glory*, 41을 보라.

[82] Van der Watt (*Introduction*, 28)는 요한복음에 있는 선교적 주제의 두 핵심으로 '생명'과 '선교'를 선택한다. Rossé(*Spirituality of Communion*, 18)는 아버지의 보냄을 받은 자로서 예수님

가 성경의 다른 곳에서도 흔히 나타난다는 것은 놀라운 일이 아니다.[83] 예수님은 어떤 것을 단순히 **드러내는** 것이 아니라 **전달하고 있으며**, 그 어떤 것은 곧 '생명'이다.[84]

예수님과 복음서가 말하는 이 선교적 목적을 복음서의 세 가지 핵심 용어를 사용해 다음과 같은 방법으로 설명할 수 있다.

사랑 ━━▶ 빛 ━━▶ 생명

동기 ━━▶ 계시 ━━▶ 참여

하나님은 하나님의 생명으로 사람들을 '휩쓸기'(sweep, 몰로니의 표현) 위해 세상의 빛이신 그리스도 안에서 사랑으로 자신을 드러내셨다.[85] 앞서 이미 언급했고 아래에서 더 충분히 주장하겠지만, 요한복음에서 이 '참여'는 '아들됨'(filiation, 하나님의 자녀가 되는 것)을 뜻하며, 그리고 아들됨은 곧 '신화'(하나님을 닮아가는 것)로 이해되어야 한다. 하지만 지금은 단순히 이 선교적 운

은 계시적, 예언자적인 대리인만은 아니라는 것을 우리에게 상기시킨다. "말씀은 이미-존재하기 때문에 그가 보내졌을 때 예수님은 하나님과 함께하는 그분 자신의 내적 실제 안으로 다른 이들을 인도하신다." 유사하게 Schneiders (*Written That You May Believe*, 49)는 사람들을 신적 생명 안으로 연합시키는 이러한 계시적이고 신적인 선교를 복음서의 도입부에 다음과 같이 올바로 서술한다. "요한복음은 '태초에 하나님이 계셨다'가 아니라 '태초에 말씀이 계셨다'로 시작한다. 다시 말해, 하나님은 '그 자신'을 영원으로부터 알고 사랑하며 오직 나중에야 다른 것들에게 신적 비밀로 들어올 수 있도록 결정하는, 스스로 갇혀 있는 단일체(monad)가 아니다. 오히려 요한의 관점에서 보면 하나님의 고유한 성질은 스스로 소통하고, 스스로 열며, 스스로 주는 것이다."

83 몇 가지 예를 들면 다음과 같다. 신 30:15-20; 시 16:11; 23; 103:1-5; 119:35-42; 잠 4:20-23; 겔 37; 마 7:13-14; 25:31-46; 막 8:34-37; 9:43-49; 눅 10:25-37; 15:11-32; 행 13:42-49; 롬 6:1-11; 8:1-17; 갈 2:15-21; 3:21; 엡 2:1-10; 1 요일 1:1-3; 계 2:1-7; 7:13-17; 22:1-2.

84 Cornelis Bennema 은 요한복음에 나타나는 예수님의 성격을 '생명을 주는 계시자'로 요약하고 (*Encountering Jesus*, 43-60), 4:14, 5:21, 6:33, 및 10:10 을 언급하며, 예수님을 신적 생명의 '공급자'로 언급한다(45). Bennema 는 간혹 예수님의 역동적이고, 생명을 주는 사역의 계시적/교육적/지식적 면을 지나치게 강조하고 있다(예를 들어, 34, 45).

85 Schneiders(*Written That You May Believe*, 15)에 따르면, "복음서의 목적이 성령을 통해 하나님 안에서 예수와 함께 하는 제자들의 신비로운 연합이라는 것에는 질문의 여지가 없다." 그것은 "그들을 하나님의 생명 그 자체의 심연 안으로 그들을 곤두박질치도록 하게 할 연합이다." Bosch 는 교부적이고 동방정교회적인 선교 패러다임을 사랑으로부터 나오며, 생명을 주고(특히 테오시스), 요한복음에 뿌리를 둔 것으로 묘사한다(*Transforming Mission*, 210-16).

동의 목적이 되는 '신적인 영생'의 의미로 '생명'이라는 요한의 용어에 초점을 맞출 것이다.

요한복음에서 명사형 '생명'(*zōē*)은 36 번 나오고, 그중 17 번은 '영원한'이란 말로 표현된다. 같은 어원의 동사 '살다'(*zaō*)는 17 번 사용되고 있고, 연관된 동사인 '살리다'(*zōopoieō*)는 3 번 나오는데, 이러한 단어들은 각 장에서 다음과 같이 나뉘어 있다.

장	*zōē* (생명, [ ]는 영원한과 합계)	*zaō* (살다)	*zōopoieō*(살리다)	단어군 전체
1	2			2
2				
3	4[3]			4
4	2[2]	5		7
5	7[2]	1	2	10
6	11[5]	6	1	18
7		1		1
8	1			1
9				
10	2[1]			2
11	1	2		3
12	2[2]			
13				
14	1	2		3
15				
16				
17	2[2]			2
18				
19				
20	1			1
21				
전체	36[17]	17	3	56

종합해보면, '생명'과 관련된 단어는 56 번 나타난다. 그중 50 번이 요한복음의 전반부에 나온다. 특히 4-6 장에는 35 번이나 기록되어 있고, '생명의 떡'이 나오는 6 장에만 18 번이 나온다.

물론 이 단어가 말해주는 주제의 중요성을 먼저 인식하는 것이 단어를 세는 것 이상으로 중요하다. 단어가 사용되는 방법과 위치, 다른 단어군에 속한 관련 용어들의 사용, 단어의 중요성을 나타내거나 강화하는 것 등을 먼저 확인해야 할 것이다. 그럼에도 불구하고 이 표의 자료들은 요한복음의 신학에 관한 연구들이 논의해 온 것처럼, 요한복음이 실제로 '생명의 복음'이라는 것을 강하게 암시하고 있다.[86] 요한복음의 목적이 기록되어 있는 20:30-31 은 이것을 증거한다.

예수께서 제자들 앞에서 이 책에 기록되지 아니한 다른 표적도 많이 행하셨으나, 오직 이것을 기록함은 너희로 예수께서 하나님의 아들 그리스도이심을 믿게 하려 함이요, 또 너희로 믿고 그 이름을 힘입어 생명을 얻게 하려(*hina*) 함이니라.

톰슨의 말을 빌리자면, "요한복음에서 예수님과 그의 사역과 말씀은 이스라엘의 유일한 하나님이 세상에 생명을 주시는 행위이다."[87] 그리고 미라 스테어(Mira Stare)에 따르면, "생명은 요한복음에 있어서 가장 중요한 해석의 열쇠이자 틀이며, 요한복음에서 반복되는 중심 주제(*leitmotif*)이다."[88]

---

[86] 예를 들어, 다음과 같은 요한의 신학을 보라. Beasley-Murray, *Gospel of Life*; Koester, *Word of Life*. 또한, 생명에 강조점을 둔 신학적으로 훌륭한 Lincoln 의 주석, *John* 과 좀 더 목회적인 주석인 Byrne 의 *Life Abounding* 을 보라.

[87] Thompson, *John*, 23. 톰슨은 *Apprehension of Jesus* 에서 이 본문이 '신앙을 함양하고 신앙을 낳는 것' 모두를 의도하였다는 것을 의미한다고 설득력 있게 주장한다(요약 177-79, 202-4).

[88] Stare, "Ethics of Life," 227. 요한의 중심주제에 대한 다른 해석들이 잘못되었다거나 부적절하다는 것을 말하기 위함이 아니다. 필자는 "중심과 주변은 맥락에 의해 정의되기 때문에 한 문화에서 주변으로 밀려난 특정한 주제가 다른 문화의 중심에서 자리를 잡을 수 있다"라는 안건상의 지적을 심각하게 받아들인다("Response to Gorman"). 그럼에도 불구하고, 필자는 복음서를 포함한 문학작품의 특정한 면들이 본질적으로 중심적이고, 심지어 때로는 단지 작품 저자의 서술이나 특정한 문학적 그리고 언어적인 요소들만으로, 어떤 면에서 지배적인 주제를 갖는다고 주장하는 것이 가능할 뿐만 아니라, 어떤 경우에는 필요하다고 생각한다. 아들의 강림과 승천(떠나심, 오심, 그리고 보냄을 받으심과 결합된)에 초점을 둔 복음서의 중심주제(leitmotif)와 문학구조의 전통적인 이해에 대한 최근의 논의를 위해서는 Humble, *A Divine Round Trip* 을 보라.

요한복음에서 '생명'을 표현한 단어군 대부분은 예수님이 고난받으시기 전 그의 사역을 서술하고 있는 전반부인 1-12 장에 나온다. 예수님이 "내가 온 것은 양으로 생명을 얻게 하고 더 풍성히 얻게 하려는(*hina*) 것"(10:10b)이라고 말하시는 것처럼 요한에게 있어서 예수님은 세상에 생명을 주러 오신 분이 분명하다. 예수님은 여러 가지 방식으로 자신의 사명(선교)이 생명을 주는 사역이라는 것을 설명한다. 특히 "나는 생명의 떡이니"(6:35, 48), "나는 부활이요 생명이니"(11:25), 그리고 "나는 길이요 진리요 생명이니"(14:6)와 같은 'I AM'(나는 … 이다) 선언에서 잘 표현되고 있다.[89]

요한복음에서 '생명'의 중심성에 대한 이러한 인상은 예수님이 행하시는 선교의 성격을 잘 설명하고 있는 10:10b 와 20:31 을 포함하는 몇몇 핵심 구절에 나타나는 목적절(헬라어, *hina*)의 아래 예들을 통해 강화된다.[90]

- 모세가 광야에서 뱀을 든 것 같이 인자도 들려야 하리니 이는 그를 믿는 자마다 <u>영생을</u> 얻게 하려(*hina*) 하심이니라 하나님이 세상을 이처럼 사랑하사 독생자를 주셨으니 이는 그를 믿는 자마다 <u>멸망하지 않고</u> <u>영생을</u> 얻게 하려(*hina*) 하심이라 하나님이 그 아들을 세상에 보내신 것은 세상을 <u>심판하려</u>(*hina*) 하심이 아니요 그로 말미암아 세상이 <u>구원을</u> 받게 하려(*hina*) 하심이라(3:14-17; 비교. 5:34; 12:47, 목적절에 있는 '생명'과 평행해서 '구원'이 있다).

- 여자가 이르되 주여 그런 물을 내게 주사 <u>목마르지도 않고</u> 또 여기 물 길으러 오지도 않게 하옵소서(않고 … 않게 하도록[*hina*])(4:15).

- 너희가 성경에서 영생을 얻는 줄 생각하고 성경을 연구하거니와 이 성경이 곧 내게 대하여 증언하는 것이니라 그러나 너희가 <u>영생을</u> 얻기 위하여(*hina*) 내게 오기를 원하지 아니하는도다(5:39-40).

---

[89] Van der Watt (*Introduction*, 12-16)는 예수님의 공생애 사역에 있어 1:19-12:50 은 (영원한) 생명의 중심성을 간결하게 보여준다고 말한다.
[90] 필자는 (영원한) 생명의 구절들과 요한이 '생명'을 통해 의미하는 것이 무엇인지를 해석하는 단어/구절들에 모두 밑줄을 그어 표시했다.

- 이는 하늘에서 내려오는 떡이니 사람으로 하여금 <u>먹고 죽지 아니하게</u> 하는 (*hina*) 것이니라(6:50).

- 도둑이 오는 것은 도둑질하고 죽이고 멸망시키려는 것뿐이요 내가 온 것은 양으로 <u>생명을 얻게 하고 더 풍성히 얻게</u> 하려는(*hina*) 것이라(10:10).

- 아버지여 때가 이르렀사오니 아들을 영화롭게 하사 아들로 아버지를 영화롭게 하옵소서 아버지께서 아들에게 주신 모든 사람에게 <u>영생을 주게</u> 하시려고(*hina*) 만민을 다스리는 권세를 아들에게 주셨음이로소이다(17:1b-2).

- 오직 이것을 기록함은 너희로 예수께서 하나님의 아들 그리스도이심을 <u>믿게</u> 하려(*hina*) 함이요 또 너희로 믿고 그 이름을 힘입어 <u>생명을 얻게</u> 하려 (*hina*) 함이니라(20:31).[91]

많은 이들은 자연스럽게 '영생'이라는 말을 미래, 천국, 혹은 영원한 생명을 가리키는 것으로 해석한다. 그러나 앞에서 이미 주목한 바와 같이, 요한복음에서는 더 많은 것을 말하고 있다. 요한복음에서 생명은 하나님의 생명과 사랑에 참여하는 것을 의미한다. 하지만 이러한 기본적인 이해에는 더 많은 설명이 있어야 한다. 크레이그 키너(Craig Keener)에 따르면, '영원한'이라는 수식어의 존재와 상관없이 명사 '생명'은 단 한 번의 경우 (4:50-51)를 제외하고, 유대인의 '다가올 시대의 삶' 또는 단순히 '이 시대의 삶'이라는 유대적 개념을 가리킨다.[92] 키너는 특히 다른 유대 자료들과 대

---

91 우리가 '선교, 목적, 그리고 생명'과 같은 단어들을 좁게 이해하기보다 넓게 이해하는 것이 중요하다. 요한복음에서 생명을 갖는다는 것은 아들의 생명과 선교에 참여하는 것을 의미하며, 때로 이것은 반대에 부딪힐 것이다. 앞으로 더욱더 분명하게 보게 되겠지만, 예수님의 강림과 복음서의 목적은 심지어 '세상'의 반대를 받는다고 할지라도 신실한 믿음을 고백하는 사람들을 창조하는 데에 있다. 특히 Beutler 의 "Faith and Confession"을 보라. Beutler 는 세례자 요한, 니고데모, 사마리아 여인, 시각 장애인으로 태어난 남자, 베드로, 사랑하는 제자 도마와 다른 제자들, 막달라 마리아, 아리마대 요셉, 감춰진 기독교인들(crypto-Christians)을 용기 있는 고백의 예로 지목한다.

92 Keener, *John*, 1:329. 이 주제에 대한 자세하고 유용한 Thomson 의 해설(*John*, 87-91)은 더 미묘한 차이가 있지만, 그녀는 영원한 생명에 대한 유대적 개념이 부분적으로는 생명에 대한 요한(문헌) 비전의 배경이라는 것에 동의한다. 그녀에게 가장 중요한 것은 (영원한) 생명이 현재와 미래 양쪽 모두라는 점이다. Carter (*John and Empire*, 204-34)는 영원한 로마와 그것이 가정하는 황금기의 약속들, 그리고 요한의 미래-그러나-현재의 영원한 생명을 대비시킨다.

조되는 요한복음의 독특한 점으로, 예수님의 부활로 인해 다가올 시대의 삶이 이미 존재한다는 것을 나타내기 위해 요한복음은 현재형 동사들을 사용한다고 말한다.[93] 필자는 간략하게 세 가지를 강조함으로써 이 주장의 뉘앙스를 전달하고자 한다.

- 내러티브 상에서 예수님이 부활하시기 **전에** 이미 생명이 되신다는 "I AM" 확언이 나타나지만, 이러한 확언은 부활이란 **관점에서** 복음서 저자에 의해 주어졌다. 이것은 리처드 헤이스가 '뒤로 읽기'라 부르고, 매리안 마이 톰슨은 '뒤에서 앞으로 읽기'라고 부르는 복음서의 전략의 일부이다.[94]
- 그러나 다른 한편으로, 예수님이 생명이라는 것은 필연적으로 존재론적인 면이 있다. 예수님은 부활 전에도 영생을 전할 수 있었는데, **이는 그가 자신 안에 생명을 가지고 있었고 신격(Godhead)을 공유함으로 인해 생명의 근원이 되시기 때문이다.**[95]
- 그러므로 '영원한 생명'과 '신적인 생명'은 경쟁적이지 않으며, 사실 이 두 가지는 근본적으로 같은 의미를 갖고 있다.

다시 말하자면, 예수님의 부활은 **시간적으로** '현재'에 풍성하고 종말론적인 삶을 제공할 수 있음을 보장하는 것이라 할 수 있고, **신학적으로도** 예수님은 하나님의 아들된 자격으로 풍성하고 신적인 생명을 '현재'에 제공할 수 있다는 것을 말하는 것이다.

이 모든 것은 풍성하고 영원한 신적 생명이 어떤 모습일지에 대한 궁금증을 불러일으킨다. 과연 그 내용은 무엇인가? 이 질문에 답하기 위해서

---

[93] Keener, *John*, 1:330; 또한 Beasley-Murray, *Gospel of Life*, 3-4. 머레이는 요한복음을 구약, 공관복음, 그리고 다른 초기 유대 문헌들과 대조시킨다. 물론 두 사람 모두 요한복음에서의 생명은 미래적인 차원을 갖고 있다고 말한다.

[94] Hays, *Reading Backwards*; Thompson, *John*, 9, 269, 270, 283, 345, 365.

[95] Beasley-Murray, *Gospel of Life*, 4. Keener(*John*, 1:385)가 주목하는 것처럼, 유대주의는 지혜서와 토라 모두를 생명과 연결시키며, 요한은 예수님을 지혜서와 토라의 구현으로 연결시킨다. 이러한 연결은 예수님이 생명이라고 확언하는 또 하나의 이유가 될 것이다.

생명에 초점을 맞추어 요한복음을 좀 더 신중하게 들여다봐야 한다. 요한복음 10:10b은 그 주제에 대한 간결한 서술이며, 적절한 도입부이다.

요한복음과 정경적 맥락에서의 '풍성한 생명'

예수님의 선교가 생명을 가져온다는 것에 대한 이해를 위해 10:10b(내가 온 것은 양으로 생명을 얻게 하고 더 풍성히 얻게 하려는 것이라)를 정경적 맥락에서 살펴보는 것은 유익한 일이며 절대적으로 필요하다고 본다.[96] 이 구절은 선한 목자 담화(10:1-21)의 일부분이지만, 단지 문화적으로만 읽을 것이 아니라 상호텍스트적(intertextually)으로 읽을 때 비로소 올바르게 해석할 수 있다.[97]

그렇다면 '풍성한 생명'은 무엇인가? 매리안 마이 톰슨(Marianne Meye Thompson)은 그것을 포괄적인 실제로 잘 요약한다.

> 풍성한 생명은 창조를 뒤돌아본다. 또한 부활의 새로운 생명의 축복, 특히 신적 임재 안에 있는 축복을 고대한다. 그리고 현재 살아계신 하나님과의 교제를 가능하게 하면서, 과거와 미래의 교차점에 놓여 있다.[98]

---

[96] 이 부분은 필자의 논문인 "The Spirit, the Prophets, and the End of the Johannine Jesus"에 기초한다.

[97] 요한복음 10장에서 예수님은 문이며 목자임을 주장한다. 그가 자신을 문으로 특정할 때 아마도 문화적으로 양무리 쪽의 앞에 누워있는 목자를 나타낼 수 있다(10:7-10). (선한 목자 담화 전체에 관해서는 Skinner, "The Good Shepherd"를 보라.) 하지만 아마도 그는 또한 도시 성벽과 성전으로 향하는 열린 성문을 지키고 있는 에스겔의 파수꾼 이미지를 암시하고 있을 것이다. 에스겔 3:17; 33:6-7; 43-48을 언급하고 있는 Peterson, *John's Use of Ezekiel*, 141-42를 보라. 다시 말해 예수님은 하나님 구원의 초장, 안전, 그리고 임재(하나님의 풍성한 생명) 안으로 들어가는 길이다.

[98] Thompson, *John*, 91.

요한복음 10 장의 맥락에서 이 풍성한 생명에 대한 세 가지 구체적인 논점을 찾아볼 수 있는데, 그중 세 번째 논점은 본문과 밀접한 관련이 있는 구약 본문(상호 텍스트)으로 우리를 안내한다.

첫째, 예수님은 자신을 선한 목자(10:11-18)라고 밝히는 부분에서, 영원한 생명을 주는 데 필수적인 부분으로서 '죽음'에 대해 다섯 번(10:10-11, 15b, 17-18), 그리고 '부활'에 대해서는 두 번(10:17-18)을 언급한다. 요한복음에서 예수님의 생명을 주시는 선교는 그의 '죽음'과 '부활'에서 결코 분리되지 않는다. 그러므로 기독교 신학과 선교 또한 항상 함께 있어야 한다.

둘째, 생명을 주는 선교는 '최소한의 생명'에서 '풍성한 생명'으로의 변혁을 뜻하며, 심지어 '죽음에서 생명'으로의 변혁이 필요하다는 것을 암시하는 개념이다. 하지만 역설적으로 생명의 근원은 양을 위한 예수님의 죽음이다(10:15). 죽음은 죽음을 통해 돌이킬 수 있고, 친밀함과 헌신이 있는 긍휼을 통해 해결된다. 생명을 주시는 예수님의 '일'은 악한 목자들의 죽음과 관련된 행위를 뒤집는 선교로 여겨질 수 있다.[99]

셋째, 선한 목자 담화에 이어 10:22-39 의 수전절(*Hanukkah*) 이야기 속에서도 목자의 주제는 이어진다. 예수님은 그의 '일들'이 아버지와 함께 생명을 주는 목자됨의 증거라고 말한다(10:25-30). 선한 목자됨에 대한 이전 주장들과 함께 이 본문은 에스겔 34 장을 가리키고 있다. 게리 매닝(Gary Manning)은 "요한복음과 에스겔 34 장의 70 인역(LXX) 본문이 세 개의 문구와 열한 개의 핵심 단어, 다섯 개의 동의어, 그리고 네 개의 유사어를 공유한다"라고 말한다.[100]

---

[99] Carter(*John and Empire*, 138)는 예수님의 사역의 영향과 복음서의 목적을 나타내는 "제국의 피해를 되돌리는 것"에 대해 이야기한다(비교. 277-78). 비록 Carter 가 구체적으로 제국의 불의에 대해 생각하고 있지만, 죽음과 생명에 대한 요한의 이해는 의심할 나위 없이 그 특정한 염려보다 크다. 그는 확실히 제국에 대한 염려를 배제함 없이 종교 지도자들에 대해 언급하고 있다.

[100] Manning, *Echoes of a Prophet*, 113.

에스겔 34 장에서 말하는 예언적 신탁(prophetic oracle)에는 (선한) 목자의 역할이 주어진 두 인물이 나타나는데, '주 하나님'과 '주의 다윗적 종'(Lord's Davidic servant)이다. 요한복음 10 장에서 예수님은 **인간적이고**, 다윗-메시아적인 목자의 정체성을 갖지만(겔 34:23-24, <u>아래 밑줄 친 본문</u>; 비교. 37:24), **신적** 목자의 선교적 정체성 또한 공유한다. "나 주 여호와가 말하노라 내가 친히 내 양의 목자가 되어 … (너희는) 내 양 곧 내 초장의 양 … 나는 너희 하나님이라 나 주 여호와의 말이니라"(아래 단락 전체에 많이 있다. *이탤릭체*로 표시)[101] 주와 메시아적 왕이 시작할 **삶**(역시 아래에 많이 언급되어 있다. **볼드체** 사용)은 주목할 가치가 있다.

나 주 여호와가 말하노라 나 곧 *내가 내 양을 찾고 찾되* 목자가 양 가운데 있는 날에 양이 흩어졌으면 그 떼를 찾는 것 같이 *내가 내 양을 찾아서* 흐리고 캄캄한 날에 그 흩어진 모든 곳에서 **그것들을 건져낼찌라** 내가 그것들을 만민 중에서 **끌어내며** 열방 중에서 **모아 그 본토로 데리고 가서** *이스라엘 산 위에와 시냇가에와 그 땅 모든 거주지에서 먹이되* **좋은 꼴로 먹이고** 그 우리를 이스라엘 높은 산 위에 두리니 **그것들이 거기서 좋은 우리에 누워 있으며** 이스라엘 산 위에서 **살진 꼴을 먹으리라** 나 주 여호와가 말하노라 내가 친히 내 양의 목자가 되어 그것들로 누워 있게 할찌라 [16] *그 잃어버린 자를 내가 찾으며* **쫓긴 자를 내가 돌아오게 하며** *상한 자를 내가 싸매 주며* **병든 자를 내가 강하게 하려니와** 살진 자와 강한 자는 내가 멸하고 **공의대로 그것들을 먹이리라.** … 내가 한 목자를 그들 위에 세워 먹이게 하리니 그는 내 종 다윗이라 그가 그들을 먹이고

---

[101] 또한 예수님의 사역(역사)을 구별하기 위해서는 요한복음 5:36 을 보라. Manning(*Echoes of a Prophet*, 114-19)은 요한복음 10 장에서 그의 양들과 예수님의 관계가 에스겔 34 장의 하나님과 다윗적 인물의 그것에 모두 평행한다는 것에 주목한다. 이것은 요한복음에 나오는 아버지와 예수의 하나됨의 개념을 포함해서 예수님의 인성과 신성을 설명하는 데 도움을 준다(Manning 에 따르면). 그뿐만 아니라 Manning 은 '내 양'이란 표현이(114-15) 에스겔 34 장과 예레미야 23 장에서만 나타나며, 이는 요한복음 10 장의 예수님을 연상(echoed)케 한다는 것에 주목한다.

<u>그들의 목자가 될지라 나 여호와는 그들의 하나님이 되고 내 종 다</u>윗은 그들 중에 왕이 되리라 나 여호와의 말이니라 **내가 또** 그들과 **화평의 언약을 세우고** 악한 짐승을 그 땅에서 그치게 하리니 그들이 빈 들에 **평안히 거하며** 수풀 가운데서 잘지라 내가 그들에게 복을 내리고 내 산 사면 모든 곳도 복되게 하여 때를 따라 비를 내리되 **복된 장마비를** 내리리라 그리한즉 밭에 나무가 **열매를 맺으며** 땅이 그 소산을 내리니 그들이 그 땅에서 **평안할지라** 내가 그들의 멍에의 나무를 꺾고 그들을 종으로 삼은 자의 손에서 그들을 건져낸 후에 그들이 나를 여호와인 줄 알겠고 그들이 다시는 이방의 노략거리가 되지 아니하며 땅의 짐승에게 삼킨 바 되지 아니하고 평안히 거하리니 놀랠 사람이 없으리라 내가 그들을 위하여 **파종할 좋은 땅을** 일으키리니 그들이 다시는 그 땅에서 **기근으로 멸망하지** 아니할지며 다시는 **열국의 수치를** 받지 아니할지라 그들이 내가 여호와 그들의 하나님이며 그들과 함께 있는 줄을 알고 그들 곧 이스라엘 족속이 내 **백성인줄 알리라** 나 주 여호와의 말이니라 *내 양 곧 내 초장의 양 너희는 사람이요 나는 너희 하나님이라* 나 주 여호와의 말이니라(겔 34:11-31).

예수님이 언급하신 에스겔 본문은 요한복음 10 장의 기독론뿐만 아니라 구원론, 곧 풍성한 생명을 이해하는 것에도 도움을 줄 것이다. 하나님이 백성들에게 가져다 주실 생명은 무엇일까? 볼드체로 표시된 부분들이 보여주듯 에스겔 34 장은 아래와 같이 '풍성한 생명'의 이미지로 표현되고 있다.

- 구출되고 발견되는 것
- 좋은 목초지와 꼴을 갖는 것
- 상처를 치료받는 것
- 힘을 얻는 것

- 정의를 맛보는 것

- 안전하고 평화로운 것

- 풍성한 수확을 가지며, 더 이상 굶주리지 않는 것

- 노예에서 해방되는 것

- 더 이상 두려워하지 않는 것

- 모욕으로부터 구원을 경험하는 것

- 그리고 마지막으로 아주 중요한, 하나님과 친밀한 언약 관계에 있는 것[102]

이것이 바로 요한복음의 예수님이 풍성한 생명에 대해 말씀하실 때 염두에 둔 것들이다. 리처드 보컴은 "요한복음에서 영원한 생명은 세상의 물건이나 유한한 생명보다 더 많은 것을 의미하고 있다. 그리고 **확실히 그것들보다 부족하지 않다. 이 생명은 이러한 것들을 빠뜨리지 않고 포함하며, 그것들을 능가한다**"라고 말한다.[103] 그렇다면 요한복음은 영적이고 관계적인 것과 더불어 지극히 육체적이고 물질적인 최초의 '번영 복음'(prosperity gospel)이다.[104] 하지만 다음 장에서 보게 될 것처럼, 그것은 예수님의 죽음을 통해 오는 삶이기에 **십자가를 닮은**(cruciform) 번영 복음이다.[105]

---

102 Carter, *John and Empire*, 217-18 도 참조하라. Carter 는 에스겔 34 장과 그에 따른 요한복음 10 장을 신적 주권의 축복의 묘사로 본다. 그는 어쩌면 에스겔의 맥락을 과소평가하고 로마 제국의 맥락을 과대평가한다.

103 Bauckham, *Gospel of Glory*, 71(강조 더해짐). 그는 "영원한 생명은 삶의 충만함에 못 미치는 도덕적 삶의 모든 방식에서 삶의 치유와 변화이다"라고 이어간다.

104 Carter(*John and Empire*, 215-27)는 요한에게 있어 영생은 육체적, 물질적, 정치적, 그리고 사회적이라고 주장한다(아쉽게도 그는 영적/언약적인 것을 확실히 포함시키지 않는다). 우리는 미래의 종말론적 축복이 이제 예수님 안에서, 또 예수님을 통해서 나타났다는 것에 동의하기 위해서 전적으로 영생에 대한 로마 방식의 반대로서 요한복음을 이해하는 Carter 를 따를 필요는 없다. "The Spirit, the Prophets, and the End of the 'Johannine Jesus'"에서 필자는 요한 또한 사 61:1-3 의 언어를 사용해서 예수님을 묘사한다는 것을 증명했다. 그러나 우리가 풍성한 생명에 대한 에스겔 (또는 요한)의 방식을 영적/언약적인(예를 들면, 하나님과의 관계) 면을 배제하고 완전히 물질적 또는 육체적인 것으로 축소하지 않는 것이 중요하다. 이는 선교에 관련하여 '사회적 복음'의 일부 계승자들이 저지른 실수였다(Bosch, *Transforming Mission*, 347).

105 그러므로 필자는 Scott Sunquist 가 말한 선교의 기초적인 정의인 **"앞으로 밝혀질 하나님의**

또한 요한복음은 '생명 존중'(pro-life) 복음의 원형이기도 한데, 협소하기
보다는 포괄적인 생명 존중 메시지를 가지고 있다.[106] 요한복음이 생명 존
중 메시지인 이유는 창조의 근원, 곧 생명이시고(1:4) 그 생명을 온전히 세
상으로 가져오기 위해 성육신하신 분으로부터 출발하기 때문이다. 공관복
음의 공통적인 표현을 빌리자면, 요한복음의 예수님은 이미 예언으로 약
속된 하나님의 통치에 대해 말씀하시고 또 시작하신다. 게오프리 해리스
(Geofrey Harris)는 "제자들이 (그때나 지금이나) 예수님을 통해서 또는 예수님
안에서 구원을 제시할 때, 그것은 단순히 '영적' 구원(죄사함이나 하나님의 경
험)만을 의미하지는 않는다"라고 말한다. 왜냐하면 선한 목자, 선한 왕으로
'성육신하신 그리스도'는 땅의 작은 자들과 함께 땀 흘리고 괴로워하며, 부
패와 잔혹한 권력 남용의 희생자들을 위해 피를 흘리는 분이기 때문이다.
따라서 세상에서 그리스도를 따르는 자들 또한 분명히 그가 도우려고 했
던 사람들 편에 서야 한다.[107] 복음서는 물질적 혹은 반대로 영적으로만
말하는 좁은 차원의 풍성한 생명을 제안하지 않는다. 요한복음은 신적인
생명의 차원에서 종말론적 생명을 제안하기도 하고 그 반대로 제안하기도
한다. 따라서 워렌 카터(Warren Carter)가 "영생은 이미 현재에서 어느 정도
경험하고 있는 것이며, 앞으로 다가올 삶의 의미에서 하나님의 생명 자체

더 큰 영광에 예수님과 함께 우리가 참여하는 것"(*Understanding Christian Mission*, 172)에
전적으로 동의한다. 또한 필자는 Irenaeus 가 말한 대로, 하나님의 영광에 인성이 온전히 살아
있다는 것을 강조한 요한의 견해를 공유하는데, 그것은 요한복음이 다음과 같은 예수님의 기
도를 기록하고 있기 때문이다. "(아버지께서) 내게 주신 영광을 내가 그들에게 주었사오니
이는 우리가 하나가 된 것 같이 그들도 하나가 되게 하려 함이니이다"(17:22). 더욱이 영광은
제자들의 열매 맺음(15:8)을 통해 하나님께 올려지고, 예수님 안에 거함(15 장)을 통해 십자가
의 사랑을 구현(13 장)하는 선교적 활동을 뜻하는, 곧 십자가 모양의 선교적 테오시스이다.
더 자세한 내용은 이어지는 장들을 참고하라.

[106] 유대 전통과 요한복음에서 생명의 거룩함을 강조하는 유사한 견해는 Culpepper, "Creation
Ethics," 특히 81-83, 89-90 을 보라.

[107] Harris, *Mission in the Gospels*, 228-29.

에 참여하는 것이다"라고 한 주장은 타당하다.[108] 하일의 표현을 반복하자면, 그것은 '영원한 신적 생명'이다.

요한복음의 '생명'에 대한 이러한 포괄적 이해는 이 복음서를 예수님 안에서 성령에 의해 그리고 오늘날의 교회를 통해 이뤄지는 하나님의 선교에 대한 말씀으로 읽기를 원하는 우리 모두에게 많은 것을 말해 줄 것이다.

이 요한복음은 '복음'처럼 총체적이다. 지금까지 탐구해 온 방식으로 요한복음을 읽는 것의 의미 중 일부를 고려하기 위해, 이 장의 마지막에서는 성령을 통한 새로 태어남의 선물과 표적을 행하는 것을 통해 총체적 영원한 신적 생명을 가져다주시는 분으로 묘사되는 예수님에게 눈을 돌리고자 한다.

새로 태어남과 성령의 선물: 하나님의 자녀가 되어가는 것

하나님의 생명과 생명을 주는 선교로의 '선교적 참여' 혹은 '선교적 테오시스'에 대한 언급은 대부분 요한복음의 후반부에 등장한다. 그러나 요한복음의 전반부에도 크게 두 가지 측면에서 이 주제에 대한 강한 암시들이 있다. 첫째로, 새로 태어남과 '성령의 선물'이라는 주제이다. 이것은 예수님과 관계를 맺게 된 자들이 성령을 받아 하나님의 자녀가 되어 신적인 생명에 참여하고 신적인 DNA를 공유하게 되는 것을 의미한다. 하나님의 생명을 공유하는 가족의 모습을 갖는다는 것은 하나님의 활동 혹은 선교로의 참여를 의미한다. 둘째로, 예수님이 하나님의 생명을 세상으로 가져오신다는 주제에 초점을 두는 '예수님의 표적들'(그리고 그것들과 연결된 담화

---

[108] Carter, *John and Empire*, 215. 다른 많은 이들이 비슷한 주장을 하지만 요한복음을 반-제국주의 텍스트의 맥락으로 해석하는 Carter의 주장은 놀랍다.

들)에서 이러한 의미는 강화되고 조금 더 분명해진다. 우리는 먼저 새로 태어남과 성령의 선물이라는 주제로 시작하고자 한다.

하나님의 자녀가 되어가는 것

요한복음의 서론(1:1-18, 소위 '프롤로그')의 해석자들은 이 중차대한 구절의 '핵심'을 생각하면서 종종 갈등을 느낀다. 서론은 기독론에 관한 것인가, 아니면 구원론에 관한 것인가? 다시 말해 그리스도에 관한 것인가, 아니면 인간을 위한 그리스도의 유익함에 관한 것인가? 이 두 질문에 대한 대답은 모두 긍정적이며, 결코 둘은 분리되어서는 안 된다.

1:1-18은 참여의 이야기이다. 특히 말씀의 성육신을 통해 세상에 참여하신 하나님 이야기(1:14)이다. "그 말씀이 살과 피가 되어 우리가 사는 곳에 오셨다."[109] 하나님과 친밀한 관계에 있으면서 사실 하나님이신(그의 아버지와 구별된 '위격'으로 남아있으면서) 말씀은, '하나님 자신의 석의'로서,[110] 오직 하나님의 독특하고 유일한 아들로서 가능한 대로 하나님을 알리신다.[111] 하지만 참여에 의한 계시는 단지 하나님에 **대한** 지식의 계시만이 아니라, 이렇게 친밀한 신적 가족과 함께하라는 은혜로운 초대이다.

자기 땅에 오매 자기 백성이 영접하지 아니하였으나 영접하는 자 곧 그 이름을 믿는 자들에게는 하나님의 자녀가 되는 권세를 주셨으니 이는 혈통으로나 육정으로나 사람의 뜻으로 나지 아니하고 오직 하나님께로부터 난 자들이니라(1:11-13).

---

[109] 요 1:14의 메시지 성경 번역.
[110] Schnelle, *Theology of the New Testament*, 674; Rossé의 표현, "Jesus, Exegete of God,"(*Spirituality of Communion*, 11)와 비교하라.
[111] "태초부터 이 말씀은 하나님의 정체성에 본질적이다"(Thompson, *John*, 25).

실제로 앞에서 언급한 바와 같이, 1:1-18의 구조에 있어 영향력 있는 컬페퍼의 분석은 하나님의 자녀가 되는 것을 언급한 이 구절을 단락 구조에서 '중심 전환점'(pivot)으로 본다.[112] 나아가 우리는 이미 이 구절이 교부 시대부터 테오시스에 관한 본문으로 종종 이해되어 왔음을 보았다. 즉 우리가 하나님/그리스도처럼 될 수 있도록 하나님/그리스도가 우리처럼 되는 것이다. 하나님의 자녀가 된다는 것은 하나님의 아들이 가지는 아들됨이라는 속성을 공유하기 시작하는 참여적 실재이다. 따라서 하나님을 닮는다는 것은 그리스도를 닮는다는 것이고, 그 반대의 경우도 마찬가지일 것이다.[113]

고대에는 종종 신의 자녀들이 그들의 아버지처럼 되는 것, 곧 신의 자녀들이 신처럼 되는 것이 가정되기도 했고, 때로는 명백하게 가르쳐지기도 했다. 신약성경에서 이러한 가정은 하나님의 자녀로 또는 하나님과 같은 거룩함으로 부름 받은 언약 모티프와 연결되면서 암묵적으로 발견되기도 한다.[114] 또한 사해문서 일부를 포함하는 초기 유대교 문헌에서도 찾아볼 수 있다.[115] 잘 알려진 대로, 1QS 1.9-10은 빛의 자녀들에게 어둠의 자녀들을 미워하고 빛의 자녀들을 사랑함으로써 하나님을 닮을 것을 권면한다.[116]

비록 요한복음 1:1-18은 하나님의 자녀들에게 하나님처럼 되라고 명시적으로 요구하고 있지는 않지만, 그러한 부르심이 암묵적으로 존재한다고 이해되었을 가능성이 높다. 일례로, 요한복음에서 '누구의 자녀'라는 표현들은 '자녀들이 그 아버지를 닮았다'라는 것을 시사하고 있기 때문이다. 아

---

112 Culpepper, "Pivot of John's Prologue."
113 신성화는 그리스도화(Christosis)이며, 그리스도화는 신성화다. 12:36, "너희에게 아직 빛이 있을 동안에 빛을 믿으라 그리하면 빛의 아들이 되리라"와 비교하라.
114 예를 들어, Vellanickal, *Divine Sonship*, 18, 27을 보라.
115 사해 문헌에 관해서는 Vellanickal, *Divine Sonship*, 29-43, 특히 35-37을 보라.
116 6장, 원수-사랑에서 이 주제로 돌아올 것이다.

브라함의 자녀들이 아브라함이 한 일을 하는 동안 마귀의 자녀들은 거짓 말로 살인하는 그들의 아버지 편에 선다(8:39).117 또 다른 예로, 요한일서 전체는 요한의 언어로 표현되어 있지만, 이러한 고대의 가정에 근거하고 있다.118 요한복음과 요한일서를 통해 요한은 하나님의 자녀가 된다는 것은 하나님과 같은 방식으로 행동하는 것이라고 말하고 있다. 여기에는 하나님 아버지처럼 선교적으로 행동하는 것도 포함된다. 또한 뒤에서 언급하겠지만, 성령의 은사는 적어도 선교의 구체적인 차원에서 제자들이 그러한 가족의 유사성을 가지도록 한다.

얀 반 데르 와트(Jan van der Watt)는 고대의 맥락에서 요한복음에 대해 언급했다. 즉, 고대인들은 아버지의 '씨'를 통해서 개인의 성격과 인격이 주어진다고 믿었다. '하나님의 씨'에서 태어난 자들은 하나님의 신적 실재에 참여할 수 있는 능력이 주어질 뿐만 아니라, 아기가 출생을 통해 그 아버지로부터 특성을 부여받는 것처럼, '하나님의 씨'에서 태어난 자들은 신적인 특성을 갖고 태어난다는 것이다.

반 데르 와트는 이것이 요한복음 구원의 본질이라고 말한다.119 위에서 제안한 테오시스에 대한 현재의 이미지, 곧 신적 DNA 를 소유하고 나타내는 것은 이러한 고대 인류학과 일치한다.

요한복음 1:1-13 에서 언급된 새로 태어남에 대한 주제는 잘 알려진 대로 요한복음 3 장에서 발전된다. 여기서 우리는 요한복음 대화의 정수와 축약된 복음을 발견하게 된다. 3 장에는 새로 태어남이 의미하는 특별히 중요한 세 가지 요소(위로부터의 태어남[anōthen],120 이는 하나님으로부터를 의미함,

117 Vellanickal, *Divine Sonship*, 93-94 를 보라.
118 특히, 요한일서 3:1-10; 4:7-21; 5:1-5, 18-21 을 보라.
119 Van der Watt, *Introduction*, 55. Van der Watts 는 신자들이 "신적이 되거나 신들이 되는 것이 아니라 그들 안에 하나님의 성격을 지니게 되는 것이다"라고 덧붙인다.
120 헬라어 부사인 *anōthen* 은 '다시'와 '위로부터'의 두 가지 의미를 다 가지고 있다. 이 이중 의미는 '바람'과 '영'의 두 의미를 가진 또 다른 단어 *pneuma* 와 쌍을 이룬다.

따라서 하나님의 자녀가 태어남)가 어우러져 있다.[121] 첫째, 새로 태어남은 성령의 일이다(3:3-10). 둘째, 새로 태어남은 하나님의 나라로 들어가고(3:3, 5) 영생과 구원을 받기 위한(3:15-17) 필수요건이다. 셋째, 새로 태어남은 아들이(위에서 내려오며, 보냄을 받고, 세상에 오는 것으로 표현된) 성육신과 십자가 처형(3:13-21)이라는 인간적인 상황에 참여하는 것에 대한 반응을 포함한다.[122] 또한 '빛으로 오는' 응답과 행위(3:19-21) 사이에는 정확하게 표현되지 않더라도 분명한 연관성이 있다. 이 연관성은 최소한 믿음과 행위가 불가분의 관계에 있다는 것을 암시한다.[123] 사실 믿음은 단지 예수님에게 동의하는 문제가 아니라 그에게 충성을 서약하는 문제이다.[124] 하나님의 자녀가 되는 주요한 '표적들'(signs) 중 하나는 '하나님 안에서' 행하는 행위(3:21), 곧 '하나님처럼' 행하는 것을 포함하고 있고, 그렇게 행하게 하시는 힘의 원천인 하나님의 신적 생명에 참여하는 것을 말한다. 이것은 그의 모든 행위가 아버지로부터 기인하는 유일한 아들이신 예수님에게도 해당된다(14:10).[125]

성령의 선물

위로부터의 새로 태어남에 관한 두 본문(1:1-13; 3 장) 사이에는 예수님의 사명(선교)에 대한 중요한 요약 구절이 나온다. 세례자 요한의 증언(1:33)에서 예수님은 성령으로 세례를 주는 자로 오셨다. '세례'라는 단어는 완전한

---

121 필자는 요한복음 3:1-21 을 새로 태어남과 치유/구원/영생이라는 주제의 통합을 나타내는 하나의 일관된 문학 구성단위로 다룬다.

122 비록 예수님의 죽음이 3:13-21 에 분명하게 나와 있지 않지만, 들림을 받는 것(3:14)에 대한 언급은 12:32-34 에서 반복되고, 그가 어떤 형태의 죽음을 맞이하게 될지를 분명하게 설명한다.

123 요한복음에서 믿음과 행동 사이의 연결에 관해서는 Brown, "Believing in the Gospel of John" 을 보라.

124 충성의 서약으로서의 믿음에 관해서는 Bennema, *Mimesis*, 27, 83, 104n.70, 124, 139, 147, 155, 162 을 보라. Bennema 는 구체적으로 새로 태어남을 충성의 첫 서약으로 연결시킨다(155).

125 요한복음 3 장은 성령의 위격과 역사로 인해서, 또한 아들의 위격과 역사에 대한 믿음으로 하나님의 자녀가 됨에 따라, 아버지와 아들 그리고 성령의 신적 삼중체(divine triad)의 활동으로 새로 태어남을 묘사한다. 그러므로 요한복음 3 장은 암묵적으로 삼위일체적이다.

의미에서 참여를 함축한다. 세례는 자신 밖에서 변혁시키는 실재로서의 어떤 것(또는 '누구')에 완전히 잠기는 이미지이다. 이 사명 선언문의 중요성은 일반적으로 과소평가되어 왔지만, 이 구절은 하나님으로부터 태어나는 것에 관한 두 본문(1:1-13; 3 장)을 연결하는 역할을 하며, 하나님의 자녀가 되는 것(1:11-13), 성령 세례(1:33), 그리고 새롭게 태어남/위로부터의 태어남(3 장)이라는 다양한 표현이 (가족의 생김새를 닮고 가족의 사명/선교를 공유함으로 신적인 생명에 참여하기 위해 하나님의 가족으로 들어가는) 동일한 본질적 실재임을 나타낸다.

이 주장의 마지막 부분은 예수님의 사명에 관한 요한의 증언에는 명시되어 있지 않다. 그러나 그 맥락은 그의 사명이 정확히 성령 안에서 세례를 수반하는 것임을 암시한다. 이러한 맥락(1:29-34)에서 내러티브는 예수님이 위로부터 내려와서 그 위에 머무르신 성령(1:32)을 받았다고 분명히 말하고 있다. 또한 이 성령이 바로 "세상 죄를 지고 가는 하나님의 어린양"(1:29; 비교. 1:36)이라는 사명(선교)을 수행할 수 있게 하는 힘이었음을 암묵적으로 말해준다. 그러므로 예수님이 죽음과 부활 후에 제자들에게 숨을 내쉬며 성령을 주시고, 그들의 선교가 죄를 사하여 주는 것을 포함할 것이라고 말씀하시는 것은 그리 놀라운 일이 아니다(20:21-23).[126] 20 장을 다루면서 더 분명히 알게 되겠지만, 하나님의 자녀로서 제자들은 선교에 있어 성령의 권능을 받은 참여자들이 될 것이다. 요한에게 있어서, 선교는 궁극적으로 하나님의 선교이다. 다시 말하면, 하나님의 자녀가 되는 것은 예수님으로 하여금 하나님의 일을 할 수 있게 해 주신 그 성령에 의해 위로부터 다시 태어나고, 또 세례를 받는 일이다. 그러므로 하나님의 자녀가 되는 것의 의미는 하나님의 일(가족의 삶과 DNA 를 공유하는 것으로 인해 가족의

---

[126] 예수님 안에 성령이 머무는 것에 관해 언급하며, Thompson (*John*, 47)은 "예수님이 성령을 **가졌고**, 그가 성령을 독특하게, 영원히 가졌다"고 말한다. "그러므로 숨을 내쉬는 것처럼, 그는 후에 성령을 다른 이들에게 준다(3:34; 7:37-39; 20:22)"라고 말한다. 이 성령을 받는 것은 암묵적으로 예수님 자신의 생명을 받는 것이며, 이 생명은 생명을 주는 그의 선교를 포함한다.

일에 참여하는 것)을 하는 것이다. 이러한 암묵적인 선교적 부르심(심지어 선교적 테오시스[참여])은 13-17 장에서 분명하게 명시되어 나타난다. 하지만 요한복음의 전반부에도 추가적인 암시들이 있다. 이러한 암시들 가운데 성령의 은사에 대한 명시적 언급이 있다. 7 장에서는 초막절(festival of Tabernacles, 또는 Booths)을 배경으로 예수님에 대해 다음과 같이 말하고 있다.

> 명절 끝날 곧 큰 날에 예수께서 서서 외쳐 가라사대 누구든지 목마르거든 내게로 와서 마시라 나를 믿는 자는 성경에 이름과 같이 그 (그 사람의, *autou*=그의) 배(*koilias*)에서 생수의 강이 흘러나리라 하시니 이는 그를 믿는 자의 받을 성령을 가리켜 말씀하신 것이라(예수께서 아직 영광을 받지 못하신 고로 성령이 아직 저희에게 계시지 아니하시더라) (요 7:37-39).

비록 많은 번역본이 38 절의 소유대명사 '그'(*autou*)를 신자를 지칭하는 것으로 해석하지만("그 배에서[마음에서] 생수의 강이 흘러나리라") '그의 배/마음'은 19:30, 34 를 포함한 요한복음의 다른 곳에서와 마찬가지로 성령 은사의 '근원'이나 '전달자'이신 예수님을 지칭할 가능성이 훨씬 크다.[127] 그러나 예수님으로부터 제자들에게 흐르는 은사이든지, 제자들로부터 세상으로 흐르는 은사이든지 간에 어떠한 해석을 하더라도 '참여'라는 이미지가 깊게 새겨져 있으며, 어느 경우든 제자들의 선교가 함축되어 있다. 영광을 받으신 예수님이 세례를 주시고 그들에게 성령을 부어주셔서 성령은 제자들을 감싸고 또 그들 안에 내주하실 것이다. 성령을 받은 제자들은 또한 성령이 (그들로부터라고 하기보다는) 그들을 통해 흘러가며, 그들은 신적인 생

---

127 훨씬 일반적인 두 번째 해석(예수)을 위해서는 예를 들어, Brown, *John* 1:321-23; Lincoln, *John*, 254-57; Keener, *John* 1:728-30 을 보라. 첫 번째 해석을 위해서는 Keener, *John* 1:728 에 있는 참조 문헌을 보라.

명의 통로가 될 것이다. 즉 성령의 은사는 제자들과 다른 사람들 모두에게 생명을 주는 것이 된다.

실제로 '생명'이라는 주제는 요한복음에서 중요한 핵심이기 때문에, 예수님이 성령을 받아 세상으로 보내질 제자들에게, 그들이 성령의 권능으로 예수님의 생명을 주는 선교에 참여하게 될 것이라는 최소한의 힌트를 주는 것은 놀라운 일이 아니다. 이 점은 복음서의 전반부에 다양한 방식으로 서술되어 나타나고 있다.

1 장에서 12 장까지의 선교적 테오시스의 또 다른 암시 중 하나는 일종의 '중생'(rebirth), 즉 함축적으로 선교적이라고 할 수 있는 '중생'이다. 세상의 빛이신 예수님(12:36)은 그가 땅에서 들리면서 모든 사람을 자기에게 이끄는 절정에 오를 그의 메시지와 선교를 요약하면서(12:32), 듣는 무리에게 "너희에게 아직 빛이 있을 동안에 빛을 믿으라 그리하면 빛의 아들이 (huioi) 되리라"고 말씀한다. 세상의 빛으로서(1:9; 3:19-21; 8:12; 9:5; 12:46) 예수님은 성육신하신 그 신적인 빛 안으로 자녀들을 데려가려고 하신다. '빛의 아들'이 된다는 것은 그리스도의 아들로서의 삶에 참여한다는 것을 의미한다.[128] 빛의 아들이 되는 이 참여적 측면은 요한복음 전체에 걸쳐서 '가족 유사성'이라고 정의할 수 있는 신학과 사해문서에서도 나타나는 것처럼, 빛의 자녀들은 그들 '부모'의 빛의 성격을 취한다는 것을 시사한다.[129] 이것이 말하는 윤리적/선교적 의미는 요한일서에 더욱 분명하게 나타나지만,[130] 시각 장애인으로 태어나 고침을 받은 자의 요한복음 속 증언에서도 암시적으로 담겨 있다. "그(예수)가 (유대인들이 비난하듯이) 죄인인지 내가 알지 못하나 한 가지 아는 것은 내가 맹인으로 있다가 지금 보는 그

---

[128] Vellanickal, *Divine Sonship*, 158.

[129] 6 장에서 원수-사랑에 관해 말하겠지만, 요한복음과 사해 문헌에서 빛의 자녀들이 원수들을 향해 부모의 빛으로 어떻게 윤리적 행동을 형성하는가는 근본적으로 다르다.

[130] 특히 요한일서 1:5-7; 2:8-10 을 보라. 또한 문맥상 예수와의 관계를 가짐으로 파생되어 나오며, 본질적으로 선교적인 면을 가진 "너희는 (복수형) 세상의 빛이라"(마 5:14)를 보라.

것이니이다"(9:25). 예수님 안에 거하여 열매를 맺는 자들이 그분의 제자가 되기(15:8) 때문에, 빛을 믿는다는 것은 빛을 증거하는 것이며, 더불어 빛처럼 되는 것이다. 이는 곧 빛의 자녀가 되는 것을 말하며, 하나님의 자녀가 되는 것을 의미한다.

살펴본 바와 같이 요한복음에서 생명, 빛, 사랑과 같은 단어들은 하나님과 그 아들의 선교를 요약한다. 요한복음은 이 단어들을 사용하여 예수님을 믿은 제자들의 자격과 선교에 대해 최소한의 암시와 기대하는 방식으로 되풀이해서 서술한다. 이는 복음서 전반부에 제자들이 신적인 생명, 빛, 그리고 사랑을 받았고 또 전한다는 것을 암시하며, (후반부에서 분명히 드러날 것이지만) 전반부에서 표적을 행하고 생명을 주는 예수님의 선교를 표현하는 방식에서도 분명히 나타난다.131

요한복음 전반부에 나타난
예수님의 생명을 주는 표적과 선교적 제자도

예수는 요한복음 내러티브의 주역이며, 복음서 안의 모든 사건을 지배한다.132 요한복음 전반부는 주로 예수님의 표적과 독백, 그리고 대화를 포함하는 담화들로 구성되어 있다. 12 장까지 이르는 전반부는 예수님이 하나님의 사랑과 생명을 인류에게 가져오시는 사역, 다시 말해 십자가에 이르기까지는 온전히 완성될 수 없지만, 그럼에도 불구하고 지상에서의 실

---

131 이 세 개의 핵심 용어의 단어 수를 보면 '생명'과 '빛'이 복음서의 전반부를 지배하는데, '사랑'은 단지 6 번 나타난다. 후반부에서는 상황이 반전되는데, '생명'은 6 번, '빛'은 전혀 나타나지 않으며, '사랑'이 지배한다. 그러나 C. H. Dodd 가 지적했듯이(*Interpretation*, 399) "전도자(저자)는 그리스도가 생명과 빛을 가져온다는 믿음을 버리거나 심지어 그 믿음에 종속시킬 의도가 전혀 없다. 그의 의도는 생명과 빛의 최종적인 실재(예를 들면, the *telos*)가 사랑(*agapē*) 안에서 주어진다는 진리를 강조하는 것이다."

132 Bennema, *Encountering Jesus*, 43.

제 사역을 서술하고 설명한다. 여기에서 아들의 선교는 아버지의 선교이다. 왜냐하면 아들은 아버지에 의해 보내졌으며, 그의 대리인으로서 아버지를 위해 행동하기 때문이다. 하지만 예수님의 역할은 그것보다는 좀 더 복잡하고 미묘하다. 궁극적으로 상호내주의 관계로서 아버지-아들 관계의 친밀감(1:14, 18) 때문에 아버지는 아들 **안에서** 행동하신다.

> 내가 아버지 안에 거하고 아버지는 내 안에 계신 것을 네가 믿지 아니하느냐 내가 너희에게 이르는 말은 스스로 하는 것이 아니라 아버지께서 내 안에 계셔서 그의 일을 하시는 것이라(14:10).

(우리가 다루게 될) 요한복음의 후반부에 속하는 이 구절은 전반부에서 일어난 일들을 해석한다. 머레이 레이(Murray Rae)의 표현을 빌리자면, "비록 예수님은 아버지께 보냄을 받았지만, 그는 단순히 아버지를 대리하는 부관이 아니며, 아버지가 그 안에서 일하고 계시는 분이다."[133]

이제 전반부(1:19-12장)에 나타나는 표적들의 의의에 대해 살펴보고, 선교적 제자도로의 부르심에 대해 간략하게 살펴보려고 한다.

표적들의 의의

표적들은 요한복음의 전반부에 고루 펼쳐져 나온다.[134] 요한복음에 나타나는 표적들의 반복적인 특징은 표적 자체를 넘어서 다른 어떤 것 또는 누군가를 가리킨다는 것이다. 레이몬드 브라운은 요한복음에서 신앙은 "표적들을 **통해서** 표적들의 의의를 보는 것"을 뜻한다고 말한다.[135] 크레이그 코에스터(Craig Koester)는 *Symbolism in the Fourth Gospel*에서 다음

---

[133] Rae, "Testimony of Works," 295.

[134] *sēmeion*은 2:11, 18, 23; 3:2; 4:48, 54; 6:2, 14, 26, 30; 7:31; 9:16; 10:41; 11:47; 12:18, 37; 그리고 20:30에서 발견된다.

[135] Brown, *John*, 1:cxxxix.

과 같이 말한다. "표적(semeia)은 그 자체로 끝이 아니라 다른 어떤 것의 가시적 표시이기 때문에, 표적이란 용어는 요한복음의 기적들을 설명하는데 적합하다."[136]

그러나 요한복음 자체는 표적에 대한 이러한 이해에 대해 결코 말하고 있지 않고, 그 어떤 암시도 주지 않는다. 방금 언급했듯이, 표적(signs)은 '일'(works)이라고도 표현되는데, 그것은 예수님 안에서 하나님의 생명을 주시는 **단 하나의** 일, 곧 하나님의 선교(missio Dei)의 실증이기 때문이다.[137] 확실히 표적들은 예수님의 정체성을 아들과 메시야로, 또 하나님의 풍성한 생명을 가져오는 자로 가리키고 있다(예, 10:25; 20:31). 하지만 로버트 카이사(Robert Kysar)도 말하듯이, 표적들은 예수님에 대한 믿음을 갖게 하는 '신앙의 선동가들'이며,[138] 예수님에 대한 믿음을 자극하는 이러한 기능은 '표적'이나 '일'이라고 불리는 사건에서 벗어나지 못한다.

요한복음의 표적에 관한 이러한 일반적 이해는 사실 비의도적일지라도, 일종의 '대체주의'(supercessionist)적인 해석을 수반한다. 즉 행위는 예수님에 의해 대체되고, 사람들에게 음식을 제공하거나 시각 장애인을 치유하는 물리적 현실은 예수님에 대한 믿음으로 대체된다. 이러한 해석은 (비록 무심코 말한다고 할지라도) 궁극적으로 표적들에 대한 이원론적 또는 플라톤적 접근이다. 예를 들어, 예수님의 치유나 죽은 자를 일으키는 사건에서 육체적인 행동은 어떤 의미 있는 영향을 주지는 않고, 매우 중요한 '영적' 존재의 영혼을 담고(예를 들면, 가리키고) 있기만 한 육체[139]로 비견된다는 것이다.

---

136 Koester, *Symbolism*, 79.

137 복수형을 위해서는 5:20, 36; 7:3; 9:3-4; 10:25, 32, 37; 14:10-11; 15:24; 단수형을 위해서는 4:34; 17:4 를 보라.

138 Kysar, *John: The Maverick Gospel*, 93-113.

139 이곳에서 제시된 것과 유사한 견해를 위해서는, 표적에 관한 Thompson 의 부연 설명을 보라 (*John*, 65-68, 특히. 67): "표적은 정확히 물리적인 영역과 물리적인 행위 안에서 예수님의 정체성에 대한 계시다"(67). 비록 필자는 "대체주의"(supercessionist)라는 용어를 교회가 이스라엘을 대체하는 그런 일반적인 개념으로는 사용하지 않겠지만, 여기에서 제안하는 표적의 해석은 그 기초(이스라엘)로부터 유기적으로 발전해 나오는 구조(곧, 예수님과 그의 제자들이라고 불리는 실체에 동의하면서)를 부정하지 않는 요한복음의 해석 방식에 영향을 줄 수 있다.

요한복음의 표적에 대한 이러한 '대체주의'적 또는 플라톤적 해석은 기독교 신학과 선교에 심각한 부정적인 결과를 가져올 수 있다. 우선 이러한 해석은 물질적, 육체적 사역을 직접 예수님을 전하는 '진짜' 사역보다 못한 것처럼 축소시키거나 심지어 무효화시킨다. 하지만, 부름받은 제자들이 증거하는 예수님은 왕실 신하의 아들을 고쳐주고 시각 장애인의 눈을 뜨게 하신 분이기 때문에, 이것은 매우 아이러니한 일이다. 또 다른 중요한 것은, 표적에 대한 그런 설명이 기독론과 구원론을 잘못 이해하게 만든다는 점이다. 그것은 앞으로 다가올 세상에서 현재로부터의 시작하는 삶의 관점을 배제해 버린다. 단지 영적인 의미가 조금 또는 전혀 없는 **육화된**(embodied) 존재 이후에 이어지는 **탈육화된**(disembodied) 미래 존재의 관점에서만 영생을 가져오기 위해 예수님이 오셨다는 것을 의미한다. 이러한 해석에서는 **우리가 앞서 자세히 논의했던 에스겔 34장은 시야에서 사라져 버린다.**

더욱이 표적에 대한 이러한 접근은 예수님이 (또는 그의 해석자로서 요한이) 병을 고치거나 떡을 주는 사역을 별로 진지하게 생각하지 않았으며, 오히려 그러한 것들을 완전히 다른 어떤 것(말하자면, 신학과 선교의 미끼 같은 것)에 대한 메시지를 위해서 술책으로 사용했다는 것을 의미한다. 따라서 이러한 접근은 **의도하지 않았더라도, 그 최종적인 결과는 영지주의적인 선교에 참여할 잠재적인 영지주의적 신자들에게 영지주의적인 예수님을 통한 영지주의적인 구원을 제공할 뿐이다.** 그들은 분명히 "그보다 큰 일"(14:12)을 하지 않을 것이다.

요한복음 안에 있는 표적들은 그 자체를 넘어, 표적들을 **축소시키거나 부정하는** 어떤 것(또는 누군가)을 가리키지 않고, 오히려 표적들의 신적인 원천이자 풍성한 생명의 원천이신 아버지의 아들, 곧 예수님을 가리킨다. 또한 다른 어떤 인물이나 일반적인 신앙이 아니라 예수님에 대한 신앙을 이끌어내야 한다. 그러므로 요한복음의 저자는 다른 어떤 인물이나 다른 어떤 것을 가리키는 것이 아니라, 오로지 표적들을 **통해서** 표적을 만드시는 예수님을 가리키고 있다. 예를 들어 요한복음 6장을 읽을 때 우리는 영적이든, 성례적이든 간에 군중을 먹이시는 예수님과 영혼을 살찌우시는 예수님 사이에서 선택할 필요가 없다. 그는 하나의 같은 예수님이기 때문이다.140 코에스터가 올바르게 지적한 대로,141 표적들은 다중적이며, 요한복음은 그 다중성의 다양한 면들을 보여주고 있다. 하지만 (구약) 성경이 예수님 자신을 가리킨다고 해서(5:39) 예수님이 (구약) 성경 자체를 필요없다고 버리시지 않은 것처럼, 요한은 알레고리적 의미를 위해 다중적인 표적들의 문자적 의미를 결코 완전히 지우지는 않는다. (구약) 성경의 기록도 중요하고 표적도 중요하다.

확실히 '표적 믿음'(제자도에까지 이르지 않을 수 있는, 표적에 대한 직접적인 반응으로의 믿음)은 궁극적으로 요한복음에서는 불충분하다. 표적 자체가 부족해서가 아니라 표적이 풍성한 생명의 경험에서 멈추어 그 원천으로 나아가지 못하기 때문이다. 부족함은 수혜자에 있는 것이지 표적에 있는 것이 아니다.

요한복음에서 표적은 이 예수님을 선택하거나 혹은 저 예수님을 선택하는 기표소와 같지 않다. 그것은 마치 어떤 작곡가가 개인적으로 알지 못하는 사람들을 무료로 초대한 훌륭한 뮤지컬 공연에 더 가깝다. 어떤 이들은 표를 준 사람에게 감사하지 않거나 그 사람을 알려고 하지 않은 채 공연 선물을 즐길 것이다. 그러나 다른 이들은 선물과 초대해 준 사람 모두를 받아들인다. 요한복음의 표적들(그리고 사실 기독교 선교)도 그러하다. 사실 요

---

140 예수님의 살과 피를 먹고 마시는 것은 최소한 두 가지 의미가 있다. (1) 참여적인 신앙으로 예수님과 그의 죽음을 받아들이는 것에 초점을 두는 영적인 또는 어쩌면 지혜의 관점, (2) 성찬의 빵과 포도주(eucharistic elements)를 통해 그와 그의 죽음을 받아들이는 것에 관련된 성례적 관점.

141 Koester, *Symbolism*, 81-82. Koester 는 복음서에 있는 다양한 개인과 집단의 상징적 기능에 대해 말하는 것과 비슷한 표적에 대해 "각 개인과 집단은 저마다의 특징을 가지고 있으며, 표적들의 대표 역할은 그들의 독특함을 감소시키는 것이 아니라 실제로 그들의 가장 독특한 특성을 발전시킨다"라고 말한다(45).

한복음의 가장 심오한 '생명'의 신학은 선물과 선물을 주는 자의 교차점에서 발견된다. 풍성하고 영원한 생명을 받는 것과 다가올 시대의 삶을 경험하는 것은 아버지 하나님과 아들을 친밀하게 아는 것이며(17:3), 베푸시는 하나님, 곧 아버지와 아들, 그리고 성령의 풍성하고 영원한 생명에 참여하는 것이다.

그렇다면 표적들의 해석이 선교에 주는 의미는 무엇인가? 해롤드 아트리지(Harold Attridge)는 요한의 암묵적인 윤리에 관해 쓰면서 통찰력 있게 제시한다.

제자들에게 기대되는 '구체적인 행동' 중 일부는 단지 기독론적 신앙의 기초 또는 내용뿐만 아니라 제자들에게 기대되는 것이 무엇인지를 가리키는 지침이 되는 예수님의 '표적들' 안에 깊이 박혀 있을 수 있다. 가나에서 그리고 사마리아에서 예수님은 다양한 수준에서 목마른 자들에게 마실 것을 주신다. 예수님은 갈릴리 호숫가에서 주린 자들의 배를 채우시고, 예루살렘에서 지체 장애인들과 시각 장애인들을 고치신다. 그의 제자들도 이러한 모든 것들을 하려고 노력해야 한다. 예수님은 죽음에 잠든 자를 일으켜 세우신다. 그의 제자들도 어쩌면 조금은 은유적인(필자는 '유사한'이란 말을 사용할 것이다) 의미에서 같은 것들을 해야 한다.[142]

즉, 신적으로 권능을 받은 예수님의 '일들'은 신적으로 권한을 부여받은 제자들의 유사한 '더 큰 일들'이 되고(14:10-12), 이 모든 것은 예수님을 가리키게 되거나 반드시 그래야 한다. 이렇게 요한복음의 '일들'은 마태복음

---

[142] Attridge, Carter, and van der Watt, "*Quaesttiones disputatae*," 485. 이 본문은 원래 2015년 암스테르담에서 있었던 SNTS 모임에서 발표한 것의 일부다(*Studiorum Novi Testamenti Societas*). (원래 구두 발표는 표적을 '다기능적인 포인터'라고 불렀다). '유사한'(analogous)을 집어넣은 필자의 의도는 제자들을 부활시키는 활동이 '영적인' 동시에 '문자적'이고 물리적일 수 있다는 것(Attridge의 주장에 더하여)을 제안하기 위한 것이었다. 죽은 자를 일으키는 행동은 전 세계적인 기독교 경험에서 알려지지 않은 것이 아니다.

25 장에 열거된 기독교 전통에서 공동체적 자비의 일들이라 부르는 것과
다르지 않다.[143]

담화의 의미

1-12 장에서 예수님의 다양한 독백과 대화의 대부분은 신학적으로 볼
때 기독론으로 분류될 수 있다. 그러나 이러한 담화에는 기독론보다 더 많
은 것이 담겨 있다. 예수님은 그를 따를 뿐만 아니라 그가 가져오는 신적
인 빛과 생명, 그리고 사랑을 증거할 제자들을 부르시고, 제자로 만들어
가신다. 스탠리 스크레슬렛(Stanley Skreslet)의 말을 빌리자면, 요한은 "친구
들과 함께 그리스도를 나눔"[144]을 통해 제자가 되어가는 수많은 사람의 예
를 제시하고 있다.

이러한 모습은 "와서 보라"(1:39, 46; 비교. 4:29)라는 표현으로 요약되고,
'초대-반응-초대'의 패턴으로 나타나는 1 장의 '증거의 연결고리'에서 분명
하게 나타난다. 그리고 3 장을 시작으로 예수님을 만나고, 대화하는 사람
들, 그리고 새로운 제자로서 사마리아 여인의 증거를 인용하여, "세상의
구세주"(4:42)로서 예수님의 선교의 대리자들이 된 사람들을 발견할 수 있
다.[145] 유대인 니고데모, 사마리아 여인, 그리고 거의 확실히 이방인으로
보이는(또는 이방인을 동정하는) '왕의 신하'(basilikos)에 대한 3-4 장의 이야기와
대화는 고도로 상황화된 예수님의 선교를 보여주는 데 특정화되어 있으면
서 동시에 보편적인 선교를 보여주고 있다.[146] 그때나 지금이나 제자들에

---

[143] Attridge, "Quaesttiones disputatae," 485; Carter, John and Empire, 277-78. "예수님의 치유와
먹이심이 제국적인 피해를 뒤로 밀어냈듯이, 기적을 포함하지만 그것에 제한되지 않는 예수
님을 믿는 자들의 치유 행위 또한 그러하다."

[144] Skreslet, Picturing Christian Witness, 79-117. 특히 88-98. Skreslet 은 요한복음 1 장과 9 장(시
각 장애인으로 태어난 남자), 그리고 특히 4 장(사마리아 여인)에 초점을 맞춘다.

[145] 요한복음 4 장의 선교적 성격에 관한 중요한 연구들이 많이 있었다. 예를 들면, Okure,
Johannine Approach to Mission 을 보라.

[146] 6 장의 자세한 설명을 참조하라. 유대인 선교에서 사마리아와 이방인 선교로 예수님의 선교가
발전하는 '단계들'에 대해 말하는 것은 가능하다. 예를 들어, Harris, Mission in the Gospels,

게 주는 의미는 분명하다. 선교에 있어, 유사하게 보편적이지만, 고도로 특정화되고 상황화된 접근이다. 선교학자인 스콧 선퀴스트(Scott Sunquist)의 말에 따르면, 온전한 선교학을 위해 "거룩한 성경, 위대한 전통, 그리고 지역적 상황이라는 세 발 달린 의자"가 필요하다.[147]

4장의 사마리아 여인 이야기 속에 마가복음처럼 샌드위치 구조로 끼워 넣어져 있는 '미니-선교-담화'(mini-mission-discourse, 4:31-38)에서 이러한 선교의 중요한 점이 나타난다. 여기에서는 '증거의 연결고리'가 복음서 전체에 그 흔적을 남길 새로운 형태로 다시 한번 나타난다.[148] 즉 아버지가 아들을 보내셨고, 그 아들은 제자들을 보내신다.

> 예수께서 이르시되 나의 <u>양식은 나를 보내신 이의 뜻을 행하며 그의 일을 온전히 이루는</u> 이것이니라 너희는 넉 달이 지나야 추수할 때가 이르겠다 하지 아니하느냐 그러나 나는 너희에게 이르노니 너희 눈을 들어 밭을 보라 희어져 추수하게 되었도다 거두는 자가 이미 삯도 받고 영생에 이르는 열매를 모으나니 이는 뿌리는 자와 거두는 자가 함께 즐거워하게 하려 함이라 그런즉 한 사람이 심고 다른 사람이 거둔다 하는 말이 옳도다 <u>내가</u> **너희로 노력하지 아니한 것을 거두러** <u>보내었노니</u> **다른 사람들은 노력하였고 너희는 그들이 노력한 것에 참여하였느니라**(4:34-38).

요한복음 내러티브에서 제자들은 아직 예수님에 의해 보냄을 받지 않았고, 부활 후에나 공식적으로 보내질 것이기 때문에, 이 부분에서 '미니-선

159-72를 보라. Harris는 내러티브와 더불어 Raymond Brown의 연구를 참조하여, 내러티브와 요한 공동체의 역사적 발전 사이의 가능한 연결을 살펴본다. 정경적으로 많은 해석자가 제안해왔듯이, 요한복음의 전반부에서의 흐름을 사도행전에 나타나는 선교 프로그램과 연결시킬 수도 있을 것이다. "(너희가) 온 유대와 사마리아와 땅 끝까지 이르러 내 증인이 되리라 하시니라"(행 1:8b).

[147] Sunquist, *Understanding Christian Mission*, 170.

[148] Bennema는 복음서에 반복적으로 나타나는 다양한 '모방의 사슬'을 언급한다(*Mimesis*, 38, 52, 74, 79-81, 106, 114, 137, 142, 163, 167-68, 194, 200).

교-담화'는 다소 혼란스럽다. 그렇다면 복음서 저자가 의미하는 것은 단순히 예수님의 제자가 **되는** 것은 곧 보냄을 받는다는 것임이 분명하다.

그러나 제자들은 독립적이거나 주도적으로 일하는 것이 아니라 타인의 일에 참여하면서 이익을 얻기 위해 일하는 자들이다(38 절).[149] 38 절에 쓰인 복수 대명사에도 불구하고, 여기서 가장 유력한 의미는 예수님이 가장 주요한 '다른 사람(일꾼)'이라는 것이다. 제자들은 예수님이 뿌리신 곡식을 거두어들이는 추수꾼들이며, 또한 '다른 사람들'의 일을 해 오고 있는데, 그것은 예수님을 보내신 아버지의 일이 분명하다(34 절). 따라서 38 절의 복수 대명사는 아버지와 아들을 일꾼으로 지칭하고, 아마도 심지어 성령까지도 암시적으로도 지칭할 가능성이 높다.[150] 어떤 경우라도 제자들은 기본적으로 그들 자신의 것이 아니라 하나님의 선교에 참여하고, 열매를 맺으며, 궁극적으로 축하를 위해 보냄을 받는다. 여기에서 교회를 위한 선교의 중대한 3 가지 의미를 발견하게 된다.

- 첫째, **제자도**는 본질적으로 **선교적**이며, 보냄 받는 것을 포함한다.[151]

- 둘째, 기독교 선교는 아버지를 대신하여 아들이 하는 일의 연장으로서 **파생적**이다.

- 셋째, 기독교 선교는 **참여적**이다. 이는 신적인 위격 '활동'에 참여하는 것이다.

---

[149] 요한복음의 해석 역사(Edwards, *John*, 59 참조)에서 이들 일꾼들은 구약의 예언자들 (Augustine, *Homily* 15.32; Chrysostom, *Homily* 34.2), 세례자 요한과 당시의 그의 제자들, 사마리아 여인을 포함한 다양한 방식으로 해석되어 왔다.

[150] Nissen, *New Testament and Mission*, 80; Lincoln, *John*, 180; 그리고 Bennema, *Mimesis*, 52. Michaels(*John*, 267)는 '다른 이들'은 의도적으로 명확하지 않지만, '모세와 선지자들, 요한, 예수, 여인, 그리고 사마리아인 자신들'을 포함한다고 생각한다.

[151] 특히 Köstenberger, *The Missions of Jesus and the Disciples*, 176-98 을 보라. 또한 요한복음 20 장에 대해 언급하는 Sunquist, *Understanding Christian Mission*, 218 을 보라. "우리가 예수 그리스도께 부름 받았다면, 우리는 예수 그리스도에 의해 보냄을 받았다."

특히 세 번째 요점인 참여를 강조하는 것이 중요하다. 요한복음에서 나타나는 제자들의 선교에 대한 많은 연구를 보면, 이러한 참여는 '증거' 혹은 '증언'으로 특징지어지거나 제한되는 것 같다.[152] 물론 '증거'는 시각 장애인으로 태어난 남자의 증언에서 본 것처럼 요한문헌의 중요한 주제이다. 하지만 13:35(너희가 서로 사랑하면 이로써 모든 사람이 너희가 내 제자인 줄 알리라)와 같은 구절에서 말해주는 것처럼, 증거는 언어적인 것 이상이며, 교회적인 실천을 포함한다는 것이 분명하다.

요한복음의 후반부에 대한 우리의 연구는 기독교 선교를 구두적인 증거만으로 제한하는 요한복음의 해석에 더욱 도전할 것이다. 더욱이 '참여적'이란 말은 요한의 선교를 이해하는 데 있어 '성육신적'이라는 용어보다 더 포괄적인 신학적 묘사라는 점을 확인하게 될 것이다.[153] 그리고 4 장의 '미니-선교-담화'는 13-18 장에 걸쳐 있는 주요한 선교 담화와 파송 기도에 의해 보완될 것이다.[154] 특히 요한복음의 후반부에서 이 미니-담화에서 암시되었던 '참여적 선교'에 필요한 '참여적 영성'을 발견하게 될 것이다.

결론: 예수님의 표적, 그의 죽음, 그리고 생명의 선물

지금까지 살펴본 바에 대한 결론은 안드레아 쾨스텐버거에 의해 잘 표현된다. "요한복음의 배경으로 분파적 사고방식을 가정하는 것은 … 요한복음에 깔려 있는 정신(ethos)에 대해 근본적인 오해를 나타낸다."[155] 요한

---

[152] 예를 들어, Köstenberger, *The Missions of Jesus and the Disciples* 를 보라.

[153] 그러나 이것은 일부가 했던 대로 성육신적 사역이나 선교를 폄하하기 위한 것이 아니다. 사실 참여는 선교적으로 인간의 삶에 대한 신적 참여, 특히 성육신에 의존한다. 성육신적 사역/선교에 대한 최근 주해를 위해서는 Wells 의 *Incarnational Ministry and Incarnational Mission* 을 참조하라.

[154] Teresa Okure(*The Johannine Approach to Mission*, 194-95)는 13-17 장을 4:31-38 의 확장으로 주장한다.

[155] Köstenberger, "Sensitivity to Outsiders," 192.

복음의 구조와 주제, 표적, 제자도에 대한 부르심을 통해 풍성한 생명을 제안하는 선교적 복음과 하나님의 선교로 제자들을 부르시는 선교적 예수님의 증거들을 보았다. 그러나 풍성한 생명의 선물과 예수님의 죽음 사이의 밀접한 연관성을 이야기하면서 이 장을 마무리하는 것 또한 중요해 보인다. 물론 구원을 이루는 죽음 이야기는 복음서의 후반부에서 일어날 것이다. 예수님의 죽음은 역설적으로 승귀(exaltation)/대관(coronation), 그리고 "다 이루었다"(19:30)로 표현되는 예수님의 선교적 완성을 말한다.

복음서의 전반부에서 이미 예수님이 가져오실 풍성한 생명은 그 자신의 죽음을 통해 가장 온전한 형태로 오게 될 것이라는 암시를 하고 있다. 하나님에 의해 세상으로 보냄 받고, 죽으며, 치유하고, 구원하는 아들에 대한 믿음을 위로부터 태어나는 것과 연결시키고 있는 것을 요한복음 3 장에서 보았다. 우리는 또한 그것을 6 장에서도 확인할 수 있었는데, 예수님으로부터 나온, 예수님 안에서의 생명이 그의 살과 피를 취하는 것과 짝을 이루었고, 이는 곧 생명과 (그의) 죽음 사이의 또 다른 연결이었다. 우리는 10 장의 양들과 그들의 풍성한 생명을 위해 자신의 목숨을 내려놓는 선한 목자에 대한 담화에서 그것을 볼 수 있다. 그리고 전반부의 결론인 12 장에서 자신의 죽음을 그의 영광으로, 또 동시에 모든 사람을 그에게 끌어당기는 (그러므로 빛의 자녀로서 영생에 이르게 하는) 수단으로 말할 때 생명과 죽음의 연결을 보게 된다(특히 12:23-25, 32-36, 50).

이 모든 것이 의미하는 바는 무엇인가? 예수님의 일(표적)이 생명을 가져오는가? 아니면 예수님의 궁극적인 일로서 죽음이 그렇게 하는가? 이것은 잘못된 양자택일이다. 이미 요한복음의 전반부는, 특히 3, 6, 12 장에서 예수님이 가져오실 풍성한 생명이 자신의 죽음을 통해 가장 온전한 형태로 성취될 것을 암시한다. 예수님의 죽음은 그의 표적들을 취소하지 않지만, 생명의 표적들 또한 그의 죽음을 불필요하게 만들지 않는다. 더욱이 몇몇 표적을 동반하여 해석하는 '나는 … 이다'(I AM)라는 선언들은 복음서의 후반부에서도 발견되지만, 직접적으로는 우리의 주의를 십자가로 향하게 하는 이미지들이며, 모든 요한복음의 상징을 보게 하는 독특한 렌즈들이다.[156]

비록 요한이 예수님의 죽음에 대한 설명을 길게 하지는 않지만, 신약의 나머지 부분에서와 마찬가지로 풍성한 생명은 역설적으로 죽음을 통해 성취된다는 것을 분명히 말하고 있다. 바울과 다른 저자들을 언급하지 않는다고 할지라도 요한은 예수님의 죽음을 궁극적인 사랑의 행위로 이해한다. 하나님의 사랑에 의해 예수님을 보내는 것이 유발되고, 또 그 사랑은 예수님의 다양한 일들을 통해 나타나기에, 표적들 또한 사랑의 표현이다. 그래서 예수님으로부터 보냄을 받은 교회는 하나님의 사랑에 의해 움직이고, 하나님의 사랑을 나타낼 것이다. 또한 제자들이 성령에 의해 세례와 권능을 받은 것처럼 하나님의 풍성한 생명은 수많은 유사한 모습으로 나타나게 될 것이다. 교회가 (제자들이) 보냄을 받는 것의 핵심적인 측면은 예수님의 죽음과 같은 생명을 주는 사역에 참여하는 것이다.

자기의 생명을 사랑하는 자는 잃어버릴 것이요 이 세상에서 자기의 생명을 미워하는 자는 영생하도록 보전하리라 사람이 나를 섬기려면 나를 따르라 나 있는 곳에 나를 섬기는 자도 거기 있으리니(12:25-26a).

이것은 분명히 공관복음에 있는 유사한 표현들과 자기 십자가를 지라는 공관복음적 초대에 대한 요한복음의 반향(echo)이며, 13장에서 곧 일어날 일에 대한 뚜렷한 전조이기도 하다.[157] 다음 장에서 보게 되겠지만, '종'의 종들은 예수님의 종됨(섬김)을 공유한다(13:3-17).

---

[156] Nissen, *New Testament and Mission*, 86. '상징들'(symbols)에 '표적들'(signs)을 더해야 한다.
[157] 예를 들어, 마 10:39 그리고 눅 17:33. 다음을 비교하라. 눅 14:26; 16:13: 막 8:34-35; 9:33-37; 10:42-45.

요한복음서의 전반부에 나타나는 예수님의 선교, 그리고 요한복음 4 장에서 이야기하는 제자들의 미니-파송에 대한 개관은 다음과 같은 주요 결론으로 이어진다.

첫째, 요한복음은 구조와 주제, 그리고 내용에 있어서 하나님의 사랑과 빛, 그리고 풍성한 생명을 세상으로 가져오기 위해 오신 선교적 예수님을 증거하는 선교적 복음서이다.

둘째, 예수님의 선교의 주요한 측면은 하나님의 사랑과 생명으로 휩쓸려 들어간 하나님의 확장된 가족, 곧 아버지로부터 보냄을 받은 이의 제자들을 창조하는 영적인 거듭남의 대리인이 되는 것이다. 하나님의 자녀가 되는 특권, 예수님의 제자가 되는 소명, 성령으로 새롭게 태어나는 실재성, 이 모든 것은 본질적으로 선교적이다. 그래서 선교는 '파생적'인 동시에 '참여적'이다. 또한 선교는 **십자가를 닮는**(cruciform) 것이다. 왜냐하면 선교는 역설적으로 생명을 주는 예수님의 죽음에 참여하도록 하기 때문이다. 이러한 주제들은 요한복음의 후반부에서 더욱 풍성하게 펼쳐질 것이다. 나머지 장들을 진행하면서 지금까지 전개된 두 장의 내용을 기초로 삼을 것이다. 요한복음의 전반부에서 암시되었고, 후반부에서 폭발하게 될 핵심 논지를 반복하면 다음과 같다.

> 요한의 영성은 기본적으로 삼위일체 하나님(아버지, 아들, 성령)과 예수님의 제자들이 상호내주하는 것으로 구성되며, 제자들은 신적인 사랑과 생명에 참여하고, 하나님의 생명을 주는 선교에 참여함을 통해서 하나님의 자녀로서 하나님을 닮아가게 되고, 성령의 역사로 인해 아버지의 아들처럼 변화되어 가면서 점점 더 하나님을 닮아가게 되는 것이다.

이제 이 논지를 선교적인 변혁적 참여, 혹은 참여적인 선교적 성화를 의미하는 '선교적 테오시스'로 부를 것이다. 이 내용은 후반부 요한의 선교 담화를 이끄는 "거하고 나아가라"(abide and go)로 요약할 수 있다.

3

거하고 나아가라

요한복음 13-16 장의 선교적 테오시스

본 장은 앞서 요한복음의 선교 담화라 명명했던, 일반적으로 고별 담화라고 부르는 본문의 중요한 측면을 고찰하려고 한다. 특히, 13 장과 15 장에 초점을 둘 것이다.[1] 이 두 장을 다루기 전, 먼저 요한복음에 접근하는 본서의 전체적인 틀과 신학 안에서 중요하게 여겨지는 선교 담화와 관련된 다른 본문들에 대해서 짧게나마 다루고자 한다.

참여의 신학적인 출발점

요한복음의 참여적인 선교적 영성에 관해 이야기하려면 테오시스라는 단어의 사용에 상관없이, 먼저 요한복음에 표현된 두 가지 사실을 신학적

---

[1] 일부 학자들은 13 장이나 최소한 13 장의 대부분을 고별 담화의 일부로 생각하지 않는다. 필자는 앞서 2 장의 구조 분석에서 '선교 담화, 성별(聖別) 기도 및 파송'으로 길게 지정했던 13-17 장 전체 단위의 일부로 본다.

으로 조명해 보는 것이 우선일 것이다. 첫째는 성삼위 하나님 안에서의 참여 또는 상호내주이며, 둘째는 성육신으로 절정에 이르는 인류와 함께하는 하나님의 참여이다.

신적 생명에 대한 참여

하나님의 생명으로의 인간 참여의 실재를 위한 가장 근본적인 신학적 출발점은 하나님 안에서, 특히 아버지와 아들 사이에 참여와 상호내주의 실재이다. 이것은 전문 용어로 페리코레시스(perichoresis, 상호침투)이다. (요한복음에서 성령은 상호내주의 신적인 생명에 암시적으로 포함되어 있다. 하지만 아버지와 아들의 관계가 신자들에게 미치는 영향에 초점이 맞춰져 있기에 일반적으로 명시적인 본문들은 아버지와 아들의 관계를 강조하고 있다.)[2] 상호내주는 '관계적 실재를 묘사하기 위해 사용된 공간적 용어'이다.[3] 특별히 몇 개의 본문은 이러한 신적인 상호내주를 분명하게 보여준다.

> 내가(예수) ('나의 아버지의 일을') 행하거든 나를 믿지 아니할지라도 그 일은 믿으라 그러면 너희가 <u>아버지께서 내 안에 계시고 내가 아버지 안에 있음을</u> 깨달아 알리라 하시니(10:38)

> <u>내가 아버지 안에 거하고 아버지는 내 안에 계신 것을</u> 네가 믿지 아니하느냐 내가 너희에게 이르는 말은 스스로 하는 것이 아니라 <u>아버지께서 내 안에 계셔서</u> 그의 일을 하시는 것이라 내가 아버지

---

2 예를 들어, 아들이 제자들에게/안으로 오고(14:18, 28), 아버지와 아들이 모두 제자들에게/안으로 오며 (14:23), 또 성령이 제자들 안으로 보냄을 받거나/오게 된다면(14:16, 26; 16:7), 이 세 인격(위격)의 일종의 상호내주가 암시된다. 아들의 이름으로 행해지는 (예를 들어, 14:26; 15:26), 아버지의 보냄과 보냄을 받는 성령을 통한 공동의 활동은 또한 유사한 상호 관계를 암시한다. Crump 는 "Re-examining the Johannine Trinity: Perichoresis or Deification?"에서 반대의 (신적 페리코레시스로부터 성령을 배제하지만, 그 신적인 상호내주[coinherence]에 제자들을 포함하는) 견해를 주장한다. Crump 에게 '삼위일체'는 아버지, 아들, 그리고 제자들이다. 이 주장은 어느 정도 내러티브적이고 신학적인 흥미를 주지만, 궁극적으로 이 각주에 인용된 구절들에 나타난 아버지와 아들의 관계에 있어서 성령의 역할을 과소평가한다.

3 Gifford, *Perichoretic Salvation*, 2.

안에 거하고 아버지께서 내 안에 계심을 믿으라 그렇지 못하겠거든 행하는 그 일로 말미암아 나를 믿으라(14:10-11)[4]

그 날에는 (내가 너희에게 오게 될 때) 내가 아버지 안에, 너희가 내 안에, 내가 너희 안에 있는 것을 너희가 알리라(14:20)

(내가 청하오니) 아버지여, 아버지께서 내 안에, 내가 아버지 안에 있는 것 같이 그들도 다 하나가 되어 우리 안에 있게 하사 **세상으로 아버지께서 나를 보내신 것을 믿게 하옵소서** 내게 주신 영광을 내가 그들에게 주었사오니 이는 우리가 하나가 된 것같이 그들도 하나가 되게 하려 함이니이다 곧 내가 그들 안에 있고 아버지께서 내 안에 계시어 그들로 온전함을 이루어 하나가 되게 하려 함은 **아버지께서 나를 보내신 것과 또 나를 사랑하심 같이 그들도 사랑하신 것을 세상으로 알게 하려 함이로소이다**(17:21-23)

이렇듯 요한복음에서 페리코레시스는 지엽적인 것이 아니다.[5] 오히려 요한복음서 복음의 가장 중심에 있다. 여기에서 페리코레시스라는 용어는 관계적인 실재를 묘사하는 기능을 가진 공간적인 언어일 뿐만 아니라 예수님과 제자들의 공동체가 모두 하나님이 내주하시는 성전이라는 은유에도 기초하고 있다.[6] 복음서의 전후반부에 걸쳐 있는 이러한 페리코레시스적 본문들에서 네 가지 주요 사항을 보게 된다.

---

4 "아버지가 아들의 영구적이고 영원한 '집'인 것처럼, 아들은 아버지의 영구적이고 영원한 '집'이다"(Leithart, *Traces of the Trinity*, 139).

5 Leithart, *Traces of the Trinity*, 136.

6 특히 Coloe, *God Dwells with Us*, 159-60을 보라. 다소 유사하게 Talbert("The Fourth Gospel's Soteriology")는 성경(신적 임재/내주의 언약적 표현)과 고대 헬라문헌(신 안에서의 내주) 모두에서 각각 주로 신적인 능력의 부여에 관련되어 있는 상호내주의 표현의 출처를 발견한다. 그러므로 상호내주는 친밀감에 대한 것만이 아니라 또한 신실하게 기능하는 것에 관한 것이다.

- 첫째, 예수님의 선교적 활동을 통해 우리에게 증명되는 신적 상호내주, 혹은 페리코레시스는 사실 하나님의 선교적 활동이다. 신학적으로 이것은 내재적 삼위일체와 경륜적 삼위일체의 일관성을 나타낸다. 하나님**이신**(*is*) 대로 하나님은 **행하신다**(*does*).

- 둘째, 그러므로 (인간으로 성육신하신) 예수님 자신의 선교를 가능케 하는 '영성'은 아버지와 성령과 아들의 관계에서 말할 수 있다. (그의 일 속에서 볼 수 있는) 예수님의 선교는 아버지의 선교이며, 이 선교를 위한 에너지와 이러한 일을 위한 동력은 예수님이 아버지와 함께 가지신 하나됨, 곧 아버지와의 상호내주이다. 위에 인용된 본문들에서 성령에 대해 특별히 언급되지는 않지만, 유사하게도 복음서의 첫 부분에서 "성령이 비둘기같이 하늘로부터 내려와 그의 위에 머물렀더라"(1:32-33)는 것을 알고 있다.[7] 여기서도 핵심 단어는 흔히 '거하라'(*menō*)로 번역된 것과 같은 동사이다. 이로 보건대, 요한이 말하고자 하는 예수님의 선교는 아버지의 사랑과 성령의 능력에 그가 연합하고 거하는 것의 결과라는 것을 가정할 수 있다.

- 셋째, 신자들은 이 신적이고 친밀하며, 선교적인 생명으로 초대된다. 요한복음 17 장에서 예수님은 제자들이 아버지와 아들의 페리코레시스적인 교제 안으로 들어오게 될 것을 위해 기도하신다.[8]

- 넷째, 하나님 자신의 하나됨과 상호내주에 신자들이 참여하는 궁극적인 목적은 선교다. 이것은 바로 예수님 안에서 세상을 향한 하나님의 사랑의 실재를 보여주기 위함이다(앞의 17:21-23 에 있는 볼드체 문장을 보라). 따라서 하나님과 교제 안에서 교회의 페리코레시스적인 하나됨은 교회의 선교에 필수적이다. 만일 교회가 그 구성원들의 서로 사랑 '안에 거하는' 장소

---

7 예수님과 성령에 관한 더 많은 것을 위해서는 필자의 "The Spirit, the Prophets, and the End of the Johannine Jesus"와 그곳에 언급된 연구를 보라.

8 Leithart, *Traces of the Trinity*, 137. 요한복음 17 장에서 "아버지와 아들의 상호 침투는 교회적인 방향으로 확장된다"(140).

가 아니라고 한다면, 세상은 아들이 아버지 '안에 거하고' 또 '그로부터 왔다'는 것을 믿지 않을 것이기 때문이다.[9]

그러므로 하나님은 선교적이며 상호내주적인 하나님이시고, 하나님은 그와 함께 상호내주적인 관계에 있게 될 통합적이고 선교적인 백성을 만드신다. 이것이 바로 근본적으로 요한복음이 말하고 있는 선교적 신학과 영성이며, 이 두 가지 면(신학과 영성)은 요한복음에서 분리될 수 없다. 따라서 요한에게 있어 선교가 없는 영성은 있을 수 없고, 영성이 없는 선교 또한 생각할 수 없다. 결국 **선교가 없이는 하나님 안에서의 참여가 없고, 하나님 안에서의 참여 없이 선교도 있을 수 없다.** 만약 테오시스라는 용어를 사용해서 말한다면, 테오시스는 본질적으로 선교적이라고 말해야 한다.

인간 삶에 대한 신적 참여

둘째로, 인류와 함께하기 위해 인류 안으로, 그리고 인류를 위한 하나님의 참여를 반드시 고려해야 한다. 요한복음의 시작(1:1-18)에서 말해주듯이, 인간의 삶에 대한 이러한 신적 참여는 바로 인간 생명의 창조(1:3)로부터 시작했고, 이스라엘의 삶(모세와 율법의 선물로 대표되는, 1:16-17) 속에서 계속되었다. 그리고 말씀의 충만함과 풍성한 신적 은혜의 선물이자 아버지 하나님의 살아있는 해석(1:18)인 성육신(1:14)에서 절정에 이른다. 이 신적 참여는 또한 인류 역사에서 로고스가 '만민의 빛'(1:4, 9-10)으로 신비롭게 존재하는 것을 포함한다.

만물이 그로 말미암아 지은 바 되었으니 지은 것이 하나도 그가 없이는 된 것이 없느니라 그 안에 생명이 있었으니 이 생명은 사람들

---

9 Leithart, *Traces of the Trinity*, 140.

의 빛이라 … 참 빛 곧 세상에 와서 각 사람에게 비추는 빛이 있었나니 그가 세상에 계셨으며 세상은 그로 말미암아 지은 바 되었으되 세상이 그를 알지 못하였고 … 말씀이 육신이 되어 우리 가운데 거하시매 우리가 그의 영광을 보니 아버지의 독생자의 영광이요 은혜와 진리가 충만하더라 … 우리가 다 그의 충만한 데서 받으니 은혜 위에 은혜러라 율법은 모세로 말미암아 주어진 것이요 은혜와 진리는 예수 그리스도로 말미암아 온 것이라 본래 하나님을 본 사람이 없으되 아버지 품 속에 있는 독생하신 하나님이 나타내셨느니라(1:3-4, 9-10, 14, 16-18).

그래서 예수님이 하나님과 신자들이 상호내주하게 될 것이라고 말씀하실 때, 그는 삼위일체 하나님이 이것을 주도하신다고 주장한다.10

내가 아버지께 구하겠으니 그가 또 다른 보혜사를 너희에게 주사 영원토록 너희와 함께 있게 하리니 그는 진리의 영이라 세상은 능히 그를 받지 못하나니 이는 그를 보지도 못하고 알지도 못함이라 그러나 너희는 그를 아나니 그는 너희와 함께 거하심이요 또 너희 속에 계시겠음이라 내가 너희를 고아와 같이 버려두지 아니하고 너희에게로 오리라 … 그 날에는 내가 아버지 안에, 너희가 내 안에, 내가 너희 안에 있는 것을 너희가 알리라 … 예수께서 대답하여 이르시되 사람이 나를 사랑하면 내 말을 지키리니 내 아버지께서 그를 사랑하실 것이요 우리가 그에게 가서 거처를 그와 함께 하리라 … 보혜사 곧 아버지께서 내 이름으로 보내실 성령 그가 너희에게 모든 것을 가르치고 내가 너희에게 말한 모든 것을 생각나게 하리라(14:16-18, 20, 23, 26).

---

10 1:1-18에 있는 로고스에 관한 오랜 연구 후에, Peter Phillips 는 복음서가 로고스 교리가 아닌 기독론만 갖고 있다고 결론짓는다. 다중적인 의미를 가진 로고스를 사용하는 것은 초점을 로고스가 아닌 예수님에게 두기 위하여, "가능한 많은 독자를 이야기에 끌어들이려는 전략"이다 (*The Prologue*, 141).

내가 아버지께로부터 너희에게 보낼 보혜사 곧 아버지께로부터 나오
시는 진리의 성령이 오실 때에 그가 나를 증언하실 것이요(15:26).

여러 학자들은 이러한 종류의 언어를 통해 제자 공동체가 유대 성전(또
는 백성)의 대체, 성취, 혹은 요한복음의 집필 장소일 수 있는 (최소한 요한복
음이 읽히고 들려졌던) 에베소의 유명한 이교도 아데미 신전의 대안 성전을
이룬다는 것을 암시한다고 주장해왔다.[11] 그러나 15 장에 나오는 포도나무
의 이미지에서 보게 될 것처럼, 요한복음의 성전 이미지는 요한복음의 선
교적 강조로부터 분리될 수 없다. 이 신적 성전은 하나님의 임재가 나타나
는 거룩한 공동체이지만, 사람들을 그 안으로 끌어들이는 동시에, 3:16 에
의하면 하나님께서 사랑하시는 세상으로 보내지는 성전이다(자세한 내용은
아래를 참조하라).

우리는 이 내주/참여 안에서 신적 우선성과 신적 주도성이라는 두 가지
차원의 신학적 틀을 염두에 두면서 소위 '고별 담화'라고 불리는 요한의
선교 담화로 들어갈 것인데, 몇 가지 서론적 내용을 다룬 후에 13 장과 15
장에 집중할 것이다.

요한의 선교 담화

요한복음의 후반부에서 주요 부분인 13:1-19:42 은 예수님의 구원과 사
랑의 죽음, 아버지의 축복과 성령의 능력 안에서 그의 구원과 사랑의 선교
를 지속하기 위해 제자들을 준비시키시는 것을 이야기한다. 13 장부터 17
장까지는 제자들과 함께하신 마지막 만찬과 말씀을 기록하고 있는데, 이

---

11 더 일반적인 첫 번째 해석(요한 공동체에서 지속된, 제 2 성전의 대체와 성취로서의 예수)은
   Coloe, *Dwelling in the Household of God* 에서 자세히 주장되었다. 두 번째 해석(아데미 신전
   에 대한 대안)을 위해서는 Carter, *John and Empire*, 특히 257-64 를 보라.

는 '고별 담화'로서 예수님의 죽음 이후 남아있는 자들에게 위로와 가르침을 주기 위한 그의 '유언' 또는 '고별 연설'로도 불린다. 이러한 종류의 연설은 일반적으로 죽음에 대한 예측, 위로, 후계자를 위한 준비, 훈계, 심지어 파송, 앞으로 있을 반대 예측, 그리고 마지막 축복이나 기도와 같은 요소들을 포함하고 있으며, 요한복음 13-17 장에는 이 모든 요소들이 존재하고 있다.12 그러나 이 본문을 '고별 담화(들)' 또는 '유언'이라고 할 때, 본문의 **수사학적** 기능의 형태와 양상에 관해서 우리에게 알려주기도 하지만, 그러한 표현은 **신학적** 내용의 아주 작은 부분일 뿐이고, 본문 일부의 기능만을 드러낸다.13

반면에 이 놀라운 장들의 전반적인 신학과 수사학적 기능을 살펴볼 수 있는 여러 가지 합리적인 방법들이 있다. 앞서 1 장에서 논의했던 요한복음의 주제에 관한 질문에서와 같이 사랑과14 새 언약,15 또는 하나님의 가족 안에 내주하는 개념에 초점을 맞출 수도 있다.16 월러드 스워틀리(Willard Swartley)가 제안한 평화에 대한 초점까지도 고려할 수 있다. 그의

---

12 일부 해석자들은 '고별 담화들'(복수형)이라고 말하지만, 그 문제는 우리의 관심과는 큰 관련이 없다. 성경과 성경 이후 문헌에서 '이별 연설들'의 문학적인 유사성을 위해서는 예를 들어, Brown, *John* 2:597-601; Kurz, *Farewell Addresses*; Segovia, *Farewell of the World*, 5-20; Talbert, *Reading John*, 207-9; Moloney, *John*, 377-78 을 보라. 요한의 예술성과 수사학에 초점을 두는 Segovia 는 '요한복음 17 장의 절정의 기도에까지 이르게 하는' 13-16 장만을 고별 담화로 생각한다(Segovia, *Farewell of the Word*, 288). 그는 이 담화를 예수님의 영화에 관련된 13:31-32 에 대한 '확장된 주석'(291, 299, 300)으로 간주한다. 선교를 완전히 무시하지 않으면서 Segovia 는 담화의 기본 목적이 '제자들의 가르침과 위로에 있어서의 지속적인 연습'이 되는 것이라 생각한다(291).

13 이 장들을 '고별 담화(들),' 또는 이와 유사하게 '유언'으로 부르는 것은 장르에 관련된 수사학적, 신학적인 기능은 말할 것도 없이, 장르에 있어서도 너무 제한적일 것이다. George Parsenios(*Departure and Consolation*)는 그리스 비극, 위로 문학, 그리고 일반적 유언이 아닌 '일반적 폴리포니'인 문학 심포지엄(literary symposium)에서 일반적인 울림을 발견한다(152). 일반적인 유언과 다른 점 중에서, Parsenios 는 요한복음 13-17 장은 그러한 담화들이 일반적으로 보여주는 단순한 계승자를 제공하기 위한 것이 아니라 제자들과 예수님에게 단순한 계승자 이상인 보혜사(the Paraclete)의 임재(77-109)와, 기억되고 지켜져야 할 그의 말씀(111-49)이라는 두 가지 방법으로 부재중인 예수님이 실제로 그들과 함께 할 것이라고 말하는 기능을 한다고 설득력 있게 주장한다(77-196). Parsenios 는 아주 적절하게 후자의 존재 형태를 "그리고 육체는 말씀이 되었다"라고 표현한다(111).

14 Moloney, *Love in the Gospel of John*, 99-133.

15 Chennattu, *Johannine Discipleship as a Covenant Relationship*. 또한 Schneiders, *Jesus Risen in our Midst*, 특히. 99-118 을 보라; Gorman, *Death of the Messiah*, 43-50.

16 Coloe, *God Dwells with Us*; Coloe, *Dwelling in the Household of God*.

초점은 사랑의 명령, 예수님의 떠남, 성령의 약속, 그리고 적대적인 세상에서 살아가기 위한 준비 등 네 가지 주제와 맞물려 있다.[17]

워렌 카터(Warren Carter)는 이 장들을 '요한복음에서 예수님을 믿는 자들의 신성한 정체성'을 다루는 것으로 해석한다. 그는 '제국적 협상(imperial negotiation) 행위'로서 순응보다는 '거리두기와 구별성'으로 나타나는 제자들의 정체성과 삶의 방식의 다섯 가지 측면에 초점을 맞춘다.[18] 그리고 코넬리스 벤네마(Cornelis Bennema)는 이 장들에서 '미메시스'(mimesis, 모방)의 중요성에 대해 주의를 환기시켜 준다.[19]

레카 첸나투(Rekha Chennattu) 또한 카터나 벤네마와 비슷하게 중요한 점을 지적한다. 그는 13-17 장을 공동체, 친밀감, 사랑, 언약-준수, 그리고 예수님 안에서 행해진 신적 선교에 유사한 의무와 위험을 감수하며 참여하는 '제자도 담화'라고 부른다. 첸나투에 따르면, 20-21 장은 13-17 장에서 주어진 약속의 가르침을 실제화하고 있다.[20] 그의 주장이 맞다면, 필자는 '선교 담화'라는 용어가 더 적절하다고 생각한다. 존 애쉬턴(John Ashton)은 13-17 장의 장르는 사실 '유언'(testament)과 '파송'(commission)의 형식이 혼합된 것이라고 주장했다.[21] 이러한 일반적 제안의 장점이 무엇이든지 간에 13-17 장은 적어도 위로의 본문인 동시에 파송에 관한 본문이기에 애쉬튼

---

[17] Swartley, *Covenant of Peace*, 302.

[18] Carter, *John and Empire*, 256-88(여기, 257). 초점을 둔 다섯 영역은 거룩한 가정 또는 성전으로서의 제자들, 그들의 신실함, 사랑의 섬김, 그리고 더 큰 일, 그들이 친구들의 공동체가 되는 것이다. Carter 는 공동체 밖에서의 선교를 무시하지 않는다(276-78). 그러나 그는 그것을 강조하지도 않는다.

[19] 개관은 Bennema, *Mimesis*, 58-62.

[20] Chennattu, *Johannine Discipleship*. 그녀의 주장을 요약하기 위해서는 176-79 를 보라.

[21] Ashton, *Understanding the Fourth Gospel*, 341, 418-53. Ashton(418)은 담화를 14-17 장으로 제한한다. 그는 *The Testament of Moses* 와 더불어 구약성경의 유언 및 파송 본문들의 몇 가지 예를 지적한다. 파송 양식(432)의 가장 중요한 특징은 어떤 일을 하라는 명령이며, 종종 죽음에 직면한 발언자의 임무를 완수하라는 명령이다(예를 들어, 신 31:23). 다른 특징은 격려와 신적 도움의 약속(443)을 포함한다. 파송 양식에 그의 초점이 있음에도 불구하고, Ashton 은 14:12(더 큰 일; 445)에 대한 간략한 언급과 성령의 영감에 의한 공동체의 '예언자적이고 교훈적인 기능'에 관심을 두면서, 공동체 내부적 사랑(431-34)에만 거의 모든 초점을 맞추고, 파송 그 자체의 폭을 인정하지 않는다. 더욱이 Ashton 에게 있어서 파송 양식은 유언의 양식과의 결합을 통해 주로 위로를 가져오는 기능을 한다(453).

의 요점에는 의미가 있다. 애쉬튼은 또한 예수님이 제자들에게 전할 담화
는 신명기 31 장에 나타난 여호와로부터의 파송과 모세로부터의 파송을
하나로 결합하고 있다고 주장한다.[22] 이곳에서 전개하고자 하는 논지에 더
욱 가깝게, 존 스투베(John Stube)는 요한복음 13-17 장이 '고별 연설'인 것은
분명하지만, 이 본문의 가장 중요한 기능은 예수님의 행동과 말을 통해 그
가 떠난 후 제자들에 대한 부르심과 임무, 그리고 제자들의 선교를 준비시
키기 위한 것이라고 주장한다. 제자들의 선교가 무엇인가? 그것은 '세상을
향한 예수님의 선교를 이어가는 것'이다.[23]

비슷하지만 더 깊이 있게, 테레사 오쿠레는 13-17 장을 '선교적 임무에
관한 예수님의 주석'으로 생각한다.[24] 그녀는 이 장들이 4:31-38(앞에서 '미니
-선교-담화'로 명명한)과 평행을 이루며 요한복음의 선교에 대한 접근을 설명
해 준다고 여긴다.[25] 오쿠레에 따르면, 13-17 장의 중심 주제는 선교를 행
하는 데 있어서의 겸손(종과 같은 섬김), 선교의 보편적 범위, 세상의 증오에
도 계속되는 선교 안에서의 교제, 그리고 예수님에 대한 의존 등이다.[26] 오
쿠레에게 있어서 21 장은 4:28-30, 39-40 과 평행적인 이해를 드러낸다.[27]

오쿠레는 (요한복음의 선교 담론으로서) 13-17 장이 20-21 장을 바라보게 할
뿐 아니라, 요한복음의 전반부를 뒤돌아보도록 한다고 주장한다.[28] 앞에서

---

[22] Ashton, *Understanding the Fourth Gospel*, 431. Ashton 는 구체적으로 예수님의 위로의 말씀
과 14:1-10 에 있는 승귀(exalted) 주장을 언급하고 있지만, 요점은 요 13-17 장 전체의 해석과
밀접한 관련이 있다.

[23] Stube, *Graeco-Roman Rhetorical Reading*, 2, 211; 그의 책 요약(211-21). Stube (5-34)는 많은
해석자가 요한복음 13-17 장의 선교적 초점을 간과했다고 지적한다.

[24] Okure, *Johannine Approach*, 196-219.

[25] Okure, *Johannine Approach*, 192-96.

[26] Okure, *Johannine Approach*, 211-13.

[27] Okure, *Johannine Approach*, 192-96. 위에 언급된 Chennattu 의 입장과 비교하라.

[28] 필자는 2016 년 4 월 Fuller Seminary 의 페이톤 강의 중 하나에 대한 Marianne Meye
Thompson 의 반응에 도움을 받았다. 우리가 요한의 선교적 영성에 관해 대화할 때,
Thompson 은 특히 요 1-12 장에서, 요한의 언어를 사용하고 요한의 방식대로 요한의 제자도
를 묘사하는 것의 중요성을 강조했다. 그녀는 또한 복음서의 전반부와 후반부의 제자도 사이
의 연속성을 올바르게 강조한다. 필자 또한 Thompson 교수가 제자들의 유용한 활동 목록을
1 장부터 12 장까지 시작한 것에 도움을 받았다. 참여에 대한 우리의 대화는 예수님의 첫 제자
들의 '믿음과 투쟁'(Thompson 의 표현)에 의해 확실히 풍성해졌고 두터워졌다.

1-12장의 다양한 이야기 속에서 예수님의 제자가 되는 것과 그 의미, 특정 상황에서 예수님의 선교에 참여하는 것이 구체적으로 무엇을 의미하는지 살펴보았다. 예를 들어, 제자들(또는 제자가 될 가능성이 있는 자들)은 다음과 같이 한다.

- 듣다(예를 들어, 1:37; 4:42; 5:24-25, 28; 6:45; 8:38, 47; 10:3, 27)

- 보다(예를 들어, 1:39, 45, 50-51; 3:3, 11, 32, 36; 4:29, 45, 48; 6:40; 7:3; 9:7, 15, 25, 37, 39; 11:40, 45; 12:21, 45)[29]

- 인지하다/고찰하다/이해하다[30](예를 들어, 2:23; 4:19; 6:2, 19, 40, 62; 7:3; 10:38, 41-42; 12:16, 40)

- 알다(예를 들어, 4:42; 6:69; 7:17; 8:19, 32; 10:4, 14; 10:38)

- 기억하다(예를 들어, 2:17, 22; 12:16)

- 믿다(예를 들어, 1:7, 12; 2:11, 23; 3:15-16, 18, 36; 4:39, 41-42, 53; 5:24, 38, 46-47; 6:29, 35, 40, 47, 69; 7:31; 8:31; 9:38; 11:25-27; 12:36). 동사 *pisteuō*('믿다, 신앙을 갖다, 신실하다' 등)는 요한복음에서 98번 사용된다. 믿음의 내용이 무엇인지가 설명되기도 하지만, 주로 지적인 확신이나 심지어 감정적인 애착을 넘어 적극적인 헌신과 충성을 시사한다.[31]

- 따르다(예를 들어, 1:37, 43; 6:2; 8:12; 10:4, 27; 12:26)

- 거하다/머물다(헬라어, *menō*, 아래를 참조하라)[32]

- 증거하다/증언하다(예를 들어, 1:15, 34; 3:11; 4:39; 12:17, 아래를 참조하라)[33]

---

29 이 단어들의 의미는 다음에 언급된 '인지하다/고찰하다/이해하다'와 어느 정도 겹친다.
30 이 단어들의 의미를 나타내는 주요 동사는 때때로 '보다'(see)로 번역되는 *theōreō* 다. David Rensberger는 요한복음에 대한 사색이 우리가 '참여적'이라고 이름을 붙이고 싶은 것이라고 주장한다. 신자는 예수님이 행하시는 하나님의 행위를 인식할 뿐만 아니라 그들 안으로 들어가기도 하므로, 그것은 '수동적이기보다는 능동적이다'("Spirituality and Christology," 183).
31 예를 들어, Brown, *John* 1:512-13을 보라. Carter(*John and Empire*, 264-73)는 부분적으로 예수님에 대한 충성과 황제에 대한 충성 사이의 대조를 표시하는 것으로 동사를 이해한다. '본질적으로 양립할 수 없는 충성(들)과 살아내는 헌신(들)'을 대조한다(272).
32 동사 *menō*는 요한복음에 40번 나타난다(1-12장에 23번, 14장에 3번, 15장에 11번, 19장에 1번, 그리고 21장에 2번). 관련된 논의를 위해서는 Brown, *John* 1:510-12에 있는 부록을 보라. Brwon이 지적한 대로, 요한 문헌과 영성에 대한 전반적인 중요성은 요한일서에서 *menō*가 24번 나타나는 것을 통해 더욱 입증된다.

위의 마지막 항목, 곧 '거하다'라는 동사와 '증거'라는 개념은 특히 선교적 제자도의 주제로 요한복음 전반부와 후반부를 연결시킨다. 즉, 참여와 선교에 있어서는 복음서 전반부와 후반부 모두 필요하다는 것을 시사한다.

15 장에 지배적으로 등장하는 '거함'(abiding)은 아래와 같이 1-12 장에서도 사용되었는데, 거함을 뜻하는 헬라어 *menō*(거하다, 남다, 지속하다) 동사는 몇몇 경우에 사람과 관련하여 사용되었다(*menō* 의 번역은 밑줄로 표시했다).

- 1:39 에서 두 제자는 "그 날 함께 (예수님과) 거하였다." 문자 그대로 '거함'은 요한복음의 이중적 의미를 갖는 어구의 예로서 덜 문자적이지만 보다 중요한 '거함'을 예시한다.

- 5:38 에서 예수님은 그를 믿지 않는 자들에게 "그(아버지) 말씀이 너희 속에 거하지 아니하니"라고 반대 증언을 하신다. 아들을 믿지 않기 때문에 결국 그 안에 거하지 않는 것은 자연스럽고 필연적인 결과다. 이와 비슷하게 9:41 에서 예수님은 영적으로 눈이 멀어 믿지 않는 바리새인들에게 말한다. "너희가 맹인이 되었더라면 죄가 없으려니와 본다고 하니 너희 죄가 그대로 있느니라."

- 반면에 6:56 에서 예수님은 "내 살을 먹고 내 피를 마시는 자는 내 안에 거하고 나도 그의 안에 거하나니"라고 말씀하신다. 여기서 상호 거함은 성찬이나 믿음과 충성, 혹은 두 가지 모두와 관련되어 해석되는 것에 상관없이 불신앙의 반대를 나타낸다. 그리고 15 장에서 보게 되는 예수님과 제자들의 친밀한 상호내주의 중요성과 방법에 대해서도 암시를 줄 것이다.

---

33 이것들은 요한복음에서 대개 일반적으로 받아들여지는 인물/신자들의 활동이다. 예를 들어, Tam, *Apprehension of Jesus for most of this list* 를 보라. Tam 은 요한의 줄거리에서 예수님에 대한 4 단계 이해를 발견하는데, 이는 일반적으로 긍정적인 첫 만남(1-4 장), 일반적으로 적대적인 후속 만남(5-12 장), 아버지와 아들, 그리고 보혜사(the Paraclete)를 포함하는 깊고 관계적이고, 심지어 감정적으로 깊어지는 만남(13-17 장), 그리고 마침내 절정의 만남이다(18-21 장). 이러한 만남에 대해 말하는 것은 복음서의 청중이 예수님을 잘 이해하고 그를 따를 수 있도록 하기 위한 것이다.

- 8:31 에서 예수님은 자신을 믿어온 사람들에게 "너희가 내 말에 거하면 참으로 내 제자가 되고"라고 말한다.

- 끝으로 예수님은 그의 선교를 "나는 빛으로 세상에 왔나니 무릇 나를 믿는 자로 어둠에 거하지 않게 하려 함이로라"라는 말로 표현한다(12:46). 이는 빛 안으로 이동해 가는 것, 곧 빛이신 예수님에게 와서 그 안에 머무르는 것을 의미한다.

앤드류 브라우어 라츠(Andrew Brower Latz)는 위의 본문들과 15 장을 통해, 요한복음은 '거함'의 역할을 강조하며, '거함'이 요한의 제자도를 특징짓는 주요한 방식이라고 주장한다.[34]

제자들의 '증거'와 관련하여서, 요한복음의 전반부는 '증거'의 실제 예시들(사마리아 여인[4 장]과 시각 장애인으로 태어난 자[9 장])을 제공한다. (전반부에 나타난) 이러한 예들은 13-17 장에서 발견되는 증거하시는 성령의 역사와 함께 '상호내주'와 '테오시스'의 높은 영성이 공허한 경험이 되지 않도록 하고, 선교의 실제적 활동이 결핍된 영성으로 흘러가지 않도록 한다. 13-17 장 안에서도 이러한 잘못된 방향에 대한 내재적인 견제(특히 발을 씻기는 구체적인 실천의 장면)가 나타나고 있기는 하지만, 1-12 장은 풍부하게 묘사된 요한복음의 (등장) 인물들을 통해 제자도를 강조한다.[35]

제자도를 보여주는 또 하나의 방식은 (1-12 장에 서술된 대로) 예수님에게 와서 그를 충성스럽게 따르며 증거하는 모습이다. 다른 한편으로 (13-17 장에서 기대되는 것은) 십자가형을 당하시고, 부활하신 그리스도 안에 거하며, 삼위 하나님의 내주를 경험하면서 예수님을 기억하고, 또 충실하게 증거

---

34 Brower Latz, "A Short Note toward a Theology of Abiding," 161.

35 복음서 전체의 인물들과 예수에 대한 다양한 형태의 반응을 묘사하여, 그들이 나타내는 기능에 관해서는, Bennema, *Encountering Jesus* 를 보라. 복음서 전반부에 있는 모든 인물이 제자도와 선교의 모델이다(예를 들어, 3 장에 있는 니고데모, 아마도 5:1-16 의 베데스다 연못의 병자, Bennema, *Encountering Jesus*, 185-200 을 보라). 그리고 또 다른 많은 인물이 이와 같은 모델이다.

하도록 권능을 주시는 성령에 의해 가르침을 받는 모습이라 할 수 있다. 이는 결코 **두 개의 다른 실재가 아니라 하나의 실재를 표현하는 두 개의 다른 방식이라는 것**을 의미한다. 비록 요한이 1-12장에서 (몇몇) 인물들을 충실한 증인의 패러다임으로 묘사하고 있지만, 해석학적으로 오늘날 독자들은 1-12장에서 묘사된 제자들보다는 13-17장에서 기대하는 요한의 선교적 공동체에 더 가깝다(예수님이 육체적으로 함께 하시지는 않지만). 그럼에도 불구하고 요한복음의 전후반부 모두 참여적 선교의 성질에 관해 이야기한다. 참여적 선교는 세상적인 동시에 영적인 것이다.

선교 담화라고만 할 수 있는가?

우리는 13-17장이 요한복음의 참여적 선교 주제들을 되돌아보면서 동시에 내다보고 있다는 것을 확인했다. 하지만 13-17장을 '선교 담화'라는 제목으로 부를 수 있는가? 앞에서 살펴본 바와 같이 일부 해석자들은 고별 담화가 가지는 선교적 관심에 주목하면서도 **선교** 담화라고 부르지는 않았다. 선교 담화라는 이 용어가 너무 협의적이지 않은가? 예를 들어, 죽음을 앞둔 상황에서 안심시키는 전형적인 고별 담화라고 하면 어떠한가? 또한 내부의 하나됨과 사랑을 강조한 담화라고 하면 어떠한가? 이러한 주제들까지도 '선교적'인가?

13-17장이 선교 이외의 것을 가지고 있다고 주장하는 이들은 타당한 논점을 가지고 있다. 특히 선교가 좁은 의미에서 전도의 활동이나 좀 더 일반적으로 봉사활동으로 이해될 때 그러하다. 하지만 이 장들의 선교적인 해석을 옹호하기 위한 반론들이 몇 가지 나타난다. 아래 두 개의 질문을 간략히 검토해 보는 것이 좋을 것이다.

첫째, 이 담화에서 예수님이 주시는 확신과 가르침의 **목적**이 무엇인가? 어떤 이들은 이 담화에서 공동체적 사랑과 화합의 삶이 생존의 한 형태로서, 위험에 처한 (공동체의) 정체성을 보호하기 위해 제자들로 하여금 아버지와 아들과 교제하게 하는 것이라는 우도 슈넬(Udo Schnelle)의 주장에 동의한다.36 그러나 이와 같은 다소 분파주의적 해석은 다른 증거에 관해 설명하지 못한다. 왜냐하면 예수님이 확신하는 말과 그의 하나됨의 촉구로 인한 더 놀라운 결과는 예수님의 "부재" 중에도 성령의 권능으로 하나님의 위험한 선교에까지 참여하게 하기 때문이다.37

둘째, '선교'라는 단어가 전도 혹은 봉사활동에만 국한되어야 하는가? 많은 사람들은 자연스럽게 선교를 봉사활동으로 이해하고, 요한복음의 선교에 관해서도 구두 증거나 전도로만 본다. 그러나 요한에게 있어서 아버지와 아들의 선교가 세상에 풍성한 생명을 주는 것이라면, 기쁨과 사랑, 희망, 생명이 충만하고 하나된 공동체로 형성되는 것은 **신적 선교의 일부**이다.38

다시 한번 확실히 말하자면, 여기에는 여전히 더 큰 목적이 포함되어 있다. 단순히 이러한 공동체의 존재 자체가 이야기의 절정이 아니다. 왜냐하면 이 이야기는 온 세상에 사랑과 빛, 생명을 가져오시는 하나님의 선교에 참여로 나아가고 있기 때문이다. 하지만 이러한 공동체 없이는 하나님의

---

36 Schnelle, *Theology of the New Testament*, 709. 유사하게 Rensberger, "Spirituality and Christology," 178-79. Rensberger 는 예수님 안에 거하는 것이 단지 위험에 직면했을 때의 강인함만이 아니라 심오한 관계를 의미한다고 강조한다. 하지만 그는 다른 존재를 선교에 연결하지 않고 주류로부터 거리를 유지하려는 공동체의 필요성을 지나치게 강조한다.

37 필자가 부재라는 말에 인용 부호를 단 것은 예수님은 오시고/돌아가시는 동시에 (지금) 계시며(14-16 장), 또한 승귀하여 '부재중이신' 예수님은 남아 계시며, 어떤 면에서는 (지금) 계시기 때문이다(20-21 장). 위에서 언급한 바와 같이, George Parsenios(*Departure and Consolation*, 143)는 '고별 담화'의 주 기능은, 예수님이 죽으신 후에도 보혜사와 그의 말씀을 통해 그들과 함께 할 것이라고 제자들을 안심시키는 것이라고 주장한다. Parsenios 는 담화(들)을 예수님의 나중 제자들을 처음 따랐던 자들과 함께 나누셨던 말씀(words)의 축제로 그들을 끌어들이며 그의 임재 안으로 초대하는(고대 문학 심포시엄[식사 후 대화]과 같은) '말씀(words)의 향연'으로 지칭한다.

38 이런 형태의 선교 이해를 위해서는 Barram, *Mission and Moral Reflection* 을 보라. 선교는 공동체 형성을 포함한다는 바울 서신들에 관한 그의 주장은 여기에도 적용된다.

선교 또한 지속될 수 없다. 그러므로 제자 공동체의 존재와 성장은 **신적** 선교의 일부인 동시에 **공동체** 선교의 일부이기도 하다. 건강한 공동체가 없는 외형적인 선교적 노력은 더 깊은 차원에서 볼 때 자기 모순적인 활동일 뿐이다.

이렇게 선교를 이해한다면, 공동체 자신에게만 집중하는 일종의 분파주의적인 집단이 되거나, 거룩한 신자들만의 옹기종기한 모임이 되는 것은 허락되지 않는다. 오히려 이러한 관점에서의 선교는 하나님의 선교(missio Dei)를 '선교사적'인 동시에 (공동체를) '세우는 것'으로 이해한다. 더 적절한 표현으로 한다면 선교를 원심적이면서 또한 구심적으로 이해한다. 따라서 교회의 선교 중 일부는 세상을 돌볼 때조차도 자신을 돌보는 것이다. 공동체 자신의 선교는 필연적으로, 또 불가분적으로 구심적인 동시에 원심적이어야 하고, 내부지향적인 동시에 외부지향적이어야 한다. 선교의 이러한 측면은 서로 다른 쪽으로 접근하며 끊임없이 왕래하는, 다시 말해 해석학적인 원과 나선형으로 비유할 수 있는 선교적 원(missional circle)의 모습이다.[39]

그렇기는 하지만, 고별 담화의 **주된 목적**은 원심적, 즉 외부적인 의미에서의 선교이며, 대부분 사람은 그런 관점에서 이 용어를 사용한다. 따라서 필자 또한 첸나투와 비슷하게 제안하고자 한다. **고별 담화의 목적, 즉 새 언약 공동체가 되는 제자들의 목적은 예수님이 떠나신 후 제자들의 원심적(외부 지향적) 선교이다.** 이는 마태복음 10장과 누가복음 9-10장, 그리고 요한복음의 고별(선교) 담화 사이의 밀접한 유사성(때로는 글자 그대로 동일한)을 아래와 같이 지적하는 테레사 오쿠레의 제안과도 비슷하다.[40]

39 또한 Gorman, *Becoming the Gospel*, 18-20을 보라. 이러한 역동성에 관한 전통적인 설명은 Karl Flett, *The Witness of God*, 286에 인용된 Barth, CD IV/3.2, 833을 보라. Willard Swartley는 장애인 돌봄에 관해 쓰면서 '하나님의 두 손,' 또는 '하나님의 사랑의 두 팔, 말하자면 동일한 신적 연민에서 흘러나오는 교회의 내적 영혼과 외부적 증거'에 관해 말한다 (Health, *Healing and the Church's Mission*, 164).
40 필자는 Okure의 평행 구절 목록을 참조하여 이 표를 구성했다(*The Johannine Approach to Mission*, 196n.11). Okure (196)는 평행 구절의 목록이 완전하지 않다는 것을 암시하고 있는

요한복음	마태복음 및 누가복음
내가 진실로 진실로 너희에게 이르노니 종이 주인보다 크지 못하고 보냄을 받은 자가 보낸 자보다 크지 못하나니(13:16) 내가 너희에게 종이 주인보다 더 크지 못하다 한 말을 기억하라 사람들이 나를 박해하였은즉 너희도 박해할 것이요 내 말을 지켰은즉 너희 말도 지킬 것이라(15:20)	제자가 그 선생보다, 또는 종이 그 상전보다 높지 못하나니 제자가 그 선생 같고 종이 그 상전 같으면 족하도다 집 주인을 바알세불이라 하였거든 하물며 그 집 사람들이랴(마 10:24-25; 비교. 눅 6:40)
내가 진실로 진실로 너희에게 이르노니 내가 보낸 자를 영접하는 자는 나를 영접하는 것이요 나를 영접하는 자는 나를 보내신 이를 영접하는 것이니라(13:20; 비교. 12:44)	너희를 영접하는 자는 나를 영접하는 것이요 나를 영접하는 자는 나를 보내신 이를 영접하는 것이니라(마 10:40; 비교. 마 18:5; 막 9:37; 눅 9:48)
세상이 너희를 미워하면 너희보다 먼저 나를 미워한 줄을 알라(15:18) 그러나 사람들이 내 이름으로 말미암아 이 모든 일을 너희에게 하리니 이는 나를 보내신 이를 알지 못함이라(15:21; 비교. 요일 3:13)	또 너희가 내 이름으로 말미암아 모든 사람에게 미움을 받을 것이나 끝까지 견디는 자는 구원을 얻으리라(마 10:22; 비교. 마 24:9b; 눅 21:17) 너희 말을 듣는 자는 곧 내 말을 듣는 것이요(눅 10:16a)
나를 미워하는 자는 또 내 아버지를 미워하느니라(15:23; 비교. 5:23)	너희를 저버리는 자는 곧 나를 저버리는 것이요 나를 저버리는 자는 나 보내신 이를 저버리는 것이라 하시니라(눅 10:16b-c)
사람들이 너희를 출교할 뿐 아니라 때가 이르면 무릇 너희를 죽이는 자가 생각하기를 이것이 하나님을 섬기는 일이라 하리라(16:2)	사람들을 삼가라 그들이 너희를 공회에 넘겨주겠고 그들의 회당에서 채찍질하리라(마 10:17; 비교. 마 24:9a; 막 13:9; 눅 21:12, 16) 장차 형제가 형제를, 아버지가 자식을 죽는 데에 내주며 자식들이 부모를 대적하여 죽게 하리라(마 10:21; 비교. 막 13:12; 눅 21:16)
내가 아버지께로부터 너희에게 보낼 보혜사 곧 아버지께로부터 나오시는 진리의 성령이 오실 때에 그가 나를 증언하실 것이요 너희도 처음부터 나와 함께 있었으므로 증언하느니라(15:26-27; 비교. 14:26)	너희를 넘겨줄 때에 어떻게 또는 무엇을 말할까 염려하지 말라 그 때에 너희에게 할 말을 주시리니 말하는 이는 너희가 아니라 너희 속에서 말씀하시는 이 곧 너희 아버지의 성령이시니라(마 10:19-20; 비교. 막 13:11; 눅 12:11-12; 21:13)

데, 마태복음 10장 전체와 누가복음 9-10장(특히 9:1-6; 10:1-14)을 언급하면서, 요한복음 13-17장이 공관복음적 선교 명령의 요한적 표현이 아닐 수도 있다고 생각하지만(196), 위에 나타난 평행 구절들의 유사점은 최소한 그러한(선교의) 관심이 겹쳐 있음을 확실하게 시사한다. 고별 담화에서 이렇게 겹쳐져 있는 관심은 요한복음 13-17장에서 선교의 우선성을 위한 설득력 있는 주장의 일부가 된다. Okure(196)는 고별/선교 담화에서 예수님만이 아버지의 일을 하고 완성하신다(17:4)라는 그의 죽음의 측면에서 중요점을 말하지만, 그것만이 유일한 중요성은 아니다. 제자들 또한 예수님의 선교 모습을 친밀하게 공유한다. 예를 들어, 그들은 예수님의 죽음을 따라서, 그의 죽음의 상징인 일종의 발을 씻기는(십자가를 지는) 활동에 참여할 것이다. 공관복음은 제자도의 부르심(십자가를 짐, 섬김 등) 후에 수난 예언이 뒤따른다는 것을 분명히 한다(막 8:31-9:1; 9:30-37; 10:32-45).

이러한 이유로 요한복음 13-17 장을 선교 담화로 생각하는 것은 타당성이 충분하다고 볼 수 있다. 밖으로 향하는 원심적 선교의 측면은 그에 상응하는 구심적 측면과 연결되어 있을 뿐만 아니라, 제자들의 원심적 선교는 죽음을 통해 자신의 생명을 내어주시는 예수님의 선교와도 직접적으로 연결되어 있다. 이러한 역설적인 죽음을 통한 생명의 선교는 요한복음의 후반부 시작 부분인 발을 씻어 주시는 모습에서 상징적으로 나타난다. 사실 고별 담화(선교 담화)는 세족 이야기의 확장된 설명으로 구성되어 있고, 예수님이 떠나시고 난 후 제자들이 무엇을 해야 하는지에 대해서 말해준다. 이제 제자들은 내부적(모든 사람이 지적하듯)으로, 그리고 외부적(해석자들이 흔히 간과하는)으로도 발을 씻어 줄 것이다.

때와 선교: 개관

요한복음 전반부에서 '때'(the hour)는 12 장 마지막 절정의 장면(12:23, 27)에서 '현재'로 선포되기까지 아직 이르지 않았다. 후반부로 들어가면서 때가 도래한다는 예고(13:1)는 예수님과 제자들에게 현재와 미래 위험이 다가온다는 것을 알린다. 위로와 확신이 필요한데, 훨씬 더 많은 것들이 일어나고 있다. '때'는 이어지는 일곱 장에 대한 요한복음의 기독론적이고 구원론적인 초점을 나타낸다. 예수님의 임박한 죽음은 근원적으로 '그에게 속한 자들'을 위한 사랑의 표현(13:1)인 동시에 하나님과 사탄의 싸움이다 (13:2).[41]

---

41 뒷부분에서 왜 '그에게 속한 자들'(his own)을 사랑한다는 말이 세상을 배제하지 않는지 보게 될 것이다. 사탄과의 싸움에 관해서는 13:27; 12:31; 14:30; 16:11 을 보라.

예수님은 자신에게 속한 자들을 '끝까지'(13:1, *eis telos*) 사랑하실 것이다. 이 단어는 '마칠 때까지, 최선을 다해서' 모두를 의미하는 이중적 표현이다. 이 사랑은 십자가에서 그의 마지막 말씀인 '다 이루었다'(19:30, *teteles-tai*), 또는 '선교가 성취되었다!'(사명을 이루었다!)를 기대하게 한다. 또한 이 사랑은 그리스도의 끝나지 않는, 그리고 문자 그대로 죽음을 통한 사랑이다. 6 장에서 더 자세히 언급하겠지만, 예수님의 사랑은 적대적인 세상을 위한 사랑이며, 유다와 베드로 같은 배신자와 부인하는 자를 포함하는 신적인 원수-사랑이다. 또한 신적 사랑, 나아가 신적인 원수-사랑의 발현으로서 예수님의 죽음은 세상에서 제자들의 구심적이고 원심적인 선교의 원동력이자 패러다임이기도 하다.42 만일 예수님의 죽음에서 하나님의 **사랑**이 드러난다면 역시나 예수님의 죽음에서 **하나님**도 드러난다.43 그러므로 제자들이 예수님의 사랑의 죽으심에 선교적으로 참여하는 것은 역설적으로 하나님의 생명에 참여하는 것이 된다.

특별히 13 장과 15 장을 살펴보면서, 이 주장에 대해 검토해 보고 정당화하려고 한다. 두 장은 서로를 사랑하라는 계명을 강조하고 있다. 그러나 이 부분은 때때로 분파적이고, 배타적이며, 비-선교적인 것(원심적이지 않은 면에서)으로 해석되어 왔다. 본서의 2 장에서 인용했던 믹스(Meeks)와 샌더스(Sanders)의 주장에 더하여 로버트 건드리(Robert Gundry)의 견해를 추가할 수 있다. 건드리는 "말씀(the Word)되시는 예수님이 세상에 하나님의 말씀(God's word)을 전한 것처럼, 예수님의 제자들도 그렇게 해야 한다. 하지만 그들은 믿지 않는 세상을 예수님이 사랑한 것 이상으로 사랑해서는 안 된다. … 서로를 사랑하는 것으로 충분하며, 세상적인 것을 사랑하는 것은

---

42 비교. Nissen, *New Testament and Mission*, 79. 아버지께서 아들을 보내시는 것은 아들이 제자들을 보내는 것의 **본보기**와 **기초** 모두로서 역할을 한다.

43 Moloney(*Love in the Gospel of John*, 108)는 예수님의 죽음에서 '하나님은 나타나셨다'고 동의한다.

위험하다"라고 말한다.[44] 이러한 주장들에 대해 도전하기 위해 요한복음
13장과 15장을 주의 깊게 읽을 것이다.

요한복음 13장

고대 문화에서 발을 씻는 것은 일상적으로 하는 일이었다. 도로와 거리
는 일반적으로 먼지가 많거나 쓰레기와 배설물로 인해 더러웠다.[45] 손님들
에게 발 씻을 물을 제공하는 것은 환대의 표시였고, 집의 노예로 하여금
손님들의 발을 씻어주는 봉사도 환대의 행동이었을 것이다. 하지만 몸을
낮추어 굽히는 것(육체적으로, 은유적으로)은 주인이나 혹은 중요한 지위를 가
진 사람들에게는 결코 일반적인 것이 아니었다. 이 행동은 노예 수준이나
심지어 그 이하의 일이었기 때문이다.[46] '스승이자 주님'이신 예수님이 제
자들의 발을 씻어주신 것은 '고대 문학에서 유래가 없고', '고대 문화에서
독보적인' 행동이었다.[47] 다른 한편으로 누군가의 발을 씻어주는 것은 살
아 계신 하나님을 만나는 준비 방식이 될 수도 있다.[48] 이는 완전히 '기대
하지 못한' 그리고 '전례 없는' 방식이 모두 작동하여 살아계신 주님을 만
나게 된다는 것이다.

---

[44] Gundry, *Jesus the Word*, 61.
[45] 자세한 논의를 위해서는 Thomas, *Footwashing*을, 간략한 개관을 위해서는 Keener, *John*, 2:903-4를 보라. 이러한 적대적인 행동을 언급하는 성경 본문은 창 18:4; 19:2; 24:32; 43:24; 출 30:19; 삿 19:21; 삼상 25:41; 눅 7:44; 딤전 5:10을 포함한다.
[46] Mary Coloe("Welcome into the Household of God"은 Thomas, *Footwashing*의 3장에 근거함)는 종이 손님들의 발을 직접 씻긴 그리스-로마 맥락에 반해, 유대/성경 맥락에서 종은 대야만을 제공하고 손님들은 자신들의 발을 직접 씻었다고 지적한다. 그러므로 원래의 제자들과 일부 청중에게 있어서 예수님의 행동은 일반적으로 생각된 것보다 더욱 사회 질서를 전복시킨다(Skinner, "Virtue in the New Testament," 308n.31).
[47] Thomas, *Footwashing*, 53, 84, 114.
[48] Brown, *God's Promise*(57)는 직분을 수행하기 위한 제사장적 준비와 관련된 출애굽기 30:17-21을 가리킨다.

제자들이 서로 발을 씻어주도록 문자적으로 의도했을지라도,[49] 예수님
이 제자들의 발을 씻는 행위는 무엇보다도 구원뿐만 아니라 윤리적, 선교
적으로 그의 죽음의 의미를 나타내는 '살아있는 비유'이며 '상징'(icon)이 된
다. 샌드라 슈나이더스(Sandra Schneiders)는 이것을 '예언자적인 행동'이라고
부르는데, 그 의미는 신적으로 영감을 받고, 내용에 있어 계시적이며, 구조
에 있어서는 암시적이고, 형식에 있어서는 상징적이며, 의도에 있어서는
교육적이라는 뜻이다.[50] 동시에 예수님이 하나님의 '독특한 자기 해석' 혹
은 우도 슈넬의 표현처럼 '하나님의 해석자'(der Exeget Gottes)이기에,[51] 움직
이는 **예수님**은 움직이는 **하나님**이시다. 발을 씻어주는 행동은 자신을 내
어주시는 예수님의 사랑에 대해서 말해 줄 뿐 아니라, 대가를 바라지 않고
환대적이며 자신을 비우시는(kenotic) 하나님의 사랑에 관한 심오한 무언가
를 우리에게 말해준다. 또한 브렌단 번(Brendan Byrne)의 표현대로 여기서
우리는 '하나님의 놀라운 계시, 곧 우리 발 앞에 계신 하나님'을 발견하게
되고, 요한복음의 '심장'으로 우리를 끌고 들어간다.[52] 이 하나님은 특히 1
세기나 21세기 제국적 세계 속의 일반적인 신의 개념과는 극명한 대조를
이루는 반직관적이고 반문화적인 하나님이시다. 그리고 이 하나님의 백성
은 그들이 예배하는 하나님을 닮을 것이다.[53]

---

[49] 마찬가지로 Thomas, *Footwashing*. 이러한 견해의 지지자들과 그 이유에 대해서는 Bennema, *Mimesis*, 92n.38을 보라. Bennema은 요한의 미메시스의 개념이 주로 정확한 복제보다는 충실한 표현에 관한 것이지만, 후자는 전자의 유효한 표현일 수 있다고 주장한다(93). 많은 기독교 전통은 때때로 세족 의식을 행하며 (특히 성/마운디 목요일에), 어떤 기독교 전통은 정기적으로 행한다. 소수의 전통은 세족을 의식이나 성례로 여긴다.

[50] Schneiders, *Written That You May Believe*, 167 (n.21을 포함).

[51] Schnelle, *Theology of the New Testament*, 674; *Das Evangelium*, 43.

[52] Byrne, *Life Abounding*, 228.

[53] 이것에 관해서는 인간적인 (윤리적) 측면을 강조하는 Carter, *John and Empire*, 273-78을 보라.

마치 빌립보서 2 장에 기록된 그리스도 찬미시의 마치 살아있는 주석과
도 같은 심오하고 감동적이면서 신학적으로 중요한 이 본문에 대해서 말
할 것은 많지만,[54] 참여적이고 선교적인 차원에만 초점을 맞추고자 한다.

세족의 참여적 성격

세족에 대한 짧은 이야기 후에는 두 개의 설명이 이어진다. 첫 번째 설
명(13:6-11) 부분에서 예수님은 베드로에게 "내가 너를 씻어주지 아니하면
네가 나와 상관(meros)이 없느니라"라고 말씀하신다(13:8). '상관'이란 단어
가 핵심이다. 예수님에게 씻김을 받는 것은 정결케 하는 행동 이상이며,
예수님의 죽음에 **변혁적으로 참여하는** 사건이기도 하다.[55] 먼저는 수혜자
로서의 참여이다. 아버지를 대신해서 예수님은 십자가의 상징이자 비유의
대표적인 행동이라 할 수 있는 세족을 통해 생명을 주는 정결을 제공하신
다. 이런 의미에서 세족에 참여하고, 이로써 예수님의 죽음에 참여하는 것
은 '비-상호적'(non-reciprocal)이라고 부를 수 있을 것이다. 우리 인간은 스스
로를 정결하게 하거나 십자가의 의미에 기여할 수 없기 때문에, 이는 '동
등하지 않는 상호성,' 곧 수용적인 참여로 특징지어지는 참여이다.[56] 그럼

---

54 빌 2:6-11 의 적절하게 신학적인 해석을 위해서는 필자의 *Inhabiting the Cruciform God*, 9-39
를 보라. 요 13 장과 빌 2 장의 연관성은 적어도 3 세기 초에 오리겐을 시작으로, 이미 교부들
의 주목을 받았다. 이러한 연결을 만드는 저자들의 예를 위해서는 Elowsky, *John 11-21* 에
있는 인용을 참조하라; 83(Leo the Great, Origen), 84(Cyril of Alexandria), 86(Severian of
Gabala), 87(Origen, Theophilus of Alexandria, and Augustine). 또한 여러 교부들은 빛으로
단장한 채, 물과 진흙으로 만들어진 우리의 발을 모두 만드신 분이, 수건으로 단장한 채 그
발을 씻어주시기 위해 몸을 굽히신다는 사실에서 위대한 신학적 아이러니를 본다고 했다.
55 Brown(*John*, 2:548)은 이 부분을 "너희는 나와 함께 유산을 가지지 못할 것이다"라고 번역하
는 사람 중 하나다. 그는 이 말씀이 후에 종말의 보상(2:564-65)으로 이해되는 이스라엘에게
주어진 그 땅의 유산에 대한 약속(민 18:20, 신 12:12, 14:27)에 대한 암시로 본다. 비록 요한복
음 13-17 장과 그 밖의 다른 부분에서 제자들이 예수님과 공유하는 것에는 종말론적 차원이
분명히 있지만, 그 차원은 여기에서 두드러져 보이지 않는다. 따라서 동사의 현재 시제
'have'(Brown 이 인정하는, 2:552)에는 (먼) 미래의 의미가 주어져서는 안 된다. 예수님의 죽음
처럼 제자들의 미래 공유는 임박한 것이다. 여기서 주장된 것에 가까운 해석을 위해서는 예를
들어, Lincoln, *John*, 368-69; Moloney, *John*, 375 를 참조하라.
56 필자는 '비호혜성(non-reciprocal)과 '동등하지 않은 상호성'(unequal mutuality)과 같은 중요한
포인트와 용어들에 있어, 2016 년 4 월에 있었던 Fuller Seminary 의 강의에 대한 Marianne

에도 불구하고 수혜자는 단지 예수님의 사랑과 생명을 수동적으로 받지 않는다. 필연적으로 수혜자는 전통적인 도덕적 용어로 한다면 '모방자'(imitator)로서 베푸는 은인(benefactor, 시혜자)이 된다.57 발 씻기는 제자들로 하여 금 예수님의 '때'에 그와 함께(은유적으로 또 어느 정도는 문자적으로) 참여자가 되라는 초대이다.58 수혜자들은 '그릇'(containers)이 아니라 '도관'(conduits)이 되어야 한다.

요한복음 13:15 에서 예수님은 "내가 너희에게 행한 것 같이 너희도 행 하게 하려(poiēte)하여 본을 보였노라(epoiēsa)"라고 말씀하신다.59 이 요한복 음 '윤리'의 고전적인 텍스트는 한 측면에서 보면 모방에 대한 촉구로 이 해된다. 의무(14 절)와 본을 따라 모방함(hypodeigma, 15 절),60 구체적인 행동 (14, 17 절), 그리고 신적 은총의 약속(17 절)에 대한 명시적인 용어들이 있으 며, 순종과 섬김의 활동에 대한 암묵적인 용어도 있다. 이 구절은 확실히 **행하는 것**(doing)에 관한 것이다.

그러나 요한복음에서 예수님의 이런 활동은 명시적으로는 그 이상을 언 급하지 않지만, 제자들로 하여금 외부의 사람들에게 순종하거나 예수님을 모방하는 것 이상까지도 요구하고 있다. 핵심 단어는 단순한 동사인 '하 다'(do, poiēo 의 모든 형태)인데, 이 단어는 요한복음에서 흔히 사용되며, 13:12-17 에서 4 번 사용된다는 것은 놀랄 만한 일이 아니다.

이어지는 선교 담화에서는 예수님으로부터 '행함'에 관한 중요한 두 가 지를 배우게 된다. 첫째, 제자들의 일은 예수님의 일을 모방하는 동시에

Meye Thompson 의 반응에 많은 도움을 받았다. 아마도 '비대칭적인'(asymmetrical)이란 용어 또한 사용할 수 있을 것이다.

57 참여적인 해석을 위해서는 Barrett, *John*, 441 을 언급하는 Moloney, *Love in the Gospel of John*, 106 을 보라.

58 Coloe, "Welcome into the Household of God," 409.

59 대부분의 번역이 헬라어 절들의 순서를 바꾸기 때문에, 헬라어 동사들은 실제로 뒤바뀐 순서 로 나타난다.

60 Culpepper, "The Johannine Hypodeigma"를 보라. 용어는 헬레니즘 사회에서 모범적인 죽음을 위해 사용되었다.

또한 그 모방을 넘어서는 것이다. "내가 진실로 진실로 너희에게 이르노니 나를 믿는 자는 내가 하는(*poiō*) 일을 그도 할 것(*poiēsei*)이요 또한 그보다 큰 일도 하리니(*poiēsei*) 이는 내가 아버지께로 감이라"(14:12). 둘째, 제자들은 종의 본이신 예수님을 모방하는 것을 포함하여, 특별히 예수님으로부터 떨어져서 상호내주함 없이는 아무것도 할 수 없을 것이다.

> 너희는 내가 일러준 말로 이미 깨끗하여졌으니 내 안에 거하라 나도 너희 안에 거하리라 <u>가지가 포도나무에 붙어 있지 아니하면 스스로 열매를 맺을 수 없음 같이 너희도 내 안에 있지 아니하면 그러하리라</u> 나는 포도나무요 너희는 가지라 그가 내 안에, 내가 그 안에 거하면 사람이 열매를 많이 맺나니 <u>나를 떠나서는 너희가 아무 것도 할 수(*poiein*) 없음이라</u> … 너희가 내 안에 거하고 내 말이 너희 안에 거하면 무엇이든지 원하는 대로 구하라 그리하면 이루리라 너희가 열매를 많이 맺으면 내 아버지께서 영광을 받으실 것이요 너희는 내 제자가 되리라(15:3-5, 7-8).

15장에 대해서는 이후 더 고찰하겠지만, 이 부분에서는 '열매를 맺는다'라는 은유로 표현된 제자들의 활동 또는 선교가 완전한 내주(indwelling)의 영성, 즉 **상호적으로** 내주하거나 거하는 영성에 철저하게 기초하고 있음을 발견할 수 있다. 상호내주가 없는 '행함'이 불가능하다는 것은 "나를 떠나서는 너희가 아무 것도 할 수 없음이라"(5절)는 말씀에서 더욱 분명하게 나타난다.[61] (따라서 거하는 자는 행하게 될 것이라는 주장은 필연적인 결과이다.) 13장에서 예수님이 요구하시는 모방은 15장에서 암묵적으로 상호내주의 기능으로 표현되고 있다. 신자가 예수님과 결합하고, 반대로 예수님이 신자와 결합함으로써 아들로서의 예수님의 실재성에 걸맞는 새로운 정체성

---

61 이 진실은 요청된 기도(의존에서 비롯되는)를 들어주는 것에 대한 15:7의 "그리하면 (너희에게) 이루리라(*genēsetai*)"라는 말에 의해 보강된다(NRSV, "will be done for you").

을 보여준다. 상호내주는 **둘**이 **둘**로 존재하며 **하나**가 되는 방식이다.62 따라서 **행함**은 사실상 **참여함**이라 할 수 있다.

더욱이 15 장의 '깨끗하여졌으니'(*katharoi*, 15:3)와 '제자'(*mathētai*, 15:8)라는 단어는 15 장을 13 장과 직접적으로 연결시킨다. 13 장에서도 3 번의 '깨끗하다'(*katharos* 또는 *katharoi*, 13:10-11)와 '제자'(*mathētōn*; 13:5)의 단어를 사용하고 있다. 15 장의 포도나무와 가지의 은유는 '가지를 치다' 혹은 '깨끗하게 하다'를 의미할 수 있는 단어군(*kath-*)으로 표현되는 언어유희를 바탕으로 한다. 예수님은 제자들을 깨끗하게 된 자들(13:10-11), 그리고 말씀으로 가지치기가 된 자들(15:2-3)로 선언한다.

15 장에서 이 은유는 선교를 수행하는 '포도나무-예수'의 가지로서 열매를 맺도록 하기 위한 제자들의 초기 모습과 지속적으로 형성(그리고 재형성)되는 모습을 보여주는 듯하다. '깨끗하게 하다'와 '가지를 치다'라는 동사는 각각 참여와 변혁의 실재를 나타내는 행동이다. 제자들은 어떤 일을 **행하기** 위해 그리스도와 함께 상호내주하는 관계에 존재하는 자들이다. 이는 13 장에서 이미 섬김의 사랑으로 예수님을 닮으라는 계명에서 적어도 부분적으로는 설명되었다.

그러므로 세족 장면을 단순히 희생적인 사랑으로 자신을 내어주라는 상징적인 부름으로만 봐서는 안 된다(비록 그것이 사실이지만 말이다). 마크 맷슨(Mark Matson)의 표현처럼, 이 장면은 "예수님의 다가올 영광(십자가 상에서)으로 제자들을 끌어들이는 **통합하는 행동**의 역할을 한다."63 그것은 성례에 가까우며, 예수님의 죽음에 수혜자이자 동시에 시혜자로서 **참여하라**는 초대이다. 그리고 만일 그의 죽음이 세상을 위한 하나님의 사랑의 선교적 발현(3:16)이라면, 그의 죽음에 참여하는 것은 하나님의 사랑에 참여하는 것이다. 그렇게 함으로써 하나님의 사랑 안에서 변화되어 신적인 DNA 를

---

62 Rossé, *Spirituality of Communion*, 51.
63 Matson, "To Serve as Slave," 130.

갖게 된다. 하나님으로부터 제자들이 받는 이 유전자가 얼마나 놀라운 것인가? 이 유전자는 자신의 능력을 확장시키기 위해 하나님께 참여하는 모든 개념과 '제국적 관행'에 대한 경쟁적 대안이 된다.64 데이비드 렌스버거(David Rensberger)는 발을 씻어주는 것은 성육신과의 연속성을 가진 예수님의 '아래를 향하는 행동'이라고 적절하게 언급한다.65 그러나 그는 "예수님이 행하시는 하나님으로서 절정의 행위는 모든 행위 중에서 **가장 하나님 같은 행위**, 곧 (세족에서 상징되듯) 자신의 죽음을 통해 생명을 주시는 것"이라고 말한다. 그리고 이 모습은 하나님의 반직관적인 영광을 드러낸다고 덧붙인다.66 이 직관에 반하는 신적인 영광에 대한 참여가 바로 테오시스이다. 그것은 **십자가를 닮은** 테오시스이며, 십자가를 닮은 **선교적 테오시스**이다.

세족의 선교적 범위

이제 세족의 **성격**을 넘어 그 **범위**(scope)를 살펴보려고 한다. 예수님이 발을 씻어주시는 것에 대해 종종 바깥으로 나아가는 '선교적' 성질이 아니라 공동체-지향적인 것으로 생각하기도 한다.67 요한복음 13:1 에 있는 "세상에 있는 자기 사람들을 사랑하시되"(*tous idious tous en tō kosmō*)라는 표현은 종종 '세상에 있는' 예수님의 제자들(17:11)을 언급하는 배타적인 방식으로 해석된다. 이러한 견해는 요한복음에 대한 '분파주의적' 해석을 강화할 수 있다. 심지어 몇몇 학자들은 하나님은 세상을 사랑하셨지만, 예수님은

---

64 Carter, *John and Empire*, 273.
65 Rensberger, "Spirituality and Christology," 182-83.
66 Rensberger, "Spirituality and Christology," 183. 또한 예를 들어, Bauckham, *Gospel of Glory*, 73-74 를 보라.
67 예를 들어, 신약 성경에 있는 선교의 이미지들에 관한 Stanley Skreslet 의 훌륭한 저서인 *Picturing Christian Witness* 의 성경 색인은 안타깝게도 요한복음 13 장에 대한 언급이 없다. Lee (*Hallowed in Truth and Love*, 153)와 비교하라. 이것은 선교에 대한 텍스트가 아니라 신앙 공동체 내의 관계들에 대한 것이다.

오직 자신의 제자들만을 사랑했다고 주장하기도 했다.68 그러나 이러한 신학적 궤변에 대해 요한이 느꼈을 감정(그리고 우리도 그러할 것이라고 믿는다!)을 차치하고라도,69 요한복음 13:1 에 담겨있는 1:10-11 의 반향은 우리로 이러한 배타적인 해석에 대해 적어도 의심을 품게 할 것이다.

> 그가 세상에 계셨으며(en tō kosmō) 세상은(ho kosmos) 그로 말미암아 지은 바 되었으되 세상이(ho kosmos) 그를 알지 못하였고(1:10).

> 자기 땅(ta idia)에 오매 자기 백성(hoi idioi)이 영접하지 아니하였으나 (1:11).

> 유월절 전에 예수께서 자기가 세상을 떠나 아버지께로 돌아가실 때가 이른 줄 아시고 세상에 있는 자기 사람들을(tous idious tous en tō kosmō) 사랑하시되 끝까지 사랑하시니라(13:1).70

배신할 것을 알면서도 예수님이 베드로와 유다의 발을 씻어주신다는 것(13:10-11, 18-19, 21-26)은 배타적인 해석의 재검토가 적절하다는 것을 의미한다.71

따라서 세족의 두 번째 해석(13:12-20)은 배타적인 해석에 직접적으로 도전한다. 두 번째 해석은 첫 번째 해석(13:6 참조)과 마찬가지로, "내가 한 것을 너희가 아느냐?"라는 예수님의 질문으로 시작한다. 이 질문은 제자들

---

68 예를 들어 Gundry, Jesus the Word, 58-59 를 보라.
69 복음서 전체를 통해 만일 예수님이 그의 아버지이자 보내는 자의 일을 하는 아버지의 보냄을 받은 자라면, 그는 확실히 하나님이 사랑하시는 세상을 사랑하는 것에 관여해야만 한다.
70 그의 Commentary of the Gospel of John 9 에서 알렉산드리아의 Cyril 은 이 본문을 히브리서 2:16 에 연결시키며, 자신의 사람들을 위한 예수님의 사랑을 천사들에 대한 염려가 아닌 (모든) 인류를 향한 그의 사랑으로 해석한다(Elowsky, John 11-21, 84 에 있는 인용).
71 Bennema(Mimesis, 121-23)는 예수님이 이미 복음서에서 외부인으로 확인된 유다의 발을 씻어주셨기에, 그리고 제자들의 사랑은 '원심적'이고 신적 사랑의 확장으로서 구원을 주는 것이기 때문에 발을 씻어주는/사랑의 수혜자들에 대한 넓은 관점을 주장한다. 유다와 베드로에 대해서는 아래 제 6 장을 보라.

이 예수님의 행동에 대한 완전한 의미를 깨닫지 못했다는 것을 시사하며, 그 당시뿐 아니라 이후의 청중들로 하여금 세심한 주의를 기울이도록 초대한다. 표면적으로 예수님의 설명은 단지 공동체 내부에서 그의 섬김을 닮아가도록 촉구하는 것처럼 보인다. "너희도 서로 발을 씻어주는 것이 옳으니라"(13:14). 하지만 사실 그 범위는 훨씬 넓다. 13:14-20의 구조와 흐름, 그리고 내용은 이러한 해석을 뒷받침한다. 14-15절에서 예수님은 두 번이나 자신을 예로 들며 반복적인 명령을 내리신다.

> 그러므로 주(kyrios)와 선생인 내가 너희 발을 씻었으니 너희도 또한 서로(allēlōn)의 발을 씻어주어야 한다. 너희 또한 내가 너희에게 한 것(epoiēsa) 같이 반드시 하도록(poiēte) 내가 너희에게 본(hypodeigma)을 보여주었기 때문이다(13:14-15, 저자 번역).[72]

비록 첫 번째 명령(14절)은 내부적으로 초점이 맞춰 있지만(allōlon = 서로), 15절에서 반복될 때 '서로'에 대한 언급은 사라지고 훨씬 일반적으로 '내가 행한 것 같이'로 나타난다. 비록 어떤 이는 이것을 초점이나 범위의 변화가 없는 반복(동의적 평행법)으로 해석할 수 있지만, 16절은 이와 다른 생각을 나타낸다.

> 진실로 진실로 나는 너희에게 말한다. 어떤 종(doulos)도 그 주인(kyriou)보다 위대할 수 없고, 보냄을 받은 자(apostolos) 또한 그 사람을 보낸 자(pempsantos)보다 위대할 수 없다(13:16, 저자 번역).

16절은 종(doulos, 16a절)과 보냄을 받은 자(apostolos, 16b절)의 격언으로 구성되어 있으며, 종, 전달자, 그리고 대리인의 이미지가 사용되고 있다. 첫

---

[72] 특히 16절의 보내는 자와 보냄을 받는 자 모두의 단수성을 유지하기 위해, 필자가 번역한 13:14-16을 사용했다. NRSV 번역은 단수형 명사들을 복수로 번역한다. "I tell you, servants are not greater than their master, nor are messengers greater than the one who sent them."

번째 부분(16a 절)은 제자들의 주(Lord)로서 예수님의 이미지를 강화하는 14
절과 잘 연결된다.73 하지만 두 번째 부분(16b 절)은 주인과 종에서 보낸 자
와 보냄을 받는 자로 문화적 맥락을 이동시키고 있다.74 이는 제자들이 '단
지 따르는 사람 이상'임을 나타낸다. 이러한 이미지를 함께 사용하면서 제
자들은 그들의 주(Lord)이자 동시에 보내는 분(sender)으로서 예수님과 관계
를 맺고 있음을 보여준다. 또한 두 가지 관계의 측면에 상응하는 제자들의
책임은 예수님과 비슷하지만 동일하지는 않다는 것을 보여준다.
Apostolos 라는 단어는 요한복음에서 이곳에만 나타나지만, 분명한 것은
요한복음에서 제자들은 사도 예수(Jesus the Apostle)의 사도들(apostles), 곧 보
냄을 받은 유일한 자(the Sent One)의 보냄을 받은 자들(sent ones)이라는 것이
다(특히 17:18; 20:21 을 보라).75

　만일 16 절 전반부의 종(*dulos*) 격언이 14 절을 반향하고 초점도 일치한
다고 보면, 16 절 후반부의 보냄받은 자(*apostolos*) 격언은 15 절에 일치할
가능성이 아주 높다. 결국 제자들은 서로의 발을 씻어 주기 위해 다른 어
떤 곳으로 '보내질' 필요가 없다. **보냄받은 제자들의 역할**을 나타내는 보냄
받은 자(*apostolos*) 격언은 예수님의 이름으로 '세상의 발'을 씻어주는 것에
대한 명령을 은유적으로 암시한다. 즉, **발을 씻어주라는 소명은 또한 제자
들 공동체의 외부로 향하고 있다.**76 제자들은 두 가지 명령을 받았다. 하나
는 내부적인 것이고, 다른 하나는 외부적인 것이다. 그러나 이 둘은 심오

---

73 이 본문은 **규정**이라 하기보다는 관계에 대한 **묘사**이다. 예수님은 하나님과 자신의 관계에 대
한 반영으로 그의 제자들에 대해서 종의 역할을 취하고, 그 결과 제자들도 '그리스도' 안에
그들 자신이 속한 것에 대한 반영으로 서로에 대해 같은 역할을 취할 준비가 되어 있어야
한다(Matson, "To Serve as Slave," 126).

74 *Apostolos* 와 관련된 동사 *pempō*(32 번)와 *apostellō*(28 번)는 요한복음에서 기본적으로 동의
어들이다.

75 Stube, *Graeco-Roman Rhetorical Reading*, 90. Stube 는 유대적 대리인 원칙이었던 "대리인은
대리인을 선임할 수 있다"는 조항을 포함했다는 할라카적 증거를 인용한다. 이 경우 보냄을
받은 예수는 (암묵적으로 the *Apostolos*) 다른 이들을 (각각이 *apostolos*) 보내신다.

76 15 절에서 '왜냐하면'(*gar*)은 14 절과 15 절이 밀접하게 연결되어 있음을 시사한다. 그렇다고
해서 두 구절이 정확히 같은 활동으로서 공동체 내부의 세족을 의미하는 것은 아니다. 오히려
14 절의 공동체 내부 세족은 15 절보다 일반적인 사도적 사명에 기초한다.

한 의미에서 예수님과 같이 발을 씻어주라는 하나의 명령이다. 이는 곧 십자가의 섬김을 말하는 것으로 사실상 십자가로의 참여라 할 수 있다.[77]

14-16절의 이러한 해석을 아래의 표로 나타낼 수 있다(저자 번역).

구절	예수님의 본보기	제자들에게 명령	구절	명령에 대한 당위성으로 예수님과 제자들의 관계
14	그러므로 주(主)와 선생인 내가 너희의 발을 씻었듯이	너희 또한 서로의 발을 씻어주어야 한다	16a	종(doulos)이 그(녀)의 주인(kyriou)보다 위대하지 않고
15	내가 너희에게 본을 보인 것은	너희 또한 내가 너희에게 한 대로 하게 하기 위함이다	16b	보냄을 받은 자(apostolos) 또한 그를 보낸 자(pempsantos)보다 위대하지 못하니

이 해석은 본문의 몇 가지 부가적인 측면들에 의해 검증되지만, 특히 16절의 두 번째 문구를 연상시키면서, 원심적으로 바깥을 향하는 20절에 의해 결정적으로 검증된다.

내가 보낸(pempsō) 자를 영접하는 자는 나를 영접(lambanei)하는 것이요 나를 영접하는 자(ho lambanōn)는 나를 보내신 이(ton pempsanta)를 영접(lambanei)하는 것이니라(13:20).

이 표현은 마태복음의 선교 담화에서 발견되는 공관복음적 표현이다. 예수님은 "너희를 영접하는 자는 나를 영접하는 것이요 나를 영접하는 자는 나를 보내신 이를 영접하는 것이니라"라고 말씀한다(마 10:40).[78] 요한복음 13:20은 마태복음 10:40과 기타 유사한 본문들처럼, 요한복음 4:34-38에서 발견되는 보냄의 연결순서(아버지 → 아들 → 제자들)와 필연적인 영접의 연결순서(제자들 → 아들 → 아버지)[79]에 대한 간결한 서술을 제공한다. 이는

---

[77] 두 가지 형태의 섬김에 주목하는 것도 중요하지만, 하나의 본질적인 실천과 하나의 모범이신 예수를 보여주는 것으로서 이 두 가지를 하나로 유지하는 것 또한 중요하다.

[78] 또한 마 18:5; 막 9:37; 눅 9:48; 10:16; 요 12:44을 보라.

[79] 보냄의 연결고리는 비록 덜 간결하지만, 4:34-38(2장에서 언급된 것처럼), 12:44, 그리고 암시

요한복음 후반부에 나타날 '대리' 개념의 두 측면이기도 하다. 마태복음의
또 다른 선교적 본문은 16 절의 첫번째 문구와 유사하다. "제자가 그 선생
보다, 또는 종이 그 상전보다 높지 못하나니"(마 10:24; 비교. 눅 6:40). 따라서
이 구절들은 **보냄**(sending) 뿐만 아니라 **유사성**(similarity)의 연결고리이기도
하다.[80]

요한복음 13:15-20 에서 세족 이미지의 궁극적인 강조가 내부적인 것이
아니라 외부적이라는 선교적 색채는 절정 부분(20 절)을 향해 가면서 더 분
명해지고 강조된다. 그렇다고 해서 내부적인 사랑과 섬김의 가치를 과소
평가하는 것이 아니라, 강조점을 아래 13:31-35 에서 명시적으로 드러나는
외부적 맥락에 두는 것이다.

> 새 계명을 너희에게 주노니 서로 사랑하라 내가 너희를 사랑한 것
> 같이 너희도 서로 사랑하라 너희가 서로 사랑하면 이로써 모든 사
> 람이(*pantes*, all) 너희가 내 제자인 줄 알리라(13:34-35).

세족 이미지에서 궁극적으로 강조하는 사랑은 내부적인 것이 아니라 외
부적이라는 사실을 예수님의 제자들로 하여금 깨닫게 하는 이 뛰어난 계
명들은 상호적이면서 십자가의 사랑을 설명한다. 이 공동체 내부의 사랑
은 사실 아버지와 아들 사이에서 공유되는 신적 사랑으로의 참여(15:9-10;
17:26)이기 때문에 본질적으로 선교적이다. 따라서 "그 공동체가 예수님의
특별한 사랑에 의해 형성된 것처럼, 이제부터는 그들(제자들)이 세상에서
하나님의 해방과 구원의 표적이 되어야 한다."[81] 요한복음 13:35 에 내포
된 가정은 서로 사랑하는 제자들의 공동체로 하여금 다른 이들을 그들의
공동체로 모이게 하라는, 곧 환대의 공동체가 되라고 하는 것이다.[82] 그렇

적으로 9:4 에 나타난다.
[80] 이것이 핍박에 있어서 유사성을 포함할 것을 약속하는 15:20 에 있는 관련 본문과 비교하라.
[81] Spohn, *Go and Do Likewise*, 52.

지 않으면 어느 누구도 제자들 공동체의 내적인 사랑을 증거할 수 없을 것이다. 왜냐하면 세상을 위한 내적인 신적 사랑(예를 들면, 내적 삼위일체)은 정확히 제자들의 공동체를 만들어낸 사랑이며, 이 공동체 안에서 동일하게 공유되고 있는 참여적인 사랑이 결국 더 큰 세상으로 넘쳐 흘러갈 것이기 때문이다. 그러나 사랑이 세상으로 흘러가기 전에 단순히 신적인 사랑에 참여한다는 것만으로도 이 사랑은 **이미** 선교적인 사랑으로 특징지어질 수 있다.

반드시 이 사랑은 넘쳐흐를 것이다. 제자들의 사랑은 증거를 동반한다. 이것이 바로 **선교적** 공동체의 테오시스이다. 그리고 이것이 바로 '모든 사람'(*pantes*)이 제자들을 예수님의 제자로 알게 되는 방식이다(13:35; 비교. 17:21-23). 이것은 자칫 정체성에 대한 지식만을 전달하는 최소의 목표처럼 들릴 수 있다. 하지만 훨씬 더 많은 부분을 이야기해 준다. 서로에 대한 제자들의 사랑은 궁극적으로 자신이 아니라, 아들이신 예수님과 하나님 아버지, 즉 자신의 사랑이 세상의 구원의 수단과 방식인 분을 효과적으로 가리키는 증거를 위해 필요하다(비교. 17:20-26). '서로'에 대한 사랑은 다른 이들로 하여금 '사실'을 아는 것에 목표를 두지 않고, '아버지와 아들'을 아는 것으로 구성되는 영생에 들어가도록 하는 것이 진짜 목표이다(17:3).

그래서 '서로'에 대한 사랑은 다른 이들에 대한 사랑을 **배제하기** 위한 것이 아니라 다른 이들에게 **흘러넘치게** 하며, 심지어 공동체 밖에 있는 다른 이들에게 의도적으로 향하게 한다. 그렇지 않으면 제자들의 공동체적 삶과 사랑은 하나님이 **세상**을 사랑하시고 **모든 것**을 그 사랑으로 끌어들이기 원한다는 요한복음의 핵심 주장을 증거할 수 없을 것이다. 그러므로 제자들의 발을 씻는 것은 **구심적** 활동 차원에서 십자가의 환대 공동체로 존재하게 한다. 그뿐만 아니라 사도들과 증인들을 통한 십자가의 환대는

---

82 '신수도원주의'로 알려진 것의 가장 중요한 특징 중 하나는 환대다. Wilson-Hartgrove, *Strangers at My Door*를 보라.

그들의 공동체를 자연스럽게 움직여 나가는 **원심적** 활동이 된다. "내가 진실로 진실로 너희에게 이르노니 나를 믿는 자는 내가 하는(*poiō*) 일을 그도 할 것이요(*poiēsei*) 또한 그보다 큰 일도 하리니(*poiēsei*) 이는 내가 아버지께로 감이라"(14:12; 비교. 위에서 언급된 13:15 안의 동사).[83]

13 장의 이러한 검토를 요약하면, 제자들이 발을 씻어주는 것은 단순한 흉내내기가 아니라 참여의 한 부분이며, 단지 내부적인 것이 아니라 외부적인 시각을 갖고 있다. 세족은 선교적 테오시스이며, 구체적으로 **십자가와 공동체적** 테오시스이다. 이는 곧 '보냄을 받은 이'이신 예수님을 더욱 닮아가는 것이기에, **사랑이시며 또한 사랑을 실천하시는**, 보내시는 아버지를 더욱 닮아가는 과정의 일부이다.[84]

결국 기독교 선교는 구심적이며 원심적이다. '거하고 나아가라'는 말씀은 공동체에 거하며 세상으로 나아가라는 의미가 된다. 선교는 또한 아들이 보내진 것처럼 세상으로 보내진 제자들을 통해 세상을 사랑하시는 하나님의 생명으로 우리를 휩쓸고 들어가는 사랑에 (이음새가 없는 옷처럼) 참여하는 것이다. 코넬리스 벤네마(Cornelis Bennema)는 제자들을 위한 결정은 (그때나 지금이나) 생각 없는 복제(cloning)가 아니라 창조적인 재표현(re-articulation)이라고 주장한다.[85] 이는 "원래의 것에 부합하지만 그것과 동일할 필요는 없는 실제적인 사랑의 행위"를 의미한다.[86] 제자들이 상상력을 가지고, 하지만 신실하게 예수님의 이름으로 발을 씻어주는 곳에서 아들, 아버지, 그리고 성령은 임재하시며 활동하신다.[87]

---

[83] 원심적 사랑에 대한 그의 주장은 명시적이기보다 암시적이다. 요한복음에 있는 구심적 사랑의 원심적 성격에 대한 또 다른 주장을 위해서는 Bennema, *Mimesis*, 120-23 을 보라.

[84] 바울 서신에 있는 이 주제를 위해서는 필자의 "Paul's Corporate, *Cruciform, Missional Theosis in Second Corinthians*"를, 그리고 좀 더 일반적으로는 필자의 *Becoming the Gospel* 을 참조하라.

[85] Bennema, *Mimesis*, 91-105. 요한은 미메시스를 원래의 행위의 해석과 그에 상응하는 모방 행동의 형성 둘 모두에 관련된 인지적이고 창조적인 과정으로 제시한다(194, 그의 앞선 주장을 요약). 동시에 Bennema 는 원래의 행위와 모방 사이에는 충분한 유사성이 있어서 미메시스는 복제와 창조적인 표현을 포함한다고 말한다(105).

[86] Bennema, *Mimesis*, 111.

요한복음 15 장

15 장에 제시된 포도나무의 '풍유적 비유'를 통한 예수님의 가르침은 구약에 나오는 포도나무로서 하나님의 백성에 대한 유사한 이미지에 기초한다.[88] '참 포도나무'(예수)와 가지의 비유는 '기독론적인 동시에 교회론적'이기도 하다.[89] 리처드 헤이스(Richard Hays)는 요한복음의 장들이 진행됨에 따라 "관심의 초점이 참 포도나무인 예수님으로부터 **제자들**의 역할로 옮겨간다"라고 말한다. 그리고 여기서 '선교(missio)의 언어'를 발견하게 된다.[90] 요한에게 있어서 이 비유는 예수님과의 교제와 상호내주(15:4)라는 기독교 영성의 심장이자 기독교 선교의 기초를 제공한다. 영성과 선교는 연결되어 있을 뿐만 아니라 분리될 수 없다. 동사 '거하다' 또는 '남다'(menein)는 15:1-16 에 **11 번** 사용되고, 동사구인 '열매 맺다'(karpon pherein)는 **8 번** 사용된다.[91] 이 역동적인 선교적 영성은 선교적 테오시스뿐만 아니라 단순하지

---

[87] William Spohn(*Go and Do Likewise*, 52)은 요한복음 13 장이 매 주일의 세족에 관한 것이 아니라 오히려 예수님이 그리스도인들에게 그들의 상상력을 사용하고, 유추적으로 생각하라고 말한다고 주장한다(그럼에도 불구하고, Spohn[비교. 52-54]과 필자는 모두 실제적인 세족 전통을 지지한다). Spohn 은 이러한 유추적인 사고를 적절한 상상력이 풍부한, 그리고 충실한 행동을 유발하는 예수님과 우리들의 맥락 사이의 유사성인 '운율을 발견하는 것'(54-55, 63, 152)으로 지칭한다.

[88] '알레고리적 비유'는 보다 기술적인 용어인 격언(mashal)에 관한 Raymond Brown 의 용어다 (*John* 2:660, 668-69). 특히 구약에서 참조할 부분들은 시 80:8-16; 사 5:1-7; 27:2-6; 렘 2:21; 5:10; 6:9; 8:13; 12:10-11; 겔 15; 17:5-10(비교. 17:23); 19:10-14; 호 10:1; 14:7 을 보라. Manning(*Echoes of a Prophet*, 139-41)은 이러한 본문들, 특히 에스겔과 요한복음 15 장으로부터의 본문들 사이의 주제와 관련된 평행 관계에 주목한다. 요한복음 15 장뿐만 아니라 관련된 제 2 성전기 문헌에 관한 유용한 연구를 위해서는 Munene, *Communal Holiness* 를 보라.

[89] Manning, *Echoes of a Prophet*, 147.

[90] Hays, *Echoes*, 337.

[91] '열매'라는 단어는 동사 *menein*(15:16)과 관련하여 한 번 더 나타난다. 15 장 이전에 동사 *menein* 은 이미 요한복음(전체 40 번 중)에 26 번 나타나는데, 본서의 목적과 연결하여 가장 중요한 것은 6:56(예수님의 살과 피를 먹고 마시는 것)과 14:10, 17, 25 (아버지, 영, 그리고 아들의 '내주'하시는 것)이다. 관련된 동사인 *monē* 는 14:2(아버지의 집에 있는 많은 거처들), 그리고 14:23(예수님을 사랑하고 따르는 자들과 함께 거하시는 아버지와 아들)에 나타난다. *Menein* 과 포도나무 이미지들이 비록 선교적인 성격을 인식하고 있는 것처럼 보이지는 않지만, 이와 관련된 연구로서 Lee, *Flesh and Glory* 를 보라. 그러나 그녀도 포도나무 이미지의 선교적 특징을 인식하지 못하는 듯 하다(예를 들어, 요 15:16 은 본서의 성경 색인에서 누락되어 있다).

만 역설적으로 "거하고 나아가라" 혹은 일상의 표현을 빌려 "잠잠히 머물다가 움직여라"(stay put and get going)로 묘사할 수 있다. 따라서 15 장은 13 장과 많은 공통점이 있다.

하지만 영성과 선교는 긍정적이든 부정적이든 간에 그 결과로부터 분리될 수 없다. 거기에는 열매가 있을 것이지만, 반대도 있을 것이다(15:18-16:3 또는 16:4a). 그러므로 15 장의 관점은 회당에게 쫓겨나고 심지어 순교를 당할 것이라는 경고를 통해 16 장으로 이어지며, 15:18-25 의 증오와 핍박에 대한 약속을 구체화한다.[92] 따라서 15:1-16:3 에 대해서 프랜시스 몰로니 (Francis Moloney)는 '거하고, 사랑하고, 미움받기'라는 제목을 붙인다.[93]

이 본문을 고려할 때 생기는 주요 질문은 '거한다'는 것의 의미가 무엇이고, '열매를 맺는 것'의 의미는 무엇인가에 관한 것이다.

간략히 보는 거함과 열매 맺음

15 장에서 예수님이 하시는 말씀의 일부는 다음과 같다.

> 내 안에 거하라 나도 너희 안에 거하리라 가지가 포도나무에 붙어 있지 아니하면 스스로 열매를 맺을 수 없음 같이 너희도 내 안에 있지 아니하면 그러하리라 나는 포도나무요 너희는 가지라 그가 내 안에, 내가 그 안에 거하면 사람이 열매를 많이 맺나니 나를 떠나서는 너희가 아무 것도 할(poiein) 수 없음이라 … 너희가 내 안에 거하고 내 말이 너희 안에 거하면 무엇이든지 원하는 대로 구하라 그리하면 이루리라 너희가 열매를 많이 맺으면 내 아버지께서 영광을 받으실 것이요 너희는 내 제자(mathētai)가 되리라 아버지께서 나를 사랑하신 것 같이 나도 너희를 사랑하였으니 나의 사랑 안에 거하

---

[92] 이 구절들이 정확한 역사적 상황을 반영하고 있는지에 상관없이, 이 부분들은 공관복음서들과 정신적으로 일치하며, 신약성경의 나머지 부분에서 서술된 많은 초기 교회의 경험과 일치한다.

[93] Moloney, *John*, 416-18. 세 개의 부분들은 15:1-11, 15:12-17, 그리고 15:18-16:3 과 일치한다.

라 내가 아버지의 계명을 지켜 그의 사랑 안에 거하는 것 같이 너
희도 내 계명을 지키면 내 사랑 안에 거하리라(15:4-5, 7-10).

예수님 안에 거하는 것(십자가에 못박히시고 부활하신 메시아와의 연합 안에 머무
는 것)은 신자들의 삶의 방식(*modus vivendi*) 또는 활동 방식(*modus operandi*)으
로, 바울에게서 발견되는 것과 다르지 않은 상호내주 혹은 상호거주의 관
계로 제시된다.[94] 각각의 '가지'는 포도나무에 붙어서 열매를 맺기 때문에
(예를 들면, 2절, 4-5절, 15절의 일부) 이 관계가 개인적(personal)이며 개별적
(individual)이라 할지라도 그것은 사적인(private) 것이 아니다. 15장에서 가
지를 가리키는 대다수의 대명사와 동사들은 복수형이다. "너희 모두는 함
께 내 안에 거하며 열매를 맺어야 한다."

'거하다'(abide)라는 표현은 (예수님의 포도나무를 이루는) 제자들 공동체의 일
부로서 최소한 예수님과 친밀하고, 영구적이며, 언약적인 관계를 유지하라
는 것을 의미한다(15:4-7). 이것은 예수님의 말씀과 사랑에 조화롭게 맞춰져
있는 상태를 유지하라는 의미를 포함한다(15:7, 9-10).[95] 무네네(Munene)와 카
나가라즈(Kanagaraj)가 이러한 관계를 '수직적'인 동시에 '수평적'이라고 강
조한 것은 적절하다.[96] '거하다' 또는 '거주하다'의 단어는 신적 가정의 친
밀함 안에서 그리고 성령을 통해 이전부터 존재하는 영원한 아버지와 아
들의 상호내주 안에서 하나님의 임재 안에 있는 것을 암시하고 있다.[97] 카
나가라즈는 예수님 안에 거하는 이 '신비주의'를 유대교 '메르카바'(*merka-*

---

[94] *Modus vivendi* 라는 용어는 Caragounis, "Abide in Me," 263 에서 온다. 이러한 상호내주의
영성의 근원에 대해서는 다양한 가설이 있어왔다. Kanagaraj (*Mysticism*, 271-72)는 하나님(그
리고 지혜)의 내주와 하나님의 백성에 의해 내주되는 것에 대한 주제가 성경적인 뿌리를 가지
고 있음을 상기시켜준다.

[95] 순종과 더불어 친밀감으로서 거함에 관해서는 Rabens, "Johannine Perspectives"를 보라.

[96] Munene, *Communal Holiness*, 87-88, 102, 108-9, 121, 123-25; Kanagaraj, "*Mysticism*,"
264-81, 특히 264 을 보라.

[97] 예를 들어, Coloe, *Dwelling in the Household of God*, 특히 145-66 을 보라. Caragounis
("Abide in Me," 263)는 비록 성령이 여기에 구체적으로 언급되어 있지 않지만 이러한 관계가
오직 보혜사(the Paraclete)에 의해 가능함을 올바르게 지적한다.

bah, 전차) 신비주의에 대한 변증으로 주장한다. 메르카바 신비주의에서 말하는 신의 왕좌로 향하는 천상의 여정이 목표하는 신과의 연합은 실제로 예수님 안에 거함을 통해 이곳 땅 위에서 이뤄진다.[98] 더욱이 요한복음에서 그와 같은 신비주의가 열망하고 있는 왕으로서 신의 영광은 십자가에서 못 박힌 그리스도에게서 발견된다. 따라서 카나가라즈는 우리가 사용한 (공동체적) 십자가의 테오시스를 '십자가 신비주의'로 논하고 있는 것이다.[99]

'거함'은 또한 깊은 의존의 관계이다. "나를 떠나서는 너희가 **아무 것도 할 수 없음이라**"(15:5).[100] 구체적으로 이러한 거함은 예수님의 말씀을 지키고(14:21-24), 그의 말씀이 거하도록 하는 순종(15:7)을 통해 영향을 받고 풍부해진다. "예수님의 사랑 안에 거하는 제자가 되는 것은 무언가를 '한다'는 것을 의미한다."[101] 예수님 안에 거하는 것은 **그것이 성례적으로 해석되든 또는 비성례적으로 해석되든 간에 예수님의 살과 피를 취함**을 통해 지속적으로 유지된다. "내 살을 먹고 내 피를 마시는 자는 내 안에 거하고 나도 그의 안에 거하나니"(6:56).[102] 어떠한 경우든 리처드 보컴의 표현대로

---

98 Kanagaraj, *"Mysticism."*

99 Kanagaraj, *"Mysticism,"* 184-310. Kanagaraj 는 하나님의 성품의 계시가 십자가에서의 예수님의 죽음과 매우 결합되어 있다(310)고 주장하면서, 요한에게 신화(deification)의 여지가 없다고 주장하는 것은 (예를 들어, 311) 유감스러운 일이라고 말한다. 요한이 예수님 안에, 그러므로 또한 아버지 안에 거함으로 인해 얻어지는 **십자가 모양의 신화**를 옹호한다는 것을 암시한다. 반면에 Munene 는 상호내주의 결과로서 테오시스라는 단어를 사용하는 것을 주저하지 않는다(*Communal Holity*, 208). Munene 는 또한 암시적으로 테오시스를 선교적으로 본다. 그는 일반적으로 요한복음 안에서 특별히 요한복음 15 장에서, 제자들 자신이 초대받은 삼위일체의 상호적인 사랑을 살아내야 함(184)에 따라 세상에 대한 선교적인 환대를 발견한다(예를 들어, *Communal Holiness*, 86-87, 99-100, 179-86, 214-16).

100 Brown(*John* 1:510-12)은 요한복음과 요한일서에 나오는 *menein* 에 대한 유용한 부록을 가지고 있다. 그 주제를 다루고 있는 주석들의 개관과 중요성에 관한 에세이를 위해서는 Brower Latz, "A Short Note toward a Theology of Abiding"을 보라.

101 Moloney, *John*, 421.

102 이 텍스트의 비성례적 해석(때때로 영적, 비유적, 은유적, 또는 기독론적 해석이라고도 함)은 일반적으로 예수님과 그의 인성 그리고 그의 죽음에 대한 믿음의 은유로서, 말하자면 성육신 신비주의와 십자가-신비주의로 먹고 마시는 것을 이해한다. 이것은 예수님께 대한 충성, 친밀감, 그리고 참여를 의미하고 또한 성례(성찬)적 해석의 측면이기도 하다. 본문에 대한 이 두 가지 주요 접근의 변형된 해석들이 있는데, 본문의 성례적 측면과 비성례적 측면 모두를 포함

이 '취함'의 참여적인 성격("그의 죽음을 통해 가능해진, 예수님 자신의 생명으로의 실제적인 참여"와 그로 인해서 예수님이 "그의 아버지의 영원한 신적 생명으로부터" 사시기 때문에(6:57) "이와 동일한 생명으로 사는 것")을 찾아볼 수 있다.[103] 예수님의 살을 먹고 그의 피를 마신다는 표현은 성육신하신 예수님만이 아니라 십자가에 못 박히신 분으로서 예수님을 믿는다는 것을 나타낸다.

'열매를 맺는 것'에 대한 해석학적 논쟁은 넘쳐난다. 그것은 제자들의 상호 사랑을, 기독교의 미덕을, 개종자를 얻는 것을(4:36 참조),[104] 또는 이 모든 것을 의미하는가? 아니면 다른 어떤 것을 의미하는가? 레슬리 뉴비긴(Lesslie Newbigin)은 "열매 맺는 것은 예수님의 생명이 세상의 삶 가운데 드러나는 것"이라고 말했다.[105] 이런 형태의 해석을 반영한다면 15장은 14:12-14의 주장에 대한 주해로 생각할 수 있다.

> 내가 진실로 진실로 너희에게 이르노니 나를 믿는 자는 내가 하는 일을 그도 할 것이요 또한 그보다 큰 일도 하리니 이는 내가 아버지께로 감이라 너희가 내 이름으로 무엇을 구하든지 내가 행하리니 이는 아버지로 하여금 아들로 말미암아 영광을 받으시게 하려 함이라 내 이름으로 무엇이든지 내게 구하면 내가 행하리라(14:12-14).

이러한 관점에서 15장의 '열매'는 예수님의 제자들 안에서 계속되는 그의 일, 곧 그의 선교적 임재와 활동을 뜻한다. 따라서 15장은 다른 이들의

하는 것들이다. 그중 하나는 일차적 측면이고 다른 하나는 이차적 측면이다. 이 논의에 관해서는 주석들을 참조하라.

[103] Bauckham, *Gospel of Glory*, 102-3. Bauckham은 여기서 성찬적 언어가 성육신하신 분일 뿐만 아니라 또 십자가에 못 박히신 분으로서, 예수님에 대한 (참여적인) 믿음을 의미하는 비성찬적인 방식으로 사용되고 있다고 본다.

[104] Stube (*Graeco-Roman Rhetorical Reading*, 137-70)는 4:36과 12:24를 감안할 때, 15:1-16:16은 열매가 개종자를 의미하는 '사랑의 선교'(A Mission of Love)에 대한 것이라고 설득력 있는 주장을 폈다(특히 141을 보라). 필자는 더 명확한 의미에서 개종자를 열매의 열매, 곧 예수님의 일을 지속하는 것의 (부분적인) 결과로 본다.

[105] Newbigin, *The Light has Come*, 197.

구원을 위해서 자신과 생명을 내어주는 사랑의 예수님이 행하시는 근본적인 '일'이 묘사된 13 장의 연속 혹은 주석이라는 것을 의미한다.

14:12-14 는 세 가지의 핵심적 주장을 펼친다.

1. 신자들은 예수님보다 더 큰 일을 할 것이다.

2. 신자들은 예수님에게 그의 이름 또는 신분에 합당한 일, 즉 하나님께 영광 돌리는 일을 하도록 요청함으로써 예수님보다 더 큰 일을 할 것이다.

3. 그리고 실제로 그렇게 행하시는 분은 예수님이다.

이것이 선교적 참여 또는 선교적 테오시스이다.[106] '더 큰' 일이 아들의 일보다 '더 좋은' 일이 될 수는 없다. 왜냐하면 더 큰 일은 예수님의 이름으로 행해지기 때문이다. 만일 그 일이 참여적인 행위라면, 그것은 예수님 자신의 인격(person)과 사역(works)에 연관되며, 예수님의 지상 사역에서의 생명을 주시는 표적들과 관계가 있을 것이다.[107] 게다가 누가 아버지의 아들을 능가할 수 있는가? 실제로 어떤 의미에서는 그 일은 '더 작은' 일일 것이다. 왜냐하면 해롤드 아트리지(Harold Attridge)가 암묵적으로 우리에게 상기시켜주는 것처럼,[108] 제자들은 통상 죽은 사람을 살리지 않을 것이고 심지어 떡을 불어나게 하지 않을 것이기 때문이다. 톰슨과 대부분 해석가의 의견대로 '더 큰 일'은 **그 범위**에서 더 확장된 것으로 이해하는 것이 최선일 것이다.[109]

---

[106] 요한복음 15 장에 있는 관계적 능력 부여를 통한 모방에 관한 Bennema 의 통찰력 있는 개념 (*Mimesis*, 171-77)은 관찰력이 뛰어나 보이지만, 여기에 담긴 '참여적인' 강조를 과소평가하는 것일 수 있다.

[107] Carter, *John and Empire*, 277-78. "강조점은 그의 계시적이고, 생명을 주시는 일과의 연속성에 있다"(277). 이는 결국 종종 제국적인 방식과 충돌하기 때문에 어렵고 위험하다(278).

[108] Attridge, Carter, and van der Watt, "Quaestiones disputatae: Are John's Ethics Apolitical?," 485.

[109] Thompson(*John*, 312n.70)은 BDAG(Danker, *Lexicon*)에 있는 *megas*(great, 비교. *meizona*, greater in 14:12)의 사전적 해석(1a, "공간에서 모든 방향으로의 모든 확장에 관한")을 가리킨다.

14장은 예수님이 떠나시더라도 멀리서 이런 일을 하는 것이 아니라 제자들 앞에서 하는 것임을 암시하고 있다. 어떻게 이것이 가능한가? 그는 제자들에게 오실 것이며(14:18, 28), 이는 아버지와 아들이 모두 와서 그들과 함께 그들의 가정을 만든다는 것을 의미한다(14:23, 15장에서 많이 사용되는 동사 menein 과 관련된 명사 monēn 을 사용). 이는 결국 성령의 보내심과 오심을 의미한다(14:26). 따라서 삼위일체적인 결론, 즉 삼위일체적인 선교적 영성을 거부하기는 어렵다.

15장은 포도나무의 이미지와 함께 삼위일체적인 **선교적 영성**을 상세히 설명한다. 포도나무에 '거하거나' 또는 '남아있는 것'은 더 큰 일을 하고, 예수님의 선교에 참여하고, 끊임없이 열매 맺는 것을 지속하기 위해 필요하다. 이것은 단지 육체적으로 남아서 동료 제자들을 사랑하는 것만을 의미하지는 않는다. 비록 그러한 사랑이 원심적인 선교를 위한 구심적인 **출발지**라 할지라도 말이다. 따라서 15장의 핵심 단어는 "가라" 혹은 "떠나라"(hypagēte, "가서 열매를 맺어라")이다.

> 너희가 나를 선택한 것이 아니요 내가 너희를 택하고 세웠나니 이는 너희로 가서 (떠나서) 열매를 맺게 하고 또 너희 열매가 항상 있게 하여 내 이름으로 아버지께 무엇을 구하든지 다 받게 하려 함이라(15:16).

리처드 헤이스의 말을 빌리자면, "가서 열매를 맺으라는 지시는 … **선교**의 언어다."[110] 보냄을 받은 이(the Sent One)로부터 보냄을 받은 자들은 말로만 아니라 성령의 능력을 통한 행동으로 사람들을 그와 그의 아버지께 인도할 것이다. 십자가에서 구현된 신적 사랑에 참여하는 것은 십자가에서 들려 올려진 이에게 모든 사람을 이끄는 일에 참여하는 것이다. "내가

---

[110] Hays, *Echoes*, 337.

땅에서 들리면 모든 사람을 내게로 이끌겠노라 하시니"(12:32). 만약 이것이 사랑이고 사랑의 목적이라면, 이 사랑에 참여하는 것은 사랑하고 사랑받는 자 모두에게 자연스럽고 뗄 수 없는 증거가 될 것이다.

열매를 위해 거하고 떠나는 이미지의 결합: 움직이고 이동하는 포도나무

지금까지 '거하다'와 '열매 맺다'의 의미를 개별적인 질문에 대한 간략한 답변으로 살펴보았다. 이제 포도나무라는 하나의 은유 위에 두 동사의 이미지를 더 완전하게 결합시키기 위해서 포도나무 이미지에 더욱 집중할 것이다.

본문 속에서 거하다(주동사), 하다(*poiein*, 4 절)와, 가다, 떠나다(*hypagēte*, 16 절) 사이에서 중요한 역설적 긴장을 발견할 수 있다. '거함'은 쉼, 그대로 있는 것과 관련이 있고, 영적인 편안함 또는 심지어 무관심을 내포할 수 있다. 포도나무와 가지는 그대로 있음을 통해 확실히 열매를 맺을 수 있다. 하지만 동사인 '하다'와 '떠나다'는 행동하는 것과 움직이는 것에 연관되어 있다. 건강한 포도나무와 가지는 자연적으로 자라고 열매를 맺겠지만, 자연적으로 한 장소에서 다른 장소로 이동하는 것은 아니다. 하지만 제자들은 가고 떠나기 위해 임명을 받았다(15:16). 다시 말해 제자들은 그들의 생명, 사랑, 능력의 원천 자체인 포도나무에 항상 거하며 구심적인 사랑의 공동체를 이루어 가지만, **움직이는** 포도나무를 지향하면서 그들 자신으로부터 움직여 나아가고 그 사랑을 원심적으로 나누는 공동체를 이루어 간다.

아마도 '조금씩 움직이는 포도나무' 이미지는 선교적 차원의 포도나무다움을 가지고 있을 것이다. 비록 요한복음에서 예수님이 생각하시는 것은 더 많이 움직이는 것이라는 생각이 들기는 하지만 말이다. 리처드 헤이스는 반역한 세계에 대한 하나님의 구원하시는 사랑을 표현하고 제자들의 선교 속에서 보여진 요한복음 3:16 의 소망이 시편 80:11(LXX 79:11, 그 [하나님의 포도나무] 가지가 바다까지 뻗고 넝쿨이 강까지 미쳤거늘)에서 '정확히 예시된 소망'이라고 주장한다.[111] 다시 말해 제자들은 이동 중인 포도나무, **성령이 이끄시는** 포도나무, 그들의 생명, 사랑, 그리고 능력의 원천 자체인 포도나무에 머물면서 동시에 그들 자신으로부터 움직여 나아가며 내부 지향적인 사랑을 외부와 나누는 공동체가 되어 간다.

이와 같이 요한복음 15 장은 아마도 **신약성경에서 가장 강력한 '영성'과 '선교'의 협력관계(symbiosis)를 보여준다.** 13-14 장에 뿌리를 두면서 16 장과 17 장에서 더욱 발전하는 15 장은 참여적 선교학의 정수를 보여준다. 예수님은 선교의 마지막에서 아버지를 향해 '떠나가시듯' 또다시 동일한 동사(hypagein)[112]를 사용하여 이제 제자들이 예수님을 '떠나서'(15:16, 부재중이지만 역설적으로 함께하시는 '포도나무-예수'에 거함을 통해) 그들의 선교를 시작할 것을 말씀하신다.[113] 요한복음 15:8 에 따르면, 그리스도의 권능으로 열매를 맺는 선교적 활동으로 하나님께서 영광을 받으신다. 이와 같은 이유로 어거스틴은 이 구절을 마태복음 5:16 과 연결시켰다. "이같이 너희 빛이 사람 앞에 비치게 하여 그들로 너희 착한 행실을 보고 하늘에 계신 너희 아버지께 영광을 돌리게 하라."[114]

그렇다면 요한복음 15 장은 개인적이고 공허한 신비주의나 심지어 분파적인 애찬(love-feast)을 표현한다고 할 수 없다. 역설적으로 15 장은 이 세상적이고 동시에 선교적인, 그리고 선교적인 활동에 참여하는 자들과 혜택을 누리는 자들 모두에게 변혁적으로 예수님 안에 거하는 강력한 신학과

---

111 Hays, *Echoes*, 339-40.

112 예를 들어 이 동사는 7:33; 8:14, 21-22; 13:3, 33, 36; 14:4-5, 28; 16:5, 10, 17 에서 예수님의 임박한 떠남을 나타내는 데 사용된다.

113 제 4 복음서에서 마지막 여행의 죽음에 대한 관점은 선교로부터 되돌아오는 것으로 전환되었다(Ashton, *Understanding the Fourth Gospel*, 426).

114 Elowsky, *John* 11-21, 170 에 인용된 Augustine, *Tractates on the Gospel of John* 82.1. Augustine 은 엡 2:10 을 인용하면서 이러한 선행을 하는 데 있어 은혜의 역할을 강조한다.

영성을 표현한다.115 또한 예수님 자신의 사랑의 말씀과 행위에 의해서 그 모양을 갖추기 때문에 정확히 원심적이고 외부지향적이라 할 수 있다. "내 안에 거하라"(15:4), "예수님의 계명을 지키라"(15:10)는 것은 "내 말이 너희 안에 거하게 하고"(비교. 15:7), "내 사랑 안에 거하라"(15:9)를 의미한다. 그 래서 제자들에게 주어진 예수님의 첫 계명은 "내가 너희를 사랑한 것 같 이 너희도 서로 사랑하라"(13:34-35 를 연상시키는 15:12-17)라는 것이다. 그들 자신과 하나님의 상호내주, 곧 사랑의 호혜성(14:15-24)을 경험하는 자들은 계명을 지키는 자들이다. 궁극적으로 이것은 예수님뿐만 아니라 또한 아 버지의 생명과 사랑으로의 참여이다.116

대부분 해석가들은 포도나무 은유에서 두 가지 측면을 간과한다. 첫째 로, 어떤 면에서 **예수님은 제자들로부터 떨어져 있는 포도나무가 아니다** 는 측면이다. 이것은 결코 예수님의 인격이나 역할을 훼손하기 위한 것이 아니라 은유를 통해 생각하기 위함이다. 가지가 없이 열매를 맺는 포도나 무 같은 것은 없다. 그런 의미에서 '포도나무-예수'는 제자(곧 우리)인 가지 들에 **의존한다.** 예수님과 연관된다는 것은, 그의 정체성 안에 그와 관련이 있는 공동체를 포함시키고 그 공동체의 일부가 되는 것이다. 그렇다고 가 지가 포도나무를 존재하게 하거나 가지가 생명을 주는 것이라는 의미가 아니다. 정확히 그 반대가 분명한 사실이다.117 맺어진 열매는 항상 가지의

---

115 신약성경의 다른 곳에 있는 이 역설을 위한 더 깊은 탐구를 위해서는 Gorman, "This-Worldliness," 151-70 을 보라.

116 Stube(*Graeco-Roman Rhetorical Reading*, 146)는 15:9-11 이 하나님의 모방(*imitatio Dei*)을 의 미하지만, 그것을 단순히 모방(*imitatio*)으로 표현할 것이 아니라 참여(*participatio*)로 표현하 는 것이 더 요한적이라고 제안한다.

117 필자는 이 단락의 원문에 대한 응답에서 이 점에 관해 주장해 준 Marianne Meye Thompson 에게 감사한다. Augustine 은 요 13 장에 관해 (위에 있는 언급을 보라) Thompson 이 예수님과 제자들의 관계의 비호혜적인 특징이라 부르는 것을 비슷하게 강조한다. "그들은 그분이 그들 안에 계신 방식과 같은 방식으로 그분 안에 있지 않다. ... 왜냐하면 포도나무와 가지들의 관 계를 보면, 포도나무는 가지에 중요한 영양을 공급하면서도 가지로부터 아무것도 얻지 못하 는 반면, 가지들은 포도나무에 아무런 기여도 하지 않지만, 나무로부터 생명의 수단을 얻기 때문이다. 그래서 그리스도가 제자들 안에 거하시게 하는 것과 제자들 자신이 그리스도 안에 거하는 것은 두 가지 모든 면에서 그리스도가 아니라 제자들에게 유익한 것이다"(Elowsky, *John* 11-21, 166 에 인용된 *Tractates on the Gospel of John* 81.1). 필자의 주장 또한 그리스도

생명의 원천, 그래서 결실의 원천인 포도나무에 의한 것이다. **그러나 포도나무 비유는 예수님이 그의 생명을 가지를 통해서 세상으로 전달하기로 했다는 것을 보여준다.**

둘째로, 이와 동시에 **예수님은 제자들로부터 구별되고 더 위대하시다는** 측면이다. 예수님은 선택하시는 자이시고, 보내시는 자(15:16)이다. 반대로 제자들은 선택받은 자들이고 보냄을 받은 자들이다. 그리스도에게 참여하는 것은 그리스도와 그의 제자들의 차이를 희미하게 하지 않는다. 제자들의 참여적 역할이나 행위가 그들을 메시아적으로 만들지 않는다. 제자들은 항상 그리스도가 아닌 것으로 남아있으며, 그들의 활동은 항상 그리스도를 가리키고 있어야 한다. 만일 우리가 예수님의 표적의 내재적 가치를 **최소화하려는** 유혹을 받고, 오직 표적이 예수님과 믿음을 가리키는 것으로만 간주하게 된다면, 결국 우리 자신의 일의 내재적 가치를 **극대화하려는** 유혹까지 받을 수 있고, 결국에는 예수님과 믿음을 가리키는 표적의 성격을 소홀히 여기게 될지도 모른다. 또한 풍성한 생명의 **원천**으로부터 풍성한 생명의 **경험**을 분리시키려는 유혹도 받을 수도 있다. 기독교 선교를 기독교 신앙이나 예수님을 따르는 것과 아무런 관련이 없는 무언가로 변화시키는 소위 'YMCA-효과'로 지칭할 수도 있을 것이다. 이러한 일이 발생할 때 선교적 열매는 예수님의 새롭고 신실한 제자들의 모습으로 '지속'(15:16)하지 못한 채 시들해져 버릴 것이다.[118]

예수님은 우리가 올바로 살아낼 때 놀라운 일을 보게 될 것이라는 방식으로 선교적 영성을 설명한다.

만을 제자들의 생명의 원천으로(그리고 그 반대는 아닌) 생각하는 이 주장과 궁극적으로 상충되지 않는다.

[118] 만약 열매를 맺는 것이 선교적 활동으로 이해된다면, 계속 남아있는 열매는 현재 제자들의 사랑의 일을 통해서 예수님에게로 이끌리는 새로운 제자들을 포함할 것이다. 이는 예수님이 지상에서 하신 사역과 말씀들과 유사하며, 그러므로 비슷하게 제자들의 믿음을 새로운 제자들을 이끌어 내는 '지속적인' 효과를 가지도록 의도되었다.

너희가 열매를 많이 맺으면 내 아버지께서 영광을 받으실 것이요
너희는 내 제자가 되리라(genēsthe) (15:8).

이 구절의 마지막은 예수님의 제자들로 '판명되는 것'(prove to be) 또는
이와 비슷하게 약화되거나 잘못 이해되는 식으로 번역되어서는 안 된다.[119]
15:8 은 "제자도의 열매와 결과를 맺게 하시는" "예수님의 신적이고 가족
적인 삶으로 합쳐짐"을 통해서 다시 태어난 하나님의 자녀들이 제자로 성
장해 가는 것을 의미한다고 말하는 매튜 벨라니컬(Matthew Vellernickal)의 주
장은 어느 정도 적절해 보인다.[120] 벨라니컬은 다른 사람과 마찬가지로 이
열매를 (배타적은 아니더라도) '형제적 사랑'에 국한시키는 듯하지만[121], 이것
은 그리스도화(Christosis) 또는 테오시스(theosis)라고 말할 수 있다. 왜냐하면
포도나무에 거하며 동시에 열매를 맺기 위해 **나아감을 통해서**, 역설적으
로 제자들은 제자가 되기 때문이다. 실제로 하나님을 영광되게 하는 이러
한 선교적 활동 안에서 그리고 그 활동을 통해서 제자도는 가능해지고, 그
결과로 테오시스가 일어나게 된다. 즉, **테오시스의 주요 방식(mode)은 선교
이다.**[122]

결국 제자들은 실제로 열매를 맺으면서 제자가 된다. 이를 위해 그들은
예수님의 선택을 받았다(15:16). 15:12-17 에 있는 제자들이 예수님의 제자

---

[119] CEB, NASB, NET, NIV, RSV 번역. Augustine 은 이곳에서 제안된 해석에 동의하는 듯 하다
(Elowsky, ed., *John 11-21*, 170 에 인용된 *Tractates on the Gospel of John* 82.1). NRSV 나
NAB 은 'become'이라는 의미를 유지한다.

[120] Vellanickal, *The Divine Sonship of Christians*, 291.

[121] Vellanickal, *The Divine Sonship of Christians*, 295-316. Vellanickal 은 기독교 공동체에서 실
제로 이 사랑이 실현되었지만, 그리스도를 통해 사실상 역동적으로 전 인류를 지향한다고 말
한다(300). 이것은 간접적인 선교적 추진력이다.

[122] Vellanickal (*The Divine Sonship of Christians*, 316)은 사실 거의 비슷하게 이야기한다. 사랑의
삶은 '하나님으로부터 태어나는 것'의 일종의 존재론적 정의이며, '사랑'은 하나님 생명으로의
참여이다. 따라서 사랑은 누군가의 신적 아들됨과 하나님에 대한 지식의 표현이 되고, **신적
아들됨의 삶 안에서 성장해 가는 수단이 된다.** 필자는 신성화에 기여하는 영적 삶의 다른 차
원들이 있다는 것을 분명히 하기 위해 '주요 방식'(primary mode)이라는 표현을 사용한다. 하
지만 요한에게 있어 이것들은 궁극적으로 선교와 분리될 수 없을 것이다.

로서 서로 나눠야 하는 공동체적인 '구심적' 사랑(심지어 죽음의 순간까지 가야할, 자신을 내어 주는 예수님과 같은 사랑[15:13])에 대한 말씀은 선교적 맥락과 결코 분리되서는 안 된다.

> 내가 너희를 택하여 세웠나니 이는 너희로 가서 열매를 맺게 하고
> 또 너희 열매가 항상 있게 하여(15:16).

궁극적으로 친구에 대한 구심적인 사랑과 세상에 대한 원심적인 사랑은 분리될 수 없다. 왜냐하면 제자들은 예수님의 삶과 죽음으로 이뤄진 그의 선교에 결합되어 있기 때문이다. (결실을 맺기 위해) 거하며 또 나아가는 제자들은 한 수준에서 다른 수준으로 변화되어 간다. 그들은 바울의 표현(고후 3:18)으로 바꿔 말하면, 하나님의 형상이자 해석인 예수님의 형상으로 변화되어 간다. 물론 이 변화, 다시 말해 테오시스는 현재의 삶에서 완전히 일어나지는 않는다. 심지어 요한이 말하는 고도로 실현된 종말론, 즉 성령에 의해서 그리스도로부터의 신적 생명의 선물이 지금 경험될 수 있다는 종말론에서조차도 종말론적인 '여지'(reserve)가 남아있다.[123]

비-분파주의적인 포도나무

15장에 관한 연구를 통해 요한 공동체와 이 복음서가 만들어내려는 공동체가 분파주의적이지 않다는 것을 분명히 알 수 있다. 요한복음의 후반부에 나오는 본문들, 특히 17:18과 20:21은 요한이 분파주의적이지 않았다는 것을 더욱 날카롭고 간결하게 지적한다. 그러나 (13장처럼) 공동체 내부의 사랑을 강조하여 요한을 분파주의자로 비난하려는 사람들에게 구실을 주고 있는 15장에서 매우 중요한 것은 이러한 내부 공동체적 또는 구

---

[123] 필자는 이 주장을 강조하는 것에 있어 Marianne Meye Thompson에게 도움을 받았다.

심적 사랑이 **궁극적으로 원심적**이라는 것이다. 요한의 포도나무 교회론은 선교에 의해 특징지어진다. 이는 특정 분파의 모습처럼 **보일 수는** 있지만, 본질적으로는 내부적인 공동체적 거룩과 외부적인 선교 모두에 있어 그리스도와의 일치로 특징지어지는 공동체를 반영한다. 이것은 요한복음의 신학이 아이러니하다는 것을 의미하기도 한다. 왜냐하면 요한복음의 신학은 "절대자와 가까이 하면서 세상과 거리를 두면서도, **또한** 절대자와 가까이 하면서 세상과 깊이 연합함"을 말하기 때문이다.[124]

반대로 세상과의 이러한 참여는 위험하다. 문자적으로 볼 때, 사랑으로 가득 찬 12-17 절로부터 증오로 가득 찬 18 절과 그다음 구절들로의 이동은 극적이다. "너희로 서로 사랑하게"(15:17)는 "세상이 너희를 미워하면"(15:18)으로 바뀐다.

> 내가 이것을 너희에게 명함은 너희로 서로 사랑하게 하려 함이라 세상이 너희를 미워하면 너희보다 먼저 나를 미워한 줄을 알라 … 나를 미워하는 자는 또 내 아버지를 미워하느니라 내가 아무도 못한 일을 그들 중에서 하지 아니하였더라면 그들에게 죄가 없었으려니와 지금은 그들이 나와 내 아버지를 보았고 또 미워하였도다 (15:17-18, 23-24).

17 절에서 18 절로의 전환은 '사랑'과 '세상'이라는 단어를 통해 요한복음 3:16 의 분명한 반향을 담아내고 있다. 사랑에서 증오로의 **문학적** 움직임은 오직 **선교적** 움직임을 따를 때, 다시 말해 사랑하는 제자들이 예수께 복종하고 열매를 맺기 위해 세상으로 나아가며, 세상으로 아들을 보내신 하나님의 사랑에 참여할 때만 존재론적으로 의미가 있다(굳이 따지자면 사실 제자들 자신도 한때 하나님이 사랑하신 세상의 일부였고, 하나님의 사랑에 반응하지 않은 자들이었다).

---

[124] Dokka, "Irony and Sectarianism," 106.

브렌단 번(Brendan Byrne)은 만약 이 구절이 없다면 공동체는 "말씀이 세상에서 육신이 되셨다는 복음의 핵심적인 진리를 부정하는 방식으로 그 주변과의 모든 접촉에서 벗어나게 되고, 달리 표현하자면 공중에 떠 있을 수도 있다"라고 주장한다.[125] 그러나 이제 제자들이 하나님의 선교에 참여함에 따라 그들은 아들과 아버지가 이미 알고 계셨던 세상의 거절, 증오, 그리고 핍박의 현실을 경험하게 된다(15:18-16:4a; 비교. 1:11). 게오프리 해리스(Geoffrey Harris)는 "세계가 선교지이다. 하지만 언약 공동체인 제자들에게 세상은 또한 지뢰밭이다"라고 말한다.[126] 아버지 → 아들 → 제자들로 향하는 선교의 연결고리는 정확하게 증오의 연결고리에서도 유사하게 나타나는데, 특히 15:18, 21, 그리고 23-24절에서 아버지 → 아들 → 제자들을 강조하고 있다.

15장의 요약은 "거하고 나아가라"이다. 서로 사랑하되 또한 가서, 반대에도 불구하고 열매를 맺으라는 것이다. 그리고 13장과 같이 예수님의 방식으로 사랑하는 것은 **십자가**로 이어질 수 있다. "예수님을 거부하는 세상은 그분에 대한 사랑의 거절 자체를 통해 그분에 의해 정복되고 구원된다."[127] 제자들에게 있어서도 이와 비슷한 면이 있다.

결론

이 장에서는 요한복음에서 선교적 참여의 신학적 출발점, 13-17장의 담화의 성격, 그리고 13장과 15장의 선교적 영성의 구체적 내용을 고찰하였다. 또한 선교적 참여는 성부, 성자, 성령의 관계와 성육신의 주도라는

---

[125] Byrne, *Life Abounding*, 260.
[126] Harris, *Mission in the Gospels*, 175.
[127] Bauckham, *Gospel of Glory*, 129.

관점에서 무엇보다 먼저 하나님을 전제한다는 것을 보았다. 제자들의 경우, 13 장에서 17 장까지 내내 그들은 준비되었고, 예수님이 떠나실 때 성령이 가능하게 하시는 구심적이면서 동시에 원심적인 선교의 사명을 받는다. 이런 맥락에서 간과되었던 13 장의 핵심 단어와 15 장의 한 단어(13:16 에 있는 "보냄을 받은 자"[apostolos]와 15:16 에 있는 "가라[떠나라]")는 이 장들의 선교적인 성격과 제자들의 선교적 정체성을 온전하게 풀어준다. 그리고 이것은 예수님의 선교에 참여하고 그러한 방식으로 예수님의 제자가 되는 것을 특징으로 한다. 그러므로 선교적 테오시스의 언어는 사실상 **공동체적** 선교의 테오시스이다.

그렇지만 또 한편으로 '선교적 테오시스'의 언어가 모든 것을 말해 주지 않는다는 것을 반복적으로 보았다. 왜냐하면 예수님의 선교로의 이러한 참여는 본질적으로 어렵고 위험하기 때문이다. 그리고 선교는 적대적인 세상을 위해 자신을 내어주고 생명을 주는 사랑의 선교여야 하기 때문이다. 그러므로 이 공동체적인 선교의 테오시스는 **십자가를 닮은**(cruciform) 것이다. 따라서 예수님이 선교적 테오시스의 절대적인 부분으로서 하나됨을 제자들이 체현하도록 기도하고 있는 17 장을 읽을 때에는 세상과 선교적 테오시스에 대한 이러한 특징을 통해 읽어야 한다. 더욱이 13 장과 15 장을 포함한 선교 담화 전체를 통해서 암묵적으로 "내러티브들, 담화들, 그리고 기도가 … **내러티브 안에 있는 독자**와 **내러티브의 독자** 모두를 다루고 있다"라는 것을 발견한다.[128] 이것은 17 장에서도 분명히 발견하게 될 것이다. 요한복음을 테오시스적(theotically)으로 그리고 선교적으로 읽는다는 것(더 좋은 표현으로, 받는다는 것)은 요한복음이 증거하는 삼위일체 하나님의 선교적 생명 안으로 이끌려 들어가는 것을 말한다. 앞으로 보게 될 17 장은 새로운 단어들과 이미지들로 이 점을 강조하고 있다.

---

[128] Moloney, "The Function of John 13-17," 282.

4

아버지께서 나를 보내신 것 같이(I)

요한복음 17 장의 선교적 테오시스

우리는 13 장과 15 장에 초점을 맞추면서 13-16 장에 있는 선교적 테오시스, 또는 신적 생명에 선교적이고 변혁적으로 참여하는 것을 어느 정도 깊이 있게 살펴보았다. 이제 제 4 장에서는 13-16 장의 결론으로 17 장에 있는 선교 담화로 넘어가고, 제 5 장에서는 요한복음의 마지막 부분인 20-21 장을 살펴볼 것이다. 특히 평행 본문으로 잘 알려진 17:18 과 20:21 은 요한복음의 이 두 부분(13-16 장, 20-21 장)을 연결하고, 본서의 4 장과 5 장도 함께 묶는다.

아버지께서 나를 세상에 보내신 것 같이 나도 그들을 세상에 보내었고(17:18).

예수께서 또 이르시되 너희에게 평강이 있을지어다 아버지께서 나를 보내신 것 같이 나도 너희를 보내노라(20:21).

17:18 은 예수님이 십자가에 못 박히기 위해 잡히기 **직전에** 기도를 통해 제자들을 파송하시며 **그의 아버지께** 직접하신 말씀이다. 간접 청중은 제자들로 구성되어 있는데, 그들은 이야기 속 제자들과 이후 예수님의 말씀을 듣거나 읽을 사람들이다. 20:21 은 유사한 본문인데, 예수님이 십자가에 못 박히시고, 부활하신 **후에 제자들에게** (어쩌면 승천하셨다가) 직접하신 말씀이다. 17 장에서 영광을 받으실 예수님의 기도에 의한 **암묵적인** 파송은 20 장에서 영광 받으신 예수님의 **명시적인** 파송이 된다.

요한복음 17 장: 예수님의 성별(聖別)과 파송의 기도

"진정한 요한복음 주제들의 묶음"[1]인 17 장에서, 우리는 선교 담화의 결론 부분에 위치한 이른바 예수님의 '대제사장적 기도'를 발견한다. 이 기도는 때때로 제자들을 위한 '마지막 유언과 유언장'(last will and testament)으로 명명되었다.[2] 신명기 32 장에 나오는 모세의 노래나 33 장에 있는 축복처럼 이 고별 담화도 기도로 끝을 맺는다.[3] 예수님이 하시는 기도는 분명히 헤어짐의 기도인 동시에, 교제(심지어 페리코레시스), 성별(consecration), 그리고 파송에 초점을 맞춘다. 예수님의 기도는 그의 제자들이 아니라 그의 아버지께 드린 말씀이기 때문에, 엄밀히 말하면 선교 담화의 일부는 아니지만, 동시에 제자들이 듣고 감동을 받게 될 것을 가정할 수 있는 일종의 수사적인 결론 부분(peroratio)이라고 할 수 있으며, 담화의 정점을 이룬다. 제 2 장에서 요한복음의 구조를 분석하면서 이 부분을 '성별 및 파송의 기도'라고 불렀다. 17 장의 기도는 "요한의 모든 선교적 관심사가 축약된" '사도적

---

1   Kysar, *John's Story of Jesus*, 73.
2   Käsemann, *The Testament of Jesus*.
3   Thompson(*John*, 348n.168)은 신명기 32 장을, Lincoln(*John*, 432)은 신명기 33 장을 가리킨다.

기도'이다.[4] 또한 중보적인 만큼 교훈적이고 선언적인 복합적 성격을 가지고 있다.[5]

내러티브 관점에서, 긴 담화 중 마지막이기도 한 17 장은 여러 면에서 요한복음의 많은 주제를 하나로 묶는다. 그뿐 아니라 요한복음의 도입부(1:1-18)와 같이 복음서 메시지 전체에 대한 일종의 해석학적인 열쇠 역할을 한다. 예수님은 하나님의 생명을 가져오고, 그 생명을 세상과 나누는 일에 다른 이들을 참여시키기 위해 오셨다는 것이다. 이 기도는 "부활하신 예수님에 의한 제자들의 파송(20:21)이 전체 줄거리 이후의 생각이거나 덧붙여진 것이 아님을 나타낸다."[6] 특히 이 기도는 앞선 네 장의 주요 주제 중, 상호내주의 관점에서의 참여, 보냄을 받는 것, 그리고 모방(또는 미메시스) 같은 몇 가지를 언급한다.[7] 따라서 이 기도는 선교 담화 그 자체에서 찾을 수 있는 영성과 선교의 공존을 보여주고, 제자들이 아버지와 아들과 (암묵적으로) 성령, 세상, 그리고 서로와의 관계의 중요성을 강조한다.[8] 다시 말해 17 장에서 예수님의 기도는 근본적으로 깊은 영적 기도이자 깊은 선교적 기도이다.[9]

---

[4] Legrand, *Unity and Plurality*, 141.

[5] Moloney("To Make God Known")에 따르면, 그것은 교훈적이고, 사실상 계시적이다; Thompson(*John*, 346)에 따르면 그것은 선언적이다. Moloney 는 이 계시가 예수님과 제자들의 선교 자체가 계시적이라는 것을 나타내고, 하나님을 알게 하는 계시라는 것을 강조한다(예를 들어, "To Make God Known," 310-12 을 보라).

[6] Lincoln, "Johannine Vision," 101.

[7] Moloney 는 "15:1-16:3 에서 13:31-38 을 지속적으로 '다시 읽으며', 17:1-26 에서 절정에 이르는" 것에 대해 말한다("To Make God Known," 311n.71).

[8] Bennema(*Mimesis*, 126)는 '미메시스' 언어를 선호함에도 불구하고, 17 장에서 '신자와 하나님 사이의 준-문자적(quasi-literal) 연합'인 '관계적 존재론'을 발견하는데, 이는 "신자의 정체성과 행동, 세상에서의 그들의 존재와 행동 모두에 영향을 미치는, 역동적이고 변혁적인 교제 또는 관계"에 관한 것이다.

[9] 비록 17 장에는 '성령'이란 단어가 없지만, 복음서 전체와 관련한 주제로 말하면, 성령이 계신다고 할 수 있는데, 이는 14 장과 16 장에 있는 제자들 안에(가운데) 계신 아버지와 아들, 그리고 성령의 임재의 언어 때문이다. 성령은 또한 17:18 과 20:21-22 사이의 연결로 인해 암묵적으로 계신다. 더욱이 신학적으로 말하면, 적어도 Augustine 이후의 많은 사람에게 성령은 암묵적으로 임재한다. 왜냐하면 삼위 하나님의 세 번째 위격이신 성령은 사실 하나님의 사랑(아버지와 아들 사이의 상호 사랑)이시기 때문이다. 진실로 사랑하는 자들은 하나님의 사랑으로, 또 그 안에서, 사랑한다(예를 들면, 하나님의 영으로 말미암아 또 성령 안에서). 이러한 맥락에서의 최근 주장에 관해서는 Mark C. Gorman, "On the Love of God"을 참조하라.

앤드류 링컨(Andrew Lincoln)은 이 장에 있는 기도를 "요한의 어조(key)로 바뀐 주기도문"으로 언급한다. 이는 "주님이 사수했던 것의 요약"이자 제자들의 기도를 위한 본보기(요한에게 있어서는 '예수님의 이름으로')로서, 누가복음과 특별히 마태복음의 주기도문과 같은 역할을 한다고 주장한다.[10] 링컨의 요점이 옳다고 생각한다면, 우리는 마태복음과 누가복음에 있는 주기도문처럼, 기도의 선교적인 성격을 강조해야 한다(실제로 링컨이 하는 것처럼)[11]. 요한의 기도는 분명히 선교적인 ("[당신의] 나라가 임하시오며") 내용을 품고 있는 선교적 기도로 주기도문을 주의 깊게 읽는 데 도움을 줄 수 있을 것이다.

17장의 구조는 복잡하지 않지만 매우 중요하다.[12]

17:1-5   예수님이 자신과 자신의 선교 결말을 위해 기도하신다.

17:6-19   예수님이 그의 현재 제자들과 그들의 선교를 위해 기도하신다.

17:20-26   예수님이 그의 미래 제자들과 그들의 선교를 위해 기도하신다.

17장의 흐름은 예수님의 선교와 현재 이후 제자들의 선교 사이의 밀접한 유사성과 연관성을 시사한다.[13] 그러나 한편으로는 현재와 미래의 모든 제자, 또 다른 한편으로는 제자들과 아들, 아버지 사이의 친밀함을 시사한다. 제자들이 신적 연합과 선교, 그리고 영광을 단지 모방하는 것이 아니라 아버지-아들의 친밀한 관계와 하나님의 생명 안으로 끌려 들어가 그들 안에서 실제로 참여함을 나타낸다.[14] 그들은 하나님의 선교적 사랑과 생명

---

[10] Lincoln, *John*, 432-33.

[11] 특히, Lincoln, *John*, 440-41 을 보라.

[12] 일부 주요 해석자들은 (예를 들어, Brown, *John* 1:749-51; Moloney, "To Make God Known," 289-91; *John*, 459; Lincoln, *John*, 434) 첫 번째 부분을 17:8 까지 확장한다. 하지만 9 절에서 '그들'을 위해 기도할 때가 아니라, 6 절에서 '그들'의 정체가 밝혀졌을 때("세상 중에서 내게 주신 사람들에게") 기도의 부분적인 변화를 보는 것이 더 타당하다.

[13] Thompson 은 (예수님과) 제자들의 지위, 선교 및 목적 사이의 '놀라운 유사점'에 주목한다 (*John*, 346). 예를 들어, Moloney, "To Make God Known," 310-12 를 보라.

을 공유한다. 이것은 '선교적 영성', 그리고 구체적으로 선교적 테오시스의 본질이다.

17 장에서 나타난 예수님의 기도가 전체 내러티브 순서(성취된 일, 제자들로부터의 떠남 등)에 정확히 부합하지 않음으로 인해, 17 장의 관점은 마치 죽음과 부활 이후의 관점에서 쓰인 것처럼, 때때로 '회고적'(retrospective)이라 불려왔다.15 다른 하나의 접근은 이러한 문장들을 현재 시제의 '미래적' 사용으로 보는 것이다. 이러한 해석 중 어느 한쪽은 맞을 수 있겠지만, 예수님이 하고 계신 것은 아버지의 임재 안에서, 그들이 나누고 있는 관계의 친밀함과 선교 안으로 제자들을 초대하는 것이다. 따라서 제자들에게 배턴(baton)을 넘기는 일이라는 것을 수사학적으로, 또 신학적으로 주목하는 것이 더욱 중요하다. 이 신학적인 주장은 하나님이 오직 한 분이시지만 "아버지와의 관계에 있어 아들로서의 예수님이 하나되신 하나님의 정체성에 내재되어 있다"라는 주장이다.16 요점은 신학적일 뿐만 아니라 영적이라는 것이다. 예수님의 생명과 선교에 참여하는 것은 하나님의 생명과 선교에 참여하는 것이다. 이제 이 기도를 구성하는 세 부분을 다뤄보자.

예수님은 자신과 자신의 선교 결말을 위해 기도하신다(17:1-5)

아버지께 드리는 예수님의 기도는 그의 선교가 절정에 도달했다는 사실을 반영하고 있다. 정점인 '때'(the hour, 17:1)는 오랫동안 도달하지 않고 있었지만(2:4; 7:30; 8:20; 12:23, 27), 선교 담화의 소개 부분이라고 할 수 있는 세

---

14 Lincoln(*John*, 433-34)은 17 장이 "이 세상에서 경험되었지만, 시공의 범주를 넘어서는 아들과 아버지 사이의 친밀한 연합 안에 수반되는 것에 대한 요한복음의 가장 폭넓은 성찰"이라고 말한다. "그만큼 놀라운 것은 … 예수님을 따르는 자들의 공동체가 세상에서 선교를 수행하는 동안 이와 동일한 친밀한 연합에 참여할 수 있는 것이 예견된다는 것이다."

15 예를 들어, Thompson, *John*, 346-47.

16 Lincoln, *John*, 435.

족 장면(13:1)에서 마침내 시작되었음이 선포된다. 예수님의 그 '때'는 그의 죽음과 죽음 이후의 승귀(exaltation)를 말한다. 그래서 예수님은 이때가 영화의 시간이 될 것을 요청하신다. 이는 십자가가 영광과 영예의 순간임을 의미한다. 또한 영화가 십자가 이후에도 예수님의 부활과 선재하는(pre-existing) 영광으로 귀환하는 사건들을 통해 계속된다는 것을 시사한다(17:5; 비교. 1:14; 17:24). 이 영광은 예수님이 현재(17:22)와 미래(17:24) 모든 시간에서 제자들과 나누실 영광이다. 이러한 지금의 영광이 십자가의 모습(cruciform)이라는 것은17 낯설지만, 앞의 장들에 비추어 볼 때 놀랄 만한 것은 아니다.

이 다섯 구절에 요약된 예수님의 선교 사명은 분명하다. "아버지께서 아들에게 주신 모든 사람에게 영생을 주게 하시려고"이다. 이는 "유일하신 참 하나님과 그가 보내신 자"를 알게 하기 위함이다(17:2-3). 그러므로 '영원한' 생명(신적인 생명인 동시에 종말의 시대의 삶[2 장에 있는 요한복음에서의 '생명/삶'에 대한 논의를 보라])은 예수님을 통해서 하나님을 알게 된 자들에게는 현재에서 시작된다. 사실 영원한 생명과 영광 사이에 있는 밀접한 연관성은 (a) 영원한 생명을 갖는 것, (b) 하나님을 아는 것, 그리고 (c) 그리스도를 통해 하나님의 영광을 경험하는 것이라는 세 가지 다른 방법으로 같은 것을 말하고 있음을 시사한다.

매리안 마이 톰슨은 동방 전통의 관점에서 17:3 을 올바르게 해석한다.

> 영생은 '유일하신 참 하나님'과 그분의 보냄을 받은 예수 그리스도를 아는 것이다. 요한은 '하나님을 아는 것'이 영생으로 이어진다고 말하지 않는다. 오히려 '하나님을 아는 것'은 하나님의 교제 안에 있

---

17 비슷하게, Thompson, *John*, 350-51 을 보라: "비록 그 영광이 항상 인간의 눈으로 볼 수 있거나 식별될 수 없다 할지라도 (로마 십자가에서 이 사람의 죽음을 포함해서, 특히 그것이 기대하지 않았던 방식으로 나타날 때), 예수님이 하나님의 영광을 나타내지 않은 적은 결코 없었다. 왜냐하면 그것은 예수님의 정체성에 내재되어 있기 때문이다. 그러나 그의 영광의 표현에는 독특하게 숨겨져 있는 것이 있다. 어둠 속에서 빛나는 빛은 오직 믿음만이 볼 수 있다."

는 것이요, 하나님은 모든 생명의 원천이시기 때문에(비교. 골 3:4), 곧 **생명이다**. 이러한 것은 구원을 신적인 생명으로의 참여로 보는 전형적인, 특히 동방교회의 관점에 적합하다. 그래서 알렉산드리아의 클레멘트는 설명한다. "(아버지를) 아는 것은 부패하지 않는 자의 능력에 참여함을 통한 영원한 생명이다. 그리고 부패하지 않는다는 것은 신성에 참여하는 것이다."[18]

영광, 곧 하나님을 하나님으로 구별하는 신성한 광채는 예수님이 본성적으로 갖고 계시며 동시에 영원 전부터 갖고 계신 것이다(비교. 1:14). 그는 이 신적 영광을 인간들과 나누지만, 본성적으로가 아니라 은혜로 참여케 하는 것이다.[19] 그렇다면 파송 기도의 시작 부분은 바로 테오시스의 언어(Thompson은 이 단어를 사용하지 않지만)라고 할 수 있다. 이 본문 안에는 하나님의 임재이자 하나님의 생명과 선교로 인간을 참여시키는 대리인(agent)으로서의 성령 또는 보혜사라는 개념이 암묵적으로 들어 있다. 이는 19 장과 20 장에서 보게 될 것이다. 역설적으로 이러한 신적 영광의 계시, 그리고

---

[18] Thompson, *John*, 349, Clement, *Strom*. 5.10. n.169 에서 인용. 그녀는 덧붙여 다음과 같이 인용한다. "믿음을 통해서 '신적인 성질의 공유자들'(Cyril of Alexandria 1874, 106)이 된 신자들에게 주님이 '그분 자신의 신성의 일부를 나누어 주셨다(Origen, *Comm. Jo*. 172-73)." 1 세기 알렉산드리아 유대인 석의자이자 알렉산드리아 학파의 해석 전체에 분명히 영향을 준 Philo 는 '영원한 생명'(*zōē aiōnios*)은 스스로 존재하는 자 안에서 피난처를 찾아야 한다고 주장했다(*Fug*. 78). 하지만 Dodd 는 Philo 가 집중적으로 사용한 70 인 역본의 호세아 6:2-3 과 요한복음 17:3 의 확실한 평행을 지적한다(1953, 163). "우리는 죽음에서 일어설 것이며(*anastēsometha*) 그의 앞에서(*enōpion autou*) 살 것이며(*zēsometha*), 알게 될 것이다(*gnōsometha*). 우리는 주를 알기 위해 나아갈 것이다(*diōxomen tou gnōnai ton kyrion*)." Thomson 이 언급한 대로 Cyril 이 17:3 에 대해 논하면서, 하나님과 그리스도에 관해 이야기한 것은 근본적으로 성령이 우리를 '이끄시는' 성찬을 통해 이루어진다는 것에 주목할 필요가 있다: "이 (하나님에 관한) 지식은 비밀의 전체 의미가 태어나는 것 같은 진통이며, 우리에게 성찬의 비밀로의 참여와, 그에 따라 우리가 살아 계시고 생명을 주는 말씀에 동참하는 것을 허락하는 생명이기 때문이다." 이 지식은 '생명을 낳지 못하는 추측들'과 반대되는 것이며, 대신에 변혁적이고 "행함이 없는 믿음은 죽음"이라는 진리가 실제적인 삶에서 실현되는 것을 보장하기에 충분하다. 왜냐하면 이 지식은 "그분(그리스도)과 함께 아들됨 안으로 그것을 받아들인 자들의 모습을 새롭게 하고, 복음에 따라 생명을 통해 하나님을 향한 부패하지 않음과 경건함 속으로 그들을 빚어가면서 우리들의 마음속에 거하기" 때문이다(Elowsky, *John* 11-21, 231, *Commentary on the Gospel of John* 11.5).

[19] 17:3 에 대해 설명하면서, Origen 은 유일하신 그 하나님(*ho theos*, the God)으로서의 하나님과 신(*theos*, god)으로서의 인간을 구별함을 통해 신적인 존재로 있는 것과 하나님의 신성에 참여하는 것 사이에 구별을 지으려 시도한다(Elowsky, *John* 11-21, 232, *Commentary on the Gospel of John* 2.17).

성령의 역사로 그 영광에 참여하는 것은 십자가에서 가장 완전하게 일어
난다.[20]

비록 예수님은 아직 죽지 않으셨지만, 그는 하나님이 허락하신 이 선교
를 이루었다(17:4, *teleiōsas*; 비교. 19:30, "다 이루었다," *tetelestai*)고 선포하신다. 이
로 인해서 하나님을 영화롭게 하였는데, 이레나이우스(Irenaeus)의 말처럼
적어도 부분적으로는 "하나님의 영광은 살아 있는 인간(living human)," 또는
"살아 있는 인류(humanity alive)"이기 때문일 것이다.[21] 요한복음에서 선교의
궁극적인 목표가 바로 이 지식(하나님에 대한 지식과 그로 말미암아 신적 영광에 참
여하는 것)이라는 것을 주목하는 것이 중요하다. 제자들의 사랑을 통해 다른
사람들로 하여금 그들이 예수님의 제자임을 알게 될 것이라고 말씀하셨을
때(13:35), 예수님은 단순히 궁극적인 것에 이르는 사실적 지식에 관해서만
말씀하셨던 것이 아니다. 왜냐하면 그러한 지식은 궁극적인 지식, 곧 하나
님을 친밀하고 언약적으로 아는 것을 가리키기 때문이다. 비슷하게 이 장
에서도, 하나님이 예수님을 보내셨고 세상을 사랑하셨다는 지식, 제자들의
연합의 결과(17:23)는 단순한 사실적 지식이 아니라 그 사랑을 받는 자들을
관계적, 언약적, 참여적으로 알아가도록 이끄는 변혁적인 지식이다.

1장부터 12장까지의 주요 주제였던 예수님 자신의 생명을 주시고 궁
극적인 지식을 전달하는 선교는 그 결말에 도달했다. 그러나 하나님의 선
교는 그의 제자들을 통해 계속될 것이다. 따라서 예수님은 그들을 위해 기
도하신다.

---

[20] 우리가 다음 장에서 보게 될 것처럼, 이 역설적인 진리는 예수님이 십자가에서 성령을 넘겨주심을 통해 부분적으로 표현될 것이다.

[21] "*Gloria enim Dei vivens homo, vita autem hominis visio Dei,*" Irenaeus 의 *Against Heresies* 4.20.7에 있는 (보존되지 않은) 헬라어 텍스트의 초기 라틴 역본이다. 흔히 Irenaeus 에게 있어 하나님께 살아있음을 의미했을, "하나님의 영광은 온전히 살아있는 인간 (또는 사람)이다"로 해석되었고, 문장의 후반부가 나타내듯이, "인간(또는 사람)의 생명은 하나님의 비전이다." Donovan, "Alive to the Glory of God"을 보라.

예수님은 그의 제자들과 그들의 선교를 위해 기도하신다(17:6-19)

기도의 세 부분 중에서 가장 긴 중간 부분(17:6-19)은 사실 '선언'과 '간구'의 결합인데, '선언'은 '간구'를 있게 한다. 이 부분의 주제는 계시에서 응답으로, 그리고 보호에서 예수님과 제자들 모두를 거룩하게 구별하는 성별(聖別)과 선교로 이동하며, 18 절에서 정점에 도달한다. "아버지께서 나를 세상에 보내신 것 같이 나도 그들을 세상에 보내었고." 예수님의 중보기도, 특히 보호에 대한 강조는 제자들의 선교에 대한 염려의 맥락에서만 이해되는데, 앞서 15:18-16:4a 에서도 보았듯이 예수님의 선교에 참여하는 자들은 그가 당하는 박해에도 함께 할 가능성이 높기 때문이다. 그러므로 '세상'이라는 단어는 14 개 구절에서 13 번 나타나는데, 이는 '세상'이 하나님의 선교의 초점인 동시에 선교에 대한 반대의 근원이기도 하기 때문이다.22

선택과 계시(17:6-10)

선언의 첫 번째 묶음(17:6-8)은 제자들을 향한 하나님의 '선택'과 그들을 향한 예수님의 '계시', 그리고 그들의 '믿음'에 대한 반응에 관한 것이다. 예수님은 '세상'으로부터 선택되고, 이제는 세상과 구별되는(비교. 15:19) 한 무리에게 하나님을 나타내시는("아버지의 이름을", 예를 들어, the "I AM") 그의 선교를 완수하셨다.

예수님은 자부심의 근거로서가 아니라 선교에 대한 본질적인 의무를 지닌 정체성으로서 성경적인 택함(election)의 언어와 택함에 내포된 필연의

---

22 '세상'은 6, 9, 11(2x), 13, 14(3x), 15, 16(2x), 그리고 18 절(2x)에 나타난다. 기도의 이전 부분(5 절)에 한 번, 그리고 마지막 부분(21, 23, 24, 25 절)에 네 번 나타난다. 물론 요한에게 있어서 하나님의 선교에 대한 세상의 공격 뒤에는 악의 세력이 있다.

결과인 거룩함(하나님의 목적을 위해 구별됨)을 말씀하신다(나중에 거룩함의 주제로
돌아갈 것이다). 제자들을 향한 신적인 부르심과 그들의 신실한 반응, 그리고
결과적으로 제자들의 '비세상적인' 정체성으로 인해 선교를 수행할 준비가
된다는 것이 암시된다. 다시 말해서 제자들과 그들의 선교에 대한 이러한
초점은 '비세상적인' 예수님의 나라를 대표하는 대안문화(alter-culture)로서
교회라는 곳의 특정한 선교적 정치 또는 가시적인 공적 증거에 관한 것이
다(비교. 18:36, "내 나라는 이 세상에 속한 것이 아니니라").

그러므로 17:9-10 에서 중보에 대한 첫 번째 언급은 예수님의 기도의 관
심사가 '세상'보다는 제자들임을 명확히 말한다. 그렇게 함으로써 예수님
은 세상을 배척하거나 세상을 위해 기도하는 것을 금하시는 것이 아니라,
제자들을 따로 구별하여 세상을 위한 선교에 참여하는 것을 위해 기도하
신다. 예수님의 선교 목표는 세상으로부터 그에게 이끌려 온 제자들의 경
험을 암묵적으로 재현하는 것이다. "세상의 소망은 예수님을 따르는 자들
의 증언을 받아서 세상이 더 이상 세상이기를 그치는 것이다."[23] 제자들은
아버지와 아들 모두에게 '속하며' 선교 안에서 아들에게 영광을 돌린다. 아
들은 그들 '안에서' 또는 '가운데' 영광을 받으시는데, 이는 그들이 제자들
이 되었고, 또 되어가며, 열매를 맺어가기 때문이다(15:8). "제자들은 예수
님이 그들 안에 형성시키신 것을 통해 큰 변화를 받아 그가 이후에 세상에
서 육체적으로 계시지 않을 때에, **그의** 임재와 정체성을 드러낼 것이다."[24]
그러나 아들은 곧 떠날 것이며 이 기도의 주된 초점은 그들의 보호자인 예
수님이 떠나심(17:11-16)에 따른 제자들의 보호에 있다.

---

23 Lincoln, *John*, 436. 또한 제 2 장에서 논의된 요한복음에서 '세상'과 연관된 어둠으로부터 빛
(예수님)으로 이동하라는 12:46 에서의 암묵적인 요구를 보라.
24 Byrne, *Life Abounding*, 284.

보호와 정체성(17:11-16)

예수님은 아버지께 "내게 주신 아버지의 이름으로 그들을 '보전하사'(또는 '지키사', *tēreson*) 우리와 같이(*kathōs*) 그들도 하나가 되게 하옵소서"(17:11; 비교. 17:22)라고 요청하신다. 세 번째 부분에 속한 21절에서 더욱 분명하게 나타나겠지만, 이 하나됨은 아버지-아들의 하나됨을 **모방**하는 것 이상이며, 신적인 하나됨으로의 **참여**이다. 여기서도 예수님은 자신에게 주어진 신적 이름인 "I AM"[25]으로 불리는 공간, 곧 아버지와 아들의 생명이 같은 이름과 같은 성격(17:12)을 가진 공간에 제자들이 계속해서 신실하게 거할 수 있도록 요청하신다.[26] 제자들은 제자 공동체 안에서의 하나됨을 가능케 하는 아버지와 아들의 하나됨에 참여하고, 반드시 지속해서 참여해야 한다. 켄트 브라우어(Kent Brower)는 이것을 "삼위 하나님의 상호성 자체로의"[27] 참여라 부른다. **예수님의 기도는 하나됨이 기도와 신적 도움을 필요로 하며, 제자들은 세상을 향한 하나님의 선교를 위해서 비세상적인 대리자들이 되기 위해 반드시 분열이라는 것으로부터 보호되어야 함을 암시한다.**[28] 아버지와 아들은 하나이시기 때문에 아버지의 선교는 아들의 선교이며, 또한 역으로도 마찬가지다. 그래서 제자들 역시 아버지와 아들의 하나됨에 참여함에 따라 하나님의 선교에 참여할 수 있다. 그리고 그들은 아버지와 아들이 받는 배척(17:14) 또한 공유한다.

그러나 보호를 위한 이러한 간구는 세상으로부터의 도피를 말하지 않는다. 이 기도는 "(이) 세상의 임금"(12:31; 14:30; 16:11; 비교. 마 6:13)이자 암묵적

---

[25] 4:26; 6:20; 8:24, 28, 58; 13:19; 18:5, 6, 8에 있는, '절대적인' "I am"(*egō eimi*) 선언들을 보라.

[26] 우리는 공간적인 언어가 관계를 나타내기 위해 사용될 수 있음을 상기할 필요가 있다.

[27] Brower, *Holiness in the Gospels*, 74. Brower는 의존, 기쁨, 선교, 평화, 그리고 보호의 삶으로서, 테오시스라는 용어를 사용함으로써 이 삶을 묘사한다(72-74).

[28] 비슷하게, Lincoln, *John*, 436. Bultmann의 유명한 묘사대로, 제자들은 세상을 회피하거나 그것과 타협하는 것이 아니라 세상적이지 않은 방식으로 세상에서 살도록 사명을 받는 중에 있다(*John*, 502; 비교. 508).

으로 교회의 분열의 대리자인 "악한 이"(17:5)로부터 보호의 요청이다.[29] 요한복음 전체를 통해 제자들은 다른 많은 것들로부터 보호가 필요하다.[30] 그러나 여기서 가장 근본적인 문제는 단지 보호나 연합이 아니라 정체성에 관한 것이다.

> 내가 아버지의 말씀을 그들에게 주었사오매 세상이 그들을 미워하였사오니 이는 내가 세상에 속하지 아니함 같이 그들도 세상에 속하지 아니함으로 인함이니이다(*ouk eisin ek tou kosmou kathōs egō ouk eimi ek tou kosmou*, 17:14).

> 내가 세상에 속하지 아니함 같이 그들도 세상에 속하지 아니하였사옵나이다(*ek tou kosmou ouk eisin kathōs egō ouk eimi ek tou kosmou*, 17:16).

예수님은 기독론적이고 교회적인 근원과 정체성에 대해 두 번 반복되는 이 주장을 약간 다른 표현으로 해석하여 빌라도에게 다시 말씀하신다.

> 예수께서 대답하시되 내 나라는 이 세상에 속한 것이(*ek tou kosmou toutou*) 아니니라 만일 내 나라가 이 세상에 속한(*ek tou kosmou toutou*) 것이었더라면 내 종들이 싸워 나로 유대인들에게 넘겨지지 않게 하였으리라 이제 내 나라는 여기에 속한 것이 아니니라 빌라도가 이르되 그러면 네가 왕이 아니냐 예수께서 대답하시되 네 말과 같이 내가 왕이니라 내가 이를 위하여 태어났으며 이를 위하여 세상에 왔나니 곧 진리에 대하여 증언하려 함이로라 무릇 진리에 속한(*ek tēs alētheias*) 자는 내 음성을 듣느니라 하신대(18:36-37).

---

29 필자는 오히려 C. S. Lewis 의 *Screwtape Letters* 에 있는 스크루테이프가 동의할 것이라고 확실히 생각한다.

30 Thompson (*John*, 353)은 "제자들은 떨어져 나가거나, 늑대에 의해 뿔뿔이 흩어지고 잡아 먹히거나, 열매를 맺지 못한 가지처럼 포도나무에서 시들거나, 실제로 소멸할 위기에 처해 있다"(3:16; 6:12, 27, 39; 10:10, 28; 11:50; 12:25; 17:12; 18:9)라고 말한다.

이 본문에서 정체성의 개념은 '~부터, ~에서, ~에 속한'의 의미를 가진 헬라어 전치사(ek)에 의해 전달된다. 예수님이 지닌 왕권의 원천과 모양(그의 정체성과 선교)은 이 세상 **밖에** 있지만 (예를 들면, 그것은 아버지의 품에서 하나님과 함께 하시는 그의 존재로부터 비롯한다, 1:1-18) 정확히 이 세상을 **위한** 것이라고 말함으로써 아버지와 빌라도 앞에서 예수님의 이러한 주장들은 통합될 수도 있다.[31] 그래서 예수님의 왕국에 속한 제자들의 경우도 세상에서 선교를 위한 대안-문화로서 그들의 정체성과 선교가 결정된다. 이는 왕과 그의 왕국을 보호하고 확장하기 위해 특히 폭력을 사용하는 '일반적인' 방식이나 세상적인 표준에 따라 작동하지 않는 왕의 선교를 보여준다 (18:10-11, 36). (물론 베드로는 사실 폭력을 사용해서 예수님이 잡히시는 것을 막고, 십자가의 처형을 막으려고 시도하지만, 예수님은 그러한 행동을 거부하신다[18:10-11].)[32]

성별과 파송(17:17-19, 18 절을 중심으로)

제자들은 '세상을 다스리는' 독단적이며 제국적인 통치에 맞서는 대안적 방식을 나타내는 대안-문화로서 아버지와 아들의 하나됨을 반영하여 나타내며, 아버지께서 아들에게 주신 선교에 참여한다. 그들은 예수님처럼 이 대안적인 왕국의 진리를 증거함에 따라 잠재적으로 아버지와 아들을 위해 세상에서 미움을 받는다. 따라서 '세상'이라는 단어에 더하여 '같이'(as) 또는 더 정확하게 '똑같이'(just as, kathōs)라는 단어가 17 장 기도 중 가장 긴 중간 부분과 세 번째 부분(17:20-26)에서 가득 채워지는 것은 우연

---

[31] 헬라어 구절인 *ek tou kosmou* 는 근원과 정체성, 두 가지 모두를 의미할 수 있다. 요점은 '세상'이 아닌 다른 것이 예수님의 정체성과 선교의 근원과 형태를 설명한다는 것이며, 따라서 제자들에 대해서도 같은 말을 해야 한다는 것이다. Augustine 에 따르면, "그(예수님)는 '내 나라가 이 세상**에** 있지 않다'가 아니라, '이 세상**으로부터** 나오지 않았다'고 말했다"(*Homilies on the Gospel of John* 115.2). 이 인용에 관해서는 Fritz Bauerschmidt 의 도움을 받았다.
[32] 이 사건에 대해서는 제 6 장의 논의를 참조하라.

이 아니다. 여기서 특히 중요한 것은 17:11-23 에 있는 일곱 개의 '똑같이'(just as) 문장 중에 있는 17:18 이다.

- 우리와 <u>같이</u>(kathōs) 그들도 하나가 되게 하옵소서(17:11).

- 세상이 그들을 미워하였사오니 이는 내가 세상에 속하지 아니함 <u>같이</u>(kathōs) 그들도 세상에 속하지 아니함으로 인함이니이다(17:14).

- 내가 세상에 속하지 아니함 <u>같이</u>(kathōs) 그들도 세상에 속하지 아니하였사옵니다(17:16).

- 아버지께서 나를 세상에 보내신 것 <u>같이</u>(kathōs) 나도 그들을 세상에 보내었고(17:18).

- 아버지여, 아버지께서 내 안에, 내가 아버지 안에 있는 것 <u>같이</u>(kathōs) 그들도 다 하나가 되어 우리 안에 있게 하사 세상으로 아버지께서 나를 보내신 것을 믿게 하옵소서(17:21).

- 내게 주신 영광을 내가 그들에게 주었사오니 이는 우리가 하나가 된 것 <u>같이</u>(kathōs) 그들도 하나가 되게 하려 함이니이다(17:22).

- 곧 내가 그들 안에 있고 아버지께서 내 안에 계시어 그들로 온전함을 이루어 하나가 되게 하려 함은 아버지께서 나를 보내신 것과 또 나를 사랑하심 <u>같이</u>(kathōs) 그들도 사랑하신 것을 세상으로 알게 하려 함이로소이다(17:23).

"아버지께서 나를 세상에 보내신 것같이 나도 그들을 … 보내었고"(17:18)에 초점을 둘 때 '똑같이'(kathōs) 구절을 다른 유사한 구절들에 연계해서 보아야 한다. 17:18 의 실제 내용에 대한 (또한 20:21 에 대한) 중요한 질문은 다음과 같다. 헬라어 본문을 시작하는 '같이'(kathōs)가 단지 있는 그대로의 사실 만을 말하는가? "나는 당신의 선례를 따랐고 당신께서 나를 보낸 것처럼 그들을 보냈습니다." 또는 그것이 더 강력하게 비슷한 **방식**의 무언가를 암시하는가? "나는 아버지 당신이 나를 보내신 행위와 같은 방식과 유형으로 그들을 보냈습니다." 즉, 미메시스(모방, 유사성)는 단순히 보냄을 받은 것에 관한 것인가 또는 실제적인 내용(모양)에 관한 것인가? 이 구절은 자연적인 결과에 관해 이야기하는가? 또는 깊은 유사성에 관해 이야기하는가?

우리가 이미 고려한 모든 것, 특히 17 장과 더불어 18 장에 나오는 빌라도 앞 예수님의 말씀을 통해 볼 때 '같이'(kathōs)의 사용은 '방식'과 '본질'을 의미한다는 것을 알려준다. 이 용어는 '똑같이'(just as, NET)로 번역되어야 한다. 레이몬드 브라운이 평행 구절로 20:21 에 대해 말한 것이 여기서도 적용된다. "이러한 선교 신학에 대한 요한의 특별한 기여는 아버지께서 아들을 보내시는 것이 아들이 제자들을 보내시는 것의 **모델**인 동시에 **기초**가 되는 것이다."[33] 그렇다면 세상으로부터의 도피는 예수님의 제자들에게는 선택 사항이 될 수 없다. 왜냐하면 그 모습은 '예수님과 똑같이'가 아니기 때문이다. 그것은 세상으로 보냄을 받는(18 절) 제자들의 주인이신 예수님의 내러티브와 반대가 될 것이다.[34] 세상으로부터의 후퇴는 말과 행위로 생명을 주는 진리를 공적으로 증거하기 위해 예수님을 따르는 것의 실패, 곧 선교의 중단을 의미할 것이며, 제자들을 택한 그 목적 자체를 부정하게 될 것이다. 따라서 제자들을 택한 목적은 단순히 하나님의 택함을 받은 자가 되거나 단순히 진리를 알기 위한 것이 아니라, 아버지께서 예수님을 거룩하게 또는 거룩하게 구별하여 그를 세상으로 보내신 것과 똑같이 (just as) 거룩함을 입어 세상으로 보내지기 위함이다.

---

33 Brown, *John* 2:1036.
34 "예수님의 선교가 제자들의 선교를 위한 모델이라면, 그 선교는 그들을 세상으로부터 물러서게 하는 것이 아니라 깊은 참여로 이끌 것이다"(Thompson, *John*, 352). 제자들은 선교적인 '삼위일체적 역동성'에 참여한다(Rossé, *Spirituality of Communion*, 85).

그들을 진리로 거룩하게 하옵소서 아버지의 말씀은 진리니이다 아버
지께서 나를 세상에 보내신 것 같이 나도 그들을 세상에 보내었고
또 그들을 위하여 내가 나를 거룩하게 하오니 이는 그들도 진리로
거룩함을 얻게 하려 함이니이다(17:17-19).

여기에는 아마도 "땅의 모든 족속이 너로 말미암아 복을 얻을 것이라"
(창 12:3)는 아브라함에게 약속한 부르심의 반향이 있다고 볼 수 있다. 예수
님이 스스로를 구별 또는 거룩하게 하심은, 모든 사람을 그에게로 이끄시
고(12:32), 제자들을 감화시키고 거룩하게 구별하여 '왕국을 완성하는' 방
식을 실현하기 위해 곧 맞이할 자신의 죽음에 대한 헌신이다. 요한의 거룩
함은 비-세상적인 동시에 이 세상적이다. 왜냐하면 거룩함의 근원은 이 세
상이 아니지만, 거룩함의 초점은 정확히 이 세상이기 때문이다. 기도의 세
번째 부분에서도 보게 되겠지만, 아이러니하게도 예수님의 기도와 제자들
의 거룩함의 맥락을 형성하는 세상은 정확히 적대적인 세상이다. 그렇지
만 세상은 기도와 제자들의 거룩함 모두의 궁극적인 목표이다. "세상으로
… 믿게 하옵소서. 세상으로 알게 하려 함이로소이다"(21, 23 절).

그러므로 17-19 절은 거룩하게 하는 것과 선교의 연결고리를 보여준다.
이런 성화와 파송의 패턴은 자신을 "아버지께서 거룩하게 하사 세상에 보
내신 자"(10:36)로 표현하시는 예수님의 말씀에 이미 나타났다.[35] 이제는 제
자들의 차례이다. 사실 리처드 보컴이 지적하는 것처럼, 요한복음 10 장에
나타난 세 개의 기독론적 핵심 주장은 17 장에서 제자들을 위한 예수님의
기도의 핵심 요소들로 다시 나타난다.

---

35 이 말은 기원전 167 년 성전이 훼손된 후 성전의 재봉헌을 기념하거나 제단의 새로운 시작을
기념하는(the Feast of the Inauguration of the Alter, Bauckham) 수전절 또는 하누카를 위해
예수님이 예루살렘에 계신 맥락에서 나온다. 많은 학자는 이 본문에서 요한의 중요한 주제인
하나님의 새로운 성전으로서의 예수님에 대한 암시를 보았다(특히 Coloe, *God Dwells with
Us* 를 보라). 그러나 Bauckham 은 하누카가 성전이 아닌 제단을 기념하며, 예수님은 아마도
그의 죽음을 암시하는 번제의 제단인 새로운 제단으로서 묘사되고 있는 것이라고 주장한다.
Bauckham, "Holiness of Jesus and His Disciples," 98-108 을 보라.

1. 10:30 에 있는 예수님과 아버지의 하나됨(oneness)은 17:11, 21-23 에 있는 하나됨(unity)의 주제로 이어진다.

2. 10:36 에서 예수님이 구별되어/거룩함을 입고 아버지에 의해 보냄을 받으시는 것은 17:17-19, 21, 23 에서 제자들이 구별되어/거룩함을 입고 보내지는 것으로 이어진다.

3. 10:38 에서 아버지와 아들의 상호내주는 17:21, 23, 26 에서 아버지와 아들과 함께하는 제자들의 상호내주가 된다.[36]

비록 제자들이 보냄을 받는 것은 선교를 가능하게 하시는 성령이 주어지는 20:22 까지 '공식적으로' 일어나지는 않을 것이지만, 17:18 에 있는 동사의 시제를 시간의 표식으로 삼는다면, 이러한 제자들이 보냄을 받는 일은 이미 일어난 일이 된다.[37] 요한복음은 앞서 파송이 일어난 특정한 시점을 명확하게 이야기하지 않기 때문에, 4:34-38 을 다루면서 제안했던 것처럼, 예수님에게 있어 그의 제자가 그와 함께 있는 것은 본질적으로 보냄을 받아 나갈 것이라는 것을 가정할 수 있다. 요한복음의 전반부에 있는 많은 이야기가 명확하게 말하듯이, 제자도는 선교적이다. 본질적으로 선교적인 제자도의 성격은 앞에서 본 것처럼 정확하게 15 장의 요점인데, 예수님에게 택함을 받고 그 안에 거하는 것은 열매 맺기를 목적으로 한다. 중요한 요점은 파송의 **시점**(timing)이 아니라 그 **내용**(content)이다.

17:6-19 에서 예수님이 아버지께 드리는 마지막 요청은 제자들이 거룩하게 구별되는 것 또는 성화를 위한 것이다(17 절). 18 절의 암묵적인 파송에 앞서, 이 간구는 공동체가 세상을 **향한** 선교에 참여하면서도, 세상**으로**

---

36 Bauckham, "Holiness of Jesus and His Disciples," 109 에 있는 유용한 표를 참조하라.

37 17:18 의 본문은 다음과 같다. *kathōs eme apesteilas eis ton kosmon, kagō apesteila autous eis ton kosmon.* 두 동사(*apesteilas, apesteila*)는 모두 부정시제(the aorist tense)이며, 평행법은 아마도 두 번째 행동이 첫 번째 행동과 마찬가지로 과거에 일어났다는 것을 시사한다. 하지만 동사상(verbal aspect)에서 각 행동이 시간에 무관하게 전체적인 것으로 이해되며, 과거의 행동들을 의미하지 않을 수도 있다.

부터 그들의 구별됨을 반드시 유지해야 함을 의미한다. 예수님이 이스라엘의 목자이자 왕으로서 로마나 다른 왕들에 대한 대안이셨던 것처럼 제자들을 대안-문화로 세우신다. 제자들을 거룩하게 하는 것은 선교적이면서도 파생적이고, 심지어 참여적이기까지 하다. 예수님은 아버지께 "그들을 진리로 거룩하게 하옵시고"라고 청하신 뒤, "아버지의 말씀(logos)은 진리니이다"라는 말을 더하신다(17:17; 비교 17:19). 이러한 표현들 안에는 기독론적인 울림이 강하게 나타난다. 하나님의 말씀이신 분이 바로 예수님(logos, 1:1-18)이고, 진리이신 분이 예수님(14:6; 비교. 1:17; 4:24; 8:32, 비교. 18:37-38)이기 때문이다. 또한 아버지께서 거룩하게 하시고 세상으로 보내신 분이 바로 예수님(10:36)이다.[38] 하나님의 말씀과 진리 안에서 거룩케 된다는 것은, 말씀(the Word)과 진리(the Truth)이시며, 하나님의 '거룩한 자'(Holy One, 6:69)이신 예수님의 선교적 거룩함에 참여하는 것이다. 예수님의 거룩함은 "(그를) 세상으로 보내신"(10:36 은 17:18-19 에서 반향) 아버지에 의해 그가 거룩하게 따로 구별된 것을 의미한다.

예수님 자신도 반대 앞에서 끝까지 진리를 증거하셨으며(8:45-46; 18:37), 이제 곧 오실 진리의 영이 그를 대신해서 증거하며, 제자들 또한(암시적으로 예수님과 같이[39]) 증거할 수 있도록(15:27) 그들을 모든 진리로(15:26; 16:13) 인도하실 것이라고 이미 말씀하셨다. 다시 말하자면, 거룩함은 본질적으로 파생적이고, 참여적이며, 생명을 주는 선교적인 것이다. 그것은 그리스도를 닮은 모습(Christoform)이며, 십자가를 닮은 모습(cruciform)이다. 심지어 죽음의 순간에도 주님은 제자들을 위해 아버지께 자신을 거룩하게 하심으

---

38 10 장의 논의에서 언급된 대로, 요한복음에서 '거룩하게 하다'라는 동사는 오직 10:36 과 여기에, 그리고 17:17 과 17:19 (두 번)에 나타난다.

39 또한 Thompson(John, 355)은 이렇게 말한다. "제자들의 선교는 예수님의 그것과 같이, 세상에 생명을 불어넣으시려는 하나님의 끈질긴 뜻에서 비롯되며 또 그것을 나타내지만, 그들의 선교는 또한 무관심하거나 적대적인 반응을 예상한다. 그럼에도 불구하고 그들은 세상에서 진리를 말하는 그들의 선교를 인내로 감당하기 위해 진리의 영이신 성령에 의해 보내지고 또한 무장될 것이다"(16:8-13; 20:21-23).

로, 그들이 그의 성별과 그의 성화에, 그리고 그의 진리를 증거함에 참여할 수 있도록 하신다(17:19).40 20 장에서 보게 되겠지만, 제자들을 직접적으로 파송하는 것은 14-16 장에서 약속되고 묘사된 성령을 주시는 것을 포함한다.41 그렇다면 대안-문화적이고, '정치적'이며, 선교적인 존재로서의 제자들은 실제로 세 위격 안에서 하나의 거룩한 존재이신 아버지와 아들과 성령의 거룩함에 참여하는 것을 의미한다. 따라서 "삼위 하나님과 그리고 서로와의 교회의 연합은 밖으로 향한다."42

이러한 즉각적이고 임박한 선교적 삶의 도전(십자가 죽음)에 예수님은 아버지의 선교에 자신을 새롭게 바치신다(17:19). 동시에 예수님은 제자들에게 하나님의 보냄을 받는 것의 도전은 엄청날 수 있지만, 그 기쁨 또한 그러할 수 있다고 약속하신다. 예수님은 자신의 기쁨을 제자들과 나누시기 위해 그들이 듣게 될 이 기도의 말씀(17:13; 비교. 15:11; 16:24; 또한 4:36 참조)을 하시는데, 이러한 기쁨은 오직 신적인 생명에 참여하고 또한 신적인 선교에 참여하기에 파생적이고, 선교적이며, 생명으로 충만한 거룩함에서 비롯된다. 설사 이러한 선교가 본질적으로 십자가처럼 위험하다 할지라도 이 기쁨은 예수님의 십자가 죽음으로부터 나오기 때문에 가능하다.

---

40 일부 해석자들이 (예를 들어, Moloney, "To Make God Known," 301n.53) 주장하는 것처럼, 이 기도를 주로 '예수님의 대제사장적 기도'로 일컫는 전통에 대한 반응으로써, 이 언어를 '성별' 또는 '성화' 중 하나로 부르는 것에 대한 선택은 불필요해 보인다. 예수님은 실제로 제자들을 성별하셔서 그들의 선교를 위해 그들을 구별하여 놓으시지만, 그러한 성별된 선교는 그들이 거룩하게 되는 것, 곧 그들의 성화를 요구한다.

41 세례자 요한이 예수님을 성령으로 세례를 베푸는 자(1:33)로 묘사하고, 성령을 제자들에게 불어넣으시기에 앞서(20:22), 성령이 제자들 안에 있을 것이라고 먼저 약속하시는 것은(14:17) 흥미롭고 아마도 매우 중요하다. 다시 말해서 이 본문들은 요한복음 15 장의 관용구와 다르지 않은 상호내주라는 공통의 이미지를 전달한다. 더욱이 물과 성령(3:1-7; 7:37-39; 비교. 4:7-15, 23-24), 그리고 숨과 성령의 이미지들은 모두 새로운 생명/새로운 창조를 암시한다.

42 Flemming, *Why Mission*, 67.

예수님은 미래의 제자들과 그들의 선교를 위해 기도하신다(17:20-26)

17장에 있는 기도의 결말 부분은 두 번째 부분에 대한 많은 반향을 담고 있으면서도 첫 제자들의 증거에 대한 반응으로 믿게 될 많은 무리의 제자들을 아버지 앞에서의 예수님의 간구로 데려온다. 예수님이 첫 제자들의 성공적인 선교(구체적으로 그들의 로고스, 그들의 '말씀')를 가정한다는 것은 흥미롭고 또한 중요하다.43 이 점은 한 가지 면에서 명백하게 제자들의 구두 증거를 의미하고 있다. 증거에 있어 그들의 성공은 예수님의 말씀과 상응한다. "예수의 말씀으로 말미암아 믿는 자가 더욱 많아"(4:41; 비교. 4:50). 제자들이 예수님의 말씀 안에 **거하고** 말씀을 **지키는** 것으로 인해44 계속해서 예수님에 대한 말씀을 **전파**할 수 있게 됨에 따라 그들은 생명을 다른 이들에게 확장시키는 예수님의 선교에 참여한다. 왜냐하면 예수님의 말씀은 '영이요 생명'이기 때문이다(6:63; 비교. 5:24; 6:68; 8:51).

동시에 예수님이 "내가 너희에게 이르는 말은 스스로 하는 것이 아니라 아버지께서 내 안에 계셔서 그의 일을 하시는 것이라"(14:10; 비교. 14:24, 17:14)라고 말씀하신 대로, 제자들의 성공적인 증거 행위 또한 참여적이다. 이는 말씀하시고 증거하시는 성령의 위격 안에 내주하시는 그리스도의 기능이다(16:7-15). 제자들의 말은 17장의 기도에서 이미 반복적으로 들었듯이(17: 6, 8, 14, 17), 바로 **예수님의** 말씀이며, 사실 **아버지의** 말씀이고, **성령의** 말씀이기도 하다. 이것은 강력하고 효과적인 신적 말씀이다(사 55:11 참조).

---

43 어떤 이는 '요한의 공동체'를 만들어 낸 원래 제자들의 선교가 실제적 효과를 거둔 후, 요한이 이 예수님의 기도를 회고적으로 지어냈다고 주장할 수 있다. 그러나 이러한 해석은 요한의 근본적인 신학적 관점, 즉 신적인 말씀의 생명을 주는 능력에 대한 확신과 배치된다.

44 8:31, 51; 14:15; 15:7, 10; 17:6, 8 을 보라.

또 다른 차원으로 여기에서 '말씀'(word)이라는 말은 앞서 언급되었던 것처럼, 예수님은 하나님의 말씀을 **말하실** 뿐만 아니라 하나님의 말씀, 곧 **육신이 되신 말씀이시라**는 실재와 밀접하게 연결되어 있다. 심오한 의미에서 본다면, 제자들이 삼위 하나님의 말씀을 성공적으로 나누었을 때 제자들은 예수님을 나눈 것이다. 신실한 제자들이 궁극적으로 제시하는 것은 그들 자신의 발언들이 아니라 그(예수님)의 말씀을 받아 지키는(14:23) 자들 안에 거하실 준비가 되신 인격체로서 예수님이다. 그리고 만일 말씀이 육신이 되셨다면, 예수님의 말씀과 일 그리고 제자들의 말과 일 사이의 이러한 연속성이 보여주는 것은 제자들의 '말'(17:20)이 발언, 또는 심지어 강력한 발언 이상이라는 것이다. 제자들의 말은 전체적으로 선교적, 성육신적, '정치적'이었다. 성육신하신 말씀(the Word)을 신실하게 증거하는 말(word)은 세상에서 말씀의 육신화(enfleshment)이며, 예수님의 대안-왕국에 참여한다는 것을 함의한다. 예수님이 17 장에서 기도하는 거룩함과 하나됨, 사랑, 그리고 기쁨의 삶은 제자들의 '말'에 필수적인 부분이다. 왜냐하면 세상에서 가시적인 공동체는 주님이 형성하고, 내주하고, 능력을 주시는 제자들의 공동체이기 때문이다.

하나됨, 참여, 그리고 선교(17:20-23)

이 부분에 나타난 기도의 초점은 하나됨, 곧 (신적 하나됨 안에서) **참여적인** 동시에 (세상에 증거하기 위한) **목적이 있는** 하나됨에 있다. 그러므로 공동체적이고 참여적이며 선교적인 제자도의 본질적 성격은 이 기도(17:20-23)에서 다시 한번 강조된다.

이 기도의 첫 문장은 구체적으로 하나됨을 위한 기도이다. "그들도 다 하나가 되어"(17:21)라는 구절은 성도의 교제에 관한 초기 신학으로서 첫 제자들과 이후의 제자들 모두를 포함하고 있다. 이렇게 인간의 하나됨은 아버지와 아들의 하나됨(10:30 에서 이미 확인된 하나됨)으로의 참여이며, 예수님이 두 번 말씀하시는 것처럼(21, 22-23 절) 그것 역시 선교적이다.

본문	아버지와 아들의 참여로서 하나됨	선교적인 참여로서 하나됨
17:21	아버지여 아버지께서 내 안에 내가 아버지 안에 있는 것 같이(*kathōs*) 그들도 다 하나가 되어 우리 안에 있게 하사	세상으로 아버지께서 나를 보내신 것을 믿게 하옵소서(*hina*)
17:22-23	내게 주신 영광을 내가 그들에게 주었사오니 이는 우리가 하나가 된 것 같이(*kathōs*) 그들도 하나가 되게 하려 함이니이다 곧 내가 그들 안에 있고 아버지께서 내 안에 계시어 그들로 온전함을 이루어 하나가 되게 하려(*hina*) 함은	아버지께서 나를 보내신 것과 또 나를 사랑하심 같이(*kathōs*) 그들도 사랑하신 것을 세상으로 알게 하려(*hina*) 함이로소이다

다시 한번 우리는 참여적인 선교, 또는 선교적 테오시스를 보게 된다. 그러나 이 구절을 살피는 데 있어 두 가지 해석적 오류를 피할 필요가 있다.

첫째, '같이'(헬라어. *kathōs*, as 또는 just as)를 세 번 사용하는 것은 평행적 활동과 모방이 많이 일어나고 있음을 암시할 수 있다. 말하자면 '이것은 그것과 같아야 한다'는 식이다. 그러나 17:18 에서 본 것과 비슷하게, 이런 종류의 해석은 본문의 방향을 잘못 이해하는 것일 수 있다. 다시 한번, 더 큰 맥락에서 보는 것은 이 문제를 다루는 데 도움을 준다. 아들을 보내는 사랑의 명시적인 신적 동기(특히 3:16), 암시적이고 명시적인 예수님의 선교적 사랑(예를 들면, 10:11-18; 13:1), 모방적이고 참여적인 사랑의 강한 모티프(13 장, 그리고 15:12-17), 그리고 예수님의 사랑에 거하라는 부르심(15:9-10)을 감안할 때, 이곳에서 연속적으로 언급된 사실 자체 이상의 것이 있을 가능성이 높다. 그러므로 이 본문은 신적 관계로의 제자들의 **참여**, '아버지와 아들이 가진 교제의 확장'에 관해 언급하는 것으로 이해하는 것이 더 적절하다.[45] 이는 특히 17:21 에서 분명하게 나타난다. 예수님은 제자들이 단지 그(him) 안에 있도록 그들을 위해 기도하지 않으시고 (이것은 사실상 '아들 : 아버지 :: 제자들 : 아들'처럼 유추적으로 묘사될 수 있는 평행구조를 만들 것이다) 그들이 '**우리**'(us) 안에 있도록 기도하신다. 즉, 예수님은 그의 제자들이 새로운 관계를 시작하는 것이 아니라 이미 존재하는 관계에 함께하기를 원하신다. 이것은 17:23 에서 거의 '둥지를 트는 것'과 같은 조금 다른 표현으로 다시 확인된다. 즉, 아버지는 제자들 안에 있게 될 아들 안에 계신다. 그렇게 함으로써 아들 안에 내주하시는 아버지는 아들과 분리됨 없이, 또한 제자들 안에 내주하신다. 이보다 더 친밀하고 참여적인 표현은 있기 어려울 것이다.

둘째, 어떤 이는 23 절의 뒷부분에 나오는 "또 (아버지 당신은) 나를 사랑하심과 같이 그들도 (예를 들어, 세상이 아닌 제자들을) 사랑하신 것을 세상으로 알게 하려 함이로소이다"라는 구절을 선교보다는 자기만족과 세상을 배제하는 분위기를 조성하는 것으로 이해하려는 유혹을 받을 수도 있다. 하지만 이러한 해석은 21 절의 후반부에 있는 "세상으로 … 믿게 하옵시고"와 더불어 하나님의 선교(missio Dei)의 범위와 기대되는 믿음의 반응을 나타내는 '세상' 그리고 '믿다'라는 단어들이 있는 요한복음의 더 큰 맥락에 의해 배제된다. 요한복음 3:16 보다 이 사실이 더 명확한 곳은 없다. "하나님의 사랑은 보편적이기 때문에 이 사랑은 피할 수 없이 선교적이다."[46] 따라서 그 신적 사랑에 참여하는 것은 신적 선교에 참여하는 것을 의미한다. 그리고 제자들의 하나됨은 하나의 주된 목적을 가진다. 그 목적은 그들이 세상을 향한 하나님의 생명을 주는 사랑을 효과적으로 증거할 수 있도록 하기 위함이다.

예수님은 이미 13 장에서 거의 같은 말씀을 하셨다. "너희가 서로 사랑하면 이로써 모든 사람이 너희가 내 제자인 줄 알리라"(13:35). 어떤 면에서

[45] Schnelle, *Theology of the New Testament*, 665.
[46] Culpepper, "Creation Ethics," 87.

제자들은 "그들을 지켜보는 세상을 자석의 힘과 같이 끌어당기는 사랑의 공동체"이다.[47] 다시 말해 제자 공동체 내의 사랑과 연합은 그 자체가 목적이 아니라 세상을 그 신적 사랑의 공동체로 이끌거나 '휩쓸어'(몰로니의 표현) 넣는 하나님의 사랑과 갈망을 증거한다.[48] 그렇다면 이 사랑은 그 '자석의 힘'이 끌어들이고 모으는 힘일 뿐만 아니라, 15장의 (이동하는) 포도나무 이미지에서 보았던 것처럼 **움직이는** 힘이기도 하다. 공동체는 예수님에 관한 진리의 구체화된 증인이 되기 위한 것인데, 이 진리는 하나님이 사랑하시는 세상은 회심이 가능하다는 전제를 가지고 있다. 세상은 선교가 무의미할 정도로 영구히 적대적인 상태에 있는 것으로 여겨지지 않는다.[49] 그러나 예수님이 앞서 경고(특히 15:18-16:4)하셨고, 또 자신의 운명이 보여줄 것처럼, 호감과 (특히) 전파함을 통한 증거는 모두 어렵고 큰 대가를 요구할 수 있다.

값비싼 사랑, 참여적 선교, 그리고 영광(17:24-26)

앞서 보았듯이 만일 예수님의 '영광'이 사랑으로 자신을 내어주는 십자가의 형태라면, 큰 대가를 치러야 하는 제자들의 선교 성격도 분명히 그럴 것이며, 역으로도 그럴 것이다. 테오시스를 묘사하는 한 가지 방법은 하나

---

[47] Köstenberger, *Theology*, 541.

[48] 또한 Köstenberger에 따르면, "사랑, 봉사, 그리고 일치는 그 자체로 끝이 아니라 선교를 가능하게 하기 위함이었다"("Sensitivity to Outsiders," 182); 비슷하게, Lincoln, "Johannine Vision," 116. Nissen(*New Testament and Mission*, 83)은 요한복음 15장과 17장에 대해 언급하며, 제자 공동체에서 사랑의 선교적 성격을 또한 강조한다. 하지만 그는 선교를 '구심적'인 '끌림에 의한 선교'로만 이해하면서 요한복음에 있는 선교의 명시적이고 암묵적인 '원심적' 선교의 측면들을 보지 못한다.

[49] Lincoln, John, 439. Rossé(*Spirituality of Communion*, 87)를 참조하라. Rossé는 선교적 메시지가 단지 말이 아니라는 것에 주목한다. "(요한은) 신자들이 하나이기 때문에 그들이 선교의 상태에 있는 것으로 본다. Brower(*Holiness in the Gospels*, 79-80)는 요한의 관점을 유지하면서 더 넓은 신학적 관점에서, 비록 삼위일체는 "그 자체로서 완전하고 하나님께서는 언제나 외향적이지만, 결코 스스로 도취되지 않는" 사랑으로 "영원 전부터 삼위일체 밖에서 사랑하기로 자유롭게 선택하셨기" 때문에, 자기중심적인 사랑은 "거룩한 삼위일체 안에서의 사랑을 복제하지 않을 것"이다. 왜냐하면 하나님은 "삼위이신, 관계성의 사회적 존재, 영원한 사랑의 운동"이시기 때문이다.

님의 초월적인 광채와 하나님의 영광에 참여를 통해서이다. 이 부분의 기도에서 예수님은 제자들이 아버지와 아들의 하나됨에 참여하는 것은 그에게 주어진(17:22) 신적 영광(그가 사실 '창세 전부터' 가지고 있었던[17:24; 비교. 17:5])을 제자들과 함께 나누었기 때문이라고 말한다. 아버지께서 아들과 영광을 나누신 것은 아들에 대한 아버지의 사랑의 표현(17:24)이므로, 두 가지가 함께 암시되고 있다. 첫째, 신적 사랑의 성질과 신적 영광의 성질은 일치한다. 하나를 경험하는 것은 또 다른 하나를 경험하는 것이다. 둘째, 신적 영광은 사랑을 통해서, 심지어 큰 대가를 요구하는 사랑을 통해서 그 자체를 드러낸다. 아버지께서 아들을 보내심과, 죽음까지도 기꺼이 받아들이는 아들의 의지는 하나님 안에서, 그리고 세상과 함께 신적 영광과 사랑을 나누는 구속사적 드라마를 이뤄낸다. 앤디 존슨(Andy Johnson)은 다음과 같이 말한다.

> 요한복음에서 신적 영광은 신적 사랑의 깊이라는 면에서 신적 거룩함을 설명하는 십자가의 모습을 갖고 있다. 제자들 자신이 (그들의 모든 인간성 안에서) 이러한 신적 영광의 한 몫을 부여받았다(17:22)는 것을 발견하는 것은 우리를 놀라게 할 수도 있다. 이러한 영광에 참여하는 것은 그들 자신이 경험한 신적 사랑의 깊이라는 면에서 개인적인 삶과 더불어 공동체적 삶이 신적 거룩함을 설명할 십자가와 유사한 모습을 반드시 취해야 함을 의미한다. 이 신적 사랑은 인간 공동체의 관계(13:34-35; 15:12-17)에서 반영되고 하나님이 사랑하는 세상을 위한 구속사적 활동의 선교적 패턴들 안에서 재생산되어야 한다.[50]

선교적인 하나님은 사랑으로 아들을 보내셨고, 아들의 선교는 사랑에 의해 유발되고 모양을 갖추며, 제자들은 똑같은 사랑의 정신으로 그 선교

---

[50] Johnson, *Holiness and the Missio Dei*, 88.

를 계속하기 위해 보내진다. 예수님의 간구는 이러한 결론을 확인시켜 준다.

> 내가 아버지의 이름을 그들에게 알게 하였고 또 알게 하리니 이는 나를 사랑하신 사랑이 그들 안에 있고 나도 그들 안에 있게 하려 함이니이다(17:26).

이러한 15:9-10(예수님과 그의 사랑 안에 거하는 내용)과 유사한 반복은 열매를 맺는 것으로 표현된 선교가 예수님 **안에 거하는 것**과 그와 **같이 사랑하는 것** 모두를 요구한다는 15 장의 주장을 강화하고 있다. 15 장이 암시하고 17:26 에서 명백하게 나타나듯이 이 둘은 사실상 분리될 수 없다. 더욱이 17 장의 마지막은 **현재는** 하나님을 알지 못하는 세상으로 하여금 하나님을 알게 하는 유일한 길은 제자들이 아버지와 아들과 함께하는 상호내주에 의한 하나됨과 사랑의 실천을 통해서만 가능하다는 것을 명확하게한다. **다시 말해서 선교는 오직 공동체와 하나님의 상호 거주, 아버지와 아들, 그리고 성령의 삶에 깊이 참여하여 얻을 수 있는 공동체적인 '하나됨'과 '사랑'의 영성을 필요로 한다. 다시 말해서 선교는 삼위일체적인 공동체의 활동**(trinitarian ecclesial politics)**을 필요로 한다.**[51]

따라서 여기에서 외부적인 또는 원심적인 사랑의 명령을 암묵적으로 발견할 수 있다. 신적 생명에 참여함으로써 하나님의 사랑을 받는다는 것은 그 자체로서 그 사랑의 실재에 대한 증거이다(17:23). 그 사랑을 공적으로 증거하는 것은 사실상 그것을 전하는 것이다. 왜냐하면 만일 세상이 아들을 보내시고 제자들에게 생기를 불어넣는 하나님의 사랑을 '알게'(예를 들어, 친밀하고 인격적인 지식을 갖게) 될 것이라면, 이러한 친밀하고 신적이면서

---

51 비록 17 장이 성령을 구체적으로 언급하지는 않지만, 우리는 14 장에서 20 장으로부터 제자들에게로 아버지와 아들의 '오심'과 임재가 성령에 의한 것임을 안다.

언약적인 사랑은 오직 경험으로만 알 수 있기 때문이다. 따라서 이미 그 사랑을 가지고 있는 사람들의 무리 안에서만 알려질 수 있다(17:26). 이제 제자들은 실제로 하나님의 선물인 아들을 통해 표현되었던 사랑으로, 즉 아들로 하여금 먼저 그의 제자들의 발을 씻게 하고, 후에 십자가의 죽음에 이르기까지 자기를 내어주는 것과 같은 형태의 사랑으로 세상에 참여하게 된다. 다시 말해서 13 장과 15 장이 선교적 임무가 가진 사랑의 성격에 대해 우리가 품을 수 있는 모든 의심을 줄여주고 있다면, 17 장은 13 장과 15 장의 선교적 방향성에 대해 우리가 가질 수 있는 남아있는 의심을 줄여주고 있다.

24-26 절은 현재 제자들의 선교뿐만 아니라 미래의 현실인 "그들의 종말의 공동체적 운명"에도 초점을 맞추고 있다.[52] 예수님은 그와 함께 있었고, 창세 전부터 아버지가 그와 나누셨던 신적 영광(*doxa*, 17:24; 비교. 17:5)을 제자들이 함께 나누기를 원하신다.

우도 슈넬(Udo Schnelle)은 요한복음에서 영광(*doxa*)을 "예수 그리스도 안에 있는 신적 방식과 인간이 경험할 수 있는 방식으로 이 세상에 나타나는 그의 모습"이라고 적절하게 정의한다.[53] 그는 '선재'의 영광, '성육신'의 영광, '표적'을 통한 영광, 그리고 '후재'(부활 후/승귀)의 영광이라고 하는 영광의 네 가지 형태를 발견한다.[54] 그러나 마치 신적 영광과 신적 본성이 변화할 수 있는 것과 같이, 이것들이 실제로 네 개 (또는 다섯)의 **다른** 형태의 영광인지는 의심스럽다. 만일 십자가가 영광의 의미적 내용에 대한 해석적 열쇠라면,[55] 요한복음에 나타난 영광의 모든 '형태'는 십자가와 관련이 있어야 한다. 다시 말해서 아들의 성육신과 표적, 그리고 죽음은 자기를

52 Lincoln, *John*, 439.
53 Schnelle, *Theology of the New Testament*, 675.
54 Schnelle, *Theology of the New Testament*, 675. Schnelle 은 흥미롭게도 여기서 십자가의 영광을 언급하지 않는다. 그것은 699-70 에서 언급된다.
55 Koester, *The Word of Life*, 120-23 을 참조하라.

내어주고 생명을 주는 사랑으로 묘사될 수 있고, 하나님의 유일하고 영원한 영광을 드러낼 수 있다. 하나님은 간단히 말해서 십자가의 모습으로 드러나신다. 물론 예수님이 자기를 내어주시는 죽음은 또한 "진정으로 인간적인 삶"의 사랑의 행위이다.[56] 따라서 (역설적이게도) 참된 인간성, 참된 제자도는 이러한 십자가와 신적 생명과 사랑에 참여하는 것이다.

그렇다면 17:24-26에서의 간구는 테오시스의 최종 상태와 궁극적인 목표로 불릴 수 있는, 하나님의 영광에 온전히 참여하는 무언가를 표현하고 있다. 17:21-23에 묘사된 아버지와 아들의 사랑과 하나됨에 참여하는 것은 자연스럽게 연속적이다. 왜냐하면 놀랍게도 예수님은 이 하나됨을 이미 그의 제자들과 함께 나눈 신적 영광의 결과(17:22)로 말씀하셨기 때문이다. 아버지의 사랑이 그의 영광을 아들과 나누게 한 것처럼, 그 사랑이 이제 또한 아들로 하여금 신적 영광을 제자들과 나누게 한다. 제자들의 '영화'(glorification)는 현재와 미래에 모두 속해 있다. 이 영화는 예수님이 21-23절에서 (하나됨에 초점을 두면서) 묘사하고, 26절에서 (사랑에 초점을 두시면서) 다시 강조하게 될 하나님의 하나되게 하심과 자기를 주시는 (십자가를 닮은) 사랑의 현재 경험으로서 알려진다.

> 내가 아버지의 이름을 그들에게 알게 하였고 또 알게 하리니 이는 나를 사랑하신 사랑이 그들 안에 있고 나도 그들 안에 있게 하려 함이니이다(17:26).

하지만 영화에 대한 완전한 깨달음은 미래에 있다. 이 미래에는 하나님의 생명, 곧 자신을 내어주시는 하나님의 사랑의 충만함이 있다.

이 맥락 안에서 예수님은 17장 시작 부분(17:3)에 나오는 영생의 정의를 제자들에게 적용하신다. 하나님에 대한 지식은 보냄을 받은 자(Sent One)이

---

56 Schnelle, *Theology of the New Testament*, 697.

신 예수님을 통해 나온다. 하나님을 안다는 것, 영생을 갖는다는 것은 그리스도 안에 있는 신적 말씀과 사랑, 그리고 영광 안에서 상호 거함의 관계를 갖는 제자 공동체의 일부가 된다는 것이다. 이는 훨씬 더 큰 영광으로 이어지는 현재의 영광이다. 하지만 결코 자기중심적인 영광, 이기적인 사랑이 아니다. 예수님에게 있어서는 문자 그대로, 그리고 제자들에게 있어서는 적어도 은유적으로 (물론 문자적일 수도 있지만, 비교. 16:2; 21:19) 십자가로 가는 것은 영광과 사랑이다. 이 영광과 사랑은 선교적인 사랑이기에 만약 신적 영광의 임재가 이런 종류의 사랑의 임재를 의미한다면 하나님에 대한 참여(테오시스)는 십자가의 모습인 동시에 선교적이다. 더욱이 십자가가 예수님의 영화의 순간이라면 더더욱 그러해야 한다(12:23-34; 13:31-32; 비교. 13:13-15; 8:28). 크레이그 코에스터(Craig Koester)가 표현하듯이, "만약 영광이 십자가가 무엇인지를 정의한다면 십자가는 영광이 무엇인지를 정의한다. 십자가는 신적 사랑의 깊이를 드러냄으로써 신적 능력의 범위를 나타낸다."[57] 하나님의 영광은 세상 속으로 다가가는 하나님의 선교적 사랑에 참여하는 삶을 통해 알려진다. 제자들의 하나됨의 목적은 십자가 상에서 가장 극적으로 시연되는 세상을 향한 하나님의 사랑을 드러내고, 또한 아들을 알게 하며 또 그의 십자가 사랑을 통해서 다른 이들을 위해 생명을 주시는 사랑으로 세상을 끌어당기는 것이다.

결론을 내리자면, **17장에서 예수님의 기도는 신실한 증거를 위한 공동체적 영성을 우리에게 제시한다.** 더 구체적으로 말하면, 예수님의 임박한 죽음은 아버지와 아들, 그리고 제자들의 영화에 모두 관련되어 있기에, 논리적 결론으로 제자들이 십자가에 (즉, 십자가 상에서 구현된 사랑 안에) 참여한다는 것은 하나님께 속한 거룩함과 영광에 참여한다는 것이다. 이러한 구체적인 형태의 신적 거룩함과 영광에 대한 참여는 제자들이 신적 선교의

---

[57] Koester, *The Word of Life*, 122.

대리인이 되는 것을 가능하게 한다. 그렇다면 바울의 경우와 마찬가지로, **요한의 선교적 테오시스는 현재적 표현에 있어서 십자가의 모습이다.**[58] 그러므로 선교는 파생적이고, 공동체적이며, 참여적이고, 십자가를 닮은 모습이다. "거룩하신 아버지는 거룩한 자 예수님을 바친다. 이 거룩한 자 예수님은 자신을 드려 (죽음에 이르고) 제자들 또한 성령을 통해 아버지와 예수님의 거룩함에 참여하도록 드려지기를 원한다."[59]

이러한 공동체적 십자가의 모습은 바울서신에서도 그러했듯이, 요한복음의 테오시스를 정의한다. 왜냐하면 하나님의 거룩함에 대해 말하는 것은 하나님 자신의 십자가, 공동체적인 정체성에 대해 말하는 것이기 때문이다. 따라서 제자들은 비록 고립된 분파는 아니지만, 세상에서 일종의 대안-문화가 될 것이다. 리처드 보컴이 요한복음의 제자들에 대해 다음과 같이 말한다.

> 하나님은 그들을 세상에서 들어내기 위해서가 아니라 하나님이 알려지도록 그들을 세상 속으로 보내시고, 이를 위해 그들을 거룩하게 하시고 헌신하게 하신다. 그들은 세상에서 예수님의 선교를 계속하기 위해 드려진다.[60]

요한은 예수님의 성별과 파송을 위한 기도를 그의 고난 바로 직전의 '일회성' 사건으로 묘사하고 있다. 하지만 20-21장에서 보게 될 것처럼, 요한복음은 부활하신 주님이 자신의 제자들을 계속 지지하고 있다고 믿을 만한 모든 이유를 가지고 있다. 레이몬드 브라운은 제자들의 선교는 "아들의 선교를 계속하는 것이며, 이것은 아버지가 그의 사명을 수행하는 동안 아들과 함께 있어야 했던 것같이, 아들이 이 선교를 하는 동안 그들과 함께

---

58 특히 Gorman, *Inhabiting the Cruciform God* 을 보라.
59 Bauckham, "The Holiness of Jesus and His Disciples," 112.
60 Bauckham, "The Holiness of Jesus and His Disciples," 113.

해야 하는 것을 요구한다"라고 말한다.[61] 더욱이 최소한 그의 죽음과 부활이라는 렌즈를 통해 회고적으로 그려졌다면, 고난 전 예수님의 기도는 또한 고난 후 예수님의 기도이기도 하다. 이는 그가 세상을 향한 사랑과 생명을 내어주시는 선교에 있어 교회의 하나됨과 거룩함, 그리고 보호를 위해 계속해서 기도하신다는 것을 우리에게 알리기 원하신다는 것을 시사한다.

요한복음 17 장의 요약

17 장에 따르면, 예수님의 가장 깊은 소망은 하나님의 하나됨에 참여하면서 하나됨을 나타내는 것이었고, 하나님의 선교를 이어가면서 언젠가 하나님의 완전한 영광을 알게 될 제자들의 공동체를 창조하는 것이었다. 더 구체적으로 다음과 같이 말할 수 있다.

1. 제자들의 하나됨은 아버지와 아들의 신적 하나됨에 평행을 이루는 동시에 참여하는 것이다.

2. 상호내주, 하나됨, 그리고 선교는 불가분적으로 서로 연결되어 있어서, 다른 것 없이는 하나로 있을 수 없다. 아버지와 아들과 제자들의 관계, 이러한 "삼위 하나님의 생명에 참여하는 것은 … 선교를 낳는다."[62] 제자들의 서로에 대한 사랑은 "예수님과 아버지 사이의 사랑의 관계에 의해 형성되고 그 사랑에 참여하게 한다."[63]

3. 하나됨은 선교를 위한 전제조건이며, 선교는 하나됨의 자연스런 열매다.

---

[61] Brown, *John* 2:1036.

[62] Flemming, *Recovering*, 122.

[63] Lincoln, *John*, 388.

4. 제자들과 예수님의 유사성은 '이-세상'에 보냄 받은(sentness) 선교와 결합된 '다른-세상의' 소속감과 거룩함으로 구성되는데, 이는 무엇보다도 사랑을 의미한다.

5. 이 참여적인 공동체의 거룩함과 하나됨, 그리고 사랑의 선교적 형태는 십자가이다.

6. 성화/거룩함의 목적, 또는 심지어 내용은 하나님에 대한 언약적 충성과 친밀함, 하나님 안에서 서로와의 사랑의 연합, 그리고 하나님의 선교(missio Dei)에 기쁨으로 참여하는 것이다.[64]

이 모든 것은 현 시대에 있어 교회 일치적이고 선교적인 의미를 가지고 있다. 17 장의 표현을 현대화한다면, **선교가 없이 교회의 일치(ecumenism)가 없고, 교회의 일치가 없는 선교도 없고, 공동체가 없는 선교는 있을 수 없다. 그리고 공동체적 십자가 참여 영성이 없다면, 이것들 중 어떤 것도 있을 수 없다.**[65]

선교 담화 결론

15 장에서 제자들은 거하고 움직이는 포도나무의 이미지와 함께 아마도 신약성경에서 가장 강력한 영성과 선교의 협력, 즉 참여적 선교학의 진수를 보았다. 15 장은 13-14 장에 기초한다. 그리고 16 장에서 (또 하나의 그리스도, alter Christus, 14:16) 보혜사(the Paraclete, 15:26; 16:13)의 증거하는 역할에 대한 자세한 설명과 함께 예수님 자신과 제자들을 위한 성별과 파송의 기도인 17 장의 마지막에 이르기까지 발전한다. 선교적 삶의 모습은 자기를 내

---

64 비슷하게, Brower, *Holiness in the Gospels*, 81.
65 바울의 경우도 마찬가지이다.

어주고, 생명을 주며, 발을 씻겨주는 이미지를 통해 드러난다. 따라서 이 참여적인 선교적 영성, 또는 테오시스를 "거하고 나아가라"로 특징지을 수 있다.

일반적인 동사 '하다'(poiein)의 다양한 용법은 선교 담화의 많은 부분을 연결시켜 이러한 선교적 테오시스를 표현하고 있다.

- 예수께서 대답하여 이르시되 <u>내가 하는 것을</u> 네가 지금은 알지 못하나 이 후에는 알리라(13:7).

- 그들의 발을 씻으신 후에 옷을 입으시고 다시 앉아 그들에게 이르시되 <u>내가 너희에게 행한 것을</u> 너희가 아느냐(13:12).

- <u>내가 너희에게 행한 것 같이 너희도 행하게 하려 하여</u> 본을 보였노라 (13:15).

- <u>너희가 이것을 알고 행하면</u> 복이 있으리라(13:17).

- 내가 아버지 안에 거하고 아버지는 내 안에 계신 것을 네가 믿지 아니하느냐 내가 너희에게 이르는 말은 스스로 하는 것이 아니라 <u>아버지께서 내 안에 계셔서 그의 일을 하시는 것이라</u>(14:10).

- 내가 진실로 진실로 너희에게 이르노니 나를 믿는 자는 <u>내가 하는 일을 그도 할 것이요 또한 그보다 큰 일도 하리니</u> 이는 내가 아버지께로 감이라 (14:12).

- 너희가 내 이름으로 무엇을 구하든지 <u>내가 행하리니</u> 이는 아버지로 하여금 아들로 말미암아 영광을 받으시게 하려 함이라(14:13).

- 내 이름으로 무엇이든지 내게 구하면 <u>내가 행하리라</u>(14:14).

- 예수께서 대답하여 이르시되 사람이 나를 사랑하면 내 말을 지키리니 내 아버지께서 그를 사랑하실 것이요 <u>우리가</u> 그에게 가서 거처를 그와 함께 <u>하리라</u>(poiēsometha, 14:23).

- 오직 <u>내가</u> 아버지를 사랑하는 것과 아버지께서 명하신 대로 <u>행하는 것을</u> 세상이 알게 하려 함이로라 일어나라 여기를 떠나자 하시니라(14:31).

- 나는 포도나무요 너희는 가지라 그가 내 안에 내가 그 안에 거하면 사람이 열매를 많이 맺나니 <u>나를 떠나서는 너희가 아무 것도 할 수 없음이라</u> (15:5).

- <u>너희는</u> 내가 명하는 대로 <u>행하면</u> 곧 나의 친구라(15:14).

- 이제부터는 너희를 종이라 하지 아니하리니 종은 <u>주인이 하는 것을</u> 알지 못함이라 너희를 친구라 하였노니 내가 내 아버지께 들은 것을 다 너희에게 알게 하였음이라(15:15).

- 아버지께서 <u>내게 하라고 주신 일을 내가 이루어</u> 아버지를 이 세상에서 영화롭게 하였사오니(17:4).

우리는 어떻게 이 본문들을 종합할 수 있을까? 이 문제는 구원(혹은 테오시스)이 행함을 통해 얻어진다는 요한의 '행위의 의(義)'에 관한 것이 아니다. 오히려 이것은 선교적 참여에 관한 것이다. 예수님이 보냄을 받으신 것처럼, 보냄을 받는다는 것은 보내는 자와 상호내주의 관계 안에 머물면서 그가 하는 일이 곧 내주하는 자의 일이 된다는 것을 말한다. 어떤 의미에서 예수님에게는 자신이 아버지의 일을 하는 것을 보장받는다는 아버지와의 존재론적 하나됨이 있다. 그에게 있어서 하나님의 일을 하지 않는 것은 불가능했다. 예수님의 일들(works)은 하나님의 일들(erga)이며, 예수님의 선교는 곧 하나님의 선교(일, ergon)이다. 그럼에도 온전한 인간으로서 예수님은 기꺼이 아버지의 뜻을 따를 필요가 있었다. 예수님처럼 제자들도 서로 내주하는 관계에 있다. 예수님은 십자가에서 다시 말씀하신 것처럼, 자신의 일을 마치셨지만 여전히 제자들을 통해서 그의 일을 계속하신다.

그러나 제자들은 예수님과 같이 본성상 하나님이 아니기 때문에, 끊임없이 거하고 기도함을 통해 예수님(또한 아버지와 성령)을 의지해야 한다. 그렇게 함으로써 제자들은 세상에 생명을 가져오기 위해 오신 예수님의 고난에 더욱 깊이 참여하게 될 것이고, 그의 친구들이 될 수 있을 것이다 (15:14-15). 동시에 그들은 항상 예수님의 제자로 남을 것이다. 사실 앞 장에서 시사한 바와 같이, 제자들은 열매를 맺는 이 신적인 선교의 삶에 참여함에 따라 제자가 될 것이다. "너희가 열매를 많이 맺으면 내 아버지께서 영광을 받으실 것이요 너희는 내 제자가 **되리라**"(15:8). 그리고 이 모든 것은 보혜사에 의해 임하게 될 부활하신 그리스도의 임재와 능력에 달려있다. 이로써 우리는 이제 20-21 장으로 눈을 돌리고자 한다.

5

아버지께서 나를 보내신 것 같이(Ⅱ)

요한복음 20-21 장의 선교적 테오시스

지금까지 요한복음 전반에 걸쳐 선교적 특징을 살펴보았고, 요한복음 전반부의 선교적인 면도 살펴보았다. 앞선 장에서는 13-17 장에 나오는 심오한 선교적 영성의 깊이에 대해 생각해 보았다. 이제는 요한복음의 마지막 두 장으로 눈을 돌려 부활과 성령의 선물에 비추어 선교적 테오시스의 모습이 어떤 것인지 보려고 한다.

요한복음의 선교적 구조에 대해 2 장에서 언급했듯이, 문학적이고 신학적인 전체 작품으로서 요한복음을 고찰하려면 20 장과 21 장을 함께 살펴야 하며 21 장을 부록이나 후기로 따로 보아서는 안 된다. 앞에서 이 마지막 두 장의 내용을 '아들의 부활과 성령의 권능을 받은 제자들의 선교'라고 했다. 17 장과 같이, 이곳에서도 선교는 파송을 의미한다. 세 공관복음서 중 마태복음 28:16-20 과 누가복음 24:44-49 은 파송의 장면으로 결론을 맺는다.[1] 마찬가지로 요한복음 20-21 장에서도 부활하신 예수님은 여러

---

[1] 후에 필사가들은 마가복음도 완전한 복음서(더 길거나 짧은 추가 결말)가 되기 위해 파송장면

가지 사건들과 방법으로 개인적이면서 동시에 공동체적인 방식으로 그의 선교를 계속하도록 제자들을 파송하신다.

물론 십자가 상에서 예수님은 자신의 선교가 완성되었음을 아시고, "다 이루었다"(19:30; 비교. 19:28)라고 말씀하셨지만, 세상을 위한 죽음으로 생명을 주시는 그의 독특하고 효과적인 사역은 증인들에 의해 체현되고 선포되어야 했다. 풍성한 생명의 가장 완전한 의미에서 예수님의 생명을 주시는 선교는 그가 말씀하신 대로 제자들을 통해 계속될 예정이었다(14:12; 17:18; 20:21 을 기대).

요한복음 20 장

20 장은 막달라 마리아가 예수님의 무덤에서 옮겨진 돌을 발견하는 장면으로 시작하는데, 그녀는 누군가 예수님의 시신을 가져갔다는 나쁜 소식을 베드로와 '다른 제자'에게 전해준다. 막달라 마리아는 이미 일종의 '사도들에게 파송된 사도'(apostle to the apostles)가 되는 역할을 하게 된다(아래를 참조하라). 두 제자가 달려가 예수님의 무덤에 들어간 뒤 집으로 돌아가는 다소 우스꽝스러운 (또 의아한) 이야기(20:3-10) 후에, 20 장의 나머지는 삼중 출현 내러티브로 구성되는데, 각 내러티브는 명시적이거나 암시적인 파송으로 결론지어진다. 부활하신 주님(13, 18, 20, 25, 28 절)은 막달라 마리아(20:11-18), 도마를 제외하고 모인 제자들(20:19-23), 그리고 도마(선교적 종결부 20:30-31 앞에 있는, 20:24-29)에게 나타나신다. 각 개인이나 그룹은 예수님과의 만남과 그의 정체성에 대해 증거한다(18, 25, 28 절). 즉, 요한복음이 맨

이 필요하다고 느꼈던 것으로 보인다. 막 16:8 이 끝이 아니라면, 아마도 원래의 본문은 그러한 장면을 가졌을 것이다(Lunn, *The Original Ending*). 만약 그 구절이 실제로 끝이라면, 마가 청중의 파송은 아마도 여인들의 침묵 속에 함축되어 있을 것이다.

처음부터 다양한 방식으로 우리에게 말해왔듯이, "그는 주(主)이시며 진실로 주와 하나님이시다"라는 것이다.

삼중 출현 내러티브는 14-17 장에 있는 선교 담화의 반향들(echoes)로 가득 차 있다.[2]

선교 담화 (14-17 장)	부활 후 출현/파송 (20 장)
내가 … 너희에게로 오리라(14:18) 조금 있으며 너희가 … 나를 보리라(16:16) 내가 다시 너희를 보리니(16:22)	뒤로 돌이켜 예수께서 서 계신 것을 보았으나(20:14) 예수께서 오사 가운데 서서(20:19)
평안을 너희에게 끼치노니 곧 나의 평안을 너희에게 주노라(14:27) 이것을 너희에게 이르는 것은 너희로 내 안에서 평안을 누리게 하려 함이라(16:33)	너희에게 평강이 있을지어다(20:19, 21, 26)
아버지께서 나를 … 보내신 것 같이 나도 그들을 … 보내었고(17:18) 내가 너희를 택하여 세웠나니 이는 너희로 가서 열매를 맺게하고 또 너희 열매가 항상 있게 하여(15:16)	아버지께서 나를 보내신 것 같이 나도 너희를 보내노라(20:21) 너는 내 형제들에게 가서 이르되(20:17)
[너희] 근심이 도리어 기쁨이 되리라(16:20) 내가 다시 너희를 보리니 너희 마음이 기쁠 것이요(16:22)	제자들이 주를 보고 기뻐하더라(20:20)
내가 아버지께 구하겠으니 그가 또 다른 보혜사를 너희에게 주사 영원토록 너희와 함께 있게 하리니 그는 진리의 영이라 … 너희 속에 계시겠음이라 … 보혜사 곧 아버지께서 내 이름으로 보내실 성령 그가 너희에게 모든 것을 가르치고 내가 너희에게 말한 모든 것을 생각나게 하리라(14:16-17, 26) 내가 아버지께로부터 너희에게 보낼 보혜사 곧 아버지께로부터 나오시는 진리의 성령이 오실 때에 그가 나를 증언하실 것이요 너희도 처음부터 나와 함께 있었으므로 증언하느니라(15:26-27) (내가) 가면 내가 그를 너희에게로 보내리니(16:7b)	성령을 받으라(20:22)

---

2 A. M. Hunter 의 연구에 의존하는 Talbert, *Reading John*, 263 을 사용하고 확장하였다.

그가 와서 죄에 대하여 의에 대하여 심판에 대하여 세상을 책망하시리라 죄에 대하여라 함은 그들이 나를 믿지 아니함이요(16:8-9)	너희가 누구의 죄든지 사하면 사하여 질 것이요 누구의 죄든지 그대로 두면 그대로 있으리라 하시니라(20:23)
영생은 곧 유일하신 참 하나님과 그가 보내신 자 예수 그리스도를 아는 것이니이다(17:3)	오직 이것을 기록함은 너희로 예수께서 하나님의 아들 그리스도이심을 믿게 하려 함이요 또 너희로 믿고 그 이름을 힘입어 생명을 얻게 하려 함이니라(20:31)

이 표는 선교적 강조와 특정한 선교 주제의 일부가 세 개의 출현 내러티브에서 계속되고 있음을 분명히 나타낸다. 이제 그룹으로 모여 있는 제자들에게 나타나시는 것에 대한 특별한 강조에 유의하면서 각각의 내러티브를 살펴볼 것이다.

막달라 마리아: 사도들에게 파송된 사도(20:11-18)

마리아의 출현(20:11-18)은 상당히 주목할 만한데, 이는 요한복음에 나오는 최초의 부활 출현/파송이 여성을 포함하고 있기 때문이다. 이것은 "아마도 복음서 전체에서 가장 애잔하고 따뜻한 장면일 것이다."[3] 예수님이 그녀의 이름을 부르며, 마리아와의 개인적이고 언약적인 연대(bond)가 확인될 때, 그녀는 아마도 다른 복음서에 등장하는 또 다른 마리아처럼(비교. 눅 1:26-55) 선교적 사명으로 준비된다. 그녀는 주님의 육신에 매달리는 자가 아니라 하나님 가족의 일원(20:17)과 하나님의 자녀(비교. 1:12)로서 선교의 사명을 감당한다.[4] 그렇다면 하나님의 자녀가 된다는 것은 신적인 가업에 참여하는 것이라 할 수 있고, 이것은 본질적으로 선교적이다. 예수님은 부활하신 주로서 그에 대한 첫 증인으로 마리아를 파송하셨고, 그녀는 이 사명(파송)을 성취한다(20:17-18). 첫 '선교사'("사도들에게 파송된 사도"[5])는 부활하

3 Byrne, *Abounding Life*, 331.
4 Brown(*John* 2:1016)은 20:17에 있는 "내/너희 아버지/하나님"의 표현이 차이에 관한 것이라기보다 가족으로 포함되는 것(룻 1:16)에 관한 것이라고 주장한다.
5 Dorothy Lee(*Flesh and Glory*, 226)는 이 표현의 출처를 Hippolytus(d. 235)에까지 밝혀낸다.

신 주이신 예수님을 증거하고, 교회의 첫 선교적 임무를 수행한다. 그뿐만 아니라 이 사건은 그 임무에 있어 여성의 절대적인 역할에 대해서 강력하게 증거하고 있다.

기쁨에 찬 샬롬의 대리인들로서 제자들(20:19-23)

모여 있는 제자들에게 나타나시고 그들을 파송하시는 이 장면(20:19-23)이 여러 가지 면에서 중요한 이유는 요한복음 내러티브의 선교적 주제들(암묵적으로 또는 명시적으로)을 담고 있기 때문이다. 이는 전체 내러티브가 제자들의 선교를 고려해 왔음을 시사한다. 첫째, 예수님은 평안을 두 번 말씀하신다(20:19, 21). 주님이 평안의 말씀을 하신 직접적인 이유는 제자들의 두려움을 가라앉히고, 주님은 그들이 두려워서 피하고자 하는 그런 권위자 중 하나가 아니라는 것을 분명하게 확신시키기 위한 것이다. 예수님이 십자가에 못 박히시고, 이제는 부활하신 주(主)라는 '증명'은 그의 손과 옆구리의 증거(20:20)로 나타난다. 즉 부활하신 자는 십자가에 못 박히신 자이다.[6] 요한복음은 종교 당국이 현상 유지를 원하는 두려움 때문에 예수님에 대해서 공개적으로 말하지 않았으므로(7:13; 9:22; 12:42; 19:38 을 보라), 제자들이 공개적으로 그에 대해 증거하는 것을 두려워해서는 안 된다고 함축적으로 말한다. 실제로 십자가에 못 박히시기 전의 예수님은 이후 그가 계시지 않을 때에도 자신의 선교를 이어가야 할 제자들에게 평안을 주셨다(14:27; 16:33).

일반적으로 성경에서 '두려워 말라'는 금지의 긍정적 표현이며, 평안의 말씀으로서 하나님의 현현(theophany)을 내포한다.[7] 십자가에 못 박혔지만 부활하신 예수님은 마침내 도마가 고백하게 될 '주(主)이시며 하나님'이다.

---

6 Bosch(*Transforming Mission*, 525-26)는 이러한 실재의 선교적 의의를 강조한다.
7 예를 들어, 창 26:24; 삿 6:23; 마 14:27; 막 6:50; 눅 1:30; 2:10; 계 1:17 을 보라.

제자들의 선교적 책임은 예수님이 정확히 누구인지를 확인하는 마지막 장면에서 고조된다. 그들은 이 정체성을 가지신 분의 선교를 이어가게 될 것이고, 제자들의 선교는 그분에 대해서 증거하게 될 것이다.

하지만 남아 있는 것이 있다. 딘 플레밍(Dean Flemming)이 말하듯이, "이 평안(하나님의 광대한 샬롬)은 단순히 통상적인 인사나 차분한 상태의 마음 이상의 것을 의미한다. 예수님과 다시 마주하는 상황에서 평안은 그들의 실패와 회복된 관계, 그리고 다른 이들의 적대감에 대한 두려움으로부터의 자유에 대해 말한다."[8] 궁극적으로 평안의 말씀은 죄 사함으로부터 시작되어 장차 도래할 하나님의 나라와 연관된 완전성과 화합을 상징한다. 제자들은 죄를 용서하는 사역으로 파송을 받게 될 것이다(20:23). 그러기 위해서는 그들 자신이 먼저 용서를 받는 자들이 되어야 한다. 앤디 존슨(Andy Johnson)은 "예수님의 붙잡히심과 죽음 가운데 그를 버렸던 제자들에게 '정죄하는 입술'을 갖고 오시는 것이 아니라 … 예수님은 제자들이 구하기도 전에 제자들이 용서를 받았다는 것을 의미하는 평안의 말씀을 하심으로 인간과 하나님의 화해를 구체화하는 '열린 팔'을 갖고 오신다"라고 말한다.[9] 십자가에 못 박히신 주가 부활하셨다는 것을 보았고 들었기 때문에 제자들의 반응은 기쁨 그 자체이다.

그렇다면 20:19에서 하시는 평안의 말씀은 암묵적으로 선교의 말씀이다. 이는 명시적인 파송(20:21b) 바로 앞에 나오는 두 번째 평안의 선언에서 더욱 분명해진다. 딘 플레밍은 다음과 같이 말한다.

예수님의 제자들은 하나님의 샬롬을 경험할 뿐만 아니라, 그것을 나누어 준다. 예수님이 두 번째 주시는 평안은 자신이 보내는 선교에 참여하라는 예수님의 파송을 소개한다(20:21). 이에 더해서 예수님은

---

8 Flemming, *Why Mission?* 63.
9 Johnson, *Holiness and the Missio Dei*, 98.

그들이 용서의 샬롬을 성령으로 다른 이들에게 확장하게 될 것을 약속하신다(20:23). 다시 말해 예수님은 제자들이 받은 평안과 회복을 나누기 위해 화해된 공동체로서, 동시에 화해시키는 공동체로서 살아갈 것을 요구하신다.[10]

플레밍의 마지막 관점에 동의하며, 로스 헤스팅스(Ross Hastings)는 20:19-23 의 구조를 다음과 같이 통찰력 있게 제시한다.

19-20 절: 샬롬을 **발견하는**(또는 더 좋은 표현으로, **받는**) 교회

   1. 부활하신 예수님의 임재와 영향을 통해서(19 절)

   2. 한번 십자가에 못 박히신 자의 구속의 본질을 통해서(20 절)

21-23 절: 샬롬을 **전파하는** 교회

   3. 삼위일체적이고 참여적인 파송의 본질을 통해서(21 절)

   4. 성령의 나눔(impartation)을 통해서(22 절)

   5. 용서를 선언하는 특권적인 임무를 통해서(23 절)[11]

선교의 방식(mode)과 수단(means), 그리고 내용(content)이라는 세 가지 선교적 차원의 관점으로 샬롬을 받고 전하는 것에 관하여 이 본문을 좀 더 살펴볼 것이다. 하지만 요점은 간단하다. "선교는 하나님의 생명으로의 참여라는 것이 이 구절들의 핵심 원칙이다."[12]

선교의 방식: 그리스도를 닮음

이 본문이 보여주는 첫 번째 분명한 선교적 차원은 일반적인 파송, 또는 (요한복음 버전의) 대위임령(The Greate Commission)이다.[13] 이 사명은 17:18 을

---

[10] Flemming, *Why Mission?* 63.

[11] Hastings, *Missional God*, 26. '받는'이란 표현은 나의 적용이다.

[12] Hastings, *Missional God*, 269. 또한 Koshy, *Identity* 를 참조하라.

연상시키는14 "아버지께서 나를 보내신 것 같이 나도 너희를 보내노라"(20:21)라는 말씀과도 같다. 즉 그리스도를 닮는 선교의 방식이다. 17:18 에서와 같이 부사인 '똑같이'(kathōs, as 또는 just as)는 아버지가 아들을 보내신 것과 '같은 방식으로'라는 의미로 해석되어야 한다. 이는 아버지의 사랑이 아들을 보내는 것에 동기를 부여하고 그것을 이뤄나갔던 것처럼, 이제는 아들의 사랑이 제자들의 선교에 동기를 부여하고 그것을 이뤄나가는 것을 의미한다. "요한에게 있어서 교회의 '보냄 받음'(sent-ness)은 예수님의 보냄-받음의 연속이다."15 더욱이 보냄을 받은 분(아들)이 보내시는 분(아버지)을 나타내는 것 같이, "그들을 보는 자는 누구나 예수님을 보는 자가 되도록 이제 제자들은 예수님의 임재를 반드시 보여주어야 한다."16

이렇게 그리스도를 닮음을 묘사하는 가장 좋은 언어는 예수님과의 강한 유사성(모방, 또는 미메시스)과 동등한 능력에 대한 강력한 필요(의존, 권능 주심)를 함께 나타내어야 한다. 이것은 특히 '참여'라는 단어를 적절하게 하고, 선교의 방식을 그 수단과 연결시킨다.

선교의 수단: 성령

요한복음의 앞부분에서 예수님이 약속하시는 평안은 구체적으로 성령과 관련이 있다.17 그렇다면 이 구절의 두 번째 선교적 측면은 제자들의 증거에 능력과 담대함을 주시는 성령이라는 선교적 주제와 연결된다. 그리스도를 나타내는 그리스도화(Christosis)와 선교적 테오시스를 가능하게 하는 '또 하나의 그리스도'(alter Christus)이신 보혜사(14:16 참조)의 임재와 능

---

13 또한, Nissen, *New Testament and Mission*, 79-80. Hastings 는 그것을 '가장 위대한 사명'으로 부르는데, 왜냐하면 그것은 "교회의 선교를 신격(Godhead)의 영원한 목적의 깊은 곳까지 연결시키기" 때문이다(*Missional God*, 27).
14 "아버지의 일을 실행하기 위한 예수님의 선교는 신적인 일을 지속하는 제자들을 위한 모방의 기초가 된다"(17:18; 20:21) (Bennema, *Mimesis*, 80).
15 Flemming, *Why Mission?* 62.
16 Brown, *John* 2:1036. 공동체를 나타내는 복수형 '제자들'은 의미심장하다.
17 특히 14:26-27 을 보라. 또한 16:7, 13 의 맥락에서 16:33 을 보라.

력이 바로 선교의 **수단**(means)이다. 예수님은 파송의 말씀을 하신 직후에 숨을 내쉬는 물리적인 행동을 취하시며 그 행위를 해석하시고, 파송의 말씀에 실체를 부여하는 추가적인 말씀을 곁들이신다. 선교에 대한 수단 또는 '방법'(성령의 권능으로)에 관한 설명 후에, 이것이 '무엇인지'에 대해 설명할 것이다.[18]

숨을 내쉬는 예수님의 몸짓은 그가 제자들의 발을 씻어주시는 것과 크게 다르지 않는 일종의 "행위 비유"(acted parable)와 "예언자적 행위"이다.[19] 이것은 새로운 창조를 시사하면서 창조 이야기를 연상시킨다. 실제로 20:22 에서 요한은 창세기 2:7(LXX)에 있는 "(숨을) 불어넣었다"와 같은 단어를 사용한다.

ho theos … enephysēsen eis to prosōpon autou pnoēn zōēs kai egeneto ho anthrōpos eis psychēn zōsan.

하나님께서 … 생명의 숨을 그의 얼굴(콧구멍)에 불어넣으시니 살아 있는 혼/존재가 되었다(창 2:7, 저자 역).

kai touto eipōn enephysēsen kai legei autois, labete pneuma hagion

그리고 그것을 말하신 후, 그는 (그들에게) 숨을 불어넣으시고 말씀하셨다. "성령을 받으라"(요 20:22, 저자 역).[20]

---

[18] 이어지는 단락들은 필자의 논문 "The Spirit, the Prophets, and the End of the 'Johannine Jesus'"를 참조하였다.

[19] Harris, *Mission in the Gospels*, 176(실천된 비유, "acted parable"); Manning, *Echoes of a Prophet*, 167 (예언자적 행동, "prophetic action").

[20] 필자가 참고한 모든 번역과 대부분의 주석가는 이곳의 숨을 제자들 '안으로'(into)가 아니라 '위'(on)로 이해하는 것은 안타까운 일이다. 비록 'breathe on'은 일반적인 정의(그렇게 BDAG [Danker, *Lexicon*])이기는 하지만, 한편에 있는 이 본문과 다른 한편에 있는 에스겔서와 창세기 본문들('into'[eis]가 명시된) 사이에 있는 평행들은 요한복음에서 'breathe into'가 암시되어 있다는 것을 시사한다. 어떠한 경우라도 성령은 창세기나 에스겔서 본문 모두가 분명히 밝히고 있듯이, 결국 제자들 '안에' 있게 된다.

또한, 새 창조의 암시는 에스겔서에서 생명을 주는 영의 약속에 뿌리를 두고 있고, 성령으로부터 새롭게 태어나는 것과 평행을 이룬다(1:12; 3:1-8; 비교. 겔 37 장).

> 또 그가 내게 말씀하시기를 대언하라 인자야 숨/영(*pneuma*)에게 대언하고 숨/영(*pneumati*)에게 말하여라 주 여호와께서 말씀하셨다 네 개의 바람(*pneumatōn*)으로부터 와서 죽은 자들에게 숨을 불어넣으라 (*emphysēson eis*) 그러면 그들은 살 것이다 그리고 그가 내게 명령하신대로 대언하였고 숨/영/성령(*to pneuma*)이 그들에게 들어갔으며 그들은 살아났고 스스로 일어서니 아주 큰 무리였다(겔 37:9-10 LXX [저자 역]; 비교. 겔 11:19; 18:31; 36:26; 37:14; 39:29).

사실 성경 전체에서 동사 *emphysaō* 가 *pneuma*('숨, 바람, 영/성령')와 같이 사용되는 것은 단지 세 번뿐이다. 지혜서 15:11(창조에 무지한 인간에 대한 간략한 언급)에 더해 에스겔서 37:9 과 요한복음 20:22 인데, 이곳들의 상호 텍스트적 관계에 비추어 보면 에스겔서의 구절이 가장 주요한 본문일 수 있음을 시사한다.[21] 그 이미지는 새로운 생명과 소생이라는 관점에서 새로운 창조에 관한 것인데, 성령이 생명을 주시기 때문이다(요 6:63).

새로운 창조/소생의 암시는 제자들이 이제 성령과 깊은 참여적 관계를 맺고 있음을 나타낸다. 이제 성령은 첫 번째 창조에서 일어났던 대로, 그리고 에스겔이 예언하고 예수님이 약속하신 대로(14:17), 단지 그들과 **함께** 하는 것뿐 아니라 그들 **안에** 머무신다. 두 개의 상호 텍스트(창 2:7; 겔 37:9-10)와 요한복음 20 장과의 평행적 연결은 예수님이 약속하신 대로(7:37-39) 성령의 선물이 새로운 방식으로 주어진 생명의 선물임을 시사한

---

21 Peterson, *John's Use of Ezekiel*, 173. Peterson(167-82, 리스트는 167-68)은 에스겔 37:9-10 에서와 같이 요한복음에서 신적 '숨'이 주어지는 것으로 절정에 이르는 것과, 에스겔 37 장과 요한복음 20 장이 가진 내러티브 평행에 대해 설득력 있게 주장한다. 또한 Manning, *Echoes of a Prophet*, 165-71 을 참조하라. (Peterson 과 Manning 중 누구도 지혜서 15:11 을 언급하지 않는다.) 다소 비슷한 창세기 2:7(LXX)은 *pneuma* 가 아닌 *pnoēn* 을 사용한다.

다. 더욱이 이 성령의 선물은 하나님과 예수님의 생명을 주시는 임재의 선물이기에, 이제 제자들 안에 거함으로 인해 제자들이 신적 생명의 통로가 될 수 있게 한다. 실제로 제자들 안에서 그리고 그들을 통해 이뤄지는 성령의 활동에 대한 선교 담화의 모든 약속이 이제 결실을 보게 되리라는 것을 짐작할 수 있다. 그리고 한 걸음 더 나아가 예수님이 성령으로 베푸실 것을 약속한 세례(1:33)가 의도하는 목적, 다시 말해 중생(요 3 장)과 생명의 선물(물론 이것들도 중요하지만)뿐만 아니라 생명을 주시는 예수님의 선교를 이어가는 것에 대해 암묵적으로 배우게 된다. 현재 진행형인 이 선교는 성령이 예수님 안에 머물러 계셨던(1:32-33) 그대로 성취될 것이고, 생명을 주시는 성령에 푹 잠겨 성령 안에서 세례를 받고 성령으로 충만한 자들에 의해서만 성취될 수 있다. 즉 제자들과 성령의 관계는 예수님과 그들의 관계, 곧 선교에 있어서 권능을 위한 상호내주의 관계와 같다.22 그리고 성령은 예수님에게서 발원하여 그와 같은 제자들을 통해 흘러나갈 것이며, 세상에서 신적인 생명의 실재를 더욱 확장시켜 나갈 것이다.

20 장에서 ("숨을 내쉬고 성령을 받으라"라는) 이 순간의 중요성을 과소평가하기 쉽다. 우리는 죽음과 부활, 승천으로 이어지는 예수님 이야기의 순서를 요한 내러티브의 목적으로 보는 것에 익숙하다. 왜냐하면 아들이 아버지께로 돌아가는 승귀의 때이기 때문이다. 그러나 요한의 내러티브는 단지 아버지와 아들에게만 초점을 두지 않는다. 사실 예수님의 선교에 있어서 성령의 선물은 내러티브의 핵심이다. 그러나 아이러니하게도 내러티브상에서 이러한 성령의 중요성은 종종 간과되었다. 그 이유는 성령을 보혜사(*paraklētos*, 14:16, 26; 15:26; 16:7)로 지칭하거나 암묵적으로 **또 하나의 그리스도**('another' *paralētos*, 14:16)로 지칭하고 있는 요한의 특정한 명명법에 너무 많은 초점을 두어 왔기 때문이다.

---

22 제자들은 세례를 통해 성령 안에 있고, 성령은 숨을 들이마심으로 제자들 안에 거한다. 두 경우 모두 예수님은 행위자이며, 제자들은 그의 행위를 받는 자들이다.

물론 요한복음에서 성령의 역할에 대한 이러한 특별한 표현을 축소해서는 안 되겠지만, 내러티브 속의 인물로서 성령에도 초점을 맞추어야 한다. 실제로 요한복음 내러티브의 목표는 단순히 예수님의 떠남에 있는 것이 **아니라 성령이 올 수 있도록 예수님이 떠나시는 것**에 있다. 예수님은 선교 담화에서 이러한 것을 말씀하신다.

> 그러나 내가 너희에게 실상을 말하노니 내가 떠나가는 것이 너희에게 유익이라 내가 떠나가지 아니하면 보혜사가 너희에게로 오시지 아니할 것이요 가면 내가 그를 너희에게로 보내리니(16:7).

요점은 내러티브의 서술자가 이미 7:39에 말한 바와 같이 "예수께서 아직 영광을 받지 않으셨으므로 성령이 아직 그들에게 계시지 아니하시더라"는 것이다. 다시 말해서, 예수님의 영화(glorification)는 이야기의 **궁극적인 목표가 아니라 그것**(제자들에게 성령이 계시는 것)**에 앞서 있는** 목표이다. 이는 요한복음의 도입부에 있는 세례자 요한의 말처럼, 성령을 입으신 예수님의 전체 사역은 다른 이들을 동일한 성령으로 입히시는 것으로 요약될 수 있기 때문이다.[23]

> 요한이 또 증언하여 이르되 내가 보매 성령이 비둘기같이 하늘로부터 내려와서 그의 위에 머물렀더라 나도 그를 알지 못하였으나 나를 보내어 물로 세례를 베풀라 하신 그 이가 나에게 말씀하시되 성령이 내려서 누구 위에든지 머무는 것을 보거든 그가 곧 성령으로 세례를 베푸는 이인 줄 알라 하셨기에 내가 보고 그가 하나님의 아들이심을 증언하였노라 하니라(1:32-34).

---

23 물론 그리스도인들은 오랜 시간에 걸쳐 성령이 아버지와 아들로부터 나오는 것인지, 아니면 오직 아버지로부터 나오는 것인지에 대한 논쟁을 벌여왔다. 필자의 관점에서는, 요한복음에서 아버지가 궁극적인 근원(14:26; 15:26)이기는 하지만 아버지와 아들 모두가 성령을 보낸다는 것은 분명하다. 그렇다면 우리는 신학적으로 많은 신학자들이 제안한 것처럼, 성령이 아들을 **통해** 아버지**로부터** 온다고 말하는 것으로 '절충'할 수도 있다.

예수님의 죽음/영화와 성령을 주고 성령으로 세례를 받는 것 사이의 연관성은 19:30, 34 에서 요한에 의해 만들어진 것으로 여겨진다.24 NRSV 역본에서 다음과 같이 표현된다.

예수께서 포도주를 받으셨을 때 말씀하셨다 "다 이루었다" 그리고 그는 그의 머리를 떨어뜨리시고 영을 거두셨다(paredōken to pneuma). … 한 병사가 창으로 그의 옆구리를 찌르니 즉시 피와 물이 흘러나왔다 (19:30, 34).

몇몇 다른 해석자와 마찬가지로 필자 또한 19:30 의 마지막 구절을 단지 죽음의 완곡한 표현으로 보거나25 성령이 아버지께 귀환하는 것으로 이해하지 않고,26 제자들에게 성령을 주는 것에 대한 언급으로 이해한다.27 따라서 이 부분은 "그가 성령을 넘겨 주셨다"라고 번역되어야 한다. 어떤 면에서 이 사건은 20 장의 출현/파송 이야기에서 두려워하는 제자들에게 재현될 선취적이거나 심지어 상징적 사건일 수 있다.28 그러나 예수님의 실

---

24 이어지는 단락들은 필자의 논문 "The Spirit, the Prophets, and the End of the 'Johannine Jesus'"를 참조하였다.

25 Smit, "The Gift of the Spirit in John 19:30?" Smit 에게 영은 인간적인 동시에 신적이며, 예수님은 완전히 죽으신 것이다. 그러나 그는 이 사건 (죽음)이 선물의 순간이 아님에도 약속된 성령과 실제적인 성령의 선물 사이의 상호 텍스트적인 연결의 가능성을 열어 둔다.

26 예를 들어, Crump, "Who Gets What?"

27 예를 들어, Brown, *John* 2:1082; Moloney, John, 504-5, 508-9. Lincoln (*John*, 47)은 다소 조심스럽게 접근하지만, 7:38-39 를 성령에 대한 언급을 지지하는 것으로 본다(필자는 마태복음 27:50 과 누가복음 23:46 이 가능성이 없진 않지만, 동일한 정도의 지지나 이중적 의미를 갖는다고 확신하지 않는다). 또한 Dunn, "The Lord the Giver of Life," 14-15; 15n.27 을 참조하라. Dunn (15)은 19:30 과 20:22 모두 "생명을 창조하시는 성령을 주는 것은 예수님의 고난의 즉각적이고 직접적인 결과였다"라는 것을 보여준다고 말한다.

28 이 본문의 깊이 있고 간결한 해석을 위해서는, Sánchez, *Receiver, Bearer, and Giver*, 68-69(비교. 191)를 보라. 그는 또한 덧붙인다(107): "요한복음에서 십자가는 부활하신 주로서, 예수님이 성령을 제자들에게 불어넣는 것을 기대한다." 또한 19:30 의 성령의 선물에 대해 "회고하는 상징적인 언급"으로 묘사하는 Bennema, "The Giving of the Spirit"(특히. 200-201)을 참조하라. 좀 더 최근에, Bennema 는 19:30 을 "성령을 주는 과정의 시작"으로, 20:22 를 "실제로 주는 것"으로 이야기한다("One or Two Pentecosts?" 100): "그렇다면 7:39 의 조건은 19:30(상징적으로)과 20:22(실제적으로)에서 채워진다." Moloney 는 두 본문을 이해하는 열쇠가 "때의 '하나됨' 안에서 '하나'로 함께 속하는 근본적인 성령의 선물(19:30)과 성령의 선교적 선물(20:22-23)을 담고 있는 '그 때의 일치'(the unity of the hour)"라는 것을 제안한다(개인적인 대화, 2017 년 12 월 30 일).

제 죽음에서 또 한 번 경험하는 강력한 상징적인 순간은 발을 씻기는 장면에서 나타났던 것과 같이 성령의 권능을 받은 제자도와 선교가 십자가를 닮은 것임을 확인하는 순간이다. 결국 우리는 여기에서 위르겐 몰트만(Jürgen Moltmann)을 떠올리게 되며, 마이크 하베츠(Myk Habets)가 '십자가의 성령론'(pneumatalogica crucis)이라고 일컫는 이콘(icon)을 발견한다.29 창으로 찔린 예수님의 옆구리(19:34)로부터 흘러나오는 피와 물(요한복음 전체를 통해서 '성령의 이미지'를 나타내는 물30)은 요한복음 전체를 통해 확인한 것처럼 생명이 주님의 죽음에서 나온다는 것을 상징한다.31

설사 19:30 의 이러한 해석이 부정확한 것으로 밝혀지더라도, 중요한 점은 여전히 다음과 같다. 성령은 요한복음에 붙여 놓은 요한의 **각주**가 아니다. 제자들을 통해 진행 중인 하나님의 선교를 위한 성령의 선물은 오히려 요한복음 내러티브의 **절정**이다.

선교의 내용: 용서와 생명

이 본문의 세 번째 선교 주제는 선교의 내용으로 죄 사함에 관한 것이다. "너희가 누구의 죄든지 사하면 사하여질 것이요 누구의 죄든지 그대로 두면 그대로 있으리라 하시니라"(20:23).32 예수님의 이 말씀은 죄 사함에 대한 기독교 신앙과 사역의 중요성에 대해 적지 않은 논쟁을 불러일으켰지만,33 몇 가지는 분명하다.

---

29 Habets, *The Anointed Son*, 162, 165-68, 173, 243, 253-56, 264, 270 을 보라.
30 Sánchez, *Receiver, Bearer, and Giver*, 68.
31 예를 들면, 죄를 제하는 것과 성령에 의한 세례에 대한 1 장, 물과 성령의 세례, 그리고 들려 올려진 뱀과 같은 이를 바라봄으로 치유와 영생을 얻는 것에 관한 3 장이다. Sánchez 는 요한 복음에서 "예수님은 세상의 죄를 제하시기 위해 성령을 품고 성령으로 세례를 베푸시는 하나님의 어린 양이다"라고 말한다(*Receiver, Bearer, and Giver*, 69).
32 상세하고 통찰력 있는 논의를 위해서는, Brown, *John* 2:1041-45 를 보라.
33 중요하게, Raymond Brown 은 이러한 죄사함의 사역이 세례와 속죄 같은 특별한 예식에 국한되는 것이 아니지만, 그러한 예식들은 "훨씬 더 큰 능력, 곧 악과 죄를 고립시키고, 물리치며, 무력화하는 아버지에 의해 선교하시는 예수님에게 주어졌고, 이어서 성령을 통해 그가 파송하는 자들에게 주어진 능력의 부분적인 표현들이다"라고 결론짓는다.

한 가지 예로, 요한복음에서 예수님은 스스로 "세상 죄를 지고 가는 하나님의 어린 양"(1:29, 36; 비교. 19:14, 31-37)이라고 말씀하셨다. 따라서 제자들의 선교는 그들 자신이 용서의 실제적인 원천이 되는 것이 아니라, 용서를 위한 수단으로서 예수님의 구원하시는 죽음을 효과적으로 선포하고 중재하는 것이다. 요한복음은 분명히 예수님의 사역에 있어서 죄 사함의 중요성을 확증하는데, 생명을 주시는 예수님의 선교에 있어 죄 사함은 핵심적인 부분으로, '생명의 원천'과 올바른 관계에 있지 않는 자들은 "그들의 죄 가운데서 죽을 것"이기 때문이다(8:21, 24). 이 실제의 암묵적인 결과는 죄 사함이 예수님이 가져오신 생명, 곧 풍성한 생명(10:10)으로의 관문이라는 것을 말해준다.

더욱이 성령의 일에는 죄에 대해 세상을 책망하시는 것이 포함되어 있다(16:8-9). 그래서 죄 사함의 사역은 예수님의 사역과 죽음, 그리고 성령의 일에 바탕을 둔 **파생적인 것으로서** 진공 속에 존재하는 것이 아니다.[34] 앤디 존슨(Andy Johnson)이 말했듯이, "거의 확실하게, 수동태 형태의 23 절의 두 번째 부분에 있는 표현들(그들은 용서받았다/해방되었다/간직되었다)은 각각 신적 수동태(divine passive)의 예다. 다시 말해서, 23 절의 두 번째 부분에 있는 암묵적 행위자는 하나님이시다. 반면에 공동체는 … 23 절의 첫 번째 부분에 있는 행위자이다."[35] 그래서 용서는 **단지** 대리자일 뿐인 제자들의 일이 아니라, 궁극적으로 **하나님의** 일이다. 그러므로 23 절에 있는 "너희가 누구의 죄든지 사하면"이란 표현을 죄 사함에 대한 궁극적인 권한이나 백지 위임장을 제자들에게 나눠주는 것으로 해석해서는 안 된다. 요한복음에 따르면, 용서는 제자들을 통한 성령의 사역에 대한 반응으로 이뤄지

---

[34] Okure 의 전반적인 요점(*Johannine Approach*, 193)은 특히 이곳에서 중요하다. 예수님의 선교는 "궁극적으로 … 복음서에서 단 하나의 유일한 선교이다. 다른 모든 선교는 예수님의 선교의 기능일 뿐이다." 우리는 다른 모든 선교가 "예수님의 선교에 참여하는 수단들이다"라고 말할 수도 있을 것이다.

[35] Johnson, *Holiness and the Missio Dei*, 100.

고, 죄를 시인하고 예수님을 고백하는 것에 달려 있기 때문에 제자 공동체가 아닌 하나님의 용서를 필요로 한다. 물론 이러한 반응은 강요될 수 없으며, 예수님을 거부할 가능성은 항상 열려 있다. 그러나 용서는 생명으로의 **관문**이며, 궁극적인 목표(20:30-31)이다.

제자들의 사역은 더 큰 맥락에 있어서 용서를 베푸는(또는 보류하는) 것에 **제한되지** 않는다는 것을 보여준다. 하나님의 어린 양인 예수님이 세상의 죄를 위해 죽는 것 이상의 일을 하시도록 이 땅에 보내졌듯이, 제자들 또한 예수님에게 보내진 것과 똑같이(kathōs) 용서를 베푸는 것 이상의 일을 감당하게 될 것이다. 죄의 용서와 죄로부터의 해방(8:34)이 신적 심판에서 벗어나 풍성한 생명이신 예수님이라는 선물을 받는 것의 필수적인 조건(sine qua non)을 구성하지만, 생명 이야기의 **전체**를 구성하지는 않는다. 요한복음 9 장에서 볼 수 있듯이, 시각 장애인으로 태어난 사람의 치유 이야기는 요한복음 전체에 있어서 용서와 치유, 회복, 그리고 제자도와의 밀접한 관계를 잘 보여주고 있으며, 구원이나 생명은 다차원적임을 알 수 있다.

마지막으로 매우 중요한 것은 죄를 용서하는 사역과 그와 관련된 모든 행위가 제한된 범위로 한정되지 않는다는 것이다. 죄 용서는 모두를 위한 사역이다. "너희가 **누구의 죄든지** 사하면/그대로 두면"(20:23). 이 말씀은 단지 '회중적인 돌봄'만을 말하는 것이 아니라 외적인 선교를 말하는 것이기도 하다.

20:19-23 의 요약

이 부분에서 우리는 선교에 대한 중요한 사실을 발견할 수 있는데, 루시앙 르그랑(Lucien Legrand)의 말을 빌리자면, "성령, 보냄, 평안 및 죄의 용서, 심판과 죄의 매임에서 성령의 은사에 관해 잘 정리해 놓은 선교 신학의 통합을 발견할 수 있다. 성령은 승귀하신 예수님의 펼쳐진 두 손과 열린 마음으로부터 세상으로 흘러나오며, 세상은 받아들여 평화 가운데 있거나, 거절하여 심판 가운데 있다. 그 전체가 심오한 선교의 실제이다."36

도마의 증거, 그리고 그 이상(20:24-31)

마지막으로 예수님은 마리아의 말(20:18)을 연상시키는 제자들의 증거 (20:25)에 이어 도마에게도 나타나신다. 동일하신 주님이 나타나셔서 평안을 말씀하시고, 부활하신 그가 십자가에 못 박힌 자로 남아 있다는 증거를 제시하고, 불신앙을 신앙으로 바꾸라고 도마를 초대하신다(20:26-27). 잘 알려진 도마의 '옳은' 응답은 요한복음 내러티브가 도마뿐만 아니라 예수님에 대한 증거를 받아들이는 모든 사람들, 특히 그를 직접 보지 못한 사람들(20:29)로부터 나오기를 기대하는 응답이었다. 이후 예수님이 '하나님'이시라는 도마의 고백은 요한복음의 도입부(1:1-18)와 함께 하나의 수미상관(inclusio)을 형성하는데, 여기서 말씀(the Word)은 독특하신 하나님으로 표현된다. 더 중요한 것은 예수님이 "**나의** 주님이시요 **나의** 하나님이시니이다" 라는 도마의 고백일 것이다. 이 고백은 그가 복음의 선교적 목표, 즉 예수님을 육신을 입은 하나님으로 믿고, 또한 모든 사랑과 빛, 그리고 생명의 원천으로서 예수님을 개인적으로 받아들이는 것을 나타낸다. 또한, "내 주님"이라 고백하는(20:13) 막달라 마리아 내러티브를 연상시킨다. 그렇다면 도마는 예수님에게 질문하고 그의 신적 정체성에 대해 답을 얻고(14:5-7), 의심하기도 했지만(20:24-25) 마침내 믿음에 이르러(20:27-28) 제자가 되는 이상적인 구도자의 모형으로 제시된다. 그러나 도마의 고백은 부분적으로는 아이러니하게 전형적이라 할 수 있다. 왜냐하면 그 고백은 도마가 한 것처럼(20:29) 예수님을 육체적으로 볼 수 없는 사람들에게 영감을 주도록 의도되었기 때문이다.

---

36 Legrand, *Unity and Plurality*, 140.

따라서 예수님을 보지도 않고 믿는 모든 사람에게 선포하시는 축복은 선교에 대한 암묵적인 부르심인데, 이는 선교적 결론부(20:30-31)에서 더욱 분명해진다. 요한복음의 목적은 제자들의 목적과 마찬가지로, 생명을 주는 하나님의 아들을 증거하여 더 많은 사람이 도마와 같은 신앙으로 변화되어 생명에 이르도록 하는 데 있다. 믿는 것과 생명의 연결은 올바른 믿음과 고백이 단지 **동의**가 아니라 **받아들이는 것**이라는 것을 분명히 한다. 이렇게 받아들이는 것은 특히 언약적 삶이며, 예수님이 묘사한 자신과 아버지, 성령, 그리고 제자들과 관련하여 상호내주의 친밀한 가족의 삶으로 받아들이는 것을 말한다.[37]

20 장에 대한 결론

20 장은 제자들에게 파송과 선교방식(그리스도를 닮음), 선교를 실행하는 수단(성령), 그리고 선교의 내용(주와 하나님으로서 예수님과의 관계 속에서 죄의 용서와 새 생명)을 제공한다. 다시 한번 신학적으로 말한다면, 20 장의 주제는 선교적 테오시스이다. 20 장에서 제자들에게 성령을 주시는 장면에 대해 폴 피데스(Paul Fiddes)는 다음과 같이 말한다. "내러티브는 이 활동(용서)의 근원인 아버지께서 성령을 내쉬는 아들을 보내는 활동으로 특징지어진다. 이후의 삼위일체적 성찰의 언어를 빌리자면, 성령은 아들을 통해 아버지로부터 나온다."[38] 피데스는 우리가 해왔던 주장과 궤를 매우 같이하며, 인용할 가치가 충분한 말로 다음과 같이 이어간다.

---

37 Cornelis Bennema 는 '가족'을 "요한 신학의 주요한 범주"로 부른다. 신적 가족은 인간을 그 관계적인 친밀감 속으로 초대한다(*Encountering Jesus*, 33). "사람들은 지속적인 충성의 관점에서 또는 제자도로 표현된 계속되는 충성의 관점에서, 적절한 (성령이 능력을 주는) 가족적인 행동을 통해 신적 가족에 지속적으로 합계한다"(35). 또한 그의 *Mimesis*, 155-65 를 보라. Van der Watt (예를 들어, *Family of the King*)와 마찬가지로, Bennema 에게 가족은 요한의 윤리의 맥락이며, 미메시스는 '가족적인 행위'이다. Koshy, *Identity* 를 참조하라.

38 Fiddes, *Participating in God*, 51.

제자들은 이렇게 서로 얽혀 있는 선교의 흐름 속에서 그려진다. 요
한복음에 기록된 표적들에 의해 대표되는 예수님의 사역 속 표적들
은 다른 이들이 역사적인 예수님을 보지 않고도 믿을 수 있도록
(20:29-31) 다양하고 새로운 방식으로 그들 자신의 삶에서 재생산되어
야 했다. 여기서 묘사되고 있는 것은 그리스도의 사역의 단순한 모
방이 아니며, 하나님과의 관계에 대한 인간 공동체의 단순한 본보기
도 아니다. 보내는 운동에 참여함으로써, 제자들은 그들의 행위에서
예수님의 행동을 대표한다. 이러한 참여에는 본체와의 동질감이 아
닌 행동과 사건과의 동질감이 있다. 예를 들어, 인간은 하나님이 되
지 못한다. 끊임없이 지속되는 예수님의 화해와 구속 활동의 관점에
서 본다면, 우리는 주석가들이 주장한 이 복음서의 결론이 지나치게
과장되었다고 무시했던 것, 즉 예수님이 행하신 다른 많은 일을 기
록하기 위해서 이 세상이 충분히 크지 못하다는 것(21:25)을 반드시
읽어야만 한다.39

다시 말해, 선교적 영성과 성령과의 참여를 통해 제자들은 예수님보다
더 큰 일을 하게 될 것이다(14:12). 이런 일은 (요한복음의) 전도자의 시대에도
계속되었고, 오늘날에도 계속된다. 피데스가 언급한 복음서의 마지막 구절
(21:25)은 이제 우리를 21 장으로 안내한다.

요한복음 21 장

21 장은 해석자들에게 도전을 주어 왔다. 많은 학자는 (설사 그 주제들이 어
느 정도 앞에서 암시되었다 할지라도)40 21 장을 교회론을 위한 초점의 결말로 보
았다. 그리고 몇몇 학자들은 이 장을 나머지 요한복음(20 장을 포함한)에서

39 Fiddes, *Participating in God*, 51.
40 예를 들어, Brown, *John* 2:1082.

뚜렷하게 드러난 '기독론적' 초점과 대조시켰다.[41] 또 다른 일부 학자들은 21 장을 역사적으로든 또는 문학적으로든 간에 개인적 관점에서 베드로와 사랑하신 제자에 초점을 두면서 자연스럽지만 너무나 협소하게 해석했다.

그러나 앞에서 제시한 요한복음의 구조가 보여주는 것처럼, 위에 제안된 첫 두 해석은 21 장을 앞선 1-20 장으로부터 과도하게 분리한다. 두 번째 해석은 또한 한두 명의 개별적인 제자들과 전체 그룹으로서의 제자들 사이를 너무 심하게 구분 짓는 듯하다. 요한복음을 근본적으로 예수님의 선교를 이어가는 제자들의 선교를 성찰하고 격려하기 위한 문서로 이해한다면, 21 장은 요한복음이 줄곧 가리켜왔던 내용에서 어긋난 것이 아니라, 오히려 요한복음의 절정이 된다. 따라서 21 장은 에필로그가 아니라 요한복음의 선교적 영성을 요약하고 예수님에게 의존하는 가운데 그의 선교에 충실히 남아있도록 하기 위한 연설로 보는 것이 가장 적절하다. 테레사 오쿠레는 21 장을 4 장에 나타난 미니-선교-담화와의 평행으로서, 또 13-17 장의 주제들을 구체화하는 요한의 선교에 대한 이해의 실증으로 적절하게 지적한다. "개인적인 삶과 선교적 결실을 위한" 제자들과 예수님과의 관계에 대해 "요한복음 21 장은 담화들에서 제기된 핵심 주장들을 요약적으로 극화한다."[42]

부활하신 예수님과 제자들의 선교(21:1-14)

앨런 컬페퍼(Alan Culpepper)에 따르면, 21:1-14 은 "다양한 장르를 사용하기 때문에 다양한 기능을 수행한다."[43] 컬페퍼는 여기에서 기적 이야기, 출현 이야기, 만찬 이야기, 깨달음의 이야기, 사랑하는 제자와 베드로의 이야기를 발견하게 된다고 설득력 있게 제시한다.[44] 그렇지만 이 목록에 또

하나의 장르를 더해야 한다. 이 부분은 요한복음에서 발견하게 되는 예수님이 행하신 비유, 또는 살아있는 비유의(13 장에 나오는 세족과 20 장에 나오는 성령의 숨을 내쉬는 것과 같은) 또 다른 한 예이기 때문이다.45 이 부분이 나타내는 주제는 세상 사람들의 어부로서 제자들의 선교인데, 이 주제는 공관복음에서도 잘 나타난다.46 (앞서 공관복음처럼 제자들의 선교는 예수님의 선교처럼 추수라는 관점에서 묘사되었다)47 이 부분의 이야기는 이전에 나온 요한복음의 내용들과 '교회적 이미지'에 대한 암시로 가득 차 있다.48

거함과 풍성함

일곱 명의 제자들은 분명히 완전함의 상징이다. 후에 사랑하신 제자가 언급되는 가운데(21:7), 그들 중 다섯 명인 시몬 베드로, 도마, 나다나엘, 그리고 세베대의 아들(요한복음에서 아직 이름이 언급되지 않은)이 언급된다. 일곱 제자는 예수님의 첫 제자일 뿐만 아니라 모든 시대와 장소의 모든 제자를 대표한다. 이 제자들이 예수님의 지시(21:6)를 따를 때까지 물고기를 하나도 잡지 못한 것(21:3)은 그들의 선교를 위해 예수님에게 의지해야 할 필요성을 상징한다. 다시 말해서, 이 에피소드는 15 장에서 예수님이 선교에

---

44 Culpepper, "Designs for the Church," 373-79.

45 세족이나 다른 몇 개의 사건의 경우와 같이, Craig Koester(*Symbolism*, 134-38)는 고기를 잡는 것을 예수님의 마지막 '상징적 행동'으로 말한다. Koester(134)는 각각의 상징적 행동이 먼저는 기독론에, 그다음에는 제자도에 초점을 맞춘다고 말한다.

46 마 4:18-22; 막 1:16-20; 눅 5:1-11. 모든 공관복음서의 이야기는 예수님의 지상 사역 동안 그의 왕국적 활동에 참여하는 제자들의 초기 부르심에 관한 것이다. 요한은 공관복음의 사건들에 관한 전통 또는 전통들에 대해 알고 있었던 것으로 보인다. 무엇보다도 요한복음과 가장 비슷한 누가복음의 경우가 그렇다. 요한복음의 마지막에 나타난 사건의 장소는 예수님이 육체적으로 떠나시고 성령에 의해 '대체'된 후, 주님의 선교와 제자들의 선교가 연속적이라는 것을 암시한다. 요한의 표현을 빌리자면, 이는 그들의 사역이 실제로 예수님의 사역과 '똑같이'(just as) 닮을 것임을 또한 암시한다. Lincoln (*John*, 511)은 그물로 사람을 낚고 잡는 것은 때때로 구약과 쿰란에서 종말의 신적 심판의 이미지임을 지적한다. 예수님은 그것을 구원의 이미지의 하나로 변화시켰다.

47 요 4:35-38; 예를 들어, 마 9:35-38; 13:1-9, 18-33 을 비교하라.

48 Culpepper("Designs for the Church," 379-402)는 고기 잡는 것, '끌어당기는 것'과 찢기지 않은 그물, 저녁, 배, 숫자 일곱, 숯불과 다른 세부 사항, 물고기 153 마리, 빵과 물고기 식사, 일반적인 교회의 이미지로서 물고기에 대해 논의한다.

관하여 강력하게 말씀하신 것에 대한 극적인(그리고 효과적인) 비유적 주석이
다.

> 내 안에 거하라 나도 너희 안에 거하리라 가지가 포도나무에 붙어
> 있지 아니하면 스스로 열매를 맺을 수 없음 같이 너희도 내 안에
> 있지 아니하면 그러하리라 나는 포도나무요 너희는 가지라 그가 내
> 안에 내가 그 안에 거하면 사람이 열매를 많이 맺나니 나를 떠나서
> 는 너희가 아무 것도 할 수 없음이라(*chōris emou ou dynasthe poiein
> ouden*, 15:4-5).

15장에서 예수님이 이미 경고하신 것처럼, 제자들은 예수님으로부터
떨어져서는 "아무 것도 잡지 못하였다"(21:3). '아무 것도 하지 못한다'는
주제는 요한복음에서 중요한 선교적 모티프이다. 이러한 부정(不定)을 통해
서 보냄을 받은 자는 자신의 선교적 원천과 패러다임으로서 보내는 자에
게 의존한다는 것을 나타낸다. 이 주제는 기독론적으로 시작한다("아무것도
… 없다"라는 밑줄로 표시되었다).

- 아들이 아버지께서 하시는 일을 보지 않고는 <u>아무 것도</u> 스스로 할 수 없나
  <u>니</u>(*ou dynatai … poiein aph' heautou ouden*) 아버지께서 행하시는 그것을 아
  들도 그와 같이 행하느니라(*homoiōs poiei*, 5:19).

- 내가 <u>아무 것도</u> 스스로 할 수 <u>없노라</u>(*ou dynamai egō poiein ap' emautou ou-
  den*, 5:30).

- 너희가 인자를 든 후에 내가 그인 줄을 알고 또 내가 스스로 <u>아무 것도</u>
  하지 <u>아니하고</u>(*ap' emautou poiō ouden*) 오직 아버지께서 가르치신 대로 이
  런 것을 말하는 줄도 알리라(8:28).

- 이 사람이 하나님께로부터 오지 아니하였으면 <u>아무 일도</u> 할 수 <u>없으리이다</u>
  (*ouk ēdynato poiein ouden*, 9:33).

예수님은 15 장에서 보내신 자에 대한 보냄 받은 자의 의존에 관해서 기독론적인 진리를 제자들에게 적용하신다. 이러한 적용은 선교적 존재의 핵심으로 제자들이 예수님 안에 거한다는 것이며, 이 진리는 21 장에도 나타난다. 지도자인 베드로와 다른 제자들은 예수님 안에 거하기를 포기했는데, 이는 그들이 물고기를 잡으러 가는 것으로 상징되고 있다. 비록 제자들은 인식하지 못했지만(21:4), 예수님은 언약적 관계를 회복하고 제자들을 그들의 선교와 그 능력의 원천으로 다시 부르시기 위해 행동하셨다.

예수님 안에 거하는 데 실패한 결과의 '반대 측면'은 거하는 자들에게 약속된 성공이다.

> 너희가 내 안에 거하고 내 말이 너희 안에 거하면 무엇이든지 원하는 대로 구하라 그리하면 이루리라 너희가 열매를 많이 맺으면 내 아버지께서 영광을 받으실 것이요 너희는 내 제자가 되리라(15:7-8).

아버지의 가르침에 관한 예수님 자신의 순종과 유사하게, 특정한 곳으로 그물을 던지라는 그의 지시에 따름을 통해서 제자들은 주님의 말씀에 순종하는 것을 보여준다. 그리고 좋은 결과를 경험하면서 제자들은 예수님이 아버지께 의존했던 것과 같이, 그에 대한 의존을 다시 배운다. 또한, 제자도에 대한 비유로서 물고기를 잡는 경험을 통해, 예수님의 사역이 아버지의 사역이었던 것처럼, 제자들의 사역이 실제로는 예수님의 사역임을 인식하게 된다. 그렇다면 사실상 예수님은 여기서 '위대한 어부'로 묘사되고 있는 것이다.

예수님에게 순종하고 의지하여 제자들은 많은 물고기를 잡는다(21:11). 153 마리의 물고기가 정확히 무엇을 상징하든,[49] 그것은 분명히 제자들이

---

[49] 삼진수이자 1 부터 17 까지 숫자의 합으로 나타나는 이 흥미로운 숫자에 대한 다양한 해석을 위해서 Lincoln, *John*, 513 과 특히 Culpepper, "Designs for the Church"를 참조하라. Culpepper 는 여러 세기 동안의 모든 다양한 해석을 살핀 후에, 그 상징이 분명히 "설사 자신

예수님 안에 거할 때 생겨날 선교적인 풍성함(제자들이 기대하거나 상상할 수 있는 것보다 더 많은)과 '어획물'의 보편성, 그리고 아마도 찢기지 않은 그물(21:11)로 상징되는 어획물의 통일성과 다양성의 표식일 것이다. 더욱이 물고기는 에스겔의 예언의 성취일 가능성이 높다. 생명을 주는 물은 종말의 성전으로부터 흘러나올 것이며, 그 결과는 "그물 치는 곳이 될 것이라 그 고기가 각기 종류를 따라 큰 바다의 고기 같이 심히 많으려니와"(겔 47:10)로 나타날 것이다.[50]

> 그 물고기는 … 매우 큰 숫자 (일 것이다) *hoi ichthyes autēs* …. *plēthos poly shodra* (겔 47:10 LXX, 저자 역).

> 너무 많은 수의 물고기로 인해(*apo tou plēthous tōn ichthyōn*) 그들은 그 물을 당길 수가 없었다(요 21:6, 저자 역).

요한복음에서 물, 생명, 그리고 성령의 명시적인 연결(3:3-8; 7:37-39; 19:28-30)은 에스겔서의 이러한 모티프들과의 암묵적인 연관성을 나타내고,[51] 많은 물고기를 잡는 것과 성령의 일 사이의 연결을 더욱 암시한다. 에스겔서에 나오는 많은 물고기의 이미지는 많은 열매를 포함한 풍성한 생명에 대한 더 큰 이미지의 일부이다(겔 47:1-12).

> 강 좌우 가에는 각종 먹을 과실나무가 자라서 그 잎이 시들지 아니하며 열매가 끊이지 아니하고 달마다 새 열매를 맺으리니 그 물이

있게 풀어낼 수는 없더라도 교회와 관련이 있다"라고 결론짓는다(402). 정치적 해석을 제공하는 문헌 조사를 위해서는 Oakman, "Political Meaning"을 참조하라.

50 Lincoln, *John*, 511-12 를 보라.

51 에스겔서에서 성령은 선지자를 성전으로 데려간다(선지자가 가증스러운 숭배 행위를 보는 8 장, 하나님의 영광이 성전을 떠나는 11 장, 하나님의 영광이 성전으로 돌아오는 43 장). 하나님께서 백성에게 새 마음과 새 영을 주겠다고 약속하시고(11:19; 비교. 36:26-27; 39:29), 성령이 백성에게 새 생명을 주시게 될(37 장) 곳은 성전이다. 생명을 주는 물은 (종말론적) 성전으로부터 흘러나오는데, 이것은 책의 앞부분에서 약속된 성령의 선물을 의미한다.

성소를 통하여 나옴이라 그 열매는 먹을 만하고 그 잎사귀는 약 재료가 되리라(겔 47:12; 계 22:2 에서 반향).

10 장과 15 장에서도 이와 같은 풍성한 생명과 많은 열매의 약속에 대한 암시들이 있는가? 그 질문에 대한 대답이 예이든지 아니든지 간에, 21 장에 있는 이미지는 확실히 성령의 권능을 입은 고기잡이의 이미지다. 만일 20 장 이후에 성령이 '사라졌다'고 생각한다면 이와 같은 해석은 어려울 것이다. 예수님에게 의지하는 것은 곧 성령에게 의지하는 것이다. 만일 성령이 약속된 **또 하나의 그리스도**(14:16)인 것이 사실이라면, 예수님이 **또 하나의 성령**(alter Spiritus)이란 것도 사실이다. 또는 더 정확히, 제자들 안에서 그리고 그들을 통해 행해지는 예수님의 일은 성령의 일이며, 그 반대의 경우도 마찬가지이다.

끌어 올리기와 식사

제자들이 잡은 물고기는 "그물을 들(*helkysai*) 수 없을" 정도였다(21:6). 이 동사는 요한이 아버지가 사람을 이끄시고 또 예수님이 십자가로부터 사람들을 이끄시는 것에 대해 이야기할 때 사용한 것과 같은 동사이다(아래 논의된 21:11 에서도 사용됨).

나를 보내신 아버지께서 이끌지(*helkysē*) 아니하시면 아무도 내게 올 수 없으니 오는 그를 내가 마지막 날에 다시 살리리라(6:44).

내가 땅에서 들리면 모든 사람을 내게로 이끌겠노라(*helkysō*) 하시니 (12:32).

즉, 제자들은 이제 십자가 상에서 예수님의 죽음으로 인해 가능해진 신적 생명속으로 사람들을 이끌기 위해(물고기를 끌어 올리기 위해) 아버지의 선교(생명의 떡 담화에서 이렇게 표현됨)인 예수님의 선교를 이어간다. 이것이 바로 참여적 선교 또는 선교적 테오시스이다.

21:6 에서 "그물을 들어 올리다"에 사용된 들다(helkō)라는 동사는 베드로가 대제사장의 종의 귀를 베기 위해 칼을 빼는(helkysen) 18:10 에서도 사용되었다. 이 사례로 보면, 21 장에서 사용하는 동사는 일상적인 의미만을 가지고 사용되었다고 볼 수도 있을 것이다. 그러나 21 장 전체의 두 가지 측면은 이 장에서 helkō 의 사용이 실제로 6:44 과 12:32 의 반향이며, 방금 제안된 선교적 의미, 즉 (1) 21 장의 전체적인 선교적 방향성과, (2) 복음서의 앞 장들에 있는 다른 반향(echoes)의 존재라는 의미를 지닐 가능성을 높여 준다.

더욱이 칼을 빼든 자도 **베드로**였고(18:10), 물고기로 가득 찬 그물을 뭍으로 끌어 올린 자도 **베드로**였던 것(21:11)은 결코 우연이 아니다. '끌어 올리는 자'로서 베드로에 대한 이중 언급은 선교를 시사하는 것이고, 또한 내러티브에서 전개될 베드로의 회복을 암시한다. 말과 칼을 빼는 행동으로(18:10) 예수님을 부인했던 베드로는 그의 평화(20:19, 21, 26)에 참여하는 자로서 사람들을 예수님에게 이끄는 선교를 하는 자로 그려지고 있다. 그는 칼을 빼는 폭력의 행위로 예수님을 보호하거나 선전하는 선교를 하지 않았다. 그뿐 아니라 베드로가 가진 대표적인 성격으로 볼 때, 그물을 끌어 올리는 모습은 "사람들을 예수님에게로 이끌기 위해 하나님과 예수님의 선교로 제자들이 참여하는 것이라고 여겨질 수 있다"[52] (사람들을 예수님에게로 '이끄는 것'은 사람들을 예수님에게 '끌어[낚아] 올리는' 것보다 듣기 좋다!) 베드로에게 나타난 두 번의 끌어 올리는 사건은 요한복음의 청중에게 있어 예수님의 선교에 대한 참여를 이해하는 두 가지 다른 방법을 제시한다. 하나는 칼로 예수님의 나라를 지키고 선전하는 폭력의 방법이다. 다른 하나는

---

52 Lincoln, *John*, 513.

예수님이 직접 하신 것과 똑같이(kathōs) 예수님 안에 거하며 그의 명령에 따라 물고기를 끌어들이는 평화의 방법, 곧 성령의 방법이다.

물고기를 잡는 사건 이후 아침 식사(21:9-13) 때, 예수님의 행동은 생명의 떡 담화와 그 담화가 해석하는 빵과 물고기의 나눔(6:11)을 회상시킨다.

6 장	21 장
여기 한 아이가 있어 보리떡(artous) 다섯 개와 물고기(opsaria) 두 마리를 가지고 있나이다(6:9)	육지에 올라보니 숯불이 있는데 그 위에 생선이(opsarion) 놓였고 떡(arton)도 있더라(21:9)
예수께서 떡을(artous) 가져(elaben) 축사하신 후에 앉아 있는 자들에게 나눠 주시고(diedōken) 물고기도(opsariōn) 그렇게(homoiōs) 그들의 원대로 주시니라(6:11)	예수께서 이르시되 와서 조반을 먹으라 하시니 … 예수께서 가서서 떡(arton)을 가져다가(lambanei) 그들에게 주시고(didōsin) 생선도(opsarion) 그와 같이(homoiōs) 하시니라(21:12a, 13)

흥미롭게도 요한복음 6 장에 나오는 '떡'(보리떡/떡), '물고기', '생선', '잡다', '나눠 주다/주다'의 헬라어 어휘들은 21 장에 다시 나타난다. 하지만 6 장과 어쩌면 21 장에서도 서술된 사건이 가리키는 것(referent, 일차적이든 이차적이든지 간에)으로 흔히 생각되는 기독교 성례의 가장 당연한 단어인 **축사**(eucharistēsas, 6:11)에 대한 언급은 없다. 그러나 축사, 곧 성찬(Eucharist)에 대한 언급이 없다는 것은 여기서의 주된 강조점은 **성찬**의 상징으로서 만찬이 아니라는 것을 말해준다. 21 장에서 만찬은 제자들이 예수님을 의존하며, 나아가 생명의 떡이신 예수님을 세상에 제시하는 것을 포함하여, 제자들의 **선교적 사명**의 상징으로서의 만찬임을 시사한다. 이 상징적인 만찬은 더 나아가 제자들이 단지 생선과 평범한 떡을 먹는 것이 아니라, 거하기 위해 필요한 '양식'으로서 생명의 떡을 섭취하는 것이며, 따라서 선교적 성공을 거둔다는 것을 암시한다. 이와 같은 섭취는 예수님을 받아들이는 것, 또는 상호내주 관계의 절반을 상징한다.

숯불(21:9, anthrakian)은 동일한 종류의 불(18:18, anthrakian) 주위에서 베드로가 부인하는 장면의 분명한 반향이다(anthrakian 은 신약 성경의 다른 어디에서도 사용되지 않는다). 이러한 구체적인 사실과 함께 내러티브는 '예수님과 의 절하고', 그를 부인하고 포기한 자였던 베드로를 위한 회복의 순간으로, 또 한 베드로가 대표하는 모든 제자를 위한 갱신의 순간으로 옮겨간다.

부활하신 예수님과 계속되는 제자들의 선교(21:15-23)

베드로의 회복과 그의 미래에 대한 예언의 장면(21:15-23)은 예수님의 이 름으로 행해지는 사역의 성격과 대가 모두를 강조한다. 예수님과 베드로 사이의 어휘와 문학적 예술성이 풍부한 짧은 대화(21:15-19)는 요한복음의 수사학적 보석이며 또 다른 파송 장면이다.[53] 이전에 있었던 베드로의 삼 중 부인(13:38에서 예언되고, 18:15-27에 서술된)은 예수님의 사랑, 혹은 언약적 신실함, 그리고 그의 양을 먹이라고 하시는 예수님의 필연적인 삼중 질문 에 대한 응답으로 베드로가 고백한 사랑의 삼중 확증과 짝을 이룬다 (21:15-17).[54] 물고기를 잡는 선교는 성공적일 것으로 가정된다. 물고기는 이 제 양으로 바뀌었고, 양은 반드시 양육되어야 한다. 전도는 반드시 목회적 사역이 되어야 한다. 그러나 양을 치는 것을 단순히 구심적인 선교 활동으 로만 이해해서는 안 된다. 무리를 떠난 양을 찾고, 양떼를 모으는 것은 양 을 치는 것에 대한 원심적인 선교적 차원을 의미한다.[55]

---

[53] 대부분 학자가 사랑, 어린양/양, 양치기/먹이기에 관한 다양한 단어들은 중요한 뉘앙스를 나타 내는 측면에서 큰 해석적 의미를 갖지 않는다는 데 동의하지만(예를 들어, Brown, *John* 2.1102-6), 이로 인해 이 구절의 심오한 신학과 인상적인 미학에 대한 우리의 평가를 훼손해서 는 안 된다.

[54] 한편에 있는 삼중 부인에 대한 예언과 실행, 또 다른 한편에 있는 삼중 질문-응답 사이의 평행 은 문자 그대로, 그리고 신학적으로 많은 면에서 만족스럽다. 비록 평행은 1-20장의 저자가 아니라 나중의 다른 저자(예를 들면, 21장의 저자)에 의해 만들어졌을 수도 있지만, 이 평행은 같은 저자에 의해 의도되고 만들어졌을 가능성이 더 높다. 오래전 Paul Minear는 "처음부터 같은 작가가 삼중 부인을 … 사랑의 삼중 서약과 균형을 맞추려고 의도했을 가능성이 아주 크다"라고 주장했다("The Original Functions of John 21," 92). 부인이 예언되는 본문 (13:30-38)도 21:15-23과 많은 평행을 이루고 있다. Jan van der Watt("Ethics Alive," 442)는 유사한 설정(식사), 사랑, 충성 및 지식에 대한 초점, 베드로의 죽음에 대한 언급, 그리고 예수 에 대한 '주'라는 호칭의 존재를 가리킨다.

[55] 포스트모던 상황에서 그리고 아마도 다른 (모든) 시대에서, 물고기와 양, '잡히는 것들'과 '보 살핌을 받는 것들' 사이의 경계가 항상 분명한 것은 아니다. Stanley Skreslet(*Picturing Christian Witness*, 155-90)은 여기에 묘사된 양을 돌보는 사역은 "선교적 양치기"라고 할 수

베드로와 다른 제자들은 이제 선한 목자 예수님(10 장)의 '목양' 사역에 참여하게 될 것이다. 이는 우리가 제 2 장에서 보았듯이 에스겔서에서 가져온 이미지이며, 이것은 또한 예수님을 모세와 다윗, 그리고 실제로 야훼(YHWH) 전통에 있는 이스라엘의 목자로 만든다.56 모세가 여호수아를 그의 후계자로 선택한 것(민 27:12-23)처럼, 예수님은 베드로를 그의 '목자 계승자'가 되도록 선택하신다.57

그러나 양은 베드로나 제자들의 것이 아니다. 양은 선한 목자이신 예수님에게 속한다(나의 양/어린 양). 베드로는 예수님의 대리인으로서 사역을 한다. (부)목자로서 베드로는(그리고 베드로가 대표하는 모든 목자는) 예수님의 목양 사역에 참여하는데, 이는 사실상 하나님의 목양 활동이다. 예수님은 "아버지께서 나를 목자가 되도록 보내신 것 같이, 나 또한 나의 이름으로 목자들이 되도록 너희를 보낸다"라고 요한복음에서 말했을 수도 있을 것이다. 더 나아가 선한 목자인 예수님이 양을 위하여 목숨을 버리신 것(10 장)과 똑같이 베드로도 신실한 제자("나를 따르라", 21:19, 22)와 부목자로서 자신의 생명을 잃게 될 것이다(21:18-19). 베드로는 제자들이 미움을 받고 심지어 죽임을 당할 것이라는 예수님의 예언(15:18-16:4a)의 정확한 성취가 될 것이다. 사랑하는 제자에 대한 베드로의 관심(21:20-21)은 또 하나의 회상과 함께 서술된다. 고별 만찬의 회상을 통해 예수님의 죽음이 아버지께 영광을 가져온다 할지라도(21:19), 예수님의 사역에 참여하는 것은 그의 운명에 참

있는데, 이는 요한복음 10 장과 구약성서의 선례에 기초하여 볼 때, 그것은 모으는 기능을 포함하고(예를 들어, 요 10:16), 따라서 물고기를 잡는 것과 어느 정도 겹치기 때문이라고 주장한다.

56 목자로서 예수와 모세 그리고 다윗 사이의 연결을 위해서는, Aus, *Simon Peter's Denial and Jesus' Commissioning Him*, 192-98 을 보라.

57 Aus, *Simon Peter's Denial and Jesus' Commissioning Him*, 196-98. Aus 는 아가 1:7-8 과 호세아 11:1 에 있는 보충적인 상호 텍스트를 발견하고, 랍비 문헌과 연결된 세 개의 텍스트를 발견한다. 그러나 필자가 강조하고자 하는 것은 (1) 모세와 다르게 예수는 그의 후계자를 그의 죽음(그리고 부활) 전이 아니라 죽음 후에 선택하시고, (2) 예수는 제자들 그룹 전체를 17 장과 20 장에서 이미 파송하셨으며, 따라서 (3) 베드로는 이 파송 장면에서 단지 일개의 개인이 아니라 대표자적인 인물이라는 것이다.

여하는 것이란 의미를 추가적으로 적절하게 상기시켜 준다. 따라서 예수님의 이름으로 행하는 목양 사역은 십자가의 속성을 지니고 있다.

요한복음의 긴 내러티브는 사랑하는 제자의 증거(21:24)로 마무리되고 있다. 하지만 이 복음서에 보존된, 심지어 사랑하는 제자의 진실한 증거조차도 예수님이 행하신(*epoiēsen*, 21:25) 것들의 이야기 전체를 말하지 않고 있고, 말할 수도 없다. 예수님이 행하신 모든 일이 기록된다면, 세상은 그 이야기를 담기 위해 필요한 모든 책을 수용할 수 없다. 이 주장은 요한복음 내러티브의 과장적인 결론 그 이상이다. 예수님은 제자들이 여전히 '큰 일'을 이룰 것이라는 약속을 암묵적으로 상기시켜 주고 있다. 물론 그들은 예수님이나 예수님의 일을 대체하지는 않을 것이지만, 주님의 활동 방식(*modus operandi*)을 사용하고, 그분 안에 거하면서(15:7, 16) 예수님의 이름으로 하는 기도라는 수단을 통해 그의 선교를 이어갈 것이다. 기도는 실제로 **예수님**이 요한복음에 서술된 형태의 것들을 계속해서 하시는 것이 될 것이다. "너희가 내 이름으로 무엇을 구하든지 내가 행하리니(*poiēsō*)" "내 이름으로 무엇이든지 내게 구하면 내가 행하리라(*poiēsō*)" "너희가 내 안에 거하고 내 말이 너희 안에 거하면 무엇이든지 원하는 대로 구하라 그리하면 이루리라"(15:7). 마지막 본문은 일종의 신적이고, 심지어 기독론적이고, 성령론적인 수동태가 포함되어 있다. "그것은 이루어질 것이다 (나의 아버지와 나와 성령을 통하여) 너희를 위해." "너희(제자들)는 아무것도 할 수 없다"라는 현실은 "나 (예수)는 모든 것을 할 수 있다"라는 새로운 현실이 된다. "예수님이 행하신 일"(*epoiēsen*, 21:25)은 놀랍지만 끝난 것이 아니라 이제 막 시작한 것이다. 제자들은 단순히 사랑하는 제자의 증거를 나누는 것이 아니라 동일한 아버지가 구상하시고, 예수님이 모양을 만드시며, 성령이 권능을 주시는 선교에 그들 자신이 참여함을 통해서 요한의 증거를 이어갈 것이다.

요한복음 20-21 장의 통합

앞에서 확인한 요한복음의 구조에서 볼 수 있듯이, 20-21 장에서 아들의 부활과 성령의 권능을 입은 제자들의 선교 내러티브를 발견할 수 있다. 예수님이 마리아와 제자 그룹(두 번), 도마, 그리고 베드로에게 나타나셔서 말씀하셨을 때, 예수님은 아버지께서 그를 보내셨던 것과 똑같이 제자들을 보내시고, 명시적으로 또한 암묵적으로 그들을 파송하신다.

이는 지상에서 예수님의 선교와 제자들의 선교가 동일하다는 것을 말하는 것이 아니다. 오히려 성령이 제자들 안에서 또 그들을 통해서 예수님을 닮은 선교를 하는데, 이것은 그들 사이에 연속성이 있다는 것을 말해준다. 예수님은 세상 죄를 지고 가는 하나님의 어린 양(1:29)이며, 사람들에게 생명을 주기 위해 죽으시며, 그 결과 제자들에게는 생명에 이르게 할 죄 사함(20:21-23)의 선교적 임무가 주어진다. 예수님은 세상의 구주(4:42)이시기에, 제자들에게 그물이 가득 찰(21:11) 때까지 온갖 종류의 물고기를 잡아야 할 선교적 임무가 주어진다. 또한 예수님은 세상을 위한 떡으로 자신의 생명까지도 주시는 선한 목자(10:10-18; 6:51-55, 21:15-19)이시기에, 제자들에게는 그의 어린 양을 먹이는 선교적 임무가 주어진다. 마지막으로 예수님은 그의 죽음과 제자들에게 동기를 부여하는 사랑의 상징으로서 발을 씻기시기에, 제자들도 죽음의 가능성을 스스로 직면한다(20:18-19).

우리는 요한복음과 이 복음서의 주요한 몇몇 부분들을 (요한복음에 다양하게 나타난 선교적 테오시스의 표현들에 초점을 맞추어) 순서에 맞게 다루는 일의 마지막에 다다랐다. 이제는 한발 물러서서 요한복음 전체를 살펴보아야 할 때이고, 그렇게 함으로써 지금까지 이 복음서를 다루는 데 있어서 많이 나타났던 사랑의 주제에 대해 초점을 맞출 때이다.

6

극단적인 선교적 테오시스

요한의 암묵적인 원수-사랑 윤리

본서의 1장부터 5장까지는 요한복음 전체와 전반부의 부분들을 고려하며 후반부의 개별적인 부분들까지도 자세하게 살펴보았다. 이제 6장에서는 사랑이란 주제를 가지고 다시 한번 복음서 전체를 살펴보려고 한다. 외부자들 또는 '세상'을 사랑하는 것뿐만 아니라, **요한이 세상에 대해 묘사하는 것과 같이** 하나님과 예수님 그리고 제자들에게 적대적인 세상을 사랑하는 것에 대한 선교적 테오시스의 의미는 무엇일까? 이것은 특히 계속해서 제기되는 문제다. 다시 말해서, 원수를 사랑하는 것에 있어서 요한복음이 갖는 의미는 무엇인가? 21세기 초의 상황에서 이보다 더 어렵거나 더 적절한 질문을 상상하기 어렵다. 이 사랑은 '끝까지'와 '극한의 상태에까지' 둘 모두를 의미하는 '*eis telos*'의 사랑(13:1)으로서, 예수님의 '극단적인' 형태의 사랑과 그 극단적인 사랑(끝까지 사랑)에 그의 제자들이 참여하는 것과 관련이 있다.

서론

공관복음서와는 달리 요한복음에는 명시적인 윤리가 거의 없다는 것이 일반적인 주장이다. 몇몇 해석자들이 이러한 허점을 다소 심각하게 받아들이는 가운데,[1] 다른 해석자들은 계명이 아닌 명시적인 윤리적 가르침만이 도덕적인 관심을 전달하는 유일한 방법이 아니라는 것을 우리에게 상기시킨다.[2] 성경 문헌들의 '정신'(ethos, 예를 들어 그것이 보여주는 태도들과 그 결과로 나타나는 실천들)과 정신이 나타내는 내러티브 세상, 인물들에 대한 묘사, 핵심 은유와 이미지, 성경과 구전에 대한 암시, 그리고 신학(하나님과 하나님에 관련된 모든 것에 관한 주장들)은 모두 윤리적인 가르침이 가능한 수단들이다. 이러한 수단들은 **명시적인** 방법보다는 **암묵적인** 방법으로 도덕적 가치와 실천을 지지한다.[3]

더욱이 앞선 장들에서 언급했듯이, 요한복음이 인간의 사랑이란 주제에 관해 **명시적으로** 말하는 것은 많은 해석자에게 "서로 사랑하라"(13:34-35; 15:12, 17; 참조. 13:14)라는 제자 공동체 안의 사랑에 국한되는 것처럼 보인다. 원수는커녕 외부자들을 사랑하라는 명시적인 계명조차 없는 것처럼 여겨진다. 명백해 보이는 이러한 누락은 '보수적인' 학자들과 '자유주의적' 학자들 모두에게 몇 가지 냉정한 주장을 낳게 했다. 2장과 3장에서 살펴본 것을 상기하면서, 복음주의자인 로버트 건드리(Robert Gundry)가 말한 것에 주목할 필요가 있다.

---

1 예를 들어, Meeks, "The Ethics of the Fourth Evangelist."

2 예를 들어, 일반적인 신약 성경을 위해서는, van der Watt, *Identity, Ethics, and Ethos*; Zimmermann, "The 'Implicit Ethics' of New Testament Writings."

3 예를 들어, van der Watt and Zimmerman, *Rethinking the Ethics of John*; Brown and Skinner, *Johannine Ethics*; van der Watt, "Radical Social Redefinition and Radical Love"를 참조하라. 시간이 다소 되었으나 동일한 관점을 위해서는 Hays, *Moral Vision*, 4를 보라.

말씀(Word)이신 예수님이 하나님의 말씀(word)을 세상에 말씀하신 것처럼 … 그렇게 그의 제자들도 해야 한다. 그러나 그들은 주님이 하신 것 이상으로 믿지 않는 세상을 사랑해서는 안 된다. … 서로를 사랑하는 것으로 족하며 세상에 빠진 자들을 사랑하는 것은 위험하다.[4]

2 장에서 인용한 비평학자 잭 샌더스(Jack Sanders)의 말은 더욱 신랄하다. 그는 제기된 요한 윤리의 '허약함과 도덕적 파탄'에 대해 불평한다. 샌더스는 누가복음 10 장의 선한 사마리아인과는 다르게 요한복음의 기독교인은 반쯤 죽어 있는 사람에게 다음과 같이 묻는다고 주장한다.

"당신은 예수님이 하나님으로부터 내려온 분이심을 믿으십니까?" 요한의 그리스도인은 그에게 말한다. "믿으시기만 하면, 당신은 영생을 얻을 것입니다" … 죽어가는 남자의 피가 땅을 얼룩지게 하는 동안 말이다.[5]

이러한 명백한 차이와 형태의 비평에도 불구하고, 이 장에서 주장하려는 것은 요한복음이 단지 외부자들을 향한 일반적인 사랑이 아닌, **원수**-사랑이라는 암묵적인 사랑의 윤리를 담고 있다는 것이다.[6] 이 윤리는 아버지와 아들 사이에 존재하는 사랑의 영역으로 사람들을 끌어들임으로써, 적대적인 세상을 구원하기 위해 세상 속으로 아들을 보내는 신적 행위에 기초한다. 더 나아가 원수에 대한 이러한 사랑을 구체화하는 복음서에 서술된 예수님의 행위들에 근거를 두고 있다.[7] 더욱이 이러한 원수-사랑의 윤

---

4 Gundry, *Jesus the Word*, 61.
5 Sanders, *Ethics in the New Testament*, 99-100.
6 필자는 '원수'의 일반적인 정의로 누군가를 혹은 어떤 것을 반대하고, 강하게 싫어하거나 미워하는 자로서, 그 사람을 또는 그것을 해치려는 자를 전제한다. 일반적으로 원수로 인식되지 않고 다른 사람들을 원수로 인식하지 않는 사람도, 배신행위나 다른 형태의 해를 가함으로써 일종의 원수가 될 수 있다는 것을 또한 인정한다(나는 이 주제에 관해 대화를 나눠준 Michelle Rader 에게 감사한다).

리는 그들을 위한 사랑의 모범이신 예수님, 하나님의 샬롬의 선물, 그리고
그들에게 권능을 주시는 하나님의 성령과 함께 아들이 유사한 모습으로
제자들을 똑같이 적대적인 세상으로 보내시는 것에도 암시된다. 그 결과
는 극단적인 선교적 윤리와 영성으로 나타나며, 이는 곧 하나님의 극단적
사랑으로의 참여를 의미한다.

복음서 읽기, 요한복음 읽기

우리는 이 책 전체를 통해 요한복음을 읽어 왔다. 그러나 본 장의 전반
적인 주장은 신약의 복음서, 특히 요한복음을 읽을 때 우리가 어느 정도
알고 있는 것에 대한 특정한 이해에 달려 있다.

복음서는 확실히 고대 전기 **이상의** 것이지만, 그 **이하는** 아니다. 고대
전기의 주된 목적은 전기 작가의 관점에서 그 사람의 이야기를 들려줌으
로써 그 사람을 기억하는 것이었다. 개인의 윤리적 관심은 알려주는 말뿐
만 아니라, 부분적으로는 행위를 모방할 수 있도록(혹은 나쁜 것이라면 피할 수
있도록) 그 행위를 서술함으로써 전달되었다.[8] 따라서 고대 전기의 '주요 목
적'은 모방, 또는 '미메시스'(*mimēsis*)였다. 일반적으로 고대의 문화적 신념
은 훌륭한 교사들과 신들을 모방해야 한다는 것이었다. 유대인들은 거룩
한 교사들을 모방하는 것이 거룩한 하나님을 모방하는 것이라고 믿었다.[9]

리처드 버리지(Richard Burridge)는 요한복음을 "유대인 예수라는 인물로
우리의 세상으로 뚫고 들어온 하나님의 사랑에 대한 전기"라고 통찰력 있
게 묘사한다.[10] 그러므로 부족해 보이는 요한의 윤리적 자료들로 인해 혼

---

7 구체적으로 원수-사랑에 대해서 말하지는 않지만, 요한복음의 사랑에 대한 유사한 접근을 위
해서는, Moloney, *Love in the Gospel of John* 을 참조하라.
8 특히, Burridge, *Imitating Jesus*, 19-32 를 보라.
9 Burridge, *Imitating Jesus*, 77-78 을 보라.

란스러워할 필요가 없다. 예수님의 활동은 그가 제시하는 신적 사랑과 생명을 표현하기 때문이다. 따라서 하나님의 아들이자 지정된 대리인으로서 예수님의 활동과 요한복음이 하나님에 관해 이야기하는 주장들(특히 하나님의 사랑)을 연결해야 한다. 또한 제자들이 예수님이 실천하신 신적 사랑에 참여하면서 그 사랑을 모방하도록, 전체적으로는 암묵적이지만 때로는 명시적으로 제자들에 대한 격려와도 연결해야 한다.[11]

따라서 요한복음은 단순히 선량하고 영웅적인 인물에 관한 이야기가 아니며, 심지어 완벽하게 모범적인 인간 이야기도 아니다. 요한복음은 인간이 되신(1:14) 말씀(the Word)이 하나님**이었고**(1:1), 하나님을 **설명하였다**(1:18)는 하나님에 대한 내러티브다. 예수님은 하나님에 대한 단지 **하나의** 계시가 아니라, **유일한**(the) 신적 자기-계시이다. 그는 "하나님을 완전하게 해석하시며", "하나님의 성격을 절대적으로 드러내신다."[12] "하나님 자신의 석의(self-exegesis)"이신,[13] 이 성육신하신 말씀은 아버지와 '하나'이시다(10:30; 17:11, 22; 비교. 5:17-27, 30).

신적 존재에 대한 모방으로 고대 윤리에 대해 생각하면서 요한복음을 하나님에 대한 내러티브로 인식한다면, 우리도 하나님(또는 그리스도)과 같이 될 수 있도록 하나님(또는 그리스도)이 우리와 같이 되셨다는 초대 기독교의 공통적인 확신과의 연관성이 잘 나타난다. 이러한 '놀라운 교환'을 믿는 것은 일부 교부들과 그 시대 이후의 다른 이들로 하여금 신화 또는 테오시스, 곧 하나님의 생명에 참여함으로써 하나님처럼 되는 것을 성육신의 목적으로 말하도록 만들었다. 이레나이우스로부터 마틴 루터와 매리안 마이톰슨에 이르는 해석자들이 말해왔듯이, 이 목적은 복음서의 도입부에서 우리가 하나님의 자녀가 될 수 있게 하려고(1:12) 하나님의 아들이 육신이

---

10 Burridge, *Imitating Jesus*, 322.
11 요한복음에서의 모방 (그리고 참여)에 관해서는 특히, Bennema, *Mimesis* 를 참조하라.
12 Keener, *John*, 1:424.
13 Schnelle, *Theology of the New Testament*, 674.

되신 것(1:14, 18)에 대한 언어를 통해 표현된다.[14] 유사하게, 세상의 빛(8:12; 9:5; 12:46)이신 예수님에게는 사람들이 그 빛을 믿어 (그) 빛의 자녀들(12:36) 이 되도록 하는 것이 그의 선교이다.[15] 테오시스는 또한 그리스도화다.[16] 반복해서 강조했듯이, 이것은 모방 이상의 것이다. 그것은 참여이다.

테오시스는 신적 은혜에 의해 하나님의 불멸성과 영원한 영광에 참여하는 것을 포함하기 때문에 윤리적으로 하나님처럼 되는 것 이상을 의미하지만, 그것은 가장 확실하게 역동적인 도덕적 차원을 포함한다. 따라서 요한복음 자체의 '해석의 길잡이'[17]인 도입부(1:1-18)의 관점에서 읽는다는 것은 하나님과 그리스도를 닮은 인간으로 변혁하는 것을 이 복음서의 주요한 목적 중 하나로 삼는다는 의미이며, 신적 주인공들의 선교가 요한복음의 또 다른 목적이라는 것을 의미한다.[18] 이 목표는 사람들로 하여금 신적 'DNA'를 공유하게 하는 것이라고 말할 수 있을 것이다.

본 장의 접근 방식은 요한복음의 최종적인 형태를 도입부에서부터 21장에 이르기까지 하나의 문학적인 전체로서 다시 한번 살펴보는 것이다. 따라서 요한복음의 형성 또는 편집 역사에 관한 주장을 살피는 (대체적으로 오래된) 접근 방식을 고려하지 않을 것이다. 또한 다양한 형성 단계들을 반영한다고 주장하는 요한 공동체의 단계들을 고려하지도 않을 것이다. 이러한 접근은 많은 사람에게 매력적으로 보일 수 있다. 왜냐하면 요한복음에서 (특히 13-17 장에 있는 선교 담화에서) 내부적인 화합과 상호 보살핌을 필요로 하는 궁지에 몰린 공동체의 산물로서, '서로를 사랑하라'는 것이 나왔다

---

14 Thompson, *John*, 32 를 보라.

15 예수님과 빛, 빛으로서 예수님을 위해서는 1:4-9; 3:19-21; 11:9-10; 12:35 를 또한 참조하라.

16 'Christosis'라는 용어는 근래에 들어 특히 Ben Blackwell 에 의해 사용되었다. 예를 들어 그의 *Christosis* 를 참조하라.

17 1:1-18 을 복음서의 '해석의 길잡이'로 부르는 것은 이 구절들이 서론 이상의 것을 구성하며, 이 단락이 그 내러티브 안으로부터 내러티브를 소개한다는 제 2 장의 주장과 배치되지 않는다.

18 테오시스에 대한 텍스트로서 요한복음에 대한 유사한 전반적인 접근 방식을 위해서는 Byers, *Ecclesiology and Theosis* 를 참조하라. 하지만 Byers 는 테오시스의 선교적인 면에는 초점을 맞추지 않는다.

는 주장과 '너희 원수를 사랑하라'는 것의 부재에 대한 주장을 **어쩌면** 설명**할 수도** 있기 때문이다. 그러나 이러한 접근 방식은 역사적으로나 문학적으로, 그리고 신학적으로 완전히 만족스럽지는 못하다. 따라서 본 장의 목표는 "요한복음을 **만들어 낸** 공동체가 아닌 요한복음이 **만들어 내고자 하는** 공동체의 형태에" 계속해서 초점을 맞추는 것이 될 것이다.[19]

요한복음을 하나의 문서로 읽는 이러한 원칙을 가지고, 요한복음이 하나님의 원수-사랑에 대해 **주장하는 것**과 예수님의 원수-사랑에 대해 **서술하는 것**, 그리고 제자들의 원수-사랑에 대해 **암시하는 것**을 살펴볼 것이다. 단지 극소수의 해석자들만이 요한복음이 원수에 대한 사랑을 암시적으로 명령한다고 주장해왔다.[20] 본 장의 목표는 그들의 주장을 강화하고, 아마도 그러한 주장의 수를 늘리는 것이다.

"하나님이 세상을 이처럼 사랑하사": 하나님과 적대적인 코스모스(*Kosmos*)

"하나님이 세상을 이처럼 사랑하사 독생자를 주셨으니 이는 그를 믿는 자마다 멸망하지 않고 영생을 얻게 하려 하심이라"(요 3:16). 요한일서가 말하는 대로(4:8-10, 16), 하나님이 사랑**이시라면**, 잘 알려진 이 본문은 하나님이 사랑을 **행하시고**, 사랑을 **실천하신다**는 것을 주장한다. 신적 존재와 행위는 분리될 수 없기 때문이다.

요한에게 있어서 신적 사랑의 시연은 분명히 신적 사랑, 빛, 그리고 생명을 인류에게 가져오기 위해 아버지의 보냄을 받은 아들의 선물이다. 이

19 Byers, *Ecclesiology and Theosis*, 3.
20 간략하지만 중요한 예는 Smith, "Ethics and the Interpretation of the Fourth Gospel"이다: 서로를 사랑하라는 명령은 "많은 것을 담을 수 있고, 무한한 확장이 가능"하다(111; 비교. 116).

신적 선교는 다양한 '표적'으로 나타나며, 3:16 의 맥락에서 나타나듯이 치
유와 구원을 위한 아들의 죽음에서 절정에 이른다.

> 모세가 광야에서 뱀을 든 것 같이 인자도 들려야 하리니 이는 그를
> 믿는 자마다 영생을 얻게 하려 하심이니라(3:14-15).

　예수님의 죽음을 통해 생명을 주는 이 선교를 여러 곳에서 재확인하지
만, 아마도 12:32 보다 더 극적인 것은 없을 것이다. ("내가 땅에서 들리면 모든
사람을 내게로 이끌겠노라 하시니") 이것은 2 장에서 본 것처럼, 예수님의 선교
는 사람들이 아버지와 아들이 공유하고 있는 영원한 사랑의 관계 속으로
'휩쓸려' 들어가는 것이다.[21]

　3:16 에 있는 '세상'(kosmos)은 인류를 지칭한다. 이는 3:15 의 '자마다'와
12:32 의 '모든 사람'과 같이 인류 전체와 각 개인을 의미한다. 창세기 1 장
의 반향으로서 요한복음 1 장이 암시하듯이, 인간의 세상은 하나님에 의해
(아들의 행위를 통해서, 1:3) 좋게, 실제로 '매우 좋게' 창조되었다. 매우 좋게 창
조된 세상은 하나님 아버지와 그의 으뜸가는 대리자 또는 사자인 아들에
게 적대적일 뿐만 아니라, 두 번째 대리자들이자 아버지께서 아들을 보내
신 것처럼 아들에 의해 보냄을 받은 자들인 예수님의 제자들에게도 적대
적이다(17:18; 20:21).[22]

　'세상'(kosmos)이란 말은 요한복음에 78 번 나타난다. 때때로 '세상'은 '창
조 질서'를 의미하며(1:10, 12:25, 16:21, 28, 17:24), 가끔 예수님을 거부하는 자
신의 동족을 특정하여 가리키기도 한다(예를 들어, 7:4; 18:20). 그러나 전체적
으로, 특히 후자의 경우에서, 요한에게 있어 세상은 인류를 말하고, 예수님

21　Moloney, *Love in the Gospel of John*, 61-64 을 보라.
22　Marrow, "*kosmos* in John"을 보라. Marrow 는 *kosmos* 가 "계시의 배척, 계시자(예수)에 대한
반대," 그리고 계시자를 영접한 모두에 대한 "확고한 증오를 … 상징하게 되었다"라고 주장한
다(98). 보냄의 모티프에 관해서는 위의 4 장을 참조하라.

을 대하는 그의 백성들, 특히 지도자들의 태도는 하나님에 대한 세상의 태도, 곧 그들의 미움을 대표한다(예를 들어, 15:18-25).[23] 요한 드라마의 등장인물로서 '세상'은 적대자, 하나님을 미워하는 자이다.[24]

몇 개의 본문들은 아버지와 아들에 대한 인간의 무지, 적개심, 그리고 미움에 직면한 신적 사랑의 상황을 설명한다. 1:10 은 "그가 세상에 계셨으며 세상은 그로 말미암아 지은 바 되었으되 세상이 그를 알지 못하였고"라고 말한다. 예수님은 3:16-19 의 반향이라고 할 수 있는 12:47 에서 "사람이 내 말을 듣고 지키지 아니할지라도 내가 그를 심판하지 아니하노라 내가 온 것은 세상을 심판하려 함이 아니요 세상을 구원하려 함이로라"라고 선포하신다. 요한복음에서 세상은 하나님에 반대하는 자(사탄)에 의해 지배를 받고, 심각하게 하나님을 대적(anti-Godness)하는 상태에 있다.[25] 그러나 하나님 아버지와 아들은 여전히 세상(인류)을 사랑한다. 왜냐하면 예수님은 아버지께 보냄을 받으셨을(3:16) 뿐만 아니라, 그들을 미워하는 바로 그 세상을 구원하기 위해 기꺼이 오셨기(12:47) 때문이다. **이것은 원수를 향한 신적 사랑 외에 다른 것이 아니다.** 크레이그 코에스터는 다음과 같이 말한다.

> 요한의 '세상'에 대한 부정적인 묘사는 하나님의 사랑과 예수님의 사역에 대한 그의 이해에 깊이를 더해 준다. … 요한복음에서 하나님은 그를 미워하는 세상을 사랑하시며, 그를 거부하는 세상을 위해 아들을 주신다. 하나님은 세상의 적개심을 넘어서며, 그로부터 멀어진 세상을 그 창조주와의 관계 안으로 다시 데려오기 위해 그의 사랑을 주신다(3:16).[26]

---

[23] Marrow, "*kosmos* in John," 100-101 을 보라.
[24] Skinner, "The World: Promise and Unfulfilled Hope," 64-65 를 보라.
[25] 사탄은 세 번 "이 세상의 임금"으로 불린다(12:31; 14:30; 16:11).
[26] Koester, *The Word of Life*, 81.

바울의 언어를 빌리자면, "곧 하나님께서 그리스도 안에 계시사 세상을
자기와 화목하게 하시며 그들의 죄를 그들에게 돌리지 아니하시고 화목하
게 하는 말씀을 우리에게 부탁하셨느니라"(고후 5:19). "우리가 아직 죄인
되었을 때에 그리스도께서 우리를 위하여 죽으심으로 하나님께서 우리에
대한 자기의 사랑을 확증하셨느니라 … 곧 우리가 원수 되었을 때에 그의
아들의 죽으심으로 말미암아 하나님과 화목하게 되었은즉"(롬 5:8, 10)이라
고 말할 수 있다. 바울과 마찬가지로 요한에게 있어서도, 아들이라는 선물
은 **원수를 위한** 선물이다.

만일 요한복음의 '선교'와 요한복음이 증거하는 하나님의 '선교'가 신적
DNA를 공유하여 그들의 아버지를 닮은 하나님의 자녀들을 낳는 것이라
고 한다면, 하나님의 자녀들과 세상을 사랑하고 원수를 사랑한다는 의미
에서 근본적인 신적 성격 유형을 공유하는 것은 필연적이라 할 수 있을 것
이다.

다음으로 아들 그리고 특히 원수에 대한 그의 사랑(육체를 통한 하나님의 원
수-사랑)이라는 내러티브 주제를 살펴보자.

"원수의 편을 드는 로고스"

위대한 신학자 칼 바르트의 로고스에 대한 이 짧은 인용은 앞서 언급한
요한복음 서론의 핵심 주장을 요약한다.[27]

그가 세상에 계셨으며 세상은 그로 말미암아 지은 바 되었으되 세
상이 그를 알지 못하였고 자기 땅에 오매 자기 백성이 영접하지 아

---

27 Hengel, "The Prologue of the Gospel of John," 284에 인용된, Karl Barth, *Erklärung des Johannes-Evangeliums (Kapitel 1-8)*, edited by Walter Fürst, Gesamtausgabe II (Zurich: TVZ, 1976), 110.

니하였으나 영접하는 자 곧 그 이름을 믿는 자들에게는 하나님의
자녀가 되는 권세를 주셨으니(1:10-12).

비록 이 구절에 '사랑'이라는 단어가 나타나지는 않지만, 이 말씀은 분
명히 세상에 대한 그리스도의 사랑에 관한 것이다. 1:10-12 은 이 구절들
에 이어 바로 네 번 나타나는 단어인 은혜에 관한 본문이다(1:14-17). 그리
고 이 은혜는 원수-사랑의 은혜이다. 그렇다면 이 사랑은 요한복음 내러티
브 자체에서 어떻게 표현되는가?

원수에게 생명을 주시는 예수님

3:1-4:54 은 예수님을 만나는 세 사람을 묘사하는데, 여기에서 예수님은
모든 이들에게 생명을 주시는 분으로 나타나고, 이에 대한 다양한 반응도
보여주고 있다. 이 세 사람에는 유대인 바리새인 니고데모(3:1-21), 익명의
사마리아 여인(4:1-42), 그리고 익명의 '왕의 신하'(basilikos, 4:46, 49)가 포함되
어 있다. 요한복음은 이 부분에서 유대인과 '절반의 유대인'(사마리아인), 그
리고 왕의 신하로 이어지는 내러티브의 전체적인 흐름을 통해 왕의 신하
가 비유대인으로 이방인이거나, 최소한 이방인 동조자로서 사실상 이방인
의 기능을 가진 자로 인식되어야 함을 강하게 시사한다. 이 세 인물(유대인,
절반의 유대인, 비 유대인[이방인/이방인 동조자])은 1:10-12 에서 언급된 예수님의
선교의 보편성과 3:16 에서 언급된 하나님의 사랑의 보편적인 범위를 상징
하고 강조한다.[28] 이들은 다 함께 예수님이 '세상의 구주'(4:42)이심을 설명
한다. 더욱이 두 익명의 인물은 이스라엘의 원수들인 사마리아인과 로마
인을 또한 대표한다.

---

[28] Köstenberger(*Theology*, 546)는 이 세 인물과 행 1:8 의 예루살렘/유대-사마리아-땅 끝 패턴
사이의 평행을 발견한다.

4:1-42 은 "유대 사람은 사마리아 사람과 상종하지 않음"(4:9b)에도 불구하고 예수님이 우물가에서 사마리아 여인을 만나고 그녀에게 '생수'(4:10)를 제시하는 것을 이야기한다. 두 집단은 종교적으로도 원수였기 때문에 비접촉 정책을 유지했다. 크레이그 키너(Craig Keener)는 "두 민족 사이의 대립은 널리 알려진 것이었다"라고 말한다.29 실제로 집회서(Sirach)는 사마리아인들을 심지어 **하나님의 원수**로 주장한다.

> 내가 마음으로 증오하는 민족이 둘 있는데 세 번째 것은 민족이라 할 수도 없다. 사마리아 산에 사는 주민들과 불레셋인들, 그리고 세겜에 사는 어리석은 자들이 그들이다(집회서 50:25-26, 공동번역).30

더욱이 8:48 에서 예수님은 사마리아인이요 귀신들린 자로 비난을 받는데, 이는 요한복음이 전제하고 있는 사마리아인들에 대한 부정적인 견해가 매우 '통상적'이었다는 증거이다. 그러므로 예수님이 사마리아 여인과 대화하는 것을 민족적, 문화적, 종교적, 성적, 그리고 어쩌면 윤리적(여인의 '과거'를 고려할 때)인 경계들을 깨는 것으로 이해하는 전형적인 해석은 잘못된 것은 아니지만, 그것만으로는 불충분하다.31 예수님은 경멸받는 이들을 사랑하는 심오한 행동으로 친구와 적 사이의 경계를 넘나들고 있다. 이스라엘의 하나님을 대표하는 이 세상의 구세주는 적을 미워하지 않고 적을 사랑하신다.

예수님이 유대로부터 갈릴리로 돌아오는 길에 "사마리아를 통과해야"(4:4)만 했다는 주장은 다른 가능한 경로들이 있었기 때문에 여정의

---

29 Keener, *John* 1:599.
30 유대인과 사마리아인의 관계에 대한 더 많은 것을 위해서는 Keener, *John* 1:599-601 을 참조하라; Knoppers, *Jews and Samaritans*. 관계는 다양한 정도의 적대감과 함께 벌어지고 이어졌으며, '비-접촉'의 원칙은 항상 엄격하게 지켜지지 않았다. 그럼에도 불구하고 사마리아인을 유대인의 '원수'로 특징짓는 것은 1 세기의 상황에서 전체적으로 정확하며, 요한에게 있어 (누가의 경우와 같이) 신학적으로 중요하다.
31 경계를 넘어서는 것에 관해서는 Keener, *John* 1:591-98 을 참조하라.

관점에서는 부정확하다.[32] 이 주장은 신학적인 것이며, 그 필요성은 하나
님의 계획과 예수님의 선교에 관련되어 있다.[33] 예수님이 사마리아로 여행
해야만 하는 이유는 그의 선교가 세상을 향할 뿐만 아니라 하나님이 자신
을 대적하는 세상을 사랑하시고 이러한 신적 원수-사랑이 그 안에서 성육
신 되었기 때문이다. 더욱이 암묵적으로 예수님 안에 계신 하나님은 유대
인과 사마리아인으로 대표되는 인간적인 원수를 서로 화해시키신다. 이는
그들이 영과 진리, 그리고 예수님 안에서 한 아버지를 예배하기 위해 함께
모이는 것을 통해 나타난다(4:23; 비교. 14:6).[34]

이어지는 짧은 에피소드(4:46-54)는 키너가 지적하듯이, (1 세기의) 몇 사람
에게는 "사마리아 여인 못지않게 의심이 가는" 누군가를 포함하고 있다.[35]
'왕의 신하'는 분명히 영향력 있는 엘리트 계층의 일원이다. 앞서 언급한
대로, 요한복음 3-4 장에서 예수님이 만나는 인물들의 내러티브 진행에 비
추어 볼 때, 그는 이방인일 가능성이 높다. 그러나 이방인인 로마 관리든,
헤롯가의 일원이든, 또는 헤롯 안디바(갈릴리와 베뢰아의 분봉왕)를 섬기는 유
대인이든 간에, 예수님(그리고 요한의) 시대의 사람들은 이 남자를 원수로 여
겼던 로마 압제자들의 일원이나 부역자로 보았을 것이다.

요한 내러티브의 '인간적' 측면에서, 예수님과 마주치는 다양한 사람들
의 관점에서 볼 때, 이 이야기의 핵심은 (사마리아 여인의 사건과 마찬가지로) 예
상하지 못한 인물들, 곧 그 사람의 아들과 자신, 그리고 그의 '가족 전체'
에까지 예수님에 대한 믿음과 예수님이 가져오시는 생명을 얻을 수 있다
는 것이다(4:53). 이 생명의 표적은 혼인 에피소드(2:1-11)의 장소인 가나
(4:46)에서 나타났으며, 이는 풍성한 생명의 종말론적 선물을 상징한다.

---

[32] 예를 들어, Brown, *John* 1:169 를 보라.
[33] Brown, *John* 1:169; 또한 신적 '필요성'에 대한 다른 언급들에 주목하는 Keener(*John*, 1:590)
를 참조하라.
[34] 또한 Swartley, *Covenant of Peace*, 277, 304-23 을 보라. 몇몇 학자들은 요 4 장이 요한 공동체
의 역사 중 '사마리아 선교'의 단계를 대표한다고 믿는다.
[35] Keener, *John*, 1:630.

요한 내러티브의 '신적' 측면에서, 하나님의 대리인이며 자기 계시로서 예수님에게 초점을 두고 보면, 이 이야기의 핵심은 (다시 한번 사마리아 여인의 이야기와 병행하여) 원수에 대한 하나님의 사랑이다. 로마인 관리는 '세상', 곧 하나님께 대항하는 세상, 억압자, 심지어 살인자들의 일부일 뿐이다. 어찌 됐든 로마 최고층의 관리인 유대의 행정관(총독)인 본디오 빌라도의 지휘 아래, 왕권 자체인 황제에 충성하는 행위로써 예수님을 처형하는 것은 로마 병사들이다(19:12-16). 유대 당국에 따르면, 제국의 진정한 **바실레아**(basilea, 왕)이자 **바실리코스**(basilikos, 왕의 신하)가 궁극적으로 섬겨야 할 대상인 황제(19:12, 15)와 직접 경쟁하여 예수님은 자신을 왕(basilea)으로 만들었기 때문이다.[36]

원수의 발을 씻으시는 예수님

앞서 3 장에서 살펴보았던 것처럼, 요한복음 13 장에서 예수님이 제자들의 발을 씻어주시는 이야기는 임박한 그의 죽음의 독특한 구원(정결하게 하고 용서하는) 효과와 자신을 내어주는 사랑의 행동이라는 패러다임의 특징을 모두 상징한다. 얀 반 데르 와트(Jan van der Watt)는 발을 씻어주는 것이 "사회적인 통념에서 벗어난 행동"(일반적으로 초대자나 주인이 행하지 않는)으로 요한복음 13 장의 '초점을 정의하는' 행위라고 주장한다.[37] 그러나 어떤 이들은 심지어 원수를 위한 사랑에 대한 내러티브가 요한복음의 앞부분에 있다 할지라도, 세족 장면에서부터 시작되는 예수님의 죽음(그의 사랑의 절정)에 관한 내러티브에 도달하게 되면, 예수님은 자신의 사랑을 제자들에게만 제한하며, 제자들도 이와 유사하게 행동하도록(서로 사랑하도록) 가르친다고 주장한다.

---

36 이것과 요한복음에 있는 비슷한 주제들에 관해서는 Carter, *John and Empire* 를 보라.
37 Van der Watt, "Ethos and Ethics," 169.

좀 더 구체적으로, 13:1 에 있는 "세상에 있는 자기 사람들을 사랑하시되 끝까지 (그리고/또는 '최선을 다해서')[38] 사랑하시니라"라는 표현은 때때로 '세상에 있는'(17:11) 예수님의 제자들을 배타적인 방식으로 언급한 것으로 해석되기도 한다. 예수님은 거리로 나가 다른 사람들을 초대하여 죽음을 통한 '영원한' 사랑의 상징으로 그들의 발을 씻어주신 것이 아니라, 자신의 '친구들'(15:13-15)이라고 부르게 될 제자들의 발을 씻어주셨다라는 것이다. 이러한 예수님은 '분파주의적' 집단의 창시자가 될 것처럼 보인다.

그러나 요한복음에서 아버지의 보편적 사랑의 대리자로서 온 세상을 사랑하지 않거나 세상을 위해 죽지 않는 아들을 전혀 납득할 수 없는 것은 차치하더라도, 13:1("세상에 있는 자기 사람들")에서 나타나는 1:10-11 의 언어적 반향('세상[3 번] … 자기 땅 … 자기 백성')은 이러한 협소한 해석에 여러 의문을 제기한다.[39] 이 두 곳에 나타난 언어의 유사성은 13:1 에 있는 '자기 백성들'에 대한 예수님의 사랑이 제자들의 경계에 국한된 것이 아니라 자신의 모든 백성과 더 나아가서는 나머지 세상을 아우르는 것임을 암시한다고 할 수 있다.[40] 13:1 에서 암시하는 차별이 없는 사랑은 바로 다음 구절인 13:2 에 등장하는 유다에 대한 언급으로 확인된다. 왜 여기서 유다가 언급되는가? 그리고 왜 예수님은 그의 배반자에게 말을 하지 않으시거나 세족(13:21-30)을 마친 **후에야** 그의 정체를 밝히시는가? 내러티브 서술자는 6:70-71 과 이곳 13:2(비교. 13:27)에서 모두 유다가 '이 세상의 임금'인 사탄 (12:31; 14:30; 16:11)의 지배를 받을 것이며, 예수님을 배반할 것이라고 말하

---

38 헬라어 전치사구(*eis telos*)는 이중 의미의 전문가인 요한에게 있어, 둘 중의 하나를 의미할 수도 있지만 아마도 둘 다를 의미할 것이다. 십자가에서 예수님의 말씀을 기대하며, *tetelestai* (19:30), 그리고 13:1 에 있는 *eis telos* 는 '결승선까지'로 번역되어도 무방할 것이다.

39 제 3 장에 있는 논의를 참조하라.

40 "문맥상 '자기 사람들'(*tous idious*)은 예수님의 제자들에 대한 언급이지만, 이스라엘 백성이 '자기 사람들'이라는 것을 부인하지 않는다"(Thompson, *John*, 284, 1:11 에 대한 언급). 또한 1:11 에 있는 '자기 땅'(his own)과 '자기 백성'(his own people)은 인류 전체(1:10 에 있는 '세상'과 마찬가지로)에 대한 언급일 수도 있다. 이것은 13:1 에 있는 구절을 더욱 분명하게 포괄적으로 만들 것이다. Skinner, "The World," 63-64 를 참조하라. 우리가 제 3 장에서 본 것같이 이러한 종류의 해석은 Elowsky, *John 11-21*, 84 에 인용된 알렉산드리아의 Cyril 의 요한복음 주석에서 볼 수 있듯이 최소한 5 세기까지 거슬러 올라간다.

기 때문에, 식사 중에 그가 함께 있는 것은 강력한 상징적 가치를 갖는다. 유다는 사탄의 지배를 받고 예수님을 받아들이지 않는 적대적인 세상을 대표한다. 실제로 이 유다-세상은 예수님을 핍박하고, 죽음으로 넘겨준다.

'넘겨주다,' 또는 '배신하다'를 의미하는 동사 **파라디도미**(*paradidōmi*)는 13:2, 11, 21 에서 세 번 나타난다. 요한은 이 동사를 유다가 예수님을 죽음으로 넘겨주는(18:2, 5; 19:11) 것을 말하는 데 사용할 뿐만 아니라 유대와 이방인 세상의 절반씩을 대표하는 유대 지도자들(18:30, 35, 36)과 로마인 빌라도(19:16)가 똑같은 일을 한다는 것을 말하기 위해 수난 내러티브(18-19 장)에서도 같은 동사를 사용한다. 예수님은 무지해서 혹은 우연이 아니라, **배신자의 정체를 완전히 알면서도** 배신자의 발을 씻어 주신다(13:11, 18-19, 26-27). 따라서 예수님의 죽음은 유다가 그를 넘겨주는 데 참여한 온 세상을 이롭게 하기 위한 것이다(12:32).[41]

물론 식사 자리에는 예수님의 선교를 전심으로 받아들이고(6:68), 이 선교에 완전히 참여하기를 원하는 베드로 또한 함께하고 있다. 하지만 베드로는 세족의 의미와 예수님의 이 행동이 자신에게 미칠 수 있는 영향이 무엇인지를 온전히 이해하지 못한다(13:6-10, 36-38). 그러나 예수-열광자 베드로는 곧 예수-부인자 베드로가 될 것이다(13:38; 18:15-18, 25-27).

여기에 다시 한번 원수-사랑이 있다.[42] 예수님은 '악한 제자의 원형'인 배신자의 발을 씻어주신다.[43] 또한 예수님은 친구를 저버리고 원수가 될, 지금뿐 아니라 이후에도 믿음 없는 그의 모든 친구를 대표할 열광적인 친구의 발도 씻어주신다. 발을 씻어주는 것은 반-문화적이고 반-직관적인 원수-사랑이란 은혜의 행위이다. 그리고 3 장에서 살펴보았듯이, 예수님은

---

41 알렉산드리아의 Cyril 은 비록 예수님이 "유다가 마귀의 쓴 독으로 가득 차 있는 것을 아셨지만 … 계속해서 그 자신의 독특한 사랑을 보여주시며 … 예수님은 나머지 제자들만큼 그를 존중하셨고," 이것은 "신적인 본성의 독특한" 형태의 사랑이다"라고 말한다(Elowsky, *John* 11-21, 94 에 인용된 *Commentary on the Gospel of John*, 9).

42 또한 Köstenberger, "Sensitivity to Outsiders," 180.

43 Moloney, *Love in the Gospel of John*, 112.

하나님의 독특한 '스스로의 석의'(self-exegesis)이시기 때문에,[44] 그가 발을 씻어주기 위해 몸을 굽히시는, **예수님**의 움직이고 있는 사랑은 **하나님**의 움직이고 있는 사랑과 같다. 발을 씻어주는 것은 우리에게 자신을 비우고, 자신을 주는 **예수님**의 원수 사랑에 대해 말해줄 뿐만 아니라, **하나님**의 은혜롭고 자신을 주시는 원수 사랑에 대해서도 심오한 것을 말해준다. 요한복음 13 장에서 우리는 "'하나님의 놀라운 계시 즉, 우리 발아래 계신 하나님'을 발견한다."[45] 이분이 바로 예수님의 제자들까지도 그와 같은 신적 DNA 를 공유함을 통해 자녀가 되게 하시는 하나님이시다.

그렇다면 요한복음에서 예수님은 단지 '죄인들의 친구'가 아니다.[46] 그는 '원수를 사랑하는 자'이다. 예수님은 기꺼이 **세상에** 생명을 주시는데 (6:33), 아들과 아버지, 그리고 제자들에 대한 적개심에도 불구하고 **세상을 위해** 자신의 살(6:51, 57)을 주심으로 그렇게 하신다. 얀 반 데르 와트가 올바르게 주장하듯이, "식사를 함께 하는 것은 분명히 윤리적인 의미를 가지고 있다."[47] 따라서 유다와 베드로 같은 죄인들, 그리고 원수들과 함께 이 마지막 만찬을 함께 하시고, 그들의 발을 씻어주시겠다는 예수님의 결정은 유사한 방식으로 그를 따르는 자들이 원수들을 향해 선교적으로 행동하라는 암묵적인 본이자 권면이다.

원수를 위해 죽음을 준비하며, 폭력을 거부하는 예수님

유다와 베드로는 예수님이 붙잡히시는 장면에서 다시 등장하는데, 베드로는 예수님이 두 번이나 자신을 신적 "I AM"으로 밝히신 직후에 폭력적인 행위를 저지른다.[48]

---

44 1:18 의 관점에서 본 Udo Schnelle 의 용어(*Theology of the New Testament*, 674).

45 Byrne, *Life Abounding*, 228. 비슷하게, Moloney, *Love in the Gospel of John*, 108.

46 Burridge, *Imitating Jesus*, 334-44.

47 비록 원수-사랑과 연결시키지 않지만, Van der Watt, "Radical Social Redefinition and Radical Love," 121 과 "Ethics and Ethos," 166 을 참조하라.

이에 시몬 베드로가 칼을 가졌는데 그것을 빼어 대제사장의 종을 쳐서 오른편 귀를 베어버리니 그 종의 이름은 말고라 예수께서 베드로더러 이르시되 칼을 칼집에 꽂으라 아버지께서 주신 잔을 내가 마시지 아니하겠느냐 하시니라(18:10-11).

이 사건은 다른 복음서(마 26:51-54; 막 14:47; 눅 22:49-51)에도 서술되어 있다. 요한복음처럼 마태복음과 누가복음에서도 예수님은 자신을 대신하여 그의 원수들을 향하는 폭력을 거부하신다(마 26:52; 눅 22:51). 공관복음서에서는 사건 자체와 사건의 여파가 성경의 성취(마태복음과 마가복음) 또는 사탄의 권세의 극적인 절정(누가복음)으로 해석된다. 즉, 사건 자체가 인간 인물들의 행동보다 크다는 것이다. 이것은 요한복음에서도 마찬가지다. 베드로가 종을 공격하기 직전에, 제자들을 가게 해달라고 하는 예수님의 요청은 성경의 성취로 해석된다(18:9). 더욱이 예수님은 베드로에 대한 응답에서 '아버지가 주신 잔'을 마시는(18:11) 십자가를 지심을 통해 아버지의 뜻을 이루어야 할 필요성을 재확인한다.

요한 내러티브의 아이러니는 명백하다. 오직 요한복음에서만 베드로와 종 말고의 이름이 알려진다. 당신(주)을 "위하여 내 목숨을 버리겠나이다"(13:37)라는 자가 이제 예수님을 위해 다른 사람의 생명을 빼앗는 일에 위험할 정도로 가까워졌다. 베드로는 자신이 예수님을 **방어하고** 있다고 생각하지만, 그의 폭력적인 행위는 예수님을 **부정하는** 행동이며, 장차 다가올 단호한 부인의 서막이 되고 있다. 베드로의 폭력은 원수를 사랑하고(13장), 세상으로부터의 적개심 가운데에서도 평화를 선물하는(14:27; 16:33) 예수님의 본보기에 대한 반박이다. 또한 세상적인 방식을 통해서가 아니라(비교. 18:36, 아래 논의 참조), 예수님이 행하시는 방식이 적대적인 세상에

---

48 18:5, 8(참조. 18:6)과 출 3:11-15; 사 43:10-13 을 보라. "I AM"(NAB 에 있는 단순한 "I am"보다는 도움이 되는 형태)은 "내가 그니라"("I am he")로 종종 잘못 번역된다.

대한 진정한 승리(16:33)라는 보증에 대한 반박이기도 하다. 승리하신 예수님이 아버지의 천사들을 부를 수 없는 것은 아니다. 그러나 칼을 빼어 든 사건(18:5, 8) 직전에 이중의 "I AM" 선언이 암시하듯이 예수님은 하나님의 임재 자체이시다. 하나님과 함께 하시는 창조의 대리자인 아들은 보호나 전쟁을 위해 제자나 칼, 또는 심지어 수많은 천군을 전혀 필요로 하지 않는다. 그러나 말 한마디로 병사들을 무릎 꿇게 할 수 있는 능력의 말씀인 예수님은 "그를 잡은 자들을 멸하지 않으시고, 그 대신 자신을 그들에게 내어주신다."[49]

예수님이 베드로에게 하시는 "아버지께서 주신 잔을 내가 마시지 아니하겠느냐"(18:11b)라는 마음을 꿰뚫는 수사적인 질문은 그의 운명을 받아들이는 것 그 이상이다. 예수님은 그가 세상을 향한 하나님의 사랑을 드러내고, 심지어 대제사장이나 그의 종과 같은 사람들까지도 자기 자신에게 끌어들여 그의 구원하는 선교를 성취할 것이라고 말하고 있다. (말고의 이름이 알려진 것은 그가 아마도 예수님을 따르는 자가 되었기 때문일 것이다) 요한복음에서 "잔을 마신다"는 이미지는 이곳에서만 발견되지만, 예수님의 고난과 죽음, 그리고 그의 죽음에 앞서 그의 죽음을 기념하는 만찬에 대한 언급으로 공관복음서의 전통에도 나타난다.[50] 마가복음과 마태복음에서 잔의 이미지는 예수님의 죽음뿐만 아니라 그의 제자들이 "같은 잔을 마시는"(마 20:22-23; 막 10:38-39)[51], 즉 예수님의 선교와 운명에 참여하는 이미지로 사용된다. 이것은 분명히 참여적이며, 더 구체적으로 말해 고난과 죽음의 지점까지 자신의 십자가를 지는 것을 의미한다.[52] 설사 요한이 하나 또는 그 이상의 공관복음서를 알지 못했다고 할지라도, 18:11은 구전이든 다른 전

---

[49] Thompson, *John*, 364.

[50] 마 20:22-23; 26:27-29, 39; 막 10:38-39; 14:23-25, 36; 눅 22:17-20, 42.

[51] 누가복음에는 분명한 본문이 결여되어 있으나(예를 들면, "너희는 내 잔을 마시려니와"), 그 생각을 여러 형태로, 특히 마지막 만찬 내러티브에서 암시한다.

[52] 마 10:37-38; 막 8:34-9:1; 9:33-37; 10:35-45.

통이든 공관복음서 속 예수님의 전통을 반향하고 있음이 분명하다. 그러므로 베드로는 예수님의 죽음과 박해자들에 대한 예수님의 비폭력적 대응을 받아들일 뿐 아니라, 그 자신도 죽음과 비폭력(곧 폭력을 가하기보다 당하는 것)에 대한 참여를 받아들이도록 암묵적으로 초대받고 있다. 베드로를 향한 이 암묵적인 초대는 21:18-19에서 그에 관한 예언과 함께 제자가 되라는 명백한 부르심이 될 것이다.

이 내러티브의 기독론은 그 맥락에 있어 아주 중요하다. 18장과 19장에서 예수님은 11번 '왕'으로 언급된다.[53] 요한복음 수난 내러티브의 중심에 서 있는 질문은 "예수님은 **어떤** 왕이신가?"이다. 답은 무엇인가? 예수님의 통치는 다른 세상의 왕으로서 비가시적이거나 영적이라는 것을 의미하는 것이 아니라, 다른 세상의 근원인 하늘(심지어 원수를 향하여도 사랑이시고, 사랑을 **행하시는** 아버지 하나님의 거주지)에 의해 정의된다는 것을 의미한다. 예수님은 "내 나라는 이 세상에 속한" (또는 "세상으로부터의") 것이 아니라고 말씀하신다. "만일 내 나라가 이 세상에 속한 것이었더라면 내 종들이 싸워 나로 유대인들에게 넘겨지지 않게 하였으리라 이제 내 나라는 여기에 속한 것이 아니니라"(18:36). 그의 나라는 인간 나라의 폭력에 의해 형성되거나 전파되거나 방어되지 않는 나라이다.[54]

그렇다면 뜰에서 일어난 사건은 바로 하나님과 신적인 (일종의 신의 현현이며, 다른 표현으로는 부족하다) 왕이신 예수님, 그의 선교의 본질, 그리고 그 선교에 대한 그의 헌신, 그리고 예수님의 선교에 참여함에 있어 **부적절한** 방법(폭력과 같은)과, 동시에 암묵적으로 **적절한** 방법(폭력을 버리고, 십자가에 못박힌 분에게 모든 종류의 사람을, 심지어 원수까지도 끌어당기는 십자가를 지는 것을 통

53 Swartley, *Covenant of Peace*, 284를 보라. 참고 구절은 18:33, 37(2x), 39; 19:3, 12, 14, 15, 19, 21(2x).
54 또한, Swartley, *Covenant of Peace*, 299-300을 보라. 전체적인 본문과 그 의미에 관해서는 Scheffler, "Jesus' Non-violence at His Arrest"를 참조하라.

한)에 대해 계시적이다. 그러므로 이 장면은 암묵적으로 선교적 테오시스의 주제를 반영할 뿐 아니라, 그 주제로 초대한다.

제자들에게 샬롬과 성령을 주시고 폭력적인 베드로를 회복시키시는 예수님

앞 장에서 보았던 것처럼, 20장과 21장은 예수님의 부활 후 나타나심과 함께 암시적이면서 명시적인 방법으로 제자들의 파송 에피소드들을 서술하고 있다. 그리고 이 두 장은 앞 부분들과 연결되는 수많은 내용이 포함되어 있다.

20장은 표면적으로는 제자들이 전체 그룹으로 나타나고 있지만, 사실 개인(막달라 마리아와 도마)에 대한 초점으로 시작해서 끝을 맺는다. 저녁 식사 때 예수님은 이제 곧 적대적인 세상으로 보냄을 받을 제자들이 증거하고 열매를 맺게 하려고 평화의 선물, 곧 샬롬(14:27, 16:33)과 함께 보혜사 성령(14:15-17, 25-27; 15:26-27; 16:7-15)을 그의 제자들에게 약속하였다. 부활 후에 제자들에게 나타나셨을 때, 예수님은 평화의 선물을 다시 확인하시고(20:19, 21, 26), 그들에게 성령을 불어넣어 주심으로, 아버지 → 아들 → 제자들로 이어지는 선교의 '연결고리'가 계속될 수 있도록 하신다.

> 예수께서 또 이르시되 너희에게 평강이 있을지어다 아버지께서 나를 보내신 것 같이 나도 너희를 보내노라 이 말씀을 하시고 그들을 향하사 숨을 내쉬며 이르시되 성령을 받으라 너희가 누구의 죄든지 사하면 사하여질 것이요 누구의 죄든지 그대로 두면 그대로 있으리라 하시니라(20:21-23).

선교 담화에서처럼 성령과 샬롬의 선물은 선교, 구체적으로 말하면, 적대적인 세상을 위한 하나님의 사랑을 구현하는 예수님의 선교의 연속성을 위한 것이다. 비록 아버지와 아들의 대리인으로서 성령의 권능을 받은 제자들의 선교가 항상 받아들여지거나 용서가 주어질 것이라는 보장이 없다 할지라도(3:18), 제자들은 하늘에 계신 그들의 아버지처럼, 정죄가 아니라 용서를 제시하는 선교를 통해서 평화를 실천해야 한다. 그러므로 샬롬의 선물은 협소하게 '내면의 평온'으로 해석되어서는 안 된다. 샬롬은 뜰에 있는 베드로에게 암묵적으로 메시지를 이어주는 선물로서 **선교적** 평화이다. 예수님의 나라는 폭력을 통하거나 폭력에 이르게 하지 않는다.[55]

베드로(비록 그가 대표하는 역할을 하지만)는 명백히 21 장의 주인공이며, 많은 해석자가 그 주제와 이전 장들 사이의 연결에 주목했다. 베드로를 포함하고 있는 에피소드 중 두 가지 내용은 이전 에피소드의 반향들(echoes)이며, 본 장에서 다시 한번 우리에게 특별한 관심을 가지게 한다.

첫째, '끌어당기다', '끌어올리다'의 의미를 가진 헬라어 동사 *helkō* 가 있다. 이 단어는 요한복음에서 다섯 번 사용되는데, 아버지와 아들이 사람들을 자신에게로 끌어당기고(6:44; 12:32), 그물을 끌어올리고(21:6, 11, 특히 베드로를 가리킴), 베드로가 말고의 귀를 자르기 위해 칼을 뽑는(18:10) 행위를 의미할 때 사용했다. 마지막 경우를 제외하고 요한복음에서 이 동사는 아버지와 아들의 다가서는 활동이나 상징적으로 사람을 낚는 제자들의 모습과 같이 선교를 표현하기 위해 사용된다. 21 장에서 베드로는 예수님을 보호하거나 알리기 위해 원수들에 대항해서 폭력적으로 칼을 집어 드는 것을 사명(선교)으로 여기는 자가 아니라, 예수님의 샬롬으로 충만한 선교에 참여하는 자로서 사람들을 예수님에게 이끄는 임무를 가진 자로 묘사되고 있다. 베드로를 통해 보여지는 두 가지 형태의 집어 올리고/끌어당기는 것 사이의 대조는 복음서의 청중과 독자에게 두 가지 선교적 선택을 보여주고 적절한 것을 선택하도록 초대한다.

둘째, 21 장에서 부활하신 예수님의 임재와 관련된 숯불(21:9, *anthrakian*)은 또 다른 숯불 주위에서 일어난(18:18, *anthrakian*) 베드로의 삼중 부인의

---

55 또한 Swartley, *Covenant of Peace*, 288 을 보라.

장면을 상기시킨다. 숯불은 예수님과의 삼중 질문-확인 시간(21:15-17)을 통해 베드로의 즉각적인 회복을 기대하게 만든다. 베드로의 회복은 암묵적으로 아버지와 아들의 나라를 세우기 위해 '세상적인' 방법, 특히 폭력의 방식을 뒤에 내려놓게 한다. 대신에 사람을 '낚고', 예수님의 '양'을 먹이고 (21:15-17), 선한 목자이신 예수님(10:11-18)처럼 생명을 내어주는 신적 선교를 위해 자신의 생명까지도 기꺼이 희생하는(21:18-19) 모습으로 온 세상의 선교를 끌어안는다.56

요약: 요한의 원수-사랑 내러티브

요한 내러티브에 대한 여러 방면의 고찰을 통해 예수님이 원수-사랑을 실천했을 뿐만 아니라 동시에 암묵적으로 제자들에게 원수-사랑을 가르쳐 주셨다는 것을 알 수 있다. 이제 우리 앞에 놓인 질문은 이러한 **암묵적인** 윤리가 단순히 "서로 사랑하라"는 **명시적인** 윤리에 관련되는가에 대한 것이다.

"내가 본을 보였노라"

사해문서의 기초 문헌인 공동체 규칙(*Rule of the Community*, 1QS)은 하나님이 선택한 것은 무엇이든 **사랑하고** 하나님이 거부한 것은 무엇이든 **미워함으로써** 하나님을 진심으로 사랑하라는 요구로 시작된다(I, 1-4). 특히, 이 요구는 "모든 빛의 아들들을 사랑하고", "모든 어둠의 아들들을 미워하라" 라는 것을 의미한다(I, 9-10). 더욱이 전쟁 문서(*War Scroll*, 1QM, 4QM)에 따르면, 다가올 어느 날 빛의 아들들은 어둠의 최고 아들들인 이방인 통치자들

---

56 비슷하게, Byers(*Ecclesiology and Theosis*, 222-23)는 베드로에게서 '작은 목자'로서 선한 목자이신 예수님의 고난에 참여하는 '신성화된' 혹은 그리스도와 같은 인물을 발견한다.

(Kittim)을 물리칠 것이다.[57] 이것이 요한복음에서 '서로 사랑하라'는 것(즉, 빛의 자녀는 사랑하되 어둠[세상]의 자녀는 미워하라는 것)을 암시하는 가능성이 있는가?

요한복음은 공관복음서(마태복음 5:44 과 누가복음 6:27, 35 에서 예수님이 요구하시는 것)와 달리 자신의 이웃을 사랑하라는 일반적인 권면이나 자신의 원수를 사랑하라는 특정한 명령을 담고 있지 않다는 말을 종종 듣는다. 그러나 적어도 요한복음은 사해문서와 달리, 원수에 대한 상응하는 적대감을 묘사하거나 규정하지는 않는다고 보는 것이 일반적이다.[58] 그것은 사실이지만 후자의 경우를 취한다면, 문제의 핵심이나 요한복음과 사해문서의 그러한 본문 사이의 근본적인 차이점에 관해 실제로 이해하지 못한다. 각각의 경우에 있어서 근본적인 질문은 이것이다. "빛의 자녀, **하나님의** 자녀가 된다는 것, 따라서 **하나님처럼 된다는 것은** 무엇을 의미하는가?" 존 마이어(John Meier)가 설명하듯, 사해문서가 어둠의 자녀들에 대한 증오를 조장하는 근거는 "마찬가지로 그들을 증오하고 그들을 영원한 파멸로 멸망시키는 방법을 통해서만 하나님과 자신을 일치시킬 수 있다"라는 데 있다.[59]

고대의 전기로서 복음서의 목적은 일차적으로는 독자들을 그 주창자의 이야기와 삶의 방식 속으로 참여시키는 것이다. 그렇지만 요한에게 있어서 행동하고 있는 예수님은 사실 행동하고 있는 하나님이시기 때문에, 원수-사랑을 포함한 예수님의 활동에서 암시되는 윤리는 요한복음에서 하나님처럼 되는 것(테오시스)을 암묵적으로 의미하는 것이라 할 수 있다. 그렇다면 13 장과 15 장에서 "서로 사랑하라"라는 **명시적인** 윤리는 하나님을 닮으라는 설득력 있는 **암시적인** 윤리와 모순된다고 할 수 있는가?

---

57 Meier, *Law and Love*, 537-39 에 있는 유용한 요약을 참조하라.
58 예를 들어 Burridge, *Imitating Jesus*, 334; Swartley, *Covenant of Peace*, 277.
59 Meier, *Law and Love*, 539.

이보다 더 큰 사랑이 없나니

예수님은 "사람이 친구를 위하여 자기 목숨을 버리면 이보다 더 큰 사랑이 없나니"(15:13)라는 유명한 선언을 하시고, 그의 친구들은 그에게 순종하는 자로 묘사된다(15:14). 이것은 자동으로 예수님의 사랑과 그 사랑에 동반되는 윤리를 친구들에게만 제한하고 있을까? 두 가지 점을 지적할 필요가 있다.

첫째, 13절의 격언은 **배제**가 아닌 **정의**(define)에 관한 것이다. 예수님은 자신의 사랑이나 제자들의 사랑을 친구에게만 **제한하지** 않으신다. 오히려 그 자신이 곧 행할 것처럼, 심지어 자신의 생명을 포기하는 순간에 이를 때까지 **자기를 내어주는** 사랑을 베푸는 것이 우정의 본질이라고 말씀하신다.

둘째, 교부시대 이래로 일부 주석가는 이 본문을 해석하면서 예수님의 원수-사랑의 본과 제자들에게 원수를 사랑하라고 명령했던 것을 연관 지어 왔다. 예를 들어, 어거스틴은 이 장의 앞부분에서 언급했던 로마서 5장에 있는 하나님의 원수-사랑에 대한 바울의 말을 상기시킨다.

> 그렇게 여기까지 왔다. 그리스도 안에서 우리는 예수님이 그의 친구들이 아닌 그의 원수들을 위해 자신의 생명을 내어 준 것을 보면서, 더 위대한 사랑을 발견한다. 심지어 죄인들을 사랑하셔서 그들에 대한 사랑 때문에 죽기까지 하시니, 인류를 향한 하나님의 사랑이 얼마나 커야 하며, 얼마나 놀라운 애정(affection)이어야만 하겠는가![60]

어거스틴이 요한의 독특한 목소리를 잠재우는가? 요한복음의 내러티브는 그렇지 않음을 시사한다. 우리가 보았듯이 베드로는 곧 불순종하여 예수님을 '외면'할 것이지만, 그가 베드로를 위해 죽으시고, 용서하시고 회복

---

[60] Elowsky, *John 11-21*, 174에 인용된 Augustine, *Sermon* 215. 5.

시키신다는 증거는 차고 넘친다. 즉, 예수님은 베드로의 배신에도 불구하고, 베드로를 사랑하셨고 그를 위해 죽으셨다. 원수가 되어버린 친구를 사랑하고 그를 위해 죽으심으로써, 원수는 다시 한번 예수님의 친구가 될 수 있었다. 베드로는 이러한 내러티브 안에서 개인인 동시에, 과거와 현재의 모든 제자의 대표자이다.

그레고리 대제도 15:13을 누가복음 23:34("아버지 저들을 사하여 주옵소서 자기들이 하는 것을 알지 못함이니이다")와 연결시키고, 그 윤리적 의미들에 초점을 맞추며 유사한 해석을 한다.

> 주님은 심지어 자신의 원수를 위해 죽으려고 오셨다. 우리가 원수를 사랑함으로써 그들을 이길 수 있을 때, 주님은 우리의 박해자조차도 우리의 친구라는 것을 보여주기 위해, 그들을 위해 자신의 생명을 내려놓을 것이라고 말씀하셨다.[61]

원수-사랑의 사자들

예수님에 의해 다시 친구가 된 새로운 베드로와 그가 대표하는 모든 이들은 종들이나 다른 누구의 귀도 자르지 않을 것이다. 이제 그들은 원수-사랑의 사자들이 될 것이다. 사랑 계명의 맥락은 이 주장을 뒷받침한다.

앞에서 주장했던 것처럼, 만일 예수님의 활동이 곧 하나님의 활동이라면, 예수님이 제자들에게 '본'을 보였다고 말씀하실 때(13:15), 발을 씻어 주는 행위는 단순히 예수님을 모방하는 것이 아니라 아버지를 모방하는 것이 된다. 만일 하나님께서 친구의 발과 더불어 원수의 발까지도 씻어 주셨다면, 발을 씻어 주는 것은 **친구**를 위한 섬김의 사랑(15:13-15)을 뛰어넘어 **원수**를 위한 섬김의 사랑까지 의미하는 것이다. 그러므로 예수님이 처음

---

61 Elowsky, *John 11-21*, 173-74에 인용된 *Gregory the Great, Forty Gospel Homilies* 27.

말씀하실 때(암묵적으로 13:14; 13:34-35) "서로 사랑하라"의 맥락은 그 자체로 원수-사랑의 본이라 할 수 있다.

앞서 제 3 장에서 살펴본 대로, 13 장과 15 장 모두에서 "서로 사랑하라"는 것의 맥락 또한 선교적이다. "서로 사랑하라"는 것과 이 사랑이 만들어 내는 하나됨에 대한 권면은 제자들이 보냄을 받고 증거하는 것에 대한 말들과 결코 멀리 떨어져 있지 않다. 3 장에서 중요하게 여겼던 표는 여기서 다음과 같이 재구성되고 확장될 수 있다.

"서로"	선교적 맥락
그래서 만일 주요 선생인 내가 너희들의 발을 씻겨 주었다면, 너희 또한 서로의 발을 씻겨 주어야 한다(13:14; 저자 역)	종이 그 주인보다 크지 않고, 보냄을 받은 자 또한 보낸 자 보다 크지 못하다(13:16; 저자 역)
서로 사랑하라 내가 너희를 사랑한 것 같이 너희도 서로 사랑하라(13:34)	누구든지 내가 보낸 자를 영접하는 자는 나를 영접하는 것이며, 나를 영접하는 자는 나를 보내신 이를 영접하는 것이다(13:20; 저자 역)
너희가 서로 사랑하면 … (13:35a)	
내가 너희를 사랑한 것 같이 너희도 서로 사랑하라 … 너희도 서로 사랑하게 하려 함이라(15:12, 17b)	… 이로써 모든 사람이 너희가 내 제자인 줄 알리라(13:35b)
아버지여, 아버지께서 내 안에, 내가 아버지 안에 있는 것 같이 그들도 다 하나가 되어 우리 안에 있게 하사 … (17:21a)	내가 너희를 택하여 세웠나니 이는 너희로 가서 열매를 맺게 하고 또 너희 열매가 항상 있게 하여(15:16a)
… 이는 우리가 하나가 된 것 같이 그들도 하나가 되게 하려 함이니이다 곧 내가 그들 안에 있고 아버지께서 내 안에 계시어 그들로 온전함을 이루어 하나가 되게 하려 함은 … (17:22b-23a)	… 세상으로 아버지께서 나를 보내신 것을 믿게 하옵소서(17:21b)
	… 아버지께서 나를 보내신 것과 또 나를 사랑하심 같이 그들도 사랑하신 것을 세상으로 알게 하려 함이로소이다(17:23b)

서로 사랑하는 것은 제자들로 하여금 어디로든 가야하는 것(15:16, '가서')을 요구하지 않지만, 적대적인 세계를 사랑하라는 것은 확실하다. 따라서 사랑의 계명과 본보기는 제자들 사이의 사랑으로 끝나지 않으며, 내부적인 화합을 궁극적인 목표로 두지도 않는다. 이러한 사랑과 하나됨은 다른 이들(구체적으로 세상에서 하나님과 하나님의 대리자들에게 적대적인 자들을 포함한 다른 이들)을 신적인 사랑과 생명으로 데려오기 위한 것이다.[62] "아버지께서

나를 세상에 보내신 것 같이 나도 그들을(제자들을) 세상에 보내었고"라고 예수님이 기도한다(17:18). 제자들은 아버지와 아들, 그리고 공동체의 사랑 속으로 다른 이들을 데려오고, 심지어 미워하는 자들과 박해자들까지도 데려오기 위해 그들 가운데 공유되는 신적인 사랑으로부터 보냄을 받는다. 브라이언 렌(Brian Wren)의 찬송가는 요한의 정서를 요약한다. "우리는 우리를 하나로 만드는 사랑을 세상에 주기 위해 기뻐하며 갈 것이다."[63] 요한복음에서 그 세상은 **적대적인** 세상이다.

사랑 계명의 두 가지 본질적인 맥락으로서 '원수-사랑'과 '선교'는 예수님이 적대감에 대해 내리는 경고에서 하나를 이룬다. 제자들의 증거 또한 부정적인 결과를 낳을 것이다. 예수님의 세상에 대한 사랑, 곧 원수들에 대한 사랑이 그러한 결과를 가져왔기 때문이다(15:18-25; 비교. 13:16). 선교의 연결고리와 유사하게, 보내시는 아버지와 보냄을 받은 제자들 양쪽의 중심 고리로서 예수님에게 초점을 맞춘 미움과 적대감의 연결고리를 볼 수 있다(15:18, 20-21, 23-24; 비교. 16:33; 17:14-16; 비교. 요일 3:13).[64] 이는 다른 연결 고리들의 경우와 같이, 다음과 같은 모양으로 묘사될 수 있다. 아버지 → 아들 → 제자들(에 대한 미움/거부). 그러나 아마도 미움의 실제 '흐름'은 다음과 같이 가장 잘 나타날 것이다. 아버지 ← 아들 → 제자들. 즉, 적개심은 예수님에게 집중되어 보내는 자와 보냄을 받은 자들에게로 퍼져 나간다.

그렇다면 문맥상 "서로 사랑하라"는 세상과 원수를 향한 사랑을 포함한다. 궁극적으로 이 사랑은 "하나님이 세상을 이처럼 사랑하셨기" 때문이며, 리처드 버리지(Richard Burridge)가 말하는 것처럼, 예수님이 "신적 사랑이 어떤 것인지 우리에게 보여주어서 우리는 그를 모방하고 신적인 생명에 참여할 수 있다."[65] 세상과 원수를 향한 사랑은 분명히 참여의 영성, 심

---

[62] Moloney, *Love in the Gospel of John*, 129-32 를 또한 참조하라.
[63] "I Come with Joy"(1971)의 마지막 구절.
[64] 또한 Thompson, *John*, 355 를 보라.
[65] Burridge, *Imitating Jesus*, 345.

지어 테오시스의 영성이며, 본질적으로 선교적이다. 따라서 요한에 따르자면, 하나님의 생명에 참여하기 위해서는 원수를 포함하여 다른 사람들을 사랑해야 한다.

그렇다면 요한의 **명시적** 윤리는 이에 대한 **암묵적** 윤리와 결코 모순되지 않는다. 하지만 예수님 자신의 행동은 암묵적 윤리와 모순되지 않을까?

"너희는 너희 아비 마귀에게서 났으니"(요 8:44)
─반사실적 증거?

만약 요한복음이 암묵적으로 원수-사랑을 주장한다면, 그 안에서 발견되는 혐오적 발언들, 심지어 예수님의 입술(요 8장)에서도 발견되는 표현들은 원수-사랑에 반대되는 반사실적 증거로 분명하지 않을까? 만약 고대 전기가 주인공에 대한 모방을 장려하는 것이 당연하다면, 아들과 아버지라는 신적 주인공의 행위가 모방할 가치가 없어 보일 때, 우리는 요한복음에 대해 어떻게 반응해야 할까?

한 가지 해답은 그와 같은 행위를 반면교사로 이해하는 것이다. 그러나 이것은 표준적인 고대 전기에는 적절할 수 있을지 모르지만, 1세기뿐 아니라 21세기의 대부분 그리스도인에게 있어서는 전혀 그렇지 못할 것이다. 요한복음의 주석가들이 흔히 제시하는 또 다른 해답은 유대교 회당으로부터의 공격 아래에 있는 공동체라는 역사적 상황에 비추어, 고대 수사법상 일상적 공격적인 연설로 여겨질 수 있는 '유대인'에 대한 강한 비판으로 해석하는 것이다. 이러한 사회적, 수사적 맥락에서 예수님이 말한 것으로 주장되는 거친 표현은 다소 부적절하거나 그보다 더 나쁜 것으로 간주되더라도, 어느 정도는 이해할 수 있는 것으로 주장되어 왔다. 이러한 경우 '역사적인' 예수님은 혐의를 벗게 되고, 공동체나 사회가 비난을 받게 된다.

그러나 이 설명은 역사적으로나 신학적으로 만족스럽지 못하다. 실제 역사적으로 요한의 공동체와 그 상황에 대해 알 수 있을지도 상당히 의심스럽다.[66] 신학적으로도 여전히 "세상을, 심지어 적대적인 세상을 사랑하는 하나님을 대표하는 분으로 요한의 독자들에게 기억되는 예수님이 그러한 독설을 내뿜을 수 있는가?"라는 의구심을 또한 갖게 한다. 더 나아가 "그때나 지금이나 제자들이 따르는 예수님이 그런 말씀을 한다면, 어떻게 그들이 예수님을 닮을 것을 기대할 수 있는가?"라는 의문을 가질 수밖에 없다.

예수님의 거친 표현을 문학적으로, 또 신학적으로 어떻게 설명할 수 있을지에 대한 적절한 해답은 요한의 관점에서 '원수'라는 대상의 두 측면에서 찾아볼 수 있다.

첫째, 이스라엘의 시적 그리고 예언적 전통에서 원수들은 일정하게 이름과 활동으로 그 정체가 확인된다.[67] 원수들에 대한 적절한 대응에 앞서 먼저 그 정체가 확인되어야만 한다. 요한복음 전체를 통해 예수님은 자신을 배척하고, 하나님을 배척하는 자들(이스라엘의 성경이 하나님의 원수들로 언급하는 것)의 정체를 확인하신다. 하지만 요한복음에서 예수님에 의해 그 원수들의 **정체가 확인됨**에도 불구하고 그들은 궁극적으로 **배척당하지** 않는다. 도리어 세상에 의해 배척받고 자신의 백성들에 의해 거부당하고, 결과적으로 하나님 아버지에 의해 버림받음에도 불구하고 예수님은 모두를 위해 죽으신다. 십자가의 상징으로서 발을 씻어 주시는 이 보편적 사랑의 표현과 더불어, 적대적인 세상에 대한 이 보편적 사랑(문자적으로)은 십자가

---

66 특히 Lamb, *Text, Context and the Johannine Community*를 보라.

67 예를 들어, 시 9-10, 14, 35-36, 74, 83; 사 13-24; 암 1-2. Motyer, *Your Father the Devil?* 134-40을 참조하라.

그 자체에서 드러났다. 십자가 위에 "히브리어, 라틴어, 그리고 그리스어"로 쓰여진 명패(19:20)는 예수님을 왕으로 선포할 뿐만 아니라, 그가 **어떤** 왕인지 나타낸다. 예수님은 억압적인 권력의 왕(황제와 그의 대표자인 빌라도)과 급진적인 대조를 이루고 있고, 발을 씻어 주시는 것을 통해 드러나듯이 하나님의 급진적인 연속성에 놓여있는 고통받는 사랑의 왕이다. "사랑은 여기 있으니 우리가 하나님을 사랑한 것이 아니요 하나님이 우리를 사랑하사 우리 죄를 속하기 위하여 화목 제물로 그 아들을 보내셨음이라"(요일 4:10). 다시 말해 원수들의 이름을 밝히는 것은 예수님이 아버지를 대신하여 그들을 사랑하신다는 사실을 부정하지 않는다. 십자가 위에 '히브리어'(아마도 아람어)로 쓰여진 것은 '유대인들'(대상이 정확히 누구든지[유대 백성, 유대 지역의 사람, 유대인 지도자, 예수님의 유대인 반대자, 회당원])이 여전히 하나님의 사랑, 곧 예수님의 사랑의 대상이기 때문이다. 아마도 구도자에서 변론자로, 그리고 친구로 변화한 바리새인 니고데모(3:1-10; 7:50-52; 19:38-40)는 이러한 내러티브의 실제적 상징일 것이다.[68]

둘째, 요한복음은 두 아버지와 그들의 자녀들 사이의 묵시론적 갈등을 묘사하고 있다. 한편에는 하나님과 하나님의 아들, 그리고 하나님의 자녀들이 있고, 다른 한편에는 사탄과 그의 자녀들이 있다. 이미 언급했듯이, 공관복음서와 바울서신처럼, 하나님과 예수님(그리고 인류)의 궁극적인 원수는 이 세상의 지배자이자 '악한 자'(17:15)인 사탄이다.[69] 따라서 요한에게 있어서 아버지와 아들을 대적하는 자들을 "너희 아비 마귀"의 자녀들(8:44)로 부르는 것은 혐오의 말이 아니다. 요한의 관점에서 원수들의 정체를 밝히는 것은 사실을 적시하는 것이다. 톰 대처(Tom Thatcher)는 그것을 "혐오적이거나 사랑이 없는 비난이 아닌, 어떤 일들의 자연스런 과정"에 대한 "본질적이고 중립적인 관찰"이라고 부른다.[70] 왜냐하면 요한의 전제는 "행동이 혈통을 드러낸다"라는 것에 있기 때문이다.[71] 실제로 빛(하나님)의 자녀들과 어둠의 자녀들 사이의 갈등을 묘사하는 사해문서와 요한복음을 대조해볼 때, 요한은 놀라울 정도로 예수님 자신이나 내러티브의 서술자 누구도 빛의 자녀들을 향해 어둠의 자녀들을 멸절하기는커녕 미워하는 것조차 호소하지 않는다. 앞서 보았듯이, 사해문서의 암묵적인 신학은 신적인 성격을 공유하고 있다. 즉, 너희가 너희 원수를 미워하면 너희는 신과 같이 될 것이다! 요한의 암묵적인 신학과 윤리 또한 테오시스라 할 수 있지만, 테오시스는 사해문서의 신학과는 상반된다. "비록 너희에게 원수가 있다 할지라도, 그들을 미워하지 말고 사랑하라. 왜냐하면 너희는 하나님의 아들의 제자들이며, 하나님 아버지의 자녀들이기 때문이다."[72] 너희가 원수를 사랑하면 너희는 하나님과 같을 것이다! 이 참여적 사랑과 신적 DNA의 공유가 바로 요한의 묵시론적 영성과 테오시스 윤리의 핵심이다.[73]

결론

본문에서 중요한 모든 것이 명시적이지는 않다. 얀 반 데르 와트가 지적했듯이, 요한복음에서 신자들은 하나님을 사랑하라고 요구받지 않지만, 요한복음에 관한 모든 것은 "신자들이 그들의 아버지를 사랑으로 순종하며 살아야 한다"라는 전제를 나타내고 있다.[74] 비슷하게, 요한복음에서 "너희 원수를 사랑하라"는 선포는 나타나지 않지만, 요한복음이 제시하는 하나

70 Thatcher, "Cain the Jew the AntiChrist," 372.
71 Thatcher, "Cain the Jew the AntiChrist," 354.
72 Thatcher, "Cain the Jew the AntiChrist," 356.
73 요한복음이 반-유대주의적이지도, 폭력을 지지하지도 않는다는 설득력 있는 주장을 위해서는 Anderson, "Anti-Semitism and Religious Violence"를 보라.
74 Van der Watt, "Ethics and Ethos," 160.

님, 예수님의 활동, 사랑의 계명, 그리고 성령의 권능을 통해 제자들의 선교 안에서 정확하게 암시되고 있다.

사해문서에서는 원수를 미워하라는 노골적인 촉구를 발견한다. 사해문서의 신학적 문법은 "너희 원수를 미워하라, 그러면 너희는 하나님과 같을 것이다"이다. 그러나 잘 알려진 마태와 누가의 신학적 문법은 "너희 원수를 사랑하면, 너희는 하늘에 계신 너희의 (완벽한/자비로운) 아버지처럼 될 것이다"이다(마 5:43-48; 눅 6:27-36). 그리고 요한의 신학적 문법은 "너희가 하나님의 자녀라면 그리고 그의 영으로 생명을 받았다면, 너희는 하늘에 계신 너희 아버지가 하시고 그 아들 예수님이 하셨던 대로, 즉 원수까지 사랑하는 것을 의미하는 사랑을 해야 할 것이다"이다. 이 모든 경우에 있어서 근본적인 문제는 하나님처럼 되는 것, 바로 신화(테오시스)에 관한 것이다. 마태와 누가의 신학적 문법과 요한의 신학적 문법은 조금 다르지만, 최종적인 결과는 마찬가지이다. 바로 원수에 대한 하나님을 닮은 사랑이다. 그리고 요한복음 전체를 통해 예수님은 성육신하시고, 본을 보이시며, 그 당시나 지금의 제자들 모두에게 이런 형태의 신적 사랑을 명하시는 분이다. 다시 말해서 선교적 테오시스는 그 안에 원수에 대한 사랑을 담고 있고, 또한 은혜로 말미암아 제자들을 그리스도 안에 있는 하나님의 사랑의 넓이와 깊이로 휩쓸고 들어가는 사랑을 담고 있다.

요한복음 전체는 최고의 신적 사랑에 관한 것이다. 그리고 최고의 신적 사랑의 귀결은 그 사랑으로의 극단적인 참여이다. 이것이 바로 선교적 테오시스의 약속이자 도전이다.

7

결론 및 오늘날 선교적 테오시스에 대한
해석학적 성찰

    마지막 7 장에서는 먼저 앞의 장들을 요약하고, 몇몇 해석자와 대화할 것이다. 그리고 결론적으로 이 연구의 내용과 지금 실천되고 있는 선교적 테오시스에 관한 관찰을 기초로 선교적 테오시스에 대한 몇 가지 해석학적 성찰을 제시할 것이다.

본서의 요약

본서의 중심 논지는 다음과 같다.

요한의 영성은 기본적으로 삼위일체 하나님(성부, 성자, 성령)과 제자들의 상호내주로 구성된다. 제자들은 신적 사랑과 생명에 참여하고 이로 인해 하나님의 생명을 주시는 선교에 **참여하게** 된다. 그렇게 함으로써, **하나님의 자녀로서 하나님과 닮은 모습을 시연하고** 동시에 **성령의 역**

사로 인해 아들처럼 됨에 따라 점점 더 하나님을 닮아가게 된다. 이 영성은 15 장에 기초한 표현인 "거하고 나아가라"(abide and go)로 요약될 수 있다.

이 논문은 여섯 장으로 전개되었다.

제 1 장, "선교적 그리고 테오시스의 관점으로 요한복음 읽기"는 본서가 선교적 해석학의 연구와 신성화의 관점에서 요한복음의 해석임을 논했다. 제 1 장의 앞부분에서는 선교적 해석학을 독자의 특정한 시간과 장소에서 뿐 아니라 성령에 의해 그리스도 안에서 하나님께서 하시는 일을 분별하고 그것에 참여하기 위해(the *missio Dei*) 성경을 읽는 것으로 정의했다. 선교적 해석학에 대한 다양한 접근이나 흐름을 살피는 데 있어 본서의 접근법은 주로 텍스트 중심이다. 그 후에 제 1 장은 책의 논지를 서술하고 테오시스와 선교적 테오시스의 의미에 대해 논했고, 테오시스에 대한 반론을 간략하게 다루었다. 제 1 장의 마지막 부분은 요한복음의 선교적 테오시스에 관한 최근 연구와 대화하면서, 그 개념을 더 자세하게 발전시켰다. 선교적 테오시스를 요약하여 말한다면, 신적 선교에 참여하는 것이 본성적으로 사랑이시며, 선교적이신 하나님을 닮은 모습으로 변화되어가는 결과를 가져온다는 것이다.

제 2 장, "요한복음의 선교적 테오시스: 구조, 주제, 그리고 1-12 장"은 요한복음에 관한 본서의 기본적인 관점을 제공했다. 제 2 장의 첫 부분은 요한복음이 사실 영적이고 선교적/윤리적 복음서라는 주장에 대한 특정한 반론을 고려하고 응답했다. 다음 부분에서는 프롤로그, 표적의 책, 영광의 책, 에필로그의 접근에 도전하면서, 요한복음의 구조에 있어서 선교의 중심성을 주장했다. 특히 중요한 것은 프롤로그를 도입부로 새롭게 부르고, 13-17 장을 고별 담화가 아닌 선교 담화로 이해하며, 20 장과 21 장을 부활과 선교에 대한 일관된 단락으로 통합하는 것이었다. 제 2 장의 세 번째 부분에서는 요한복음의 주제인 '생명'에 대해 논의하였는데, 특히 에스겔 34

장과의 연결에 주목하며 요한복음의 정경적 맥락에서 생명의 중요성을 추적했다. 그다음에 요한복음 전반부에서 신적 선교에 제자들이 참여하는 것에 대한 암묵적인 기대에 초점을 맞추면서, 하나님의 자녀가 되고 하나님처럼 되기 위해 성령의 선물을 받는 것의 의미를 살펴보았다. 제 2 장의 마지막 부분은 예수님의 표적을 그의 담화와 그의 생명을 주는 죽음에 관련지어, 생명을 주려는 의도에 초점을 맞추었다.

제 3 장 "거하고 나아가라: 요한복음 13-16 장의 선교적 테오시스"는 특별히 선교적 테오시스의 측면에서 13 장(세족)과 15 장(포도나무에 거하며 열매 맺기)에 초점을 맞췄다. 제 3 장은 공동체 내부의 사랑과 구심적 사랑은 궁극적으로 원심적이며, 밖으로 향한다고 주장했다. 영성, 사랑, 그리고 선교가 모두 통합된다. 그리고 제 3 장은 참여의 신학적 출발점, 곧 신격(Godhead) 내에서의 참여(페리코레시스)와 인성을 가진 하나님의 참여(성육신)를 살펴보는 것으로 시작했다. 요한복음은 인간의 삶에 참여했고, 성육신하신 하나님, 그리고 상호내주하는 관계 속에서 선교적 백성을 만들어 가시는 선교적이고 상호내주적인 하나님을 묘사한다. 그다음에 요한복음 전반부와 예수님의 임박한 죽음과 승귀의 '때'와의 관계를 포함하여, 13-17 장의 선교 담화로서의 성격을 살펴보았다. 이를 통해 제자들이 예수님의 사랑의 죽음에 선교적으로 참여할 때, 역설적으로 하나님의 생명에 참여하는 것이라는 주장을 강조했다. 13 장에 대한 논의는 요한에게 있어서 테오시스가 선교적인 동시에 십자가를 닮은 것이라는 결론을 보여준다. 또한 발을 씻어 주는 상징적인 에피소드의 참여적이고 선교적인 성격도 강조하고 있다. 15 장에 대한 부분은 동사 '거하다'(abide)의 중심성뿐만 아니라 동사 '열매 맺다'와 '가다/떠나다'의 존재도 강조했는데, 이는 포도나무(그리스도 안에 있는 제자 공동체)가 '거하고 나아가다'라는 역설적인 명령으로 특징지어지는 선교적 공동체, '움직이는 포도나무'라는 것을 강조한다.

제 4 장, "아버지께서 나를 보내신 것 같이 (I): 요한복음 17 장의 선교적 테오시스"는 17 장이 선교 담화를 마치는 예수님의 파송 기도라고 주장하였다. 기도는 예수님 자신과 제자들, 그리고 미래 제자들의 선교에 초점을 맞춘다. 주요 주제는 제자들이 아들을 통해 아버지 사랑의 선교에 대한 적절한 증거를 할 수 있도록 신적인 하나됨과 거룩함에 참여하는 것이다. 즉, 제자들의 하나됨은 **참여적인** 동시에 (신적 하나됨 안에서) **목적을 갖는다** (세상에 증거하기 위한). 17 장에 있는 예수님의 기도는 신실한 증거를 위한 공동체적 영성을 우리에게 제시한다. 제 4 장은 선교 담화를 통합하는 특징으로서 '행하다'(do)를 살펴보는 것으로 끝을 맺는다. 제자들은 '행함'을 통해 아들 안에서 아버지의 일을 계속 '행한다.'

제 5 장, "아버지께서 나를 보내신 것 같이 (II): 요한복음 20-21 장의 선교적 테오시스"는 부활과 성령의 선물이란 관점에서 선교적 테오시스가 어떤 모습인지를 고찰했다. 제 2 장에서 제시된 복음서의 구조에 따라, 제 5 장은 요한복음 20 장과 21 장을 하나로 묶고, 그 안에서 출현과 파송 내러티브를 보았다. 20 장에 대한 논의에서는 사도들에게 파송된 사도로서 막달라 마리아, 성령을 받는 샬롬의 대리자로서 제자들, 그리고 이상적인 신자이자 증인으로서 도마의 이야기를 살펴보았다. 성령을 받는 제자들의 이야기 안에서 제자들의 선교 방식(그리스도를 닮음), 수단(성령), 그리고 내용(샬롬, 용서, 생명)을 탐구했다. 21 장에 대한 분석은 예수님이 제자들을 만나고 파송하시면서 해결되었거나 반복되고 있는 요한복음의 주제들에 주목했다. 제자들은 어부로서, 그리고 목자로서, 아버지께서 구상하시고, 예수님이 모양을 만드시며, 성령이 권능을 주시는, 십자가를 닮은 모습을 갖게 될 선교에 참여하도록 부름을 받았다.

제 6 장, "극단적인 선교적 테오시스: 요한의 암묵적인 원수-사랑 윤리"에서는 요한복음에 있어 선교적 테오시스로서의 암묵적이지만 분명한 원수-사랑의 주제의 중요성을 보기 위해 요한복음 전체를 돌아보았다. 제 6

장은 요한복음이 하나님의 원수-사랑에 어떤 말을 하고 있는지, 예수님의 원수-사랑에 대해서는 어떻게 서술하고 있고, 제자들의 원수-사랑을 어떻게 유추하는지 살펴보았다. 요한복음에 외부자나 원수 사랑에 대한 윤리가 결여되어 있다는 일부 학자들의 염려를 검토한 후, 모방할 인물을 소개하는 고대 전기로서의 요한복음의 성격을 검토했다. 그다음으로 제 6 장은 적대적인 인류에 대한 하나님의 사랑이라는 주제를 추적했다. 예수님의 원수-사랑의 실천, 특히 유다와 베드로의 발을 씻어 주는 것, 폭력을 거부하는 것, 베드로를 포함한 제자들에게 용서와 성령을 주시는 것을 살펴보았다. 그 결과 예수님은 원수-사랑의 사자들이 되어야 할 제자들을 위해 본이 되셨다는 자신의 주장과 연결할 수 있었다. 제 6 장은 이 논지에 대한 몇 가지 가능한 반대 의견을 검토한 후, 사해문서들과 요한복음의 테오시스를 비교하면서 결론을 맺었다. 하나님처럼 되는 것은 원수를 사랑하는 것이지, 결코 미워하거나 죽이는 것이 될 수 없다. 제 6 장과 이 책 전체를 통해서, 선교적 테오시스는 값비싼, 다시 말해서 십자가를 닮은 모습의 참여주의적 영성이라고 결론지었다.

　앞의 장들의 요약을 마치고 이제 우리는 선교적 해석학에 관한 세 가지 일반적인 질문으로 돌아가 다른 각도에서 본서의 결론을 종합해 보고자 한다. 요한복음은 하나님의 선교(missio Dei)에 대해 무엇을 말하는가? 그것은 인류와 세상의 상태에 관해, 하나님의 구원하시는 선교의 필요성에 대해 무엇을 말하는가? 그리고 요한은 하나님의 선교에 참여자들로서 하나님 백성의 성격과 선교에 대해 무엇을 말하는가?

요한복음은 하나님의 선교에 대해 무엇을 말하는가?

　요한복음의 하나님은 사랑, 빛, 그리고 생명의 하나님이시다. 상호내주하는 교제의 신적 공동체, 실제로 신적 가족으로서 아버지와 아들, 그리고 성령은 사랑과 빛 그리고 생명의 신적 가족 안에 '세상', 곧 인류를 포함시키기를 원하신다. 이 은혜로운 소망과 목적은 말씀이신 예수님을 통한 세상의 창조로부터 시작해서 이스라엘과의 언약 관계에서 표현되고, 인간의 적대감에도 불구하고 유지된다. 또한 선지자들을 통해 종말의 시대에 회복되고 깊어지며 확장될 것이라고 약속되었고, 아들의 성육신과 사역, 그리고 죽음/부활(승귀)에서 성취되었다. 아버지의 보냄을 받은 아들 예수님은 우리 또한 그와 같이 될 수 있도록 성육신을 통해 우리와 같이 되셨다. 신적 가족 안에서 공유된 사랑의 정수는 예수님이 자신을 주고, 생명을 주는 죽음에서 나타난다.

이 구원의 신적 선교는 요한복음에서 신적인 생명을 말한다. 동시에 도래할 시대에 예언적으로 약속되었지만, 현재에서도 경험될 수 있는 (부분적이지만 실제로) 생명을 의미하는 '영원한 생명'으로 언급된다. 이 생명은 총체적이고 풍성하며, '영적이고' 물질적일 뿐 아니라 체현된 완전함이다. 이 생명은 예수님을 만나고, 그의 죽으심을 생명을 얻기 위한 수단으로 인정할 때 들어오게 된다. 이 만남은 위로부터의 새로운 태어남, 성령의 세례라는 수단을 통해 하나님의 생명에 완전히 잠기는 것으로 묘사된다. 믿고 성령 안에서 세례를 받는 자들은 성령이 가능케 하시는 역사에 의해 신적 가족으로 들어가고, 아들처럼 되는 과정을 시작한다. 이는 곧 그를 보내신 아버지처럼 되는 것을 의미한다. 이 생명은 포도나무의 가지처럼 개인뿐만 아니라 공동체적으로 경험된다. 하나님의 선교는 신적인 'DNA'(정체성과 행동)를 공유하고, 그 결과 신적 가족의 하나됨과 거룩함, 그리고 선교를 공유하는 통합되고 거룩한 공동체로서 '가업'(family business)에 참여하는 자녀들의 가족을 낳는다.

요한복음은 인류와 세상의 상태에 대해, 하나님의 구원하시는 선교의 필요성에 관해 무엇을 말하는가?

요한복음은 인류를 하나님께서 주시는 생명이 절실히 필요한 상태로 묘사한다. 사람들은 믿음이 부족하고, 어둠 속에서 살며, 죄와 죽음의 상태에 있다. 그들은 하나님과 하나님의 대리인, 특히 아들에 대해 적대적이다. 그래서 그들이 자초한 심판의 상태에 있다. 그러나 이 모든 것에도 불구하고, 그들은 하나님 아버지와 아들 예수님의 사랑을 받는다.

요한복음은 하나님의 선교에 참여자들로서 하나님 백성의 성격과 선교에 대해 무엇을 말하는가?

하나님의 자녀이자 신적 가족의 참여자로서 예수님의 제자들은 '움직이는 포도나무' 가지를 구성한다. 그들은 가서 열매를 맺으면서도 예수님 안에 거할 것이 기대된다. 그들의 사명은 "거하고 나아가라"는 것이며, **또 하나의 그리스도**(alter Christus)이신 내주하시는 성령/보혜사에 의해 가능해진 아들의 계속되는 사역에 참여하면서 더욱 예수님처럼 되는 것이다. 그리고 예수님의 샬롬과 용서와 생명을 세상 모든 사람에게 확장시키며, 예수님에 대해 신실한 증거를 하기 위해 성령이 그들에게 불어넣어졌다. 예수님이 제자들을 통해 제시하시는 생명은 다가올 시대의 총체적 삶이기 때문에, 그들의 사역과 선교 또한 포괄적이고 총체적이며 '영적인' 동시에 물질적이다. 이 선교의 본질은 예수님에 의지하여, '고기잡이'와 '양을 치는' 예수님의 선교에 참여하는 것으로 그려진다.

이 신적 선교로의 제자들의 신실한 참여는 신적 가족의 하나됨과 거룩함에 공동체적으로 참여하는 것에 달려있다. 발을 씻어 주는 것은 세상에서 그들과 함께 하는 삶의 상징이다. 즉, 제자들의 선교의 모습은 자신을 주고, 생명을 주며, 친구와 원수를 사랑하는 죽음으로 나타나는 아들의 선교와 같을 것이다. 모든 시대와 장소의 제자들은 모두 함께 보냄받은 자 (the Sent One)인 예수님의 보냄을 받은 자(the sent one, 사도[the *apostolos*])를 구성한다. 그들의 선교는 그들 자신의 것이 아니며 오히려 아버지와 아들, 그리고 성령의 선교에 참여하는 것이다. 그리고 제자들은 자기를 내어주고 생명을 주는 선교에 참여하면서, 그들이 참여하고 있는 생명과 선교의 주인이신 하나님을 점점 더 닮아가게 된다. 제자들이 (참된) 제자들로 되어가는 것이다.

요한복음에서 우리가 발견하는 영성은 **어떤 의미에서도 자신만을 향하는 공동체를 조성하는 '분파주의적'인 것이 아니다.** 오히려 요한복음의 선교적 영성은 선교적 테오시스로 요약될 수 있으며, 아버지와 아들 그리고 성령의 생명과 선교에 대한 변혁적이고 공동체적인 참여를 말한다. 따라서 이 선교적 영성은 생명을 주는 수준에 있어 **포괄적**이고, 그 모양에 있어 **그리스도를 닮고**(사실 십자가를 닮음), 실제적인 실천에서는 은사적인(또는 성령적인; *charistmatic/pneumatic*) 선교이다. "잭 샌더스의 (나쁘게) 유명한 요한 윤리의 묘사는 너무나 동떨어져 있다."[1]

다른 해석자들과의 대화

요한복음 연구를 마무리하면서 좀 더 폭넓은 연구의 맥락에서 주요 주제들로 다루었던 선교와 테오시스, 특히 이 두 개념의 연결성에 대해 살펴보는 것은 가치가 있을 수 있다. 여기서 필자가 취한 접근은 다른 학자들의 연구와는 어떻게 비교되는가? 앞부분에서 언급했던 것처럼, 본서는 어떤 의미에서는 요한의 윤리(선교와 참여를 포함할 수 있는)를 좀 더 심각하게

---

1 Moloney, "God, Eschatology, and 'This World,'" 215. Sanders 의 인용을 위해서는 2 장과 6 장을 참조하라.

받아들이자는 '운동'의 일부이다. 이러한 형태의 관심을 가진 학자들은 얀 반 데르 와트, 루벤 짐머만, 코버스 콕, 크리스토퍼 스키너, 쉐리 브라운 등이며, 점점 더 많아지고 있다. 특히 선교와 관련하여, 물론 이전 세대의 학자들을 포함하여 다른 많은 사람이 요한복음의 선교에 대해 생각해 왔다. 요한복음의 테오시스에 관한 언어는 더 고대적인 언어지만, 아이러니하게도 현시대의 성서 연구에서는 훨씬 더 새로운 것이다. 앞의 여섯 장에서 언급한 모든 해석자를 검토할 수는 없지만, 그 과정에서 우리가 대화했던 소수의 학자를 중심으로 유사점과 차이점들의 예를 간략하게 살펴볼 수 있을 것이다.

선교적 초점의 몇 가지 예

레이몬드 브라운은 20:21-22을 언급하며, 교회의 선교적 신학에 대한 '요한의 특별한 기여'는 아버지께서 아들을 보내시는 것을 아들이 제자들을 보내는 '모델과 기초'로 취하는 것이라고 주장한다.[2] 요한복음에 있는 보냄의 모티프의 중요성에 이의를 제기하는 것은 오류일 것이다. 많은 요한복음의 해석자가 브라운의 평가에 동의하겠지만, 본서는 한 걸음 더 나아가 이 선교적 모티프가 어떻게 내주(indwelling)와 참여(participation)에 관한 요한복음의 심오한 영성과 관련되어 있는가에 대해 질문한다.

요하네스 니센(Johannes Nissen)은 그의 *New Testament and Mission*에서 요한복음에 있는 선교의 성격에 관해 다섯 개의 해석적 관점을 제시한다. 즉, 삼위일체적이고, 성육신적이며, 성령론적이며, 비록 궁극적으로는 다양한 종교 전통과 불연속적("나는 길이요 … ")이기는 하지만, 다양한 종교 전통과 대화하는 상황적 민감성을 갖고 있다.[3] 비록 이러한 다섯 가지 관점

---

2 Brown, *John* 2:1036.
3 Nissen, *New Testament and Mission*, 92-96. 필자는 Nissen의 목록을 재배열했고, 그의 요점을 요약하기 위해 필자의 표현 중 일부를 사용했다. 그는 종교적으로 다원주의적인 세상에서 선교를 이해하는 데 있어 요한복음이 가진 잠재력에 특히 주의를 기울인다.

에 대한 해석의 모든 세부 사항들에 동의하지는 않지만, 이 관점들은 브라운에 의해 확인된 보냄의 중심 모티프를 넘어서, 요한의 선교적 신학의 특정 측면들에 대해 도움이 되는 요약이다. 요한복음에 있는 선교의 삼위일체적 성격과 관련하여, 니센은 신적인 상호침투(페리코레시스)와 신적인 선교적 존재론 모두에 대해 적절하게 말하고 있다. 하나님은 사랑이시기 때문이다. 그는 하나님의 완전하고 독특한 계시로서 성육신을 강조하며, 성령의 자유롭고 그리스도 중심적인 역사에 초점을 맞춘다. 그리고 본서에서 다루지 않은 주제인 타종교적 전통에 대해서 그는 삼위일체적이고 기독론적인 확신을 고수하면서도 존중과 대화의 태도를 바르게 유지하고 있다.

브라운의 간략한 주장에 빠져 있는 참여로서의 선교는 니센의 요약에서도 나타나지 않는다. 브라운은 제자들이 "아들의 선교를 계속하고", "이 선교가 이뤄지는 동안 아들이 그들과 함께 있어야만 하는 것을 요구한다"라고 말한다. 이것은 참여에 근접한 생각이지만 도달한 것은 아니다.[4] 그리고 분명히 니센은 교회의 선교가 "성령의 권능을 입은 것"이며,[5] 동일한 성령이 중생을 통해 변혁을 가져온다고 말한다.[6] 그러나 그는 '신성화'(divinization)와 같은 용어를 경계하는데, 아마도 그러한 용어들에 대한 고대의 (그리고 또한 현대의) 오해 때문일 것이다.[7] 반면에 앤드루 링컨은 비록 테오시스 언어를 사용하지는 않지만, 그 핵심에 있어 제자들을 "세상으로의 신적 선교에 참여하는 공동체"로 확인한다.[8] 이 공동체의 "영생의 현재 경험은 사랑, 섬김, 그리고 하나되는 체현의 증거를 이어간다"라고 말한다.[9]

4 Brown, *John*, 2:1036.
5 Nissen, *New Testament and Mission*, 96.
6 Nissen, *New Testament and Mission*, 88-89.
7 그러나 Nissen은 '신적인 수준(quality)의 새 생명'으로서 중생의 결과들을 묘사한다(*New Testament and Mission*, 79).
8 Lincoln, "Johannine Vision," 100.
9 Lincoln, "Johannine Vision," 116.

프랜시스 몰로니(Francis Moloney)는 그의 요한복음에 대한 방대한 저서에서 예수님과 요한복음의 목적을 인간이 신적 사랑과 생명 속으로 '휩쓸려 들어갈' 수 있도록 하는 것으로 본다.[10] 이 표현은 영적으로나 선교적으로 모두 참여의 언어이며, 브라운이나 심지어 니센의 표현보다 본서의 논지에 훨씬 가깝다. 몰로니에 따르면, 제자들은 십자가에서 가장 온전하게 드러나는 신적 사랑과 생명을 다른 이들과 나누기 위해 부름을 받았다. 이러한 선교적 참여는 그리스도인의 삶, 사랑, 그리고 선교에 대한 십자가 형태의 이해이다. 또한 말과 더불어 행위를 요구한다.

테레사 오쿠레는 오래되었지만 자주 인용되는 *The Johannine Approach to Mission*에서, 요한에게 있어서 진정한 선교사는 예수님이며, 제자들은 그 선교를 나타내는 그의 도구들이라고 주장한다.[11] 오쿠레가 힌트를 주지만 더 크게 발전시키지 않는 이 (올바른) 주장이 갖는 의미는 무엇인가?

선교, 참여, 그리고 미메시스

요한복음에서 예수님이 참된 선교사라면, 예수님의 제자들은 그의 선교에 참여한다. 이는 물론 아버지의 선교이다. 그리고 예수님의 선교는 곧 그의 삶이라 할 수 있기 때문에, 예수님의 삶은 아버지의 삶을 나타낸다. 따라서 제자들이 예수님의 선교적 삶에 참여할 때, 그들은 아버지 하나님의 선교적 삶에 참여하는 것이다. 부분적으로 이것은 하나님의 자녀가 되는 것이 의미하는 바이다. 말하자면 보내시는 아버지는 자신의 DNA와 가업을 모두 자녀들과 공유하며, 자녀들은 신적 사업에 참여함으로써 신적 DNA를 나타낼 수 있는 특권을 갖는다.

이러한 생각에 따라 필자가 제안한 것은 아버지와 아들 그리고 성령의 선교적 삶(생명)으로의 참여가 요한의 선교적 신학과 영성의 핵심이라는

---

[10] 특히 그의 *Love in the Gospel of John*을 참조하라.
[11] Okure, *Johannine Mission*, 219-26.

것이다. 필자는 선교적 테오시스야말로 하나님의 선교적 삶에 참여하는
선교적 영성을 표현하는 데 최고의 (유일하지는 않지만) 언어임을 주장했다.
로스 헤스팅스(Ross Hastings)도 청중들이 요한복음 20장을 좀 더 목회적인
면에서 이해하도록 하면서, 요한복음의 선교를 해석함에 있어 테오시스의
언어를 사용했다. 그는 하나님의 샬롬을 **발견하고 퍼뜨리는** 관점에서 테
오시스에 대해 구체적으로 말한다. 테오시스에 대한 그의 이해의 주요 요
소는 (1) 보내시는 아버지께서 말하시는 것을 말하는 것, (2) 보내시는 아
버지께서 행하시는 것을 행하는 것, (3) 심판, (4) 섬김과 희생, (5) 아버지
와의 친밀한 교제, (6) 사색과 모방으로서 교제를 통해 보내시는 분과의
닮은 모습을 반사하는 것, (7) 성화되어 가는 것, (8) 아버지와 하나가 되
고 서로 하나가 되는 것이다.[12] 해스팅스의 이러한 주제들은 사실 본서의
연구에서도 드러났다.

　　좀 더 학술적인 연구로, 앤드류 바이어스(Andrew Byers)는 최근 요한복음
의 테오시스에 대한 최초의 연구 논문인 *Ecclesiology and Theosis in the
Gospel of John*을 내놓았다. 바이어스는 요한복음의 내러티브적 접근을
통해, 그 안에서 가르쳐질(예를 들어, 요한복음 17장에서) 뿐만 아니라 또한 예
시가 되는(예를 들어, 요한복음 9장의 시각 장애인으로 태어난 자의 이야기에서) '참여
와 신화(deification)의 내러티브적 교회론'을 발견한다. 얀 반 데르 와트와
코넬리스 벤네마(후자는 아래에 논의됨)처럼, 바이어스는 가족 언어가 정체성
과 행동을 이해하는 데 절대적이라고 생각한다. 그러나 벤네마와 달리 그
는 고대의 신성과 인간성 사이의 경계가 다소 모호하다고 생각하여, 참여
와 신화를 허용한다. 바이어스는 테오시스를 분석하면서 선교를 빠뜨리지
않으면서도 요한의 테오시스를 선교 이상의 것으로 주장한다.[13] 그것은 바

12　Hastings, *Missional God*, 276-84.
13　예를 들어, 요한복음 17장에 대한 그의 언급을 보라(*Ecclesiology and Theosis*, 152). "예수님
　　은 단지 제자들이 그의 선교에 참여할 것을 위해 기도하는 것이 아니다. 예수님은 임무-지향
　　적이거나 기능적인 일치를 넘어, 이러한 새로운 사회적 실체가 **선재하는 신적 영광에 실제적
　　으로 참여할 것**을 위해 기도한다."

로 아버지와 아들 그리고 성령으로 나타나신 이스라엘의 한 하나님에 참여하는 공동체적인 삶이다.

본서는 바이어스의 연구와 많은 공통점을 갖고 있다. 그러나 아마도 어떤 면에서 필자의 연구에 가까운 학문적 작업은 코넬리스 벤네마의 연구, 특히 그의 저서 *Mimesis in the Johannine Literature: A Study in Johannine Ethics* 일 것이다.[14] 벤네마의 관심은 윤리와 도덕적 변혁(선교를 포함해서)에 있으며, 그의 근본적인 주장은 요한의 윤리의 핵심은 아버지와 아들 그리고 성령이라는 신적 가족에 하나님의 자녀로 속함을 통해서 가능해지는 미메시스(모방)라는 것이다. 또한 미메시스는 "신적 가족 안에서 성품과 행동을 지도하기 위한 주요한 윤리적 도구"이다.[15] 벤네마는 요한복음에 있는 신적, 혹은 '아버지-아들' 미메시스에 대해 서술하면서, "아버지와 아들이 공유하는 신적 생명이 이후에 아버지와 아들과의 이러한 생명을 주는 관계 속으로 이끌려 들어가는 신자들에게 확장된다"라고 말한다. 그 결과 "예수님의 구원을 주시는 선교는 제자들의 구원을 주는 선교를 통해 계속된다"라고 주장한다.[16]

벤네마 역시 내주(indwelling)에 대해 논의하고 참여의 언어를 사용하지만,[17] 이 개념들은 그의 프로젝트에서 미메시스보다 중심적이지 않다. **"미메시스는 하나님-인간 관계에 있어 중요한 도구이다."**[18] 더욱이 그는 테오시스와 신화(deificaiton)라는 단어 사이에 머뭇거린다.[19] 이러한 이유로 벤네

---

[14] Bennema 의 책은 필자가 본서에 대한 작업을 대부분 마친 후에 출판되었다. 다행스럽게도, 필자는 원고로 돌아가서 그것과 대화할 수 있었다.

[15] Bennema, *Mimesis*, 194-95. 162 를 참조하라. "요한의 미메시스 개념은 주로 하나님께서 예수님을 위해서 본보기를 세우시는 가족적인 행동의 형태이며, 예수님도 신자들이 모방할 수 있도록 적절한 가족적 행동의 본보기를 광범위하게 세우신다."

[16] Bennema, *Mimesis*, 74.

[17] '내주'(indwelling)에 관해서는, Bennema, *Mimesis*, 특히, 126-27, 155-59 을 참조하라. "교제 (친교, 하나됨, 일치, 내주)는 신적 가족의 정체성에 대한 가장 중요한 표식이라고 결론지어도 무방할 것이다"(156). 이 관계는 신격 안에서 세 위격과 인간 가족 지체들 가운데 관계를 모두 의미한다. 참여에 관해서는 66, 97, 115, 130, 132n.64, 135, 146, 152, 154, 155-61, 164, 168, 173-74 를 보라.

[18] Bennema, *Mimesis*, 80.

마의 요한복음 연구는 때때로 본서의 주장과 약간 어긋나는 것처럼 느껴진다. 그러나 본서의 연구와의 차이에도 불구하고, 벤네마의 전반적인 논지와 테오시스란 용어를 올바르게 이해하는 방법에 대한 제안은 본서와 상당히 일치한다. "만일 신자의 변혁을 위해 '테오시스'란 용어를 사용하고 싶다면, 그것은 아마도 하나님이 되기 위해(*homoousios*) 하나님의 본질에 참여하는 것이 아니라, 하나님처럼 되기 위해(*homoiousios*) 하나님의 생명과 성품에 참여한다는 관점에서 이해되어야만 할 것이다."[20] 요한복음 17 장에 대한 벤네마의 논의에서 다음의 말은 주목할 만하다.

> 아버지와 아들 사이의 이러한 생명, 빛, 사랑, 진리, 그리고 명예의 관계는 배타적이지 않다. 신자들은 '위로부터' 태어남을 통해 이 신적 관계로 이끌려 들어가고, '하나님의 자녀'와 예수님의 '형제자매'로서 신적인 정체성에 참여한다. 신자들은 이 신적 정체성을 소유하는 것이 아니라 하나님과 연합을 통해 참여하거나 공유한다. 신자들이 생명, 빛, 사랑, 진리, 그리고 명예의 영원한 교제의 신적 정체성을 나눔에 따라, 이러한 교제가 신자들에게 영향을 주고 그들의 생각과 행동을 변화시키는 것은 지극히 자연스러운 일이다. 그러므로 신자들의 정체성은 신적인 정체성의 선을 따라 모양을 갖춘다. 왜냐하면 신적인 정체성을 공유하는 것은 변화시키는 효과를 가지고 있기 때문이다.[21]

벤네마가 여기서 논하고 있는 것이 바로 필자가 하나님의 생명으로의 변혁적인 참여, 또는 테오시스로 언급하는, 곧 선교적 테오시스이다. 벤네마는 미메시스(모방), 교제, 그리고 관계성의 언어를 선호하는 반면, 필자는

---

[19] Bennema, *Mimesis*, 127, 130, 132, 156.
[20] Bennema, *Mimesis*, 132n.164. 이 지적은 요한일서 3-4 장과 연결되어 있지만, 벤네마는 분명히 요한문서 전체와 그 이상에 관련성이 있다는 것을 암시한다.
[21] Bennema, *Mimesis*, 130.

참여와 테오시스의 언어를 선호한다. 하지만 요한복음 17장과 요한복음 전체에 대한 두 가지 해석의 요지는 상당히 보완적이다.

벤네마는 그의 책의 결론에서 미메시스와 테오시스 사이의 관계에 대한 추가적인 연구의 필요성을 시사한다.[22] 벤네마의 바람이 본서에 의해 부분적으로나마 실현되었든 안 되었든, 필자는 미메시스와 선교와의 관계에 대한 추가적인 연구가 또한 필요하다고 제안하고 싶다. 벤네마 자신의 **도덕적** 변혁에 대한 강조는 그 자체로 더욱 일관되고 분명하게 **선교적**일 수 있기 때문이다.

본서를 학문적인 대화 속에 위치시키는 논의에 대한 결론으로 필자는 이 연구가 바이어스와 벤네마의 접근과 결과물(헤스팅스의 목회적 연구의 도움과 함께) 사이의 결합이라고 말하고 싶다. 필자는 사실 본서의 대부분을 집필한 후에 바이어스와 벤네마의 연구를 읽었다. 학문적인 대화가 계속되고, 몇몇 책이 요한문서의 연구에 있어서 윤리, 선교, 그리고 참여에 대해 더 큰 발전 속에서 건설적으로 합쳐질 수 있다는 것을 주장하는 가운데 아마도 지금이 통합의 순간이 아닌가 싶다.

교회의 삶을 위한 몇 가지 기초적 해석학적 성찰

필자가 참여하고 있는 대화는 전통적인 의미에서 단지 학문적인 것에 그치지 않고, 의도적으로 신학적이며, 실제로 실천적이다. 본서의 내용은 학교뿐만 아니라 교회를 위해서 의도되었다. 선교적 해석학의 지지자로서 필자는 요한복음에서 발견한 것들이 하나님의 선교(missio Dei)에 더욱 참여하게 하고, 분별하게 하는 과정의 일부라고 생각한다. 다시 말해 이 연구는 멀리 붙들고 있어야 할 분석이 아니다. 선교적 신성화의 연구는 개인적

---

22 Bennema, *Mimesis*, 204.

으로나 공동체적으로 수용과 자기 참여를 요청한다. 앤드류 바이어스가
묻듯이, 이 복음서는 어떤 형태의 제자 공동체를 만들어 내려고 하는가?23

필자는 이제 위에서 제시된 여러 가지 요약을 반복하기보다 오늘날의
기독교 교회를 위해 요한의 선교적 테오시스, 또는 선교적 영성의 몇 가지
핵심 요소들을 강조하려 한다.24

1. 기독교 **제자도**는 본질적으로 **선교적**이다. 그것은 보냄을 받는 것을 포함한
다.

2. 기독교 선교는 **파생적**이다. 그것은 성령의 권능으로 아버지를 대신하는 아
들의 일의 연장이며, **참여적이고**, 삼위 하나님의 교제와 선교적 삶을 나누
는 것이다.

3. 기독교 선교는 **총체적**이다. 그것은 영적, 정서적, 육체적, 경제적, 그리고
다른 인간적 필요를 다루는, 문자적으로 가장 온전한 의미에서 생명을 주
는 것이다.

4. 열정적이고, 의도적이고, 대안 문화적인 기독교 공동체는 열정적이고 의도
적인 선교와 어긋나지 않는다. 사실 교회의 삶의 두 요소로서 구심적인 것
과 원심적인 것은 서로를 보강한다. 공동체적 거룩함과 선교는 불가분의
관계이다.

5. 마찬가지로, 기독교 일치와 선교는 불가분하다. 선교가 없이 일치운동이
없으며, 일치운동이 없이 완전한 선교도 없다.

6. 교회의 선교(세상에 대한 증거의 진정성과 하나님의 사랑, 빛, 그리고 생명의 통로가
될 수 있는 교회의 능력)는 교회의 거룩함과 하나됨에 달려 있다. 이는 모든
지위와 모든 장소에서 기독교의 진정성과 하나됨을 가장 중요한 문제로
만든다.

---

23 Byers, *Ecclesiology and Theosis*, 3.
24 좀 더 일반적으로 최근의 선교적 영성에 대한 관점을 위해서는, 예를 들어, Finn and
Whitfield, *Spirituality for the Sent*를 참조하라. 특별히 요한복음을 위해서는 Hastings,
*Missional God*을 보라.

7. 마지막으로, 요한복음에 대한 본 연구는 필자의 저서 *Becoming the Gospel*에서 바울에 관해 주장한 논지와 일치하고 다음과 같은 주장을 확인한다. "테오시스(성령께서 가능하게 하신 십자가에 못박히고 부활하신 메시아이신 예수님 안에서 나타난 하나님의 생명과 성품으로의 변혁적 참여)는 선교의 **출발점**이며, 사실상 **올바른 신학적 틀**이다."[25] 이러한 테오시스의 틀은 더 나아가 공동체적인, 십자가를 닮은 모습으로, 생명을 주는 선교적 테오시스로 묘사될 수 있다.

요한복음에 대한 본 연구는 '분파주의적'이라는 비난을 완전히 잠재우고 요한복음의 영성과 선교의 풍성한 보화가 인식되고 체현될 수 있을 정도까지 요한복음이 말하는 암묵적인 윤리와 선교적 차원을 지속적으로 강조한다. 선교적 테오시스의 영성 또는 '거하고 나아가라'는 명령은 많은 이들에게 사색과 행동의 다른 이름처럼 보일 것이다. 이러한 형태의 영성에 대한 많은 자료 가운데, 요한의 목소리로 말하는 테레사 수녀의 말을 들어볼 수 있다.

> 우리는 세상을 사랑하라고 부름을 받았다. 그리고 하나님께서는 세상을 너무 사랑하셔서 예수님을 주셨다. 오늘 그분은 세상을 너무 사랑하셔서 그분의 사랑이, 그분의 긍휼이, 그리고 그분의 임재가 되도록 여러분과 저를 부른다. … 하나님께서 여러분에게 요청하시는 응답은 사색가가 되는 것이다.

> 우리의 삶은 우리 안에 살아계신 그리스도와 반드시 연결되어야 한다. 만일 우리가 하나님의 임재 안에 살지 않는다면 우리는 계속할 수가 없다.

> 무엇이 사색인가? 예수님의 생명을 사는 것, … 예수님을 사랑하는

---

25 Gorman, *Becoming the Gospel*, 4.

것, 우리 안에서 그분의 생명을 사는 것, 그분의 생명 안에서 우리
의 삶을 사는 것이다.[26]

이 모든 것은 요한의 선교적 테오시스의 체현 또는 실현에 대한 질문으
로 우리를 이끈다. 그 주제를 위해 현재의 몇 가지 사례들을 간략히 살펴
본다.

오늘날 선교적 테오시스의 몇 가지 사례들

본서를 위한 연구를 진행하면서, 필자는 미국과 해외 도처에 있는 다양
한 기독교 공동체를 방문할 기회가 있었다.[27] 그들 모두에 대해서, 또는 어
느 한 공동체에 관해 깊이 있게 이야기하려면 또 다른 한 권의 책이 필요
할 것이다. 본 장의 이 짧은 부분에서 요한의 선교적 영성의 살아있는 사
례들, 결코 자신들에게만 초점을 두지 않은 열정적인 공동체들을 간략하
게 묘사하려고 한다. 여기에는 다양한 사역을 하는 전통적인 교회들도 있
고, 전통적인 교회는 아닌 예전적 공동체들, 그리고 교회로부터 파생된 사
역들도 포함된다. 물론 더 많은 사례가 제시될 수 있다. 이들은 단지 내부
적인 삶과 외부적인 선교 사이의 관계, 그리고 이 두 가지가 갖는 요한복
음과의 관계에 대해 자의식적으로 성찰한 공동체들의 예로서 포함되었을
뿐이다. 여기에서는 일리노이 주의 시카고, 노스 캐롤라이나 주의 더럼, 그
리고 프랑스의 떼제에 위치한 세 곳의 공동체들에 초점을 맞추면서 필자
가 그들의 몇몇 지도자와 지체들과 나눈 대화에 관해 간략하게 소개한다.

---

[26] Mother Teresa, *No Greater Love*, 12.
[27] 감사의 글에서 언급했듯이, 필자는 이러한 공동체들과 지체들뿐만 아니라 미국과 캐나다에
있는 루스 재단(Luce Foundation)과 신학교 협회(the Association of Theological Schools)에도
이러한 방문을 할 수 있는 기회를 준 것에 감사한다.

그 후 필자는 이러한 방문에 비추어 몇 가지 추가적인 성찰과 함께 본 장을 마무리할 것이다.

시카고, 일리노이 주

론데일 기독교 공동체 교회(Lawndale Christian Community Church)

시카고의 서쪽에 위치한 론데일 기독교 공동체 교회는 다양한 사역을 하고 있다.[28] 이 교회의 사역은 약물 재활 및 임시 주거, 교도소 사역, 법률 서비스, 스포츠 사역, 연간 20만 명 이상의 환자를 진료하는 보건 센터들, 카페와 레스토랑, 피트니스 센터 등을 포함하여 그들의 이웃을 중심으로 이루어진다. 이 교회의 표어인 '하나님을 사랑하고 사람을 사랑하는 것'은 교회의 모든 사역에 적용된다. 예를 들어, 론데일 기독교 법률 센터는 '회복하는 정의'의 형태를 통해서 '정당하게 대우받는 청년들을 일으켜 세움'으로 "하나님을 사랑하고 사람을 사랑하는 것"을 표현한다. 프로그램은 법적 변론, 사건 관리, 멘토링, 방과 후 프로그램 등을 포함한다.[29]

웨인 '코치' 고든 목사는 "우리가 하는 모든 일에는 교회의 흔적(문자적 그리고 비유적으로)이 있다"라고 말한다. 즉, 교회의 표식과 교회의 정체성, 두 가지 모두를 어디에서나 볼 수 있다. 고든 목사는 교회 예배의 삶과 선교적 삶을 다음과 같은 요한의 방식으로 연결한다.

각 교회 예배는 지역 개발의 여덟 가지 형태 중 하나를 통해 이웃을 건강하게 만들기 위해 '가서' 기여하라는 사명으로 끝을 맺는다. 우리에게 있어 하나님께서 사랑하신 세상은 우리의 이웃이다. 우리는 소리를 내지 못하는 사람들을 위해 목소리를 높여야 한다. 교회

---

28 홈페이지 http://www.lawndalechurch.org를 참조하라.
29 LCLC brochure; 또한 http://lclc.net/을 참조하라.

는 그 이웃에게 육체적이고 영적인 생명을 제시하며, 그들을 돌보는 가족이다.[30]

기독교 지역 개발 위원회(Christian Community Development Association; CCDA)의 존 퍼킨스의 영감을 받은 '코치'와 그의 동료 사역자들, 그리고 교회는 다차원적인 지역 개발을 세상을 향한 교회 선교의 본질적인 부분으로 이해한다. 이것은 직접적인 봉사뿐만 아니라 설교와 교육, 그리고 심지어 불의에 대한 공개적인 시위도 포함한다.

리바 플레이스 펠로우십(Reba Place Fellowship)

시카고 북부 교외 지역인 일리노이주 에반스톤에는 리바 플레이스 펠로우십과 리바 플레이스 교회가 있다.[31] 리바 플레이스 펠로우십은 에반스톤에 있는 네 가족 모임(각 가족 모임은 두 가정과 싱글들, 또는 싱글들로만 구성된다)과 가깝게 위치한 도심의 다른 지역에 있는 몇 개의 다른 공동체 시설들로 이루어진 대규모의 기독교 계획 공동체이다. 1957년 일단의 메노나이트 봉사단원들에 의해 설립된 리바 공동체는 미국에 있는 그러한 공동체들이 겪는 시련의 시간을 견뎌왔다. 공동체 생활은 일반적으로 공동 식사, 기도, 환대, 그리고 공동 사역들로 이루어진다. 공동체의 많은 지체는 리바 플레이스 교회의 교인들이거나 시카고 북부의 로저스 파크 지역에 위치한 리바 개척 교회인 리빙 워터 커뮤니티 교회의 삶에 참여하고 있다.

공동체는 다음과 같은 방식으로 스스로를 이해한다. "사랑으로 하나님께서는 우리를 리바에 불러 모으시고, 우리 자신을 위한 축복뿐 아니라 세

---

30 개인적인 대화, 2016년 4월 4일.

31 http://www.rebaplacefellowship.org and http://rebaplacechurch.org 를 참조하라. 공동체의 홈페이지는 에반스톤과 시카고에 공동체가 위치하고 있음을 알려준다. 1980년대에 교회에서 공식적으로 분리된 공동체는 the Mennonite Church USA에 연계되어 있으며, 웹페이지에서 "재침례 전통에 뿌리를 두고, 보편적인 정신과 복음적인 확신, 은사주의적인 실천, 그리고 부르심에 있어서 인종차별에 반대하며, 예수 그리스도와 하나님 나라에 중심을 둔 회중"으로 자신들을 소개한다(2018년 2월 2일 접속).

상으로의 선교에 있어 축복이 되도록 교제와 섬김의 삶을 위해 은사를 주셨다."[32] 공동체의 오랜 지도자인 앨런 하우(Allan Howe)는 "리바에 와서 도움을 필요로 하거나 위기(가정 폭력과 같은)의 상황에서 이곳을 대가족 같은 (그러나 반문화적인) 피난처로 찾은 많은 사람을 보았다"라고 말한다.[33]

그렇지만 이것은 리바가 바깥세상을 무시한다는 것을 전혀 의미하지 않는다. 앨런은 구심적 사랑과 원심적 사랑 사이의 연관성에 대해 다음과 같은 성찰을 제시한다.

> 우리가 기독교 계획 공동체를 추구하는 사람들에게서 볼 수 있는 공통적인 변혁의 패턴 중 하나는 외로움 → 공동체 삶 → 타인에 대한 환대/섬김이다. 우리는 우리 도시(에반스톤)에서 저소득층을 위한 주택의 가장 큰 임대자가 되었다(Reba Place Development Corporation).[34] 이것은 우리가 이웃을 사랑하는 방법 중 하나다. 기독교 선교는 자연스럽게 공동체를 창조하고, 건강한 기독교 공동체는 자연스럽게 선교를 창조한다.[35]

저소득층을 위한 주택 임대가 리바에서의 유일한 원심적 활동은 아니지만, 그것은 공동체 안에서 실천하는 환대가 더 큰 공동체로 어떻게 확장되는지, 그리고 공동체와 외부 선교의 협력을 잘 보여준다. 다른 사회봉사 활동으로는 식료품 나누기, 중고의류 매장, 고용 기회를 제공하는 리바 프로퍼티, 커뮤니티 크리에이션스(인사말 카드), 플레인 앤 심플 퍼니처(아미시

---

[32] https://www.rebaplacefellowship.org/who-we-are/mission-statement 를 참조하라(2018 년 2 월 2 일 접속).

[33] 개인적인 대화, 2016 년 4 월 3 일.

[34] https://www.rebaplacefellowship.org/common-work/reba-place-development-corporation-rpdc 에 따르면(2018 년 2 월 2 일 접속), 프로젝트는 "하나님 나라와 정의, 나눔, 그리고 화해를 위한 하나님의 마음에 대한 리바의 헌신에서 비롯되었다." David Janzen 에 따르면(개인적인 대화, 2016 년 4 월 3 일), 단체는 2 백 세대 이상을 관리하고 있으며, 그들을 돌보고 운영하기 위해 많은 사람을 고용하고 있다.

[35] 개인적인 대화, 2016 년 4 월 3 일.

가구) 등이 있다. 리바의 사고방식과 실천에는 정의, 인종적 화해, 창조세계 돌봄의 가치들이 함께 섞여 있다.

또 한 명의 오랜 멤버이자 지도자인 데이비드 잰슨(David Janzen)은 요한 복음 13:35, "너희가 서로 사랑하면 이로써 모든 사람이 너희가 내 제자인 줄 알리라"를 공동체의 주제 구절로 본다. 가족 모임은 하나님의 사랑 안에서 내적이고 외적인 삶이 만나는 곳이다. 잰슨은 말한다. "삼위일체 안에서 넘쳐흐르는 사랑은 (교회의 일부인) 기독교 공동체로 와서, 교회로부터 세상으로 흘러넘친다."[36] 물론 이러한 형태의 공동체와 사랑은 진정성이 있어야 하며, 리바가 항상 균형을 갖고 모든 것을 완벽하게 해 온 것은 아니지만 그 비전은 계속 실천되고 있고, 다른 사람들과 공유되어야 한다고 잰슨은 또한 덧붙인다.[37]

더럼, 노스 캐롤라이나

룻바 하우스(Rutba House)

더럼의 월타운 지역에 있는 룻바 하우스는 2003년 이라크 전쟁이 시작될 때 이라크 룻바에서 기독교 피스메이커 팀과 함께 일하면서 깊은 환대와 의료 서비스를 경험한 후 조나단과 레아 윌슨-하트그로브가 설립한 계획 공동체이자 환대의 하우스이다.[38] 룻바 하우스와 관련되어 있고, 조나단이 관리하는 교육 사역인 '회심을 위한 학교'(School for Conversion, SFC)는[39] "예수님의 삶을 통해 볼 수 있는 사랑의 공동체에 대한 하나님의 비전에 의해 만들어지고 계속해서 모양을 갖추어 가는 신앙에 기초한 기관"

---

36 개인적인 대화, 2016년 4월 3일.

37 예를 들어, Janzen, *Intentional Christian Community Handbook*을 참조하라.

38 https://emerging-communities.com/tag/rutba-house를 참조하라. 전체 이야기를 위해서는 Wilson-Hartgrove, *To Baghdad and Beyond*를 보라.

39 http://www.schoolforconversion.org를 참조하라.

이라고 자신을 소개한다.[40] 이 학교의 주 사명(선교)은 그들의 이웃들이 "교도소로 가는 전 과정의 근원을 차단하는 것"이라고 조나단은 말한다.[41]

조나단은 또한 가까운 곳에 위치한 역사적인 미국 흑인 교회 중 하나인 성요한 침례교회의 목사이기도 하다. 그와 레아, 그리고 다른 공동체 지체들은 다양한 사역들을 하고 있고, 특히 교도소 사역(신학 교육을 포함하는)과 인종화합 운동에 참여한다. 레아는 또한 노스캐롤라이나 주에서 가족이 살해되었거나, 사형수이거나, 가족 중 사형된 자가 있는 사람들을 함께 모으는 사형수 회복 정의 프로젝트에서 활발하게 활동해 왔다.

장기, 단기, 그리고 지역 방문자들은 룻바 하우스에 종종 함께 거주하면서 기도, 식사, 평화와 정의 사역 등 공동체 삶에 참여할 수 있다. 조나단은 룻바 하우스의 중심에서 요한복음의 참여와 생명의 비전을 본다.

참여는 우리의 중요한 주제이다. 이 참여는 우리 자신의 삶의 리듬에 참여하는 것이다. 이곳은 이웃과 방문객들을 영생의 기쁨으로 초대하는 환대의 집이다. 작동하지 않는 '현대 자본주의'라 불리는 시스템을 넘어서는 것이다. 우리는 영원히 지속할 수 있는, 함께 하며 나눌 수 있는 방식을 알고 있다.[42]

조나단은 환대를 폭력의 반대로 본다. 그는 '전쟁 행위'에 대한 반대로서 '자비의 일'에 대한 도로시 데이(Dorothy Day)의 확언을 의도적으로 상기시킨다.

룻바 공동체의 사라 조베(Sarah Jobe)는 요한복음의 생명이라는 주제를 가지고 현실적으로나 영적으로 죽음에서 생명으로 옮겨가도록 다른 사람들을 돕는다는 관점에서 교도소 사역에 관해 이야기한다. 놀랍게도 그리고

[40] https://www.schoolforconversion.org/about-us 를 참조하라(2018년 2월 2일 접속).
[41] 개인적인 대화, 2015년 10월 28일.
[42] 개인적인 대화, 2015년 10월 28일.

역설적으로, 사라는 그녀가 목사와 교사로서 함께 했던 많은 여성이 "감옥이 내 생명을 구했다"라고 고백했다고 말한다.[43] 듀크 신학교의 더글러스 캠벨(Douglas Campbell) 교수와 함께 사라와 조나단은 교도소 담장 안에서 통상적이지 않은 형태의 기독교적 하나됨을 만들어 낸 신학생들과 수감자들을 강의에 함께 참여시키는 프로그램을 시작하고 또 가르쳤다. 수감자들에게 주었던 한결같은 요한의 말은 "당신은 하나님의 사랑받는 자녀다"라고 사라는 말한다.[44]

노스 스트리트 네이버후드와 리얼리티 미니스트리스(North Street Neighborhood and Reality Ministries)

더럼에 있는 룻바 하우스에서 멀지 않은 곳에 노스 스트리트 네어버후드, 그리고 그곳에서 조금 떨어진 곳에 리얼리티 미니스트리스(RM 또는 Reality)가 있다. 2007년에 설립된 (하지만 이전에 있던 사역으로부터 발전되어 나온) RM의 사명 선언문은 다음과 같다. "발달장애를 가졌거나 갖지 않은 청소년, 그리고 성인들이 소속감과 연대감을 갖고 삶을 변화시키는 그리스도 사랑의 실재를 경험하도록 기회를 만드는 것."[45] 노스 스트리트 네이버후드는 16개의 건물로 이루어진 계획 공동체로서 2012년 여름에 설립되었다. 원래 4세대용 아파트였던 건물들을 2세대용 아파트나 싱글 아파트로 리모델링했다.[46] 100여 명의 거주자 중 많은 사람은 그리스도인이며, 듀크 신학교의 학생들과 더불어 인턴이나 리얼리티의 연구원인 청년들, 그리고 장애인과 비장애인이 포함되어 있다. RM은 대부분 비주거 형태지만, 노스 스트리트 네이버후드에 기숙사와 같은 코너 하우스(Corner

---

43 개인적인 대화, 2015년 10월 25일.

44 개인적인 대화, 2015년 10월 25일.

45 http://www.realityministriesinc.org (2018년 3월 28일 접속).

46 http://northstreetneighborhood.weebly.com; https://www.christianitytoday.com/thisisourcity/ 7th city/building-a-beloved-community.html. 대화를 통해 도움을 준 North Street Neigh- borhood 의 Margot Starbuck 과 North Street 그리고 Reality 의 Jeff 와 Susan McSwain 에 감사한다.

House)를 갖고 있다. 그곳에서는 다른 재능과 도전을 가진 여덟 명의 친구들이 상호관계와 상호의존의 정신으로 함께 생활하고 있다. 노스 스트리트와 마찬가지로, 코너 하우스는 기도와 환대를 중심으로 한다.

노스 스트리트 네이버후드는 장애인 청년을 가진 리얼리티의 한 가정과 리얼리티에 연결된 다른 한 가정(장애인 가족과 비장애인 가족), RM 스태프, 그리고 다른 몇몇 사람들에 모여 낮 시간을 넘어서는 사역의 필요를 느끼면서 시작했다. 그래서 함께 기도하면서 공동체의 비전이 만들어졌고, 공동체가 '천사 개발자'로 부르는 레가시 부동산 그룹의 앤드류 하웰(Andrew [Drew] Howell)은 아파트로 사용되었던 한 블록 반 정도의 건물들을 개조하였다.

노스 스트리트에 있는 공동체에는 장애인 가족과 비장애인 가족이 함께 생활한다. 일반적으로 신학생과 다른 사람들은 종종 한 명 이상의 장애인과 함께 주택이나 아파트에서 생활한다. 다른 가족 모임에 속한 공동체 지체들은 정기적으로 함께 식사를 하고, 매일 아침 기도와 저녁 기도를 드린다. 단체 기도에 참여할 수 있는 모든 사람을 환영하고 그렇게 하도록 격려한다.

닉 펑크(Nick Funk)는 듀크 신학교 재학 중 노스 스트리트에 합류하여 머물렀다. 닉은 "노스 스트리트에 살고 리얼리티에 참여하면서 배운 것이 하나 있다면, 그것은 예수님이 몸을 가지셨다는 것이고, 우리의 많은 친구가 가장 개인적인 일상생활에서 도움이 필요하다"라고 말한다. 이러한 필요를 채우기 위해 어떻게 도움을 주어야 하는지 성찰하면서 그는 아래와 같이 덧붙인다.

당황스럽게 들릴지 모르지만, 이 사역은 사실 **영광스럽다**. 예수님의 삶에는 절대 무시될 수 없는 '성육신 요소'가 있다. 예수님이 제자들의 발을 씻어 주셨을 때, 그는 우리를 위한 본을 보여 주셨다. "종은 그 주인보다 더 크지 못하다."[47]

노스 스트리트는 스스로를 예수님 안에서 하나님의 풍성한 생명을 나누고 하나님의 사랑 안에서 살아가는 공동체라고 말한다. 공동체 지체들은 서로를 사랑하고 그들의 세상을 사랑하려고 노력한다. 이 공동체의 구심적 사랑은 자연스럽게 원심적인 사랑이 되어 가족과 이웃, 그리고 그 이상에 영향을 미친다. 마르고트 스타벅(Margot Starbuck)은 세 자녀와 함께 공동체에 살고 있다.

> 우리가 노스 스트리트로 이사했을 때, 일반적으로 신체 건강한 사람들이 장애인들과 함께 살아가면서 우리의 친구들로 그들의 삶에 참여하는 것을 선택하는 것은 외부의 시각이나 어쩌면 다른 사람들에게 있어서 일종의 '선행'을 베푸는 것처럼 보일 수 있다는 것을 알고 있었다. 하지만 내 인생의 어려운 시간에 노스 스트리트는 정확히 내가 있어야 할 곳이었다. '되어야 할 우리'가 아니라 '있는 모습 그대로'라는 브렌난 매닝(Brennan Manning)의 표현대로, 나는 모든 마음의 깊은 갈망은 받아들여지는 것이라고 믿는다. 내가 가장 필요로 했을 때, 나는 노스 스트리트 네어버후드에 있는 내 이웃들에게서 실제로 느낄 수 있는 은혜와 포용을 경험했다.[48]

제프 맥스웨인(Jeff McSwain)은 노스 스트리트 공동체의 또 한 명의 지체이며, 리얼리티 사역의 설립자이기도 하다. 그와 리얼리티의 현 실행이사인 그의 아내 수잔은 그들의 집에 있는 별도의 거주 공간을 장애가 있지만 어느 정도 독립적으로 살 수 있는 한 청년에게 임대했다. 제프는 RM 을 "다양한 방식으로 삶을 나눌 수 있는 능력을 가진 모든 사람의 공동체"로 표현하는 것을 좋아한다고 말한다. 그는 또한 이렇게 말한다. "우리는 각자의 신앙에 상관없이 우리 모두가 그리스도 사랑의 중심에 함께 있다는 사실을 기초로 공동체를 세운다." 더욱이 "RM 에서 우리는 우리가 '인도

---

47 개인적인 서신, 2018 년 4 월 2 일.
48 개인적인 서신, 2018 년 3 월 31 일.

하는' 사람들에 의해 우리 또한 그리스도께 인도되고 있다는 것을 느끼고, 지적 장애자이든 비장애자이든지 간에 서로에게 주고받고 있다는 것을 **정 말로 느낀다.**"⁴⁹ 리얼리티의 지역 개발 책임자인 데이비드 싯처(David Sittser)는 사역에 대해 이렇게 말한다. "요한의 '거함'이란 주제는 우리 사역의 본질이다. 우리는 일년 내내 화요 예배를 통해 요한복음에 있는 "나는 … 이다"라는 말씀을 하나씩 살펴보았다. 그리고 결론은 '나는 너를 위함이다'였다."⁵⁰

떼제 공동체, 프랑스, Taizé, France: la communauté

프랑스 중남부(부르군디)에 있는 떼제 공동체는 단순하지만 아름다운 성가와 기도로 전 세계에 알려져 있다. 여러 나라에서 온 백여 명의 형제들로 구성된 에큐메니컬 공동체인 떼제는 1940년 스위스의 수사인 로저 슈츠가 화해를 위해 기도하고 일하는 장소로 설립했다. 떼제 공동체의 중심에는 단아하게 촛불로 장식된 화해 교회가 서 있다. 여름에는 기도와 학습을 통한 영적 갱신을 위해 3,000여 명의 청소년과 청년들이 매주 이 교회를 찾아온다(다른 달에도 적은 수이지만 여전히 많은 이들이 찾아온다). 그들은 매일 세 번씩 드려지는 기도와 간단한 식사로 공동체의 리듬에 참여한다.⁵¹

2005년 살해된 로저 수사는 요한 신학과 영성으로 매우 잘 알려져 있다.⁵² 또한 미국에서 태어난 지체로서 40년 이상 떼제의 수사로 활동해 온 요한 수사는 설립 이래 공동체의 일부였던 공동체와 선교 사이의 연관성에 주목해왔다. 이 사역은 먼저 분열된 유럽의 화해를 돕는 일이었고,

---

49 개인적인 서신, 2018년 3월 31일.
50 개인적인 대화, 2015년 10월 26일.
51 https://www.taize.fr 을 참조하라. 전체적인 개관을 위해서는 Santos, *A Community Called Taizé* 를 보라. 공동체의 영성과 선교에 대해서, 로저 수사, 요한 수사, 그리고 공동체 지체들이 쓴 수많은 책(그리고 악보들)이 있다.
52 로저 수사는 많은 소책자를 썼으며, "하나님은 홀로 사랑이시다"(*God Is Love Alone*)가 그중 하나이다.

하나님의 사랑을 청년들, 특히 유럽의 청년들에게 가져다주는 것이었다. 그리고 지금은 청년 사역을 지속하면서, 현재 심각한 난민 상황의 관점에서 청년들과 그보다 위에 있는 세대들 모두에게 범세계적인 선교를 확장해 나가는 것이다. 이 사역은 떼제 공동체 원래의 비전으로 돌아가는 것이다. 2016년에 이르러 범세계적 전쟁과 난민 위기가 최고조에 달했을 때, 공동체는 이라크 출신의 두 기독교 가족과 4년 동안 레바논의 난민 캠프에 있었던 시리아 출신의 무슬림 가족(어머니, 아버지, 그리고 네 자녀), 그리고 남수단과 아프가니스탄에서 온 12명의 청년을 환영했다. 요한 수사(修士)는 공동체의 사역을 다음과 같이 해석한다.

> 비록 공동체와 선교 모두가 변화해 왔지만, 선교는 처음부터 우리 공동체에 본질적이었다. 우리 교회는 당연히 화해 교회(the Church of Reconciliation)이다. 우리의 설립자인 로저 수사는 종종 "하나님은 사랑만 하실 수 있다"(Dieu ne peut qu'aimer)라고 말하고 썼다. 이것은 확실히 요한복음과 요한일서의 메시지이다. 우리가 요한복음과 요한일서에서 보듯, 상호 사랑의 공동체는 사람들을 그 안으로 끌어들인다. 이것이 진정한 교제의 본질이다.[53]

그는 덧붙인다.

> 나는 요한복음에서 '서로 사랑하라'고 강조하는 것은 사랑이 배타적이어서가 아니라 이 사랑이 완전해지기 위해서는(요일 4:12) 호혜적, 다시 말해, 교제를 만들어내야 하기 때문이라고 항상 사람들에게 설명한다. 이 사랑만이 하나님이 누구신지를 세상에 보여주는 것이다.[54]

---

[53] 개인적인 대화, 2016년 7월 22일. 필자가 본서를 집필하는 중에, 하버드 대학교에서 성경신학을 전공한 요한 수사는 공동체의 리더인 알로이 수사(Br. Alois)가 준비하고 있었던 강연을 위해 화해에 관한 필자의 생각을 물어왔다. 필자는 요한 수사에게 제6장을 보내줄 수 있었다는 것과 설득력이 있다고 생각한 요한 수사가 그것을 알로이 수사와 다른 수사들과 나누었다는 것에 대해 감사한다.

떼제 공동체는 또한 인종적으로 분열된 미국에서도 화해와 하나님의 사랑을 나누는 그들의 선교를 구체화했다. 세인트루이스 로마가톨릭 대주교인 로버트 칼슨의 초청으로 떼제 공동체의 몇몇 지체는 미조리주 퍼거슨에서 일어난 사건과 폭동으로 인한 상처를 치유하는 데 도움을 주기 위한 '신뢰의 순례'를 계획하고 여는 데 많은 시간을 보냈다. 첫 순례는 2017년 5월에 이뤄졌고,[55] 이후에도 관계와 사역은 지속되고 있다.

마지막 성찰

필자는 다양한 기독교 교회들과 여러 형태의 공동체를 방문하면서 요한복음에 나타난 선교적 테오시스의 본질에 대해 앞서 제시했던 많은 결론들을 확인할 수 있었다. 이러한 공동체들을 살펴보면서 '성경과 교회'[56]라는 맥락 안에서 이 연구를 결론짓기 위한 몇 가지 추가적인 성찰은 적절할 것으로 보인다. 여기에는 교회의 선교와 일치, 그리고 교회의 일치와 선교를 위한 신학 교육과 형성(formation)에 대한 성찰이 포함된다.

1. 공동체적 예배와 여러 형태의 공동체적 영성을 포함하는 기독교 공동체로서 교회의 '구심적' 경험은 진정한 '원심적' 기독교 선교의 정신과 공간을 만들어 낸다. 즉, 진정한 원심적 기독교 선교는 구심적인 기독교 공동체와 예배로부터 성장하고 발전한다.

2. 환대(자신을 주는 사랑의 한 형태)는 기독교 공동체와 기독교 선교의 근본적인 실천이다.[57] 역설적이지만 환대는 본질적으로 선교적이기 때문에, 원심적인 기독교 선교는 기독교 공동체의 구심적 경험 안에서 일어날 수 있다.

---

54 개인적인 서신, 2016년 7월 29일.

55 https://pilgrimageoftruststl.com/을 참조하라.

56 본서의 집필을 가능하게 한 루스 연구 보조금의 범주였다.

57 Jipp, *Saved by Faith and Hospitality*; Pohl, *Making Room*; Sutherland, *I Was a Stranger*; Wilson-Hartgrove, *Strangers at My Door*를 참조하라. 특별히 요한복음과 아프리카 상황에서의 환대에 관해서는 Kunene, *Communal Holiness*를 보라.

3. 기독교 선교와 기독교 일치는 단지 '교회 일치를 위한 관계'라는 큰 틀에 서뿐 아니라, 작은 기독교 공동체들의 구체적인 실천에도 상호적으로 영양 분을 주고받는 실재들이다.

4. 기독교 공동체의 선교적 실천은 공동체적 정체성의 기능인 동시에 공동체 내에 있는 다양한 지체들의 개인적인 은사의 기능이기도 하다.

5. 교회는 영성과 선교를 결합하는 성경적이고, 교부적인, 그리고 종교개혁 시대와 최근의 글과 실천의 풍성한 저장소를 가지고 있지만, 이보다 더 깊 이 끌어낼 필요가 있다. 교수, 신학생, 목사, 그리고 일반 성도들이 이러한 자원을 쉽게 사용할 수 있어야 한다.

6. 특별히 본질적으로 선교적이기도 한 기독교 계획 공동체의 풍성한 전통은 교회다움의 표준적인 형태에 더 가까이 다가가기 위해 온전하게 기념되고 모방되면서 새롭게 그려질 필요가 있다. 그러한 공동체의 직접적인 영향권 밖에서 거의 알려지지 않은 놀라운 일들이 너무나 많이 일어나고 있다. 신 학생들은 신학 커리큘럼의 일부로서 계획 공동체와 교도소 같은 곳에 있 는 다양한 형태의 기독교 공동체를 경험할 수 있는 방법을 찾아야 한다.[58]

7. 영성과 선교를 연구하는 학자들과 선교와 성경을 연구하는 학자들 간에 좀 더 정기적인 대화를 나누는 것이 절실하다.[59] 이러한 대화를 통해 일차 적으로 하부 분야를 통합해 나가야 하고, 지역 교회에서 그리스도인의 존 재를 선교적 차원에서 결합하는 데 기여할 수 있는 더 많은 학제간 과목 들로 나타나야 한다.

8. 참여의 주제에 대한 관심이 높아지고 있는 가운데 (테오시스의 언어를 포함하 든, 포함하지 않든) 참여의 본질적인 선교적 성격을 강조하면서 더 많은 세 심한 연구가 필요하다.

9. 신학자들과 목회자들은 테러리즘과 난민 위기와 같이 현시대에 부각되고 있는 국제적인 문제들에 대해 진지하게 논의해야 한다. 동시에 오늘날 지

---

58 기독교 계획 공동체를 이해하는 데 중요한 자료들에는 Janzen, *The Intentional Christian Community Handbook*; Wilson-Hartgrove, *New Monasticism*; 그리고 Rutba House, *School(s) for Conversion* 이 포함된다.

59 필자는 본서의 집필과 관련된 강의를 하기 위해 몇 차례 신학교를 방문했을 때, 특히 풀러 신학교에서 이러한 부분이 매우 풍부하다는 것을 느꼈다.

구촌의 교회가 당면한 도전의 시기에 맞서 국내적인 문제의 차원으로 교회를 지탱할 수 있는 영성과 선교에 관한 공공신학을 어떻게 분명하게 표현할 것인지 배울 필요가 있다.

10. 기독교 선교(실제로 그리스도인의 존재)는 위험으로 가득 차 있다. 그러나 온 세계의 박해받는 교회는 심지어 적대적인 상황 속에서도 '거함과 나아감'의 경험이라는 측면에서 요한복음 영성의 본보기가 될 수 있을 것이다.

결론

요한의 선교적 영성과 선교적 테오시스에 대해 훨씬 더 많은 말을 할 수 있고, 앞으로도 계속되어야 한다. 그럼에도 불구하고 바울서신의 표현을 빌린다면, 본서에서 제시된 주장들은 요한복음에 대한 '새 관점'을 격려하는 데 도움이 될 것이다. 이 새 관점은 하나님의 선교(missio Dei)에 참여하는 제자들의 영적, 윤리적, 선교적 공동체를 통해 요한복음이 우리에게도 영적, 윤리적, 선교적 복음을 제시하고 있다는 것을 의미한다. 그리하여 결국 제자들과 우리는 하나님의 자녀로서의 본질, 곧 DNA를 보여주게 되고, 좀 더 하나님처럼 변화되어 간다.

신학자들이나 실천가들 중 어느 누구도 '선교'와 '테오시스', 그리고 이제 더 이상 '선교적 테오시스'라는 용어들에 대한 오해를 두려워할 필요가 없다. 오히려 우리는 요한복음이 증언하여 들려주는 용어들에 대해 귀를 기울여야 한다. 그리고, 창조적인 충실함으로 교회 공동체와 세상을 향한 선교에 대한 우리 자신의 이해와 실천 속에 그것들을 통합시켜 나가야 한다.

참고 문헌

An, Keon-Sang. "Response to Gorman." Paper presented at Fuller Theological Seminary, April 6, 2016.

Anatolios, Khaled. *Athanasius: The Coherence of His Thought.* New York: Routledge, 2004.

Anderson, Cynthia Peters. *Reclaiming Participation: Christ as God's Life for All.* Minneapolis: Fortress, 2014.

Anderson, Paul N. "Anti-Semitism and Religious Violence as Flawed Interpretations of the Gospel of John." In *John and Judaism: A Contested Relationship in Context*, edited by R. Alan Culpepper and Paul N. Anderson, 265-311. Resources for Biblical Study 87. Atlanta: SBL, 2017.

————. *The Riddles of the Fourth Gospel: An Introduction to John.* Minneapolis: Fortress, 2011.

Ashton, John. *Understanding the Fourth Gospel.* 2nd ed. Oxford: Oxford University Press, 2007.

Attridge, Harold, Warren Carter, and Jan G. van der Watt. "Quaestiones disputatae: Are John's Ethics Apolitical?" *New Testament Studies* 62 (2016) 484-97.

Aus, Roger David. *Simon Peter's Denial and Jesus' Commissioning Him as His Successor in John 21:15-19: Studies in Their Judaic Background.* Studies in Judaism. Lanham, MD: University Press of America, 2013.

Bakhtin, M. M. *Speech Genres and Other Late Essays.* Edited by Caryl Emerson and Michael Holquist. Translated by Vern M. McGee. Slavic Series 8. 2nd ed. Austin: University of Texas Press, 1986.

Barram, Michael D. "The Bible, Mission, and Social Location: Toward a Missional Hermeneutic." *Interpretation* 61 (2007) 42-58.

————. *Mission and Moral Reflection in Paul.* Studies in Biblical Literature 75. New York: Lang, 2006.

————. *Missional Economics: Biblical Justice and Christian Formation.* Grand Rapids: Eerdmans, 2018.

————. "Reflections on the Practice of Missional Hermeneutics: 'Streaming' Philippians 1:20-30." Paper presented at Gospel and Our Culture Network Forum on Missional Hermeneutics, New Orleans, November 21, 2009.

Barrett, C. K. *The Gospel according to St. John.* Louisville: Westminster John Knox, 1978.

Bauckham, Richard. *Gospel of Glory: Major Themes in Johannine Theology.* Grand Rapids: Baker Academic, 2015.

_____. "The Holiness of Jesus and His Disciples in the Gospel of John." In *Holiness and Ecclesiology in the New Testament*, edited by Kent E. Brower and Andy Johnson, 95-113. Grand Rapids: Eerdmans, 2007.

Bauckham, Richard, and Carl Mosser, eds. *The Gospel of John and Christian Theology*. Grand Rapids: Eerdmans, 2008.

Beasley-Murray, G. R. *The Gospel of Life: Theology in the Fourth Gospel*. Peabody, MA: Hendrickson, 1991.

Behr, John. *The Mystery of Christ: Life in Death*. Crestwood, NY: St. Vladimir's Seminary Press, 2006.

Bennema, Cornelis. *Encountering Jesus: Character Studies in the Gospel of John*. 2nd ed. Minneapolis: Fortress, 2014.

_____. "The Giving of the Spirit in John's Gospel-A New Proposal?" *Evangelical Quarterly* 74 (2002) 195-213.

_____. *Mimesis in the Johannine Literature: A Study in Johannine Ethics*. Library of New Testament Studies 498. London: Bloomsbury T. & T. Clark, 2017.

_____. "One or Two Pentecosts? The Giving of the Spirit in John 20 and Acts 2." In *Holy Spirit: Unfinished Agenda*, edited by Johnson T. K. Lim, 97-101. Singapore: Word N Works, 2014.

Bennett, Thomas Andrew. *Labor of God: The Agony of the Cross as the Birth of the Church*. Waco, TX: Baylor University Press, 2017.

Beutler, Johnannes. "Faith and Confession: The Purpose of John." In *Word, Theology, and Community in John*, edited by John Painter, R. Alan Culpepper, and Fernando F. Segovia, 19-31. St. Louis: Chalice, 2002.

Blackwell, Ben C. *Christosis: Engaging Paul's Soteriology with His Patristic Interpreters*. Grand Rapids: Eerdmans, 2016. [Original: *Christosis: Pauline Soteriology in Light of Deification in Irenaeus and Cyril of Alexandria*. Wissenschaftliche Untersuchungen zum Neuen Testament 2/314. Tübingen: Mohr Siebeck, 2011.]

_____. "Immortal Glory and the Problem of Death in Romans 3.23," *JSNT* 32 (2010): 285-308.

Bosch, David J. *Transforming Mission: Paradigm Shifts in Theology of Mission*. American Society of Missiology Series 16. 20th anniversary ed. Maryknoll, NY: Orbis, 2011.

Brother Roger of Taizé. *God is Love Alone*. Chicago: GIA, 2003.

Brower, Kent. *Holiness in the Gospels*. Kansas City: Beacon Hill, 2005.

Brower Latz, Andrew. "A Short Note toward a Theology of Abiding in John's Gospel." *Journal of Theological Interpretation* 4 (2010) 161-68.

Brown, Raymond E. *The Community of the Beloved Disciple: The Lives, Loves, and Hates of an Individual Church in New Testament Times*. New York: Paulist, 1979.

_____. *The Gospel according to John*. 2 vols. Anchor Bible 29-29A. Garden City, NY: Doubleday, 1966, 1970.

Brown, Sherri. "Believing in the Gospel of John: The Ethical Imperative to Becoming Children of God." In *Johannine Ethics: The Moral World of the Gospel and Epistles of John*, edited by Sherri Brown and Christopher W. Skinner, 3-24. Minneapolis: Fortress, 2017.

_____. *God's Promise: Covenant Relationship in John*. Mahwah, NJ: Paulist, 2014.

Brown, Sherri, and Christopher W. Skinner, eds. *Johannine Ethics: The Moral World of the Gospel and Epistles of John*. Minneapolis: Fortress, 2017.

Brownson, James V. "A Response at SBL to Hunsberger's 'Proposals . . .' Essay." Paper presented at the Gospel and Our Culture Network Forum on Missional Hermeneutics, Boston, November 22, 2008. http://www.gocn. org/resources/articles/response-sbl-hunsbergers-proposals-essay.

_____. *Speaking the Truth in Love: New Testament Resources for a Missional Hermeneutic*. Harrisburg, PA: Trinity, 1998.

Bultmann, Rudolf [K.]. *The Gospel of John: A Commentary*. Translated by George R. Beasley-Murray et al. Philadelphia: Westminster, 1971.

_____. *Theology of the New Testament: Complete in One Volume*. 2 vols. Translated by K. Grobel. Reprint. New York: Scribner, 1969. [Original: 1951, 1955.]

Burridge, Richard. *Imitating Jesus: An Inclusive Approach to New Testament Ethics*. Grand Rapids: Eerdmans, 2007.

Byers, Andrew J. *Ecclesiology and Theosis in the Gospel of John*. Society for New Testament Studies Monograph Series 166. Cambridge: Cambridge University Press, 2017.

Byrne, Brendan. *Life Abounding: A Reading of John's Gospel*. Collegeville, MN: Liturgical, 2014.

Caragounis, Chrys C. "'Abide in Me': The New Mode of Relationship between Jesus and His Followers as a Basis for Christian Ethics (John 15)." In *Rethinking the Ethics of John: "Implicit Ethics" in the Johannine Writings*, edited by Jan van der Watt and Ruben Zimmerman, 250-63. Kontexte und Normen neutestamentlicher Ethik / Contexts and Norms of New Testament Ethics Vol. 3; Wissenschaftliche Untersuchungen zum Neuen Testament 1/291. Tübingen: Mohr Siebeck, 2012.

Carriker, Tim. "The Bible as Text for Mission." In *Bible in Mission*, edited by Pauline Hoggarth et al., 29-39. Regnum Edinburgh Centenary Series 18. Oxford: Regnum, 2013.

Carter, Warren. *John and Empire: Initial Explorations*. London: T. & T. Clark, 2008. Chennattu, Rekha M. *Johannine Discipleship as a Covenant Relationship*. Peabody, MA: Hendrickson, 2006.

Christensen, Michael J., and Jeffery A. Wittung, eds. *Partakers of the Divine Nature: The History and Development of Deification in the Christian Traditions.* Grand Rapids: Baker Academic, 2008.

Collins, Paul M. *Partaking in Divine Nature: Deification and Communion.* London: T. & T. Clark, 2010.

Coloe, Mary L. *Dwelling in the Household of God: Johannine Ecclesiology and Spirituality.* Collegeville, MN: Liturgical, 2007.

_____. *God Dwells with Us: Temple Symbolism in the Fourth Gospel.* Collegeville, MN: Liturgical, 2001.

_____. "Welcome into the Household of God: The Foot Washing in John 13." *Catholic Biblical Quarterly* 66 (2004) 400-415.

Cooper, Jordan. *Christification: A Lutheran Approach to Theosis.* Eugene, OR: Wipf & Stock, 2014.

Crump, David. "Re-examining the Johannine Trinity: Perichoresis or Deification?" *Scottish Journal of Theology* 59 (2006) 395-412.

_____. "Who Gets What? God or Disciples, Human Spirit or Holy Spirit in John 19:30." *Novum Testamentum* 51 (2009) 78-89.

Culpepper, R. Alan. *Anatomy of the Fourth Gospel: A Study in Literary Design.* Philadelphia: Fortress, 1983.

_____. "Designs for the Church in the Gospel Accounts of Jesus' Death." *New Testament Studies* 51 (2005) 376-92.

_____. "Nicodemus: The Travail of New Birth." In *Character Studies in the Fourth Gospel: Narrative Approaches to Seventy Figures in John*, edited by Steven A. Hunt, D. François Tolmie, and Ruben Zimmerman, 249-59. Grand Rapids: Eerdmans, 2016. [Original: Tübingen: Mohr Siebeck, 2013.]

_____. "The Pivot of John's Prologue." *New Testament Studies* 27 (1980) 1-31.

_____. "The Johannine Hypodeigma: A Reading of John 13." *Semeia* 53 (1991) 133-52.

Danker, Frederick William, ed. *A Greek-English Lexicon of the New Testament and Other Early Christian Literature* [BDAG]. 3rd ed. Chicago: University of Chicago Press, 2000.

de Villiers, Pieter G. R., and Lloyd K. Pietersen, eds. *The Spirit That Inspires: Perspectives on Biblical Spirituality. Acta Theologica* Supplementum 15. Bloemfontein, South Africa: University of the Free State Press, 2011.

Dodd, C. H. *The Interpretation of the Fourth Gospel.* Cambridge: Cambridge University Press, 1953.

Dokka, Trond Skard. "Irony and Sectarianism in the Gospel of John." In *New Readings in John: Literary and Theological Perspectives: Essays from the Scandinavian Conference on the Fourth Gospel in Århus*, edited by Johannes Nissen and Sigfred Pedersen, 83-107. Journal for the Study of the New Testament Supplement Series 182. Sheffield, UK: Sheffield Academic Press, 1999.

Donovan, Mary Ann. "Alive to the Glory of God: A Key Insight in St. Irenaeus." *Theological Studies* 49 (1988) 283-97.

Dunn, James D. G. "'The Lord the Giver of Life': The Gift of the Spirit as Both Life-giving and Empowering." In *The Spirit and Christ in the New Testament and Christian Theology: Essays in Honor of Max Turner*, edited by I. Howard Marshall, Volker Rabens, and Cornelis Bennema, 1-17. Grand Rapids: Eerdmans, 2012.

Eco, Umberto. *The Open Work*. Translated by Anna Cancogni. Reprint. Cambridge: Harvard University Press, 1989. [Original: 1962.]

Edwards, Mark. *John*. Blackwell Bible Commentaries. Malden, MA: Blackwell, 2004.

Elowsky, Joel C., ed. *John 11-21*. Ancient Christian Commentary on Scripture 4b. Downers Grove, IL: IVP Academic, 2014.

Fairbairn, Donald. *Grace and Christology in the Early Church*. Oxford Early Christian Studies. Oxford: Oxford University Press, 2003.

Fiddes, Paul S. *Participating in God: A Pastoral Doctrine of the Trinity*. Louisville: Westminster John Knox, 2000.

Finlan, Stephen, and Vladmir Kharlamov, eds. *Theōsis: Deification in Christian Theology*. Princeton Theological Monograph Series. Eugene, OR: Pickwick, 2006.

Finn, Nathan A., and Keith S. Whitfield, eds. *Spirituality for the Sent: Casting a New Vision for the Missional Church*. Downers Grove, IL: InterVarsity, 2017.

Flemming, Dean. *Recovering the Full Mission of God: A Biblical Perspective on Being, Doing and Telling*. Downers Grove, IL: InterVarsity, 2013.

———. *Why Mission?* Reframing New Testament Theology. Nashville: Abingdon, 2015.

Flett, John G. *The Witness of God: The Trinity, Missio Dei, Karl Barth, and the Nature of Christian Community*. Grand Rapids: Eerdmans, 2010.

Fowl, Stephen E. "Theological Interpretation of Scripture and Its Future." *Anglican Theological Review* 99 (2017) 671-90.

Gaventa, Beverly R. "The Archive of Excess: John 21 and the Problem of Narrative Closure." In *Exploring the Gospel of John: In Honor of D. Moody Smith*, edited by R. Alan Culpepper and C. Clifton Black, 240-52. Louisville: Westminster John Knox, 1996.

Goheen, Michael W., ed. *Reading the Bible Missionally*. Grand Rapids: Eerdmans, 2016.

Gorman, Mark C. "On the Love of God." ThD diss., Duke Divinity School, 2015.

Gorman, Michael J. *Becoming the Gospel: Paul, Participation, and Mission.* The Gospel and Our Culture Series. Grand Rapids: Eerdmans, 2015.

_____. *The Death of the Messiah and the Birth of the New Covenant: A (Not So) New Model of the Atonement.* Eugene, OR: Cascade, 2014.

_____. *Elements of Biblical Exegesis: A Basic Guide for Students and Ministers.* Rev. and exp. ed. Grand Rapids: Baker Academic, 2009.

_____. "The Gospel according to John" [introduction and notes]. In *Wesley Study Bible NRSV*, edited by Joel B. Green and William H. Willimon, 1285-1320. Nashville: Abingdon, 2009.

_____. *Inhabiting the Cruciform God: Kenosis, Justification, and Theosis in Paul's Narrative Soteriology.* Grand Rapids: Eerdmans, 2009.

_____. "Paul's Corporate, Cruciform, Missional Theosis in Second Corinthians." In *'In Christ' in Paul: Explorations in Paul's Theology of Union and Participation*, edited by Michael J. Thate, Kevin J. Vanhoozer, and Constantine R. Campbell, 181-208. Reprint. Grand Rapids: Eerdmans, 2018. [Original: Tübingen: Mohr Siebeck, 2014.]

_____. "The Spirit, the Prophets, and the End of the 'Johannine Jesus.'" *Journal of Theological Interpretation* 12 (2018) 1-23.

_____. "The This-Worldliness of the New Testament's Other-Worldly Spirituality." In *The Bible and Spirituality: Exploratory Essays in Reading Scripture Spiritually*, edited by Andrew T. Lincoln, J. Gordon McConville, and Lloyd K. Pietersen, 151- 70. Eugene, OR: Cascade, 2013.

Green, Joel B. "Modern and Postmodern Methods of Biblical Interpretation." In *Scripture and Its Interpretation: A Global, Ecumenical Introduction to the Bible,* edited by Michael J. Gorman, 187-204. Grand Rapids: Baker Academic, 2017.

Gundry, Robert H. *Jesus the Word according to John the Sectarian: A Paleofundamentalist Manifesto for Contemporary Evangelicalism, Especially Its Elites, in North America.* Grand Rapids: Eerdmans, 2002.

Habets, Myk. *The Anointed Son: A Trinitarian Spirit Christology.* Princeton Theological Monograph Series 129. Eugene, OR: Pickwick, 2010.

_____. "Theosis, Yes; Deification, No." In *The Spirit of Truth: Reading Scripture and Constructing Theology with the Holy Spirit*, edited by Myk Habets, 124-49. Eugene, OR: Pickwick, 2010.

_____. "Walking *in mirabilibus supra me*: How C. S. Lewis Transposes Theosis." *Evangelical Quarterly* 82 (2010) 15-27.

Hallonsten, Gösta. "*Theosis* in Recent Research: A Renewal of Interest and a Need for Clarity." In *Partakers of the Divine Nature*, edited by Michael J. Christensen and Jeffrey A. Wittung, 281-93. Grand Rapids: Baker Academic, 2007.

Harris, R. Geoffrey. *Mission in the Gospels.* Eugene, OR: Wipf & Stock, 2014.

Hastings, Ross. *Missional God, Missional Church: Hope for Re-evangelizing the West*. Downers Grove, IL: InterVarsity, 2012.

Hauerwas, Stanley. *Unleashing the Scripture: Freeing the Bible from Captivity to America*. Nashville: Abingdon, 1993.

Hays, Richard B. *Echoes of Scripture in the Gospels*. Waco, TX: Baylor University Press, 2016.

_____. *Reading Backwards: Figural Christology and the Fourfold Gospel Witness*. Waco, TX: Baylor University Press, 2016.

Heil, John Paul. *The Gospel of John: Worship for Divine Life Eternal*. Eugene, OR: Cascade, 2015.

Hengel, Martin. "The Prologue of the Gospel of John as the Gateway to Christological Truth." In *The Gospel of John and Christian Theology*, edited by Richard Bauckham and Carl Mosser, 265-94. Grand Rapids: Eerdmans, 2008.

Holder, Arthur, ed. *The Blackwell Companion to Christian Spirituality*. Oxford: Blackwell, 2005.

Holmes, Stephen R. "Trinitarian Missiology: Towards A Theology of God as Missionary." *International Journal of Systematic Theology* 8 (2006) 72-90.

Humble, Susan Elizabeth. *A Divine Round Trip: The Literary and Christological Function of the Descent/Ascent Leitmotif in the Gospel of John*. Contributions to Biblical Exegesis and Theology 79. Leuven: Peeters, 2016.

Hunsberger, George R. "Proposals for a Missional Hermeneutic: Mapping a Conversation." *Missiology: An International Review* 39 (2011) 309-21.

Janzen, David. *The Intentional Christian Community Handbook: For Idealists, Hypocrites, and Wannabe Disciples of Jesus*. Brewster, MA: Paraclete, 2013.

Jipp, Joshua. *Saved by Faith and Hospitality*. Grand Rapids: Eerdmans, 2017.

Johnson, Andy. *Holiness and the* Missio Dei. Eugene, OR: Cascade, 2016.

Kanagaraj, Jey J. *"Mysticism" in the Gospel of John: An Inquiry into Its Background*. Journal for the Study of the New Testament Supplement Series 158. Sheffield, UK: Sheffield Academic Press, 1998.

Käsemann, Ernst. *The Testament of Jesus: A Study of the Gospel of John in the Light of Chapter 17*. Translated by Gerhard Krodel. Philadelphia: Fortress, 1968.

Keating, Daniel A. *Deification and Grace*. Naples, FL: Sapientia, 2007.

_____. "Typologies of Deification." *International Journal of Systematic Theology* 17 (2015) 267-83.

Keener, Craig S. *The Gospel of John: A Commentary*. 2 vols. Reprint. Grand Rapids: Baker Academic, 2012. [Original: Peabody, MA: Hendrickson, 2003.]

Knoppers, Gary N. *Jews and Samaritans: The Origins and History of Their Early Relations.* New York: Oxford University Press, 2013.

Koester, Craig R. *Symbolism in the Fourth Gospel: Meaning, Mystery, Community.* 2nd ed. Minneapolis: Fortress, 2003.

_____. *The Word of Life: A Theology of John's Gospel.* Grand Rapids: Eerdmans, 2008.

Kok, Kobus. "As the Father Has Sent Me, I Send You: Toward a Missional-Incarnational Ethos in John 4." In *Moral Language in the New Testament: The Interrelatedness of Language and Ethics in Early Christian Writings,* edited by Ruben Zimmermann, Jan G. van der Watt, and Susanne Luther, 168-93. Kontexte und Normen neutestamentlicher Ethik / Contexts and Norms of New Testament Ethics, Vol. 2. Wissenschaftliche Untersuchungen zum Neuen Testament 2/296. Tübingen: Mohr Siebeck, 2010.

Koshy, Asish Thomas. *Identity, Mission, and Community: A Study of the Johannine Resurrection Narrative.* Biblical Hermeneutics Rediscovered 11. New Delhi: Christian World Imprints, 2018.

Köstenberger, Andreas J. *John.* Baker Exegetical Commentary on the New Testament. Grand Rapids: Baker Academic, 2004.

_____. *The Missions of Jesus and the Disciples according to the Fourth Gospel, with Implications for the Fourth Gospel's Purpose and the Mission of the Contemporary Church.* Grand Rapids: Eerdmans, 1998.

_____. "Sensitivity to Outsiders in John's Gospel and Letters and Its Implications for the Understanding of Early Christian Mission." In *Sensitivity toward Outsiders: Exploring the Dynamic Relationship between Mission and Ethics in the New Testament and Early Christianity,* edited by Jakobus (Kobus) Kok et al., 171-86. Wissenschaftliche Untersuchungen zum Neuen Testament 2/364. Tübingen: Mohr Siebeck, 2014.

_____. *A Theology of John's Gospel and Letters.* Grand Rapids: Zondervan, 2009.

Köstenberger, Andreas J., and Scott R. Swain. *Father, Son and Spirit: The Trinity and John's Gospel.* New Studies in Biblical Theology. Downers Grove, IL: InterVarsity, 2008.

Kunene, Musa Victor Mdabuleni. *Communal Holiness in the Gospel of John: The Vine Metaphor as a Test Case with Lessons from African Hospitality and Trinitarian Theology.* Langham Monographs. Carlisle, UK: Langham Partnership, 2012.

Kysar, Robert. *John: The Maverick Gospel.* 3rd ed. Louisville: Westminster John Knox, 2007.

_____. *John's Story of Jesus.* Reprint. Eugene, OR: Wipf and Stock, 2003. [Original: Philadelphia: Augsburg Fortress, 1984.]

Lamb, David A. *Text, Context and the Johannine Community: A Sociolinguistic Analysis of the Johannine Writings.* Library of New Testament Studies 477. London: Bloomsbury T. & T. Clark, 2014.

Le Grys, Alan. *Preaching to the Nations: The Origins of Mission in the Early Church.* London: SPCK, 1998.

Legrand, Lucien. *Unity and Plurality: Mission in the Bible.* [Original: *Le Dieu qui vient: la mission dans la Bible.*] Translated by Robert R. Barr. Maryknoll, NY: Orbis, 1990.

Lee, Dorothy A. *Flesh and Glory: Symbolism, Gender, and Theology in the Gospel of John.* New York: Crossroad, 2002.

_____. *Hallowed in Truth and Love: Spirituality in the Johannine Literature.* Eugene, OR: Wipf & Stock, 2012.

Leithart, Peter J. *Traces of the Trinity: Signs of God in Creation and Human Experience.* Grand Rapids: Brazos, 2015.

Lewis, C. S. *Screwtape Letters.* London: Bles, 1942.

Lincoln, Andrew T. *The Gospel according to St. John.* Black's New Testament Commentary 4. Peabody, MA: Hendrickson, 2005.

_____. "The Johannine Vision of the Church." In *The Oxford Handbook of Ecclesiology,* edited by Paul Avis, 99-118. Oxford: Oxford University Press, forthcoming 2018.

Lincoln, Andrew T., J. Gordon McConville, and Lloyd K. Pietersen, eds. *The Bible and Spirituality: Exploratory Essays in Reading Scripture Spiritually.* Eugene, OR: Cascade, 2013.

Litwa, M. David. *Becoming Divine: An Introduction to Deification in Western Culture.* Eugene, OR: Cascade, 2013.

Lossky, Vladimir. *The Mystical Theology of the Eastern Church.* Reprint. Crestwood, NY: St. Vladimir's Seminary Press, 1976. [Original: *Essai sur la théologie mystique de l'Eglise d'Orient.* Paris: Éditions Montaigne, 1944. ET, London: James Clarke, 1957.]

Lunn, Nicholas P. *The Original Ending of Mark: A New Case for the Authenticity of Mark 16:9-20.* Eugene, OR: Pickwick, 2014.

Macaskill, Grant. *Union with Christ in the New Testament.* Oxford: Oxford University Press, 2014.

Manning, Gary T. Jr. *Echoes of a Prophet: The Use of Ezekiel in the Gospel of John and in Literature of the Second Temple Period.* Journal for the Study of the New Testament Supplement Series 270. London: T. & T. Clark, 2004.

Marrow, Stanley B. "Κόσμος [*Kosmos*] in John." *Catholic Biblical Quarterly* 64 (2002) 90-102.

Martyn, J. Louis. *History and Theology in the Fourth Gospel.* Nashville: Abingdon, 1968.

Matson, Mark A. "To Serve as Slave: Footwashing as Paradigmatic Status Reversal." In *One in Christ Jesus: Essays on Early Christianity and "All*

That Jazz," in *Honor of S. Scott Bartchy,* edited by David Lertis Matson and K. C. Richardson, 113-31. Eugene, OR: Wipf & Stock, 2014.

McGuckin, John. "The Strategic Adaptation of Deification in the Cappadocians." In *Partakers of the Divine Nature,* edited by Michael J. Christensen and Jeffrey A. Wittung, 95-114. Grand Rapids: Baker Academic, 2008.

McKinzie, Greg. "Missional Hermeneutics as Theological Interpretation." *Journal of Theological Interpretation* 11 (2017) 157-79.

McPolin, James. "Mission in the Fourth Gospel." *Irish Theological Quarterly* 36 (1969) 113-22.

Meeks, Wayne A. "The Ethics of the Fourth Evangelist." In *Exploring the Gospel of John: In Honor of D. Moody Smith,* edited by R. Alan Culpepper and C. Clifton Black, 317-26. Louisville: Westminster John Knox, 1996.

———. "The Man from Heaven in Johannine Sectarianism." *Journal of Biblical Literature* 91 (1972) 44-72.

Meier, John P. "Love in Q and John: Love of Enemies, Love of One Another." *Mid-Stream* 40 (2001) 42-50.

———. *A Marginal Jew: Rethinking the Historical Jesus.* Vol. 4, *Law and Love.* Anchor Yale Bible Reference Library. New Haven: Yale University Press, 2009.

Michaels, J. Ramsey. *The Gospel of John.* New International Commentary on the New Testament. Grand Rapids: Eerdmans, 2010.

Minear, Paul S. "The Original Functions of John 21." *Journal of Biblical Literature* 102 (1983) 85-98.

Moloney, Francis J. "The Function of John 13-17 within the Johannine Narrative." In *The Gospel of John: Text and Context,* edited by R. Alan Culpepper, Rolf Rendtorff, and Ellen Van Wolde, 260-83. Biblical Interpretation Series 72. Leiden: Brill, 2005.

———. *The Gospel of John.* Sacra Pagina 4. Collegeville, MN: Liturgical, 1998.

———. *Love in the Gospel of John: An Exegetical, Theological, and Literary Study.* Grand Rapids: Baker Academic, 2013.

———. "To Make God Known: A Reading of John 17:1-26." In *The Gospel of John: Text and Context,* 284-312. Leiden: Brill, 2005.

Mosser, Carl. "The Greatest Possible Blessing: Calvin and Deification." *Scottish Journal of Theology* 55 (2002) 36-57.

Motyer, Stephen. *Your Father the Devil? A New Approach to John and "the Jews."* Paternoster Biblical and Theological Monographs. Carlisle, UK: Paternoster, 1997.

Nellas, Panayiotis. *Deification in Christ: Orthodox Perspectives on the Nature of the Human Person.* Translated by Norman Russell. Crestwood, NY: St. Vladimir's Seminary Press, 1987.

Newbigin, Lesslie. *The Light Has Come: An Exposition of the Fourth Gospel.* Grand Rapids: Eerdmans, 1982.

Nissen, Johannes. *New Testament and Mission: Historical and Hermeneutical Perspectives.* Frankfurt: Lang, 1999.

O'Grady, John F. "The Prologue and Chapter 17 of the Gospel of John." In *What We Have Heard from the Beginning: The Past, Present, and Future of Johannine Studies*, edited by Tom Thatcher, 215-28. Waco, TX: Baylor University Press, 2007.

Oakman, Douglas. "The Political Meaning of a Cipher-John 21:11." *Biblical Theology Bulletin* 47 (2017) 87-94.

Okure, Teresa. *The Johannine Approach to Mission: A Contextual Study of John 4.1-42.* Wissenschaftliche Untersuchungen zum Neuen Testament 2/31. Tübingen: Mohr Siebeck, 1988.

Parsenios, George L. *Departure and Consolation: The Johannine Farewell Discourses in Light of Greco-Roman Literature.* Novum Testamentum Supplements 117. Leiden:Brill, 2005.

Peterson, Brian Neil. *John's Use of Ezekiel: Understanding the Unique Perspective of the Fourth Gospel.* Minneapolis: Fortress, 2015.

Phillips, Peter M. *The Prologue of the Fourth Gospel: A Sequential Reading.* London: T. & T. Clark, 2006.

Pohl, Christine D. *Making Room: Recovering Hospitality as a Christian Tradition.* Grand Rapids: Eerdmans, 1999.

Rabens, Volker. "Johannine Perspectives on Ethical Enabling in the Context of Stoic and Philonic Ethics." In *Rethinking the Ethics of John: "Implicit Ethics" in the Johannine Writings,* edited by Jan G. van der Watt and Ruben Zimmermann, 114-39. Kontexte und Normen neutestamentlicher Ethik / Contexts and Norms of New Testament Ethics Vol. 3. Wissenschaftliche Untersuchungen zum Neuen Testament 1/291. Tübingen: Mohr Siebeck, 2012.

Rae, Murray. "The Testimony of Works in the Christology of John's Gospel." In *The Gospel of John and Christian Theology*, edited by Richard Bauckham and Carl Mosser, 295-310. Grand Rapids: Eerdmans, 2008.

Rakestraw, Robert V. "Becoming Like God: An Evangelical Doctrine of Theosis." *Journal of the Evangelical Theological Society* 40 (1997) 257-69.

Rensberger, David. "Spirituality and Christology in Johannine Sectarianism." In *Word, Theology, and Community in John*, edited by John Painter, R. Alan Culpepper, and Fernando F. Segovia, 173-88. St. Louis: Chalice, 2002.

Rossé, Gérard. *The Spirituality of Communion: A New Approach to the Johannine Writings.* Hyde Park, NY: New City, 1998.

Russell, Brian D. *(re)Aligning with God: Reading Scripture for Church and World.* Eugene, OR: Cascade, 2016.

Russell, Norman. *Cyril of Alexandria.* The Early Church Fathers. New York: Routledge, 2000.

_____. *The Doctrine of Deification in the Greek Patristic Tradition.* Oxford Early Christian Studies. Oxford: Oxford University Press, 2004.

_____. *Fellow Workers with God: Orthodox Thinking on Theosis.* Foundations Series 5. Crestwood, NY: St. Vladimir's Seminary Press, 2009.

Rutba House, ed. *School(s) for Conversion: 12 Marks of a New Monasticism.* Eugene, OR: Cascade, 2005.

Sánchez M., Leopoldo A. *Receiver, Bearer, and Giver of God's Spirit: Jesus' Life in the Spirit as a Lens for Theology and Life.* Eugene, OR: Pickwick, 2015.

Sanders, Jack T. *Ethics in the New Testament: Change and Development.* Philadelphia: Fortress, 1975.

Scheffler, Eben. "Jesus' Non-violence at His Arrest: The Synoptics and John's Gospel Compared." *Acta Patristica et Byzantina* 17 (2006) 312-26.

Schneiders, Sandra M. *Jesus Risen in Our Midst: Essays on the Resurrection of Jesus in the Fourth Gospel.* Collegeville, MN: Liturgical, 2013.

_____. *Written That You May Believe: Encountering Jesus in the Fourth Gospel.* New York: Crossroad, 1999.

Schnelle, Udo. *Das Evangelium nach Johannes.* Theologischer Handkommentar zum Neuen Testament 4. Leipzig: Evangelische Verlagsanstalt, 1998.

_____. *Theology of the New Testament.* Translated by M. Eugene Boring. Grand Rapids: Baker Academic, 2009.

Segovia, Fernando F. "John 1:11-18 as Entrée into Johannine Reality: Representation and Ramifications." In *Word, Theology, and Community in John*, edited by John Painter, R. Alan Culpepper, and Fernando F. Segovia, 33-64. St. Louis: Chalice, 2002.

Skinner, Christopher W. "The Good Shepherd Lays Down His Life for the Sheep" (John 10:11, 15, 17): Questioning the Limits of a Johannine Metaphor." *Catholic Biblical Quarterly* 80 (2018) 97-113.

_____. "Introduction: (How) Can We Talk About Johannine Ethics? Looking Back and Moving Forward." In *Johannine Ethics: The Moral World of the Gospel and Epistles of John*, edited by Sherri Brown and Christopher W. Skinner, xvii-xxxvi. Minneapolis: Fortress, 2017.

_____. "Love One Another: The Johannine Love Command in the Farewell Discourse." In *Johannine Ethics: The Moral World of the Gospel and Epistles of John*, edited by Sherri Brown and Christopher W. Skinner, 25-42. Minneapolis: Fortress, 2017.

_____. "Virtue in the New Testament: The Legacies of John and Paul in Comparative Perspective." In *Unity and Diversity in the Gospels and Paul: Essays in Honor of Frank J. Matera*, edited by Christopher W. Skinner and Kelly R. Iverson, 301-24. Society of Biblical Literature Early

Christianity and Its Literature 7. Atlanta: Society of Biblical Literature, 2012.

_____. "The World: Promise and Unfulfilled Hope." In *Character Studies in the Fourth Gospel: Narrative Approaches to Seventy Figures in John*, edited by Steven A. Hunt, D. François Tolmie, and Ruben Zimmerman, 61-70. Reprint. Grand Rapids: Eerdmans, 2016. [Original: Tübingen: Mohr Siebeck, 2013.]

Skreslet, Stanley H. *Picturing Christian Witness: New Testament Images of Disciples in Mission*. Grand Rapids: Eerdmans, 2006.

Smit, Peter-Ben. "The Gift of the Spirit in John 19:30? A Reconsideration of παρέδ ωκεν τὸ πνεῦμα [*paredōken to pneuma*]" *Catholic Biblical Quarterly* 78 (2016) 447-62.

Smith, D. Moody. "Ethics and the Interpretation of the Fourth Gospel." In *Word, Theology, and Community in John*, edited by John Painter, R. Alan Culpepper, and Fernando F. Segovia, 109-22. St. Louis: Chalice, 2002.

_____. *The Theology of the Gospel of John*. New Testament Theology. Cambridge: Cambridge University Press, 1995.

Spohn, William V. *Go and Do Likewise: Jesus and Ethics*. New York: Continuum, 1999.

Stare, Mira. "Ethics of Life in the Gospel of John." In *Rethinking the Ethics of John: "Implicit Ethics" in the Johannine Writings*, edited by Jan G. van der Watt and Ruben Zimmerman, 213-28. Kontexte und Normen neutestamentlicher Ethik / Contexts and Norms of New Testament Ethics Vol. 3; Wissenschaftliche Untersuchungen zum Neuen Testament 1/291. Tübingen: Mohr Siebeck, 2012.

Stube, John Carlson. *A Graeco-Roman Rhetorical Reading of the Farewell Discourse*. Library of New Testament Studies 309. London: T. & T. Clark, 2006.

Sunquist, Scott W. *Understanding Christian Mission: Participation in Suffering and Glory*. Grand Rapids: Baker Academic, 2013.

Sutherland, Arthur. *I Was A Stranger: A Christian Theology of Hospitality*. Nashville: Abingdon, 2006.

Swartley, Willard M. *Covenant of Peace: The Missing Peace in the New Testament Theology and Ethics*. Grand Rapids: Eerdmans, 2006.

_____. *Health, Healing and the Church's Mission: Biblical Perspectives and Moral Priorities*. Downers Grove, IL: InterVarsity, 2012.

Talbert, Charles H. "The Fourth Gospel's Soteriology between New Birth and Resurrection." In *Getting "Saved": The Whole Story of Salvation in the New Testament*, edited by Charles H. Talbert and Jason A. Whitlark, 176-91. Grand Rapids: Eerdmans, 2011.

_____. *Reading John: A Literary and Theological Commentary on the Fourth Gospel and Johannine Epistles*. Reading the New Testament 4. Rev. ed. Macon, GA: Smyth & Helwys, 2013.

Tam, Josaphat C. *Apprehension of Jesus in the Gospel of John*. Wissenschaftliche Untersuchungen zum Neuen Testament 2/399. Tübingen: Mohr Siebeck, 2015.

Teresa, Mother. *No Greater Love*. Edited by Becky Benenate and Joseph Durepos. Novato, CA: New World Library, 1989.

Thatcher, Tom. "Cain the Jew the AntiChrist: Collective Memory and the Johannine Ethics of Loving and Hating." In *Rethinking the Ethics of John*, edited by Jan van der Watt and Ruben Zimmerman, 350-73. Kontexte und Normen neutestamentlicher Ethik / Contexts and Norms of New Testament Ethics Vol. 3. Wissenschaftliche Untersuchungen zum Neuen Testament 1/291; Tübingen: Mohr Siebeck, 2012.

_____. *Greater than Caesar: Christology and Empire in the Fourth Gospel*. Minneapolis: Fortress, 2009.

Thomas, John Christopher. *Footwashing in John 13 and the Johannine Community*. 2nd ed. Cleveland, TN: CPT, 2014.

Thompson, Marianne Meye. *The God of the Gospel of John*. Grand Rapids: Eerdmans, 2001.

_____. *John: A Commentary*. The New Testament Library. Louisville: Westminster John Knox, 2015.

_____. "Response to Gorman." Paper presented at Fuller Theological Seminary, April 7, 2016.

_____. "'They Bear Witness to Me': The Psalms in the Passion Narrative of the Gospel of John." In *The Word Leaps the Gap: Essays on Scripture and Theology in Honor of Richard B. Hays*, edited by J. Ross Wagner, C. Kavin Rowe, and A. Katherine Grieb, 267-83. Grand Rapids: Eerdmans, 2008.

van der Watt, Jan G. "Ethics and Ethos in the Gospel according to John." *Zeitschrift für die neutestamentlich Wissenschaft und die Kunde der ¦ lteren Kirche* 97 (2006) 147-76.

_____. *Family of the King: Dynamics of Metaphor in the Gospel of John*. Leiden: Brill, 2000.

_____, ed. *Identity, Ethics, and Ethos in the New Testament*. Beihefte zur Zeitschrift für die neutestamentliche Wissenschaft und die Kunde der ¦ lteren Kirche 141. Berlin: de Gruyter, 2006.

_____. *An Introduction to the Johannine Gospel and Letters*. T. & T. Clark Approaches to Biblical Studies. London: T. & T. Clark, 2008.

_____. "Radical Social Redefinition and Radical Love: Ethics and Ethos in the Gospel according to John." In *Identity, Ethics, and Ethos in the New Testament,* edited by Jan G. van der Watt, 107-33. Beihefte zur Zeitschrift für die neutestamentliche Wissenschaft 141. Berlin: De Gruyter, 2006.

van der Watt, Jan G., and Ruben Zimmerman, eds. *Rethinking the Ethics of John: "Implicit Ethics" in the Johannine Writings*. Kontexte und Normen neutestamentlicher Ethik / Contexts and Norms of New Testament Ethics, Vol. 3. Wissenschaftliche Untersuchungen zum Neuen Testament 1/291. Tübingen: Mohr Siebeck, 2012.

Van Gelder, Craig, and Dwight J. Zscheile. *The Missional Church in Perspective: Mapping Trends and Shaping the Conversation*. Grand Rapids: Baker Academic, 2011.

Vellanickal, Matthew. *The Divine Sonship of Christians in the Johannine Writings*. Analecta Biblica 72. Rome: Biblical Institute, 1977.

Waaijman, Kees. *Spirituality: Forms, Foundations, Methods*. Translated by John Vriend. Leuven: Peeters, 2002.

Wells, Samuel. *Incarnational Ministry: Being with the Church*. Grand Rapids: Eerdmans, 2017.

_____. *Incarnational Mission: Being with the World*. Grand Rapids: Eerdmans, 2018. Williams, Peter J. "Not the Prologue of John." *Journal for the Study of the New Testament* 33 (2011) 375-86.

Williams, Rowan. "Deification." In *The Westminster Dictionary of Christian Spirituality*, edited by Gordon S. Wakefield, 106-8. Philadelphia: Westminster, 1983.

Williamson, Lamar Jr. *Preaching the Gospel of John: Proclaiming the Living Word*. Louisville: Westminster John Knox, 2004.

Wilson-Hartgrove, Jonathan. *New Monasticism: What It Has to Say to Today's Church*. Grand Rapids: Brazos, 2008.

_____. *Strangers at My Door: A True Story of Finding Jesus in Unexpected Guests*. New York: Convergent, 2013.

_____. *To Baghdad and Beyond: How I Got Born Again in Babylon*. Eugene, OR: Cascade, 2005.

Yong, Amos. *The Missiological Spirit: Christian Mission Theology in the Third Millennium Global Context*. Eugene, OR: Cascade, 2014.

Zimmermann, Ruben. "The 'Implicit Ethics' of New Testament Writings: A Draft of a New Methodology for Analysing New Testament Ethics." *Neotestamentica* 43 (2009) 399-423.

Zimmerman, Ruben, Jan G. van der Watt, and Susanne Luther, eds. *Moral Language in the New Testament: The Interrelatedness of Language and Ethics in Early Christian Writings*. Kontexte und Normen neutestamentlicher Ethik / Contexts and Norms of New Testament Ethics, Vol. 2. Wissenschaftliche Untersuchungen zum Neuen Testament 2/296. Tübingen: Mohr Siebeck, 2010.

Zizioulas, John D. *Being as Communion: Studies in Personhood and the Church*. Crestwood, NY: St. Vladimir's Seminary Press, 1985.

인명 색인

324

주제 색인

성구 색인

품시리즈

"품"은 출판을 통해서 세계선교를 위한 성찰적인 기능과 새로운 대안을 모색하는 GMF Press의 시리즈 명칭입니다. 사단법인해외선교회(Global Missionary Fellowship: 약칭 GMF)는 1987년에 설립된 초교파 복음주의 선교 공동체이며, 세계 복음화를 위해 한국 교회와 전 세계 교회의 파트너로서 섬기는 일을 다하고 있습니다. GMF 산하에는 다음과 같은 기관이 있습니다.

파송기관: GBT, GMP, HOPE, FMnC
지원기관: KRIM, GMTC, GPTI, GLfocus, MK-Nest, SNS, 법인사무국
품시리즈 위원: 권성찬, 김효찬, 이경춘, 홍현철

'품시리즈'는 GMF 감사로 섬겨주신 故최윤호 장로님을 추모하는 기금으로 시작되었습니다.

움직이는 포도나무
요한복음에 나타난 선교적 영성

1 판 1 쇄 발 행   2023년 4월 28일
지 은 이   마이클 고먼
옮 긴 이   김효찬
발 행 인   양승헌
편 집 인   홍현철
디 자 인   윤희정
발 행 처   한국해외선교회 출판부(GMF Press)
주 소   서울 양천구 목동중앙본로18길 78, 4층
전 화   (02)2654-1006
이 메 일   krim@krim.org
등 록 번 호   제21-196호
등 록 일   1990년 9월 28일